西方行政学说
（第二版）

丁 煌

国家开放大学出版社·北京

图书在版编目（CIP）数据

西方行政学说／丁煌主编．—2版．—北京：中央广播电视大学出版社，2016.7（2021.12重印）

ISBN 978-7-304-07474-6

Ⅰ.①西…　Ⅱ.①丁…　Ⅲ.①行政学—西方国家—开放教育—教材　Ⅳ.①D035

中国版本图书馆CIP数据核字（2016）第154564号

版权所有，翻印必究。

西方行政学说（第二版）
XIFANG XINGZHENG XUESHUO
丁　煌

出版·发行：国家开放大学出版社（原中央广播电视大学出版社）
电　话：营销中心 010-68180820　　总编室 010-68182524
网　址：http://www.crtvup.com.cn
地　址：北京市海淀区西四环中路45号　　邮编：100039
经　销：新华书店北京发行所

策划编辑：宋　莹	版式设计：夏　亮
责任编辑：冯　欢	责任校对：宋亦芳
责任印制：武　鹏　马　严	

印　刷：三河市华成印务有限公司　　印　数：252001～278000
版　本：2016年7月第2版　　2021年12月第13次印刷
开　本：185 mm×260 mm　插页：8页　　印张：19　字数：421千字

书　号：ISBN 978-7-304-07474-6
定　价：37.00元

（如有缺页或倒装，本社负责退换）
意见及建议：OUCP_KFJY@ouchn.edu.cn

前言 ‖ Preface

虽然行政管理和行政管理的思想古已有之，但是行政管理作为一门独立的学科产生于现代西方社会。在西方，行政学经过一百多年的发展，在许多问题上已经有了长期的研究积淀，形成了一批公认的行政学经典论著，积累了一系列宝贵的行政学理论资源。相对而言，在我国，行政管理的专业教育起步较晚，行政学的基础理论研究比较薄弱，正因为如此，行政学常常因其理论基础薄弱而在学科属性上遭到人们的质疑。有鉴于此，笔者自20世纪90年代开始，便在对西方行政学发展过程中的代表性理论进行系统梳理和深入研究的基础上率先探索，为武汉大学行政管理专业的学生开设系统介绍和评析西方行政学理论的课程，以期能够为我国行政管理专业课程体系建设和学生专业知识结构的进一步完善尽自己的绵薄之力。

令人欣慰的是，笔者20多年来在此方面的学术探索得到了学界同人的广泛认同和大力支持，不仅在西方行政学理论方面的论著获得了多项教学与科研奖励，还成为许多高等学校（公共）行政管理及其相关学科专业的必读文献，而且拙著《西方行政学说》亦于7年前被遴选为"教育部人才培养模式改革和开放教育试点教材"，本书正是对7年前出版的《西方行政学说》进行修订的新版本。但愿通过对本书内容的系统学习，读者可以更为完整地把握并且更加深切地领悟到行政管理学科的理论内涵和学术魅力。

丁煌
2016年6月

目 录 ‖ Contents

导　言　西方行政学的产生与发展 …………………………………………… 1

第一编　初创过程中的西方行政学说

第一章　威尔逊的行政学说 ………………………………………………… 6
　　第一节　威尔逊行政学说的思想渊源与产生背景 …………………… 6
　　第二节　威尔逊行政学说的主要内容 ………………………………… 8

第二章　古德诺的政治—行政二分法 …………………………………… 15
　　第一节　对政治—行政二分法的进一步阐释 ……………………… 16
　　第二节　政治对行政的适度控制是政治与行政实现协调的重要基础 … 16
　　第三节　行政的适度集权化是政治与行政实现协调的必要途径 … 17
　　第四节　美国走向政治与行政协调的独特道路——法外调节 …… 18
　　第五节　美国加强民主与效率协调的主攻方向——政府体制的改革 … 19

第三章　韦伯的官僚制理论 ……………………………………………… 22
　　第一节　权威结构理论与组织类型分析 …………………………… 22
　　第二节　官僚制及其特征 …………………………………………… 25
　　第三节　官僚制的优点与缺点 ……………………………………… 27

第四章　泰勒的科学管理理论 …………………………………………… 30
　　第一节　科学管理的中心问题是提高劳动生产率 ………………… 31
　　第二节　提高劳动生产率关键在于为工作挑选"第一流的工人" …… 31
　　第三节　实行标准化原理 …………………………………………… 32
　　第四节　实行刺激性的工资报酬制度 ……………………………… 33

第五节	工人和雇主两方面都必须来一次"精神革命"	33
第六节	把计划职能同执行职能分开，变原来的经验工作法为科学工作法	34
第七节	实行职能工长制	35
第八节	在组织机构的管理控制上实行例外原则	36

第五章 法约尔的一般管理理论 ……………………………………… 38

第一节	管理的定义	39
第二节	管理的14条原则	42
第三节	进行管理教育和建立管理理论的必要性	45

第六章 怀特的系统化行政学理论框架 …………………………… 49

第一节	行政学的研究对象和范围	50
第二节	行政环境思想	50
第三节	行政组织思想	52
第四节	行政协调思想	55
第五节	人事行政思想	55
第六节	行政伦理思想	58
第七节	行政法规思想	59
第八节	行政监督思想	60

第二编　演进过程中的西方行政学说

第七章 古利克的一体化行政管理思想 …………………………… 66

第一节	政府在社会中的作用	67
第二节	行政在政府中的角色	68
第三节	科学与行政	69
第四节	行政组织理论	71
第五节	从理论原则到实际应用	73

第八章 巴纳德的系统行政组织学说 ……………………………… 79

第一节	组织的本质	79
第二节	组织三要素	81
第三节	非正式组织	83
第四节	组织平衡论	84
第五节	权威接受论	85

第六节　组织决策论 ··· 87
　　　第七节　管理人员职能说 ··· 88

第九章　西蒙的行为主义行政学说 ·· 92
　　　第一节　行政谚语——对传统行政学理论的批判 ····················· 93
　　　第二节　行政学研究方法论 ··· 94
　　　第三节　行政决策论 ·· 98
　　　第四节　行政组织论 ·· 104

第十章　林德布洛姆的渐进决策理论 ·· 110
　　　第一节　林德布洛姆渐进决策理论的产生背景与形成过程 ········· 111
　　　第二节　林德布洛姆渐进决策理论的基本内容 ························ 114

第十一章　维尔达夫斯基的公共预算理论 ······································ 118
　　　第一节　维尔达夫斯基公共预算理论的缘起 ··························· 119
　　　第二节　预算及其政治本质 ·· 121
　　　第三节　预算的策略 ··· 123
　　　第四节　公共预算体制的改革 ··· 127

第十二章　麦格雷戈的人事管理理论 ·· 132
　　　第一节　麦格雷戈人事管理理论的思想基础——需要层次说 ······ 133
　　　第二节　对传统 X 理论的反思与批判 ··································· 134
　　　第三节　Y 理论的基本观点 ·· 135

第十三章　沃尔多的综合折中行政观 ·· 139
　　　第一节　对传统行政学的评论 ··· 140
　　　第二节　论当代行政学 ·· 142
　　　第三节　沃尔多本人的公共行政观 ······································· 145

第三编　深化过程中的西方行政学说

第十四章　里格斯的行政生态学理论 ·· 154
　　　第一节　里格斯行政生态学理论的产生背景 ··························· 155
　　　第二节　里格斯提出的三大行政模式分类 ······························ 156
　　　第三节　对五种主要行政生态要素的分析 ······························ 158
　　　第四节　过渡社会公共行政的特点 ······································· 163

第十五章　以弗雷德里克森为代表的"新公共行政学" …… 168

- 第一节　新公共行政学的产生背景与基本含义 …… 169
- 第二节　新公共行政学对传统行政学"效率至上"观的反思和批判 …… 170
- 第三节　新公共行政学对社会公平价值观的提倡 …… 171
- 第四节　新公共行政学对传统政治—行政二分法的突破 …… 174
- 第五节　新公共行政学的动态、开放组织观 …… 175

第十六章　德鲁克的目标管理理论 …… 178

- 第一节　目标管理理论的基本内容 …… 178
- 第二节　目标管理理论在公共行政中的应用——公共服务机构管理理论 …… 181

第十七章　奎德的政策分析理论 …… 184

- 第一节　政策分析及其必要性 …… 184
- 第二节　政策分析的要素 …… 186
- 第三节　政策分析的过程 …… 189
- 第四节　政策分析与政治因素 …… 191

第十八章　布坎南公共选择理论的"政府失败说" …… 195

- 第一节　公共选择理论的基本假设 …… 195
- 第二节　政府的失败及其根源 …… 196
- 第三节　补救"政府失败"的政策建议 …… 198

第四编　拓展过程中的西方行政学说

第十九章　法默尔的后现代公共行政学说 …… 202

- 第一节　对公共行政理论概念的后现代诠释 …… 203
- 第二节　对现代公共行政理论的反思与批判 …… 205
- 第三节　对后现代公共行政理论的探寻 …… 209

第二十章　库珀的行政伦理理论 …… 216

- 第一节　行政伦理及其重要性 …… 217
- 第二节　行政伦理的概念基础——公民权理念 …… 220
- 第三节　行政伦理的核心问题——行政责任 …… 222
- 第四节　行政伦理行为的实现途径 …… 225

第二十一章　霍哲的政府公共部门绩效管理理论 ………………………… 235

第一节　绩效、绩效管理与政府绩效改进 …………………………… 236
第二节　正确认识对于政府绩效改进具有关键性影响的无形要素 … 237
第三节　建立基于公民参与的政府绩效评估系统 …………………… 240
第四节　开展基于回应性的政府全面质量管理 ……………………… 244
第五节　建设基于竞争的合作伙伴关系 ……………………………… 247
第六节　实现政府绩效与公众信任之间的良性互动 ………………… 249

第二十二章　奥斯本的企业家政府理论 ………………………………… 251

第一节　企业家政府理论的产生背景 ………………………………… 252
第二节　企业家政府的本质含义 ……………………………………… 253
第三节　企业家政府的基本特征与改革政府的十项原则 …………… 255

第二十三章　登哈特的新公共服务理论 ………………………………… 266

第一节　新公共服务理论的产生背景 ………………………………… 267
第二节　新公共服务理论的思想来源和概念基础 …………………… 269
第三节　新公共服务理论的基本内涵 ………………………………… 277

结　语　走向公共管理语境的公共治理理论 …………………………… 282

主要参考文献 ……………………………………………………………… 287

后　记 ……………………………………………………………………… 293

导　言　西方行政学的产生与发展

📖 提　要

导言介绍了西方行政学产生与发展的过程，着重阐述了西方行政学的兴起与西方资本主义的发展、西方科学管理运动、相关学科的理论发展和政府的行政管理实践之间的关系，强调了在我国学习、研究西方行政学的意义。

📖 学习要求

1. 了解西方行政学的兴起与西方资本主义发展的关系。
2. 了解西方行政学的兴起与西方科学管理运动之间的关系。
3. 了解西方行政学的兴起与西方相关学科的理论发展和政府的行政管理实践之间的关系。
4. 了解在我国学习、研究西方行政学的意义。

"行政管理"是英文"public administration"一词的汉译，传统上亦称"公共行政"或"公共行政管理"。随着公共管理学科和公共管理硕士（MPA）学位项目在我国的设立和发展，也有人将其译为"公共管理"。作为一种专门以社会公共事务为管理对象的社会管理活动，行政管理如同其他社会管理一样历史十分悠久，无论是在东方还是在西方，自古都不乏行政管理的思想。例如，古代中国吴兢的《贞观政要》、司马光的《资治通鉴》和王夫之的《读通鉴论》，古希腊柏拉图的《理想国》、亚里士多德的《政治学》，古罗马西塞罗的《共和国》，文艺复兴时期意大利政治家马基雅维里的《君主论》，法国政治家布丹的《共和六论》，近代英国政治思想家洛克的《政府论》，法国启蒙思想家孟德斯鸠的《论法的精神》以及卢梭的《社会契约论》等历史性著作中，都蕴含着丰富的行政管理思想。然而，这些早期的行政管理思想因缺乏系统性和理论性尚未发展成为一种专门的学科。行政管理真正形成相对完整的理论体系，成为一门独立的学科，是19世纪末20世纪初的事情。

众所周知，在奴隶社会和封建社会，社会生产力低下，社会生产和社会关系比较简单，与此相适应的国家和社会公共事务也不太复杂，行政管理还不可能成为一门独立的学科。即便到了资本主义国家发展初期，国家普遍奉行消极主义和放任主义政策，政府职能十分有限，其任务主要是消极地保护个人财产，维护社会秩序，保卫国家免遭侵略，行政管理作为一门独立的学科也缺乏产生的必要条件。然而，当自由资本主义发展到19世纪中叶以后，开始了第二次科技革命，生产技术方面发生了巨大的变革和进步，重工业取代轻工业在国民经济中占据主导地位，资本积累以前所未有的速度向前推进。到了19世纪末，资本主义由自由竞争向垄断时期过渡，由生产和资本集中所引起的垄断统治逐渐形成，美国就是典型的垄断资本主义国家。这一时期，不仅社会生产力的迅速发展和经济结构的巨大变化使政府管理社会经济的任务日益繁重，而且社会关系的日益复杂化也带来一系列带有公共性的社会问题，各种社会矛盾和冲突甚至演变成一种普遍的社会现象。为了缓和、消除各种社会矛盾，解决各种带有公共性的社会问题，维持社会稳定和促进社会发展，政府开始转变过去那种消极、被动的状态，进而积极、主动地干预社会公共生活和处理社会公共事务，行政管理活动变得越来越重要。在这样的背景下，原有的行政管理方法已经不能适应时代发展的要求，迫切需要有一门科学从理论上指导国家的行政管理活动，以使政府能够更好地履行其职能和完成其使命。于是，行政学便应运而生了。

19世纪末20世纪初，不仅西方资本主义国家政府职能的扩张和行政权力的扩大提出了对行政学进行研究的要求，而且，科学管理运动的兴起也对西方行政学的形成与发展起到了推波助澜的作用。19世纪末，以美国为代表的资本主义发达国家，工业的进一步迅速发展面临一系列新的矛盾和问题：资本积累的惊人增长与管理、利用巨额资金的陈旧方式不相适应；生产技术的进步和企业规模的扩大与传统的经验管理产生了尖锐的冲突；工人的有意"磨洋工"使劳动生产率低下；劳资之间的对立情绪和"不融洽关系"严重影响着生产和利润的增长；缺乏严格的责任制度以及专门化的管理知识和管理人才使专业化协作生产陷入混乱。这些矛盾和问题归结到一点，就是要建立适应社会化大生产迅速发展的管理制度和管理方法。这种历史性的要求促使西方国家的管理思想获得了长足的发展，迎来了一个崭新的科学管理时代，其中的佼佼者首推美国的泰勒。泰勒所开创的科学管理理论主要探讨如何在工厂提高劳动生产率的问题，在他看来，要提高劳动生产率，就必须在工厂、企业推行"科学管理"。科学管理理论最终形成了一场对美国乃至整个西欧企业管理界均具有重要影响的科学管理运动。尽管科学管理理论最初是针对企业管理提出的，但它同时也为政府行政管理改革提供了线索和方法，正是在科学管理运动兴起之后，一些行政学家便开始重视通过科学管理寻求解决政府行政效率的问题。例如，莱芬韦尔就把科学管理的原则运用于机关办公室管理，库克也曾将科学管理运用到教育和市政机构，而怀特则用科学管理理论研究政府行政管理。而且美国政府也将科学管理运动提供的原理和方法应用于政府行政管理，精简政府、调整机构，促进了政府工作的改革，提高了行政效率。在某种意义上甚至可以说，正是科学管理运动的兴起才促成了西方行政学的形成和兴盛。

此外，相关学科的理论发展和政府长期的行政管理实践也为行政学的产生奠定了重要的基础。西方近代史上的政治学，君主制时代德国、奥地利两国的官房学以及资产阶级革命以后形成的行政法学，是西方行政学的理论渊源。这里尤其值得一提的是政治学，政治学是行政学的直接理论基础，以至于人们把这两门学科比作树根与树干、花与果的关系：行政学之树源于政治学之根，行政学之果结于政治学之花。从学科发展历史来看，行政学也是从政治学中分离出来而成为一门独立学科的。在行政学产生以前，其有关内容就包括在政治学之中。政治学的发展是促进行政学产生和发展的一个重要因素。17—18世纪，在资产阶级革命中涌现出一批杰出的政治学家，如洛克、孟德斯鸠、卢梭等，他们所鼓吹和确立的天赋人权、社会契约、三权分立等思想，将政治学理论推进到一个新的发展阶段，为资产阶级国家政权体制的建立奠定了理论基础。经过资产阶级革命或民族民主革命所建立起来的资产阶级国家普遍采用立法、行政、司法三权分立并相互制约的政治制度。在这种制度下，行政机关成为独立的体系行使其管理国家政务的权力。到了19世纪末20世纪初，随着资本主义社会从自由竞争走向垄断，社会经济关系发生了重要的变化，使一系列社会问题变得日益重要和复杂起来。垄断势力的扩张、劳资矛盾的加深、贫富两极分化的加剧、社会经济生活的混乱、进步运动的高涨等，都是这一时期很突出的社会矛盾。垄断资产阶级为了维护其经济、政治统治，更加重视对政治问题的研究。同时，由于工业的发展和工人阶级队伍的增长，教育的普及以及普选权的扩大，社会各界对政治也越来越关心了。随着政治学的不断发展，一批政治学家着眼于经济和效率，从政治学的角度研究政府的行政管理职能。行政学正是在像政治学这样一些相关学科理论的促进下形成并发展起来的。除了理论基础之外，行政学的形成还得益于政府长期的行政管理实践所提供的有益经验。我们知道，理论本质上源于实践，科学的理论是对丰富的实践经验的概括和总结，行政理论同样如此。政府在长期的行政管理实践中不仅积累了丰富的行政管理经验，而且形成了一系列行之有效的行政管理制度，例如，18世纪初期普鲁士创立的任官制度和19世纪50年代英国建立的文官制度，所有这一切不仅为行政学的理论研究提供了素材，而且也为行政学理论体系的建立提供了重要的范畴和规范。所以，相关学科的理论发展和政府的行政管理实践也是行政学形成的重要前提条件。

作为一门独立的学科，行政学正是在上述深刻的社会历史背景下于19世纪末20世纪初首先在美国产生，然后迅速扩及西方各国的。

行政学在美国产生的公认标志是曾任美国第28任总统的伍德罗·威尔逊于1887年在《政治学季刊》上发表的《行政学研究》一文，在该文中，他主张政治与行政分离，第一次明确提出应该把行政管理当作一门独立的学科来进行研究，该文开行政学理论研究之先河，被公认为行政学的开山之作。

自美国行政学家威尔逊率先提出建立行政学的主张之后，西方行政学经历了初创、演进、深化、拓展等若干发展阶段，日渐成熟，迄今已经发展成为一门既具有丰富的理论内涵，又不乏重要实践价值的综合性学科。纵观西方行政学一百多年的发展历程，不仅涌现出一大批行政学经典著作，而且形成了一系列对于西方行政学学科体系的完善和行政管理实践的改进均具有重要价值的行政学说。在我国，对行政学的研究起步相对较晚，作为一门独立学科的行政学从根本上来说实属"舶来品"。鉴于西方行政学具有长期的理论积累而我国行政学科又面临加速发展以适应时代要求的现实背景，系统地了解和掌握西方行政学发展过程中业已取得的理论成果，不仅对于我们更深一层地了解行政管理思想的演变及其影响、加深我们对行政管理活动规律的认识具有重要的指导意义，而且对于我国行政管理理论体系的完善和行政管理实践效率的提高也具有重要的借鉴价值。美国著名管理学家雷恩说得好："管理学者从历史上可以吸取许多经验教训，其中重要的一条就是把研究过去作为研究管理的入门。"[①] 或许，我们也能够从研究西方行政学的已有理论成果中真正进入行政管理科学的大门。

思考题

1. 西方行政学是在怎样的社会背景下产生和发展起来的？
2. 学习西方行政学的意义何在？

---

① ［美］丹尼尔·A. 雷恩：《管理思想的演变》，孙耀君等译，4 页，北京，中国社会科学出版社，1986。

第一编
初创过程中的西方行政学说

　　行政管理如同其他管理一样具有十分悠久的历史，无论是在东方国家，还是在西方世界，自古都不乏行政管理的思想。然而，早期丰富的行政管理思想因缺乏系统化尚未发展为一种学科化的专门理论。行政管理真正形成一个较为完整的理论体系并成为一门独立的学科，是19世纪末20世纪初在威尔逊、古德诺等人的政治与行政二分法和韦伯的官僚制理论基础上，经过泰勒的科学管理理论和法约尔的一般管理理论等企业管理理论的推动，最终通过怀特的系统化理论框架而逐渐创立起来的。

第一章 威尔逊的行政学说

本章提要

本章阐述了威尔逊行政学说的思想渊源与产生背景,介绍了威尔逊行政学说的主要内容:行政学研究的必要性;行政学的目标和任务;行政管理的实质;行政学研究的历史渊源;行政学研究方法论;人事行政管理思想;行政监督思想等。此外本章对威尔逊给予了较高的评价。

学习要求

1. 了解威尔逊其人其事。
2. 了解威尔逊行政学说的思想渊源与产生背景。
3. 了解威尔逊行政学说的意义与历史地位。
4. 掌握威尔逊行政学说的主要内容。

托马斯·伍德罗·威尔逊(Thomas Woodrow Wilson)是美国历史上杰出的政治家和教育家,更是著名的行政学家和政治学家,他不仅担任过美国第28任总统、新泽西州州长和普林斯顿大学校长等职,而且获有普林斯顿大学的博士学位,担任过大学教授,主要从事过政治学、政府和法律方面的教学和研究工作,并撰有《国会制政体》(1885)、《行政学研究》(1887)、《国家》(1889)以及《美国的宪法政府》(1908)等重要的学术论著。作为行政学的鼻祖,威尔逊在行政学方面的理论贡献主要体现在被誉为行政学开山之作的《行政学研究》一文中。

第一节 威尔逊行政学说的思想渊源与产生背景

威尔逊之所以于19世纪末明确提出要建立作为一门独立学科的行政学,这绝非偶然,而是有着深刻的思想渊源和社会历史背景的。

一、威尔逊行政学说的思想渊源

从思想渊源来看，威尔逊的行政学说受到了来自欧洲大陆尤其是德国行政研究思想的影响。这一点在威尔逊的《行政学研究》中说得很清楚："它是一门外来的科学。"行政研究在德国的发展，是与德国高度集权、"开明专制"的要求相适应的。

德国的专制统治者们在国家间的竞争和国内革命的巨大压力下，力图通过完善其国家机器，从而消灭一切摩擦、内耗，缓和人民的不满，改变革命的方向，增强自己争霸的实力。正因为如此，行政研究在德国受到了高度的重视。在行政学研究德国的阶段中，斯坦因颇负盛名并具有一定的代表性。在他那里，"政治"和"行政"已经在一定程度上得以划分。斯坦因按照当时的流行观点，将国家看作一种有机体。因此，国家作为在一定社会秩序条件下的人格主体，具有心理学意义上的意志和活动的两相对立，具体表现为宪政与行政的关系。他指出，宪政是主体有组织的意志，行政则是主体依据意志的活动。宪政规定行政活动的轮廓，但行政的内容却不是来自宪政。他还认为，法规的制定即立法的最初步骤应由行政机关掌握，而最后的批准或否决的权力则在宪政手中。这是因为只有行政机关才真正熟悉法规的限度和性质。斯坦因在行政研究方面值得注意的另一点是，他以国家有机体为基础，规定了行政研究的任务，建构了行政研究的体系。在他看来，行政研究的任务在于，了解一国国民在特定历史时代的"外界实在"，即"社会文化的实在"的进展活动；研究如何依靠国家权力来提高这种"外界实在"，并使这一提高成为国家人格的自觉意识。从这样的任务出发，斯坦因把行政研究体系划分为三大部分，即行政组织、行政行为和行政法规。他认为，研究行政组织的原因在于，公共行政本身是统一的国家权力，以统一的意志使人们的活动成为单一人格的生命活动，为了使这一最高目的得以实现，就必然产生一方具有决定能力、其他各方具有活动能力的机关组织，而此种机关的发展过程显然对增进国家人格活力具有重大的影响。研究行政行为的原因在于，公共行政的内容相对于抽象的国家人格来说，相对于国家人格以外的共同社会来说具有相对的独立性，因此不能不研究行政行为自身的独特规律。而研究行政法规的原因则在于，行政机关活动的展开，都按一定的法令、规定行事，要实现良好的秩序、极高的效率和划分明确的职责，就必须有一个合"法"的行政，必须对行政裁判、行政诉讼等法规加以探讨。可见，斯坦因对行政管理的研究不是一种零敲碎打式的，而是建立在理论体系之上的一种系统研究，只不过他更多地强调要从行政法方面进行研究而已。

斯坦因对行政管理的研究无疑是服务于德国集权政府体制的，而特定的研究目的和环境使斯坦因的理论多少带有一种德国特有的政治倾向。然而，我们可以看到，由于行政管理问题上存在着跨越政府制度差别的共性，每一个政府迟早要把行政效率提上议事日程，德国的行政研究在某种意义上又是超国界的。因而，德国行政研究中对政治和行政的分离，对行政内容相对独立性的强调以及对行政组织内部运行规律的注意都深深地影响了威尔逊，我们从威尔逊对其行政学宏观体系建构的色彩上便不难感受到德国人善于思辨的精神风貌。

二、威尔逊行政学说的产生背景

就产生背景而言，威尔逊行政学说的产生则主要源自对自由放任主义的反动。我们知道，美国自独立战争以来，以潘恩、杰斐逊为代表的革命民主主义思想一直具有很大的影响。美国建国初期，政府权力遭到怀疑并被再三分割，这基本反映了革命民主派对保障自由的热切要求。此后，这种民主、自由的理想又通过西进开拓运动、南北战争和废奴运动而进一步得到增强。自由主义在美国具有根深蒂固的基础。然而，在大工业和城市迅猛发展的冲击下，坚持自由主义传统的人们遇到了许多新问题，特别是对于那些认为已把自由、民主、平等一劳永逸地加以解决的人们来说，困惑则更大。当时最为突出的矛盾是，少数工业资本巨头把自由、民主的旗帜抓在手中，鼓吹自由放任，鼓吹限制政府权力，强调首创精神、责任在社会发展中的作用，反对扩大选举权，反对有组织地干预自由竞争，这股力量合在一起形成了所谓新个人主义思潮。工业资本巨头没有把自己的利益要求局限在思想领域内的表达上，他们利用手中巨大的财富发起攻势，采用收买、贿赂等各种手段来影响议会的决策，而议会中的一些议员也趁机索贿纳贿，双方狼狈为奸，一时丑闻频发。到 19 世纪 70 年代，立法权的威望直线下降。面对大资本在财富和政治上行将形成的垄断形势，美国的自由主义者、民主主义者掀起了一场新民主运动。具有讽刺意味的是，这场新民主运动对于早期民主主义的要求，如权力分散、权力制衡等进行了抨击，认为牵制和制衡非但不能支持自由，反而危害自由，不会成为暴政的克星，反倒会成为特权和利益的堡垒。新民主运动借助于反对政治勾结和政治腐败，要求改革政府体制，扩大选举权，扩大政府行政职能，主张国家应该成为社会和经济进步的工具。在这个时期，政党分赃制被功绩制所取代，行政力量日益被民主运动视为一种有效工具而得到重视。一种加强权力、明确责任、向全体选民负责的学说深入人心，以至于威尔逊在竞选新泽西州州长时敢于公开声称，他上台后将担负州行政事务责任，如果这样做违宪的话，他准备做一个违宪的州长。显然，民主主义者力图通过加强国家力量来控制垄断，而先前适应于早期简单社会生活的政府体制变得越来越不能胜任这一要求，因此，就必须进行改革。正是在这种资产阶级内部不同阶层之间的利益冲突因社会政治经济状况的变化而日益激化，以及反映中产阶级利益要求的民主主义者发动了一场政治改革运动的社会条件下，威尔逊明确提出了要建立一门独立的行政学。

第二节 威尔逊行政学说的主要内容

作为西方行政学的鼻祖，威尔逊的行政学说主要包含在被誉为行政学开山之作的《行政学研究》一文中。在该文发表之前，威尔逊曾对比较行政体制问题进行过认真的研究，并就此文拟过三次草稿，第一次定名为《行政须知》，随后又改为《政府的艺术》，最后才把题目定为《行政学研究》。尽管他曾谦虚地说此文只不过是对行政学研究所做的半通俗性的介绍，但是，只要仔细品读一下这篇开山之作，我们就不难发现其中包含着丰富的行政学思想。

一、行政学研究的必要性

需要是科学发展的内在动力，"社会一旦有技术上的需要，则这种需要就会比十所大学更能把科学推向前进"[①]。对此，威尔逊也具有充分的认识，他认为"绝没有任何一门实用科学，当还没有了解它的必要性时，会有人对它进行研究"[②]。在威尔逊所处时代之前的很长一个时期，对政府行政管理活动的系统研究并没有得到重视，因为，第一，行政管理"被认为是'实用性的细节'，只要博士们在理论上取得一致之后，仅仅由办事人员就可以加以处理"。第二，"麻烦之处几乎全部集中在政府结构上面，因此结构问题就成了吸引人们思考的焦点。在当时很少或完全没有行政管理的问题，至少没有引起行政官员注意的问题。那时政府的职能很简单，因为生活本身就是简单的"。而到了威尔逊所处的时代，资本主义已进入上升阶段，随着经济和社会的快速发展，社会公共事务日益增多，"政府的职能在逐日变得更加复杂和艰难，它们并且在数量上也同样在大大增加。行政管理当局在把它的手伸向每一处地方以执行新的任务"。因此，他认为，当时的美国仅就文官制度进行改革是不够的，"当号称文官制度改革的运动，在实现它的第一个目标之后，将会进一步努力不只是求得'人事'方面的改进，并且还要改进我们政府机关的组织机构与工作方法：因为问题很明显，这些机关的组织机构与工作方法，是继'人事'问题之后，亟须加以改进的对象"，因为"我们的政府正如同一个精强力壮的小伙子一样，其机能已经得到扩张，其身材已经长大，但同时却在动作上变得笨拙了。它的精力和它的年龄的增长，跟它所具有的生活技能相比较，已经彻底不相适应。它得到了力量，但没有学会举止的方法。因此，虽然从机构发展的顺利和健康状况方面着眼，跟欧洲诸国相比，我们的优越性是很大的；但现在我们却已经面临着需要进行更加仔细的行政调整和需要具有更加丰富的行政知识的时刻""这就是为什么应该要有一门行政科学，这就是为什么会有这样一门科学的理由之一"。这里，威尔逊明确表述了这样一种思想：行政管理研究提上议事日程以及行政学的产生是和时代生活所提出的要求分不开的，因为到19世纪末20世纪初，随着国家经济和社会事务的发展以及政府职能的扩大，"与制定一部宪法相比较，贯彻一部宪法变得愈来愈困难了"，政府的行政管理工作迫切需要有科学的理论予以指导，以"力求使政府不走弯路，使政府的事务减少一些不成体统的样子，加强和纯洁政府的组织机构，并使其各种职责都获得尽责的美名"。这就是"为什么我们现在正产生一种前所未有的行政科学"的根本原因之所在。

[①]《马克思恩格斯选集》，第4卷，505页，北京，人民出版社，1972。
[②][美]威尔逊：《行政学研究》，中译文，载《国外政治学》，1987（6）。本章以下引文均引自此文，不再加注。

二、行政学的目标和任务

威尔逊不仅对行政学研究的必要性进行了深入的分析,而且还明确提出了行政学的目标和任务,他说:"行政学研究的目标,在于首先要弄清楚政府能够适当而且成功地承担的是什么任务,其次要弄清楚政府怎样才能够以尽可能高的效率和尽可能少的金钱或人力上的消耗来完成这些专门的任务。在这个问题上,我们当中显然需要求得更多的启示,然后只有通过仔细的研究才能提供这种启示。"这里,威尔逊从行政学研究的起点和具体研究内容两方面对行政学研究的目标和任务做了明确的界定。任何一个国家的政府,在从事行政活动前,首先要明确其职能范围,威尔逊在此所强调的"适当",是指凡公共事务应当由政府管理,而其他社会组织不能承担,这才体现"适当";反之,政府统管包揽一切社会事务,或应该由政府承担却又不管,均为不"适当"。因此,威尔逊认为行政学首先要研究政府能够适当而且成功地承担什么职能,行政学应该以行政职能作为其研究起点;其次,就是要研究政府用什么方式进行管理,才能提高行政效率,履行行政职能,这些构成了行政学各个部分的具体研究内容。这里,他特别强调,作为一门科学,行政学研究不能限于"纯粹技术细节的那种单调内容之上",而应对行政管理的各个方面开展理论研究,使行政学的理论既有深度又有广度,进而提出"行政学的目的就在于把行政方法从经验性实践的混乱和浪费中拯救出来,并使它们深深地植根于稳定的原理之上"。

三、行政管理的实质

在威尔逊之前,作为行政学研究对象的行政管理概念一直包含在政治概念中,因此,也不可能有一门独立的行政学。威尔逊最大的贡献就在于提出了政治—行政二分法,并据此将行政学作为一门独立的学科从政治学中分离出来。威尔逊对行政管理的本质主要是通过将其与政治和宪政制度等概念进行比较而揭示的。他认为:"行政管理是政府工作中极为显著的一部分,它就是行动中的政府;它就是政府的执行,政府的操作,就是政府工作中最显眼的部分,并且具有与政府本身同样悠久的经历。"就其与政治的关系而言,一方面,行政管理不同于政治,"行政管理是置身于'政治'所特有的范围之外的。行政管理的问题并不属于政治问题。虽则行政管理的任务是由政治加以确定的,但政治却无须乎自找麻烦地去直接指挥行政管理机构"。"政治是'在重大而且带普遍性的事项'方面的国家活动,而'行政管理'则是'国家在个别和细微事项方面的活动。因此,政治是政治家的特殊活动范围,而行政管理则是技术性职员的事情'。'政策如果没有行政管理的帮助就将一事无成',但行政管理并不因此就是政治。"另一方面,行政管理与政治又密切相关,"行政管理的领域是一种事务性的领域。行政管理作为政治生活的一个组成部分,仅仅与企业办公室所采用的工作方法是社会生活的一部分一模一样,仅仅与机器是制造品的一部分一模一样。但是行政管理同时却又大大高出于纯粹技术细节的那种单调内容之上,其事实根据就在于通过行政管理那比较高深的理论,它与政治学智慧所派生的经久不败的原理以及政治进步所具有的永恒真理是直接相关联的"。至于行政管理与宪政制度的关系,他认为,尽管"从政治哲学的角度着眼,行政学的研究是与宪法中主权之恰当分配的研究密切联系在一起的",但行政管理从本质上不同于宪政制度,"公共行政就是公法的明细而且系统的执行活动。一般法律的每一个具体执行细节都是一种行政行为……然而指导这些应予进行的工作的一般性法律,却显然是在行政管理之外和之上的。有关政府活动的大规模计划并不属于行政管理范围。因此,宪政制度所要过问的只是政府用以控制一般性法律的那些手段"。为了进一步说明行政管理的本质,他认为,宪法与行政管理职能之间"并不完全是'意志'与相应'行动'之间的区别,因为行政官员在为了完成其任务而选择手段时,应该有而且也的确有他自己的意志;它不是而且也不应该是一种纯粹被动的工作。这是一般决策和特殊手段之间的区别"。这里,威尔逊厘清了政治与行政二者之间的关系,指出了行政管理的运行方式和适用范围,从而为行政学研究后来的发展从研究对象上勾画了一个初步的框架。

四、行政学研究的历史渊源

科学研究不能从零开始,行政学研究也是如此。威尔逊认为,行政学研究者"对于前人在这同一领域所已经做过的工作应该有某种估计,这也就是说要了解一下这一研究工作的历史"。他说:"英国人民长期而且成功地研究了抑制行政权力的艺术,却因而就经常忽视了改善行政方法的艺术。""英国和美国的政治史并不是一部发展行政管理的历史,而是一部关心立法工作的历史……因此,我们正处在这样一个时期,即对于我们这个长期背着制定宪法的种种习惯包袱的政府来说,它的健康迫切需要有关行政管理的研究和创造来加以保护。"在他看来,"行政的博士都产生在欧洲。这门科学并不是我们所创造的,它是一门外来的科学,很少使用英国式或美国式的语言规则。它所使用的仅仅是外国腔调,它所陈述的东西对我们的头脑来说全都是一些异己的概念。它的目标、事例和环境,几乎百分之百是以外国民族的历史,外国制度的先例和外国革命的教训为根据的……如果我们要应用这种科学,我们必须使之美国化,并且不只是形式上或仅仅从语言上美国化,而是必须在思想、原则和目标方面从根本上加以美国化"。

五、行政学研究方法论

正确的方法是从事科学研究必不可少的前提条件,行政学研究也不例外。有鉴于此,威尔逊明确提出了其行政学研究方法论。他认为,由于"在与行政管理职能有关的各个方面,一切政府都具有很强的结构方面的相似性",所以我们应该运用历史方法和比较方法对不同政府所共有的行政管理规律进行研究,这里他特别提到人们应该"免除这样一种忧虑:即我们有可能会盲目地把某些与我们的原则不相符合的东西加以引进……如果有以某种方式存在着我们可以利用的外国的发明创造，那我们为什么不加以利用呢？我们以一种外来的方式应用它们是不会有危险的。我们引进了大米，但我们却不用筷子吃饭。我们的全部政治词汇都是从英国引进的，但我们却从中淘汰了'国王'和'贵族'……只要我们能够从根本原则上认识其在环境条件方面的根本差别，我们就能够安全而且有益地引进他们的行政科学。我们仅仅需要用我们的制度把它加以过滤，只需要把它放在批判的文火上烘烤，并把其中的外国气体蒸馏掉"。在此，威尔逊尤其强调"应该因此排除一切成见，此种成见反对在行政学研究之中向除了本国之外的一切地方去寻求启示"，通过比较研究，"我们将会以更快的速度了解我们自己管理方法中的特点。而如果采取拿我们自己跟自己比较的方式，我们就将永远无法了解我们自己的缺点和优点"。我们"最好是选择与我们自己完全远不相同的环境气氛，并且以极其小心的态度，去考察例如法国和德国的那些制度。通过这种'媒介物'去观察我们自己的制度，我们就将会像那些在观察我们时不带成见的外国人所能看到的那样去观察我们自己。而只要我们是只知道我们自己，那么我们就是对自己一无所知"。"如果我看到一个想杀人的家伙在敏捷地磨着一把刀子，我可以学习他磨刀的方法，而用不着学习他可能用刀子犯谋杀罪的动机；同样，如果我见到一个彻底的君主主义者很好地管理着某一个机关，我可以学习他的办事方法，而无须乎丝毫改变我身上作为共和主义者的一个细胞。他可以为他的国王效劳，而我却将继续为人民服务；但我却希望能像他为君主服务那样为我的主人服务。只要在思想上保持这种区别界限，也就是说，只要把研究行政学看作我们的政策得以轻便地付诸实行的一种手段，看作一种使得对全体人民来说算是民主制度方面的政治性东西，对每一个人来说，则是在行政上可能执行的东西，那么我们就是立足于百分之百安全的基础之上了，因而我们就能够学习外国制度所肯定能够教给我们的东西而不犯错误。就这样，我们便替我们的比较法设计出一个调节与权衡的砝码；就这样，我们便可以对外国政府进行解剖学的观察而不用害怕会把它们的任何疾病传染到我们的血管中来，可以详细解剖外国制度而不用害怕血液中毒。"尽管他积极主张大胆借鉴别国的管理方法和成功经验，但他也反对脱离实际的机械照搬，他说："一切普遍性理论作为理论来说，应该不仅是在公开的论证中，并且在我们的思想上，都谦虚地处于背景与衬托地位，以免那些仅仅按图书馆标准来说可以称得上满意的意见，将会被教条式地加以运用……教条式的设计必须摆在经过试验的实践之后……简而言之，稳重而且实际的治国才能应该放在前面，而把闭门造车式的理论摆在次要的地位。世界性的'做什么'永远应该由美国式的'如何做'所支配。"应该说，这种以实践为准绳、以本国为核心的思想是颇有见地的。

六、人事行政思想

"为政在人。"威尔逊十分关注当时的文官制度改革，他之所以"提出在美国展开行政学研究，其目的在于找到最佳方法以建立下面这样一种文官班子：他们受过足够的教育，具有充分的自信精神，工作起来既有见识又有分量，但通过选举和经常性地向公众进行咨询，与公众的思想保持如此密切的联系，以致使专断成为不可能的事情"。他认为，"我们的理想模式是通过选举和经常性的公开商议，以彻底排除武断和阶级成见，并用这种方式建立一个具有足够的文化教养和自立精神的文官制度，它能够有理智有力量地展开活动，却依然与公众的思想保持着非常紧密的联系"。他尤其重视政府官员的素质问题。在他看来，为了使政府这部机器有效地运转，"我们就必须准备一批更好的官员以充当政府的'工具'……当哪里需要任何动力或需要加以调管的时候，我们就必须安上新的运转部件。必须为文职机关的竞争考试提供有充分准备的人员，这些人员必须同样既接受各种自由形式的考试，也接受技术知识方面的考试。我们有必要用这种方法来建立民主制度。一支在技术上受过训练的文官队伍不久即将成为不可缺少的因素"。在具体谈到政府官员的素质时，他特别强调："在任何情况下，我们都必须有一批受过充分训练的官员以良好的态度为我们服务"，"所谓良好的态度，就是对于他们为之服务的政府的政策具有坚定而强烈的忠诚。这种态度在各个方面都绝没有官僚作风的污点"。他指出，政府官员尤其是行政领导应该带头克服官僚主义，"只有当一个国度的全部国家机关与人民、人民领袖以及普通僚属的共同政治生活隔离的时候，官僚主义才有可能生存"。"一个具有真正大公无私精神的政治家，其领导方式可以把自负而且敷衍塞责的机关变成公正政府的具有大公无私精神的工具。"这里，他认识到行政领导的素质与影响力对下属行为所具有的重要作用。此外，威尔逊还就如何提高政府官员的工作质量提出了自己的看法："我们各级政府及其下属政府所组成的这些系列，要怎样才能管理成下述这样一种状态呢？就是说要使政府官员所经常感兴趣的是用他的才能做最大的努力，用他的良心做最认真的服务，不仅仅是替他的上级效劳，而同时要为群体尽力。要怎样才能够使这种服务到达下述这样一种程度呢？就是说，通过给予政府官员大量生活费用补助来使这种服务引起他最普遍的兴趣；通过发展他的前程使这种服务成为他最珍视的兴趣；通过提高他的营养和培养他的性格使之成为他最崇高的兴趣。"这里，威尔逊实际上已经清楚地认识到满足人的不同层次的需求与开发人的潜能进而提高工作效率之间的内在联系。

七、行政监督思想

随着政府行政职能和行政权力的不断扩大，行政监督也日益受到人们的重视。行政监督是行政职能得以顺利实施和行政权力得以合理行使的重要保证，威尔逊的行政监督思想主要是通过对公共舆论与行政管理之间关系所进行的分析而得到阐述的。他认为，在行政管理活动中，公共舆论将起权威性评判家的作用，作为监督政策实施的一种机制，公共舆论不仅有益而且必不可少。行政研究应当为公共舆论发挥其对行政管理的监督控制作用提供最佳途径，应当排除各种来自行政中的干扰；政府为了能够更有效地履行职能，其"行政管理必须在一切方面都对公众舆论有敏锐的反应"。

此外，他对行政体制和行政道德等问题也有所涉及，例如，在行政体制（政府间的关系）问题上，他主张要"建立完善的公共行政机构……要给予地方政府机构以新的生命，要组建地方分权制度"。在行政伦理问题上，他明确提出行政官员应该以良好的态度为人民服务等观点，并认为统治者严格说来只不过是被统治者的仆人而已。

简评

综上所述，威尔逊不仅比较深入地分析、论证了研究国家行政管理和建立行政管理科学的重要性和必要性，较为准确地揭示了行政学研究的对象和实质，明确提出了行政学研究的目标和任务，而且对诸如人事行政管理、行政监督以及行政道德（伦理）等行政研究的具体内容做了阐述，尤其是对行政学研究应该遵循的方法论原则提出了独到的见解。其思想中的某些观点至今仍不失精辟，它们不仅对于我们目前的行政学研究，而且对于我们当今的改革开放事业均不无启发和借鉴作用。正是由于威尔逊首开对行政管理进行科学研究之先河，因而对于行政学鼻祖的美名他当之无愧。当然，这里我们不能不注意到，威尔逊所处的时代从世界范围内讲，正是自由资本主义走向垄断资本主义的时期。然而，由于美国独特的社会历史条件和自然环境，资产阶级民主主义者却凭借着强大的传统力量掀起了一场抗争。这场抗争虽然没有改变美国走向垄断的总趋势，却影响到美国走向垄断的方式和具体的进程。威尔逊在这场斗争的思想路线上表现出来的历史理论高度，在方法论上表现出来的求实精神，总的来讲，反映了美国广大中下层资产阶级的利益要求。如果看不到这一点，我们就很难解释像威尔逊这样的资产阶级思想家为什么会在这样一个时代表现出一种"革命"精神和"创新"欲望来。

思考题

1. 威尔逊行政学说是在怎样的历史条件下形成和发展起来的？
2. 威尔逊行政学说主要有哪些内容？
3. 什么是政治—行政二分法？
4. 你怎样看待威尔逊？

第二章 古德诺的政治—行政二分法

本章提要

本章说明了古德诺对威尔逊提出的政治—行政二分法所做的进一步阐释和发挥，介绍了古德诺行政学说的以下主张：政治对行政的适度控制是政治与行政实现协调的重要基础；行政的适度集权化是政治与行政实现协调的必要途径；美国走向政治与行政协调的独特道路——法外调节；美国加强民主与效率协调的主攻方向——政府体制的改革。此外本章还对古德诺做了客观的评价。

学习要求

1. 了解古德诺其人其事。
2. 掌握古德诺对政治—行政二分法所做的进一步阐释和发挥。
3. 掌握古德诺行政学说的以下主张：政治对行政的适度控制是政治与行政实现协调的重要基础；行政的适度集权化是政治与行政实现协调的必要途径；美国走向政治与行政协调的独特道路——法外调节；美国加强民主与效率协调的主攻方向——政府体制的改革。

弗兰克·约翰逊·古德诺（Frank Johnson Goodnow）是西方行政学初创时期的另一位著名的行政学家，曾担任美国哥伦比亚大学行政法学教授、美国政治学学会第一任会长以及美国霍布金斯大学校长，著有《比较行政法》（1893）和《政治与行政》（1900）等重要学术著作。古德诺对西方行政学的理论贡献主要体现在《政治与行政》这部具有划时代意义的名著中。在这部经典著作中，古德诺扬弃了政治学上立法、司法、行政的三分法，而对威尔逊提出的政治—行政二分法做了进一步的阐释和发挥，他关于"政治是国家意志的表达、行政是国家意志的执行"以及如何实现二者协调的创见对其后行政学的独立研究颇有贡献。正是这部行政学经典著作奠定了古德诺在西方行政学研究领域的不朽地位并产生了极其深远的影响。

第一节　对政治—行政二分法的进一步阐释

也许是由于书名的缘故，古德诺在西方行政学发展历史上是以其政治—行政二分法而闻名的。的确，古德诺在此书第一章中就明确指出，在所有的政府体制中，都存在着两种主要或基本的政府功能，即国家意志的表达和国家意志的执行，他将这两种功能分别称为"政治"与"行政"。然而值得注意的是，古德诺在政治—行政二分法问题上的重要贡献主要并不是在于他率先提出了政治—行政二分法，而是在于他对政治—行政二分法所做的进一步阐释，从而为其后来所提出的独创性行政学思想奠定了基础。如果我们细心一点便不难发现，实际上政治—行政二分法在当时已经不新鲜了。德国的斯坦因、布隆赤里，法国的狄克洛克以及上一章所讲的威尔逊在此之前都已对政治与行政的划分做过探讨。而古德诺在书中也并没有把政治—行政二分法本身作为讨论的重点来加以突出。相反，他之所以提出应将政治与行政相对地"二分"开，其目的只不过是为了引出这样的观点：政府机构之间的分工不可能像政府两种功能之间的划分那样来得一清二楚。在他看来，"把每一种功能分派给一个分立的机构去行使是不可能的。这不仅因为政府权力的行使无法明确地分配，而且还因为随着政府体制的发展，政府的这两种主要功能趋向于分化成一些次要的和从属的功能"[1]。这样，古德诺便为他在全书中反复强调的主线做出了铺垫，这个主线就是：政治与行政必须以某种方式取得协调。由此，我们似乎可以说，古德诺对政治—行政二分法的贡献，并不在于他对这个政治—行政二分法本身有什么创新，而是在于他通过对政治—行政二分法的进一步阐释第一次澄清了由这种"二分"的提法而容易造成的一种误解，即认为一种政府功能只存在于一种政府机构之中；在于他第一次指明了这样一个道理，即"分权原则的极端形式不能作为任何具体政治组织的基础。因为这一原则要求存在分立的政府机构，每一机构只限于行使一种被分开的政府功能。然而，实际政治的需要却要求国家意志的表达与执行之间协调一致"[2]。很明显，古德诺在此表现出的兴趣，主要已不是在于政治与行政的"分离"，而是在于二者的"协调"。

第二节　政治对行政的适度控制是政治与行政实现协调的重要基础

古德诺在指出了政治与行政必须取得某种协调之后，着重探讨了如何取得这种协调。他认为，这种协调的基础便是政治必须对行政取得某种形式的控制。有时，这种控制是通过法

---

[1] ［美］F. J. 古德诺：《政治与行政》，王元译，9页，北京，华夏出版社，1987。
[2] ［美］F. J. 古德诺：《政治与行政》，王元译，14页，北京，华夏出版社，1987。

定制度达到的，例如，英国的内阁对议会负责的体制；而有时这种控制则是由法外途径实现的，例如，在诸如美国这样的"把分别主要承担这两种功能的机构在法律上分开"的国家中，这种控制就是由政党来完成的。不过，古德诺在认识到政治必须对行政实施控制的同时，他也注意到这种控制有一定的限度，因此，他强调："一方面，为了保证国家意志的执行，政治必须对行政进行控制；另一方面，为了保证政府的民治性和行政的高效率，又不能允许这种控制超出其所要实现的合理目的。"① 由此可见，古德诺已经清楚地认识到，问题的关键是要找出政治对行政的这种必不可少的控制的恰当限度，以真正实现政治和行政的协调。

对此，古德诺的答案并不复杂，他把行政功能从内部进行了划分，包括执行功能、司法功能、准司法功能（如课税、具体规划、选举等）、统计功能和半科学功能（如专利事务管理、地质勘察管理等），他认为政治对行政的控制应当限于针对狭义的执行性机构，其他诸如司法、准司法、统计和半科学性质的政府机构都应该保持自己的独立性，不受政治影响。执行性官员（只限于最高级官员）从属于政治，保证政治对行政的控制，他们随政党而进退，而其余的行政官员应该是不受政治影响的常任文官，以保证行政的效率，不过，政治对行政的这种控制"是有限度的。超过这个限度，这种控制就不应该施行了。如果这种控制扩及行政事务中的所有官员，政府就会失去效率，并对很多事情失去处理能力，而这些事情只有政府才能有效地处理……只有坦白地承认必须对法律总的执行进行控制，并承认有一部分行政工作是政治所不应干预的，安全才能实现。只有如此，真正的民治政府和有效的行政管理才能得到"②。

第三节　行政的适度集权化是政治与行政实现协调的必要途径

古德诺认为，协调不仅取决于政治对行政的适度控制问题，而且还取决于行政权力的必要集中问题。由于美国是将分权理论精神贯彻得最为彻底的国家，它不仅将国家权力做了横向的划分，使立法、行政、司法相互分立、相互牵制，而且还使中央和地方分权，从而大大降低了中央集权化的程度。尽管美国的这一政治试验有可取的一面，但是其弊端也不可忽视，在这些弊端中，最大的弊端要数它导致的政治与行政失调。古德诺清楚地看到，这种分权特别是中央和地方的分权，造成了行政力量统一性的破坏，从而使国家意志的执行出现了问题。对于这种情况，古德诺描述说："任何国家意志的表达，在表达它的机关对它的执行没有控制的情况下都是一句空话。有关政府理论可能承认地方政治共同体在国家意志的表达上对国家的服从。然而，行政体制的运转可能使真正的实践与理论恰恰相反。国家意志的表

---

① ［美］F. J. 古德诺：《政治与行政》，王元译，22页，北京，华夏出版社，1987。
② ［美］F. J. 古德诺：《政治与行政》，王元译，50～51页，北京，华夏出版社，1987。

达可以委托给国家中央政府的一个机关。但是，如果国家意志的实际执行委托给不受任何有效的国家控制的地方政治共同体的话，这种地方政治共同体会通过运用其执行权力，或者某种真正的非执行性的或修正的权力，改变由代表整个国家的机关表达的国家意志，以便使之适应被认为是地方政治共同体的需要。"① 在古德诺看来，"在国家与地方政治共同体之间存在冲突的问题上，地方自治政府倾向于牺牲国家利益，因为它使国家意志的执行即使不是不可能，也是非常困难的"②。反过来说，"地方政治共同体要与国家（或州）的整体利益保持适当的关系，就不能完全不受国家（或州）的控制。如果完全不受国家（或州）的控制，就会导致国家（或州）的分裂。而如果国家（或州）在地方自治政府行政体制中的唯一控制，即立法控制被解除，而没有提供别的什么控制手段的话，地方政治共同体就会完全脱离国家（或州）的控制"③。于是，中央政府便会因此而通过加强立法（因为行政权在地方手中）来限制地方权力，保证统一。而一旦地方自治权受到侵害，它便会使用消极的不执行权来对抗。这样，国家的意志无法贯彻，而宪法规定的地方自治权实际上也受到了侵犯和否定。为此，古德诺认为，要改变这种状况，便只有通过行政权的集中这个唯一的途径，"因为只有行政在一定程度上被集权化了，才能达到政治和行政功能之间的必要协调……我们必须坚持这种集权……不管是从行政效率的观点看，还是从民治政府本身的存在看，坚持这一点都是必要的"④。

第四节　美国走向政治与行政协调的独特道路——法外调节

如前所述，古德诺指出了政治与行政实现协调的必要性，指出了政治与行政走向协调的两条必由之路：政治对行政的适度控制和行政权的必要集中。然而，美国宪法所提供的法定政府体制并没有使这种适度控制和必要集中得以成长和发展的任何基础。宪法使国家意志的主要体现者——立法机构不可能直接控制行政机构的领袖；使联邦行政权力和地方行政割裂开来而失去了统一性。那么，美国的政府体制仍然基本上保持了稳定和协调，它们依靠的是什么呢？古德诺发现，美国政府体制得以顺利运行所必不可少的"适度控制"和"必要行政集权"全来自于一种法定体制外的调节功能——政党，"政党不仅担负起了挑选在政府体制理论中是表达国家意志机关的成员，即立法机关成员的责任，而且担负起了挑选执行这种意志的人员，即执行官员的责任"⑤。通过政党对立法机构成员和执行机构成员的挑选，从而恢复了被法定政府体制割断了的立法机构对行政机构的某种有效控制；通过政党对中央行

---

① ［美］F. J. 古德诺：《政治与行政》，王元译，28~29 页，北京，华夏出版社，1987。
② ［美］F. J. 古德诺：《政治与行政》，王元译，31 页，北京，华夏出版社，1987。
③ ［美］F. J. 古德诺：《政治与行政》，王元译，33~34 页，北京，华夏出版社，1987。
④ ［美］F. J. 古德诺：《政治与行政》，王元译，69~70 页，北京，华夏出版社，1987。
⑤ ［美］F. J. 古德诺：《政治与行政》，王元译，57 页，北京，华夏出版社，1987。

政官员和地方行政官员的挑选，从而恢复了被法定体制所阻止的国家行政系统的大一统性质，建立起一种必要的行政集权。总之，正是由于政党本身的统一性和党员对党的忠诚，美国政治体制的设计者留给后人的巨大难题才得以顺利地解决。古德诺深有感慨地说："如果不是对政党有这样坚定的忠诚，我们的政府早就会被一群组织涣散、各行其是、无法无天的官员所充斥。他们会在权势上彼此分庭抗礼，在行动上随心所欲，尽管所有的官员按理说只是从事于执行尽可能具体的法律和表达在立法机构中有代表的人民的意志。"① 不仅如此，古德诺还强调："在美国的政府体制中，这种以协调国家意志的表达和执行的功能为己任的政党组织不仅应当强大，而且应当长期存在……因为没有哪次选举能在政府的决策机关即政治机关、政策执行机关即行政机关之间造成协调的关系。因为无论过去还是现在，在一次选举中很少能把所有以执法为职责的民选官员都选出来。这些官员的任期通常不大统一。因此，党的工作不是在一次选举中就完事了。党必须保持住它的组织，准备在行政体制所需要举行的许多次选举中，每次都为党所希望促进的问题而战斗。否则，它就会担负不起人民要它担负的协调国家意志的表达与执行的职责，而这种协调只有通过党才能达到。"② 古德诺正是以鞭辟入里的分析，对美国一百多年来奉为神圣不可动摇的、作为政府体制设计基础的分权制衡理论进行了深刻的反思。

第五节 美国加强民主与效率协调的主攻方向——政府体制的改革

考虑到政党在美国政府体制中具有如此重大的作用，古德诺认为，必须使美国的政府体制做出某种调整以正式容纳政党这个现实，发挥它已有的协调功能，制定出政党的行为规范，减轻和消除政党有可能给社会带来的消极因素。

为此，古德诺认为首先要变革美国行政分权的体制，从而使政党能对整个政府负起全责。由于美国政府体制上的原因，行政权是分散的。尽管政党担负起挑选行政官员的责任，但各类行政长官的任期不一致，选举有错落，政党在一次选举胜利中所能获得的对政府的控制并不全面。这种行政权不能集中于一党的局面便造成了责任不明确的弊病，进而必将会带来推诿、搪塞、涣散和无效率。为此，应该将所有行政执行权集中到一个行政长官手中，从而使政党能够通过一次选举胜利而担负起全部的责任来。正如他所言："这种行政集权运动……会解决政党责任的问题。它之所以能做到这一点，是因为在行政权集于一个行政长官之手的情况下，政党容易在一次选举中获得对政府的更大控制。如果体制是分权的，不同行政官员的任期又不一致，政党在一次选举中获得的对政府的控制就要小得多。"③ 这里，古德诺明确指出了建立行政集权体制是政党得以对政府负责、加强民主与效率协调的重要

---

① ［美］F.J. 古德诺：《政治与行政》，王元译，58页，北京，华夏出版社，1987。
② ［美］F.J. 古德诺：《政治与行政》，王元译，59页，北京，华夏出版社，1987。
③ ［美］F.J. 古德诺：《政治与行政》，王元译，107页，北京，华夏出版社，1987。

保证。

其次，由于美国政府体制高度分权所带来的各种复杂矛盾并非能够为一个弱小的、涣散的政党所解决，因此从这种实际要求中形成的政党都是较为强大的全国性政党。然而，一个强大的全国性政党也有可能在某种不受控制的情况下形成对民主和效率的破坏和威胁，这在一向把政党看成私人之间事情的美国传统面前，就更不能忽视。因此，古德诺认为，有必要对政党的行为做出规范，将政党这个法外的东西吸收到法律以内，加以一定的管束，防止政党将自身变成目的。文官制度的实行，实际上是对政党行为的一种限定，它不但保证了行政效率，而且也保证了政治对行政控制的适度。在把政党由法外引进法内来的问题上，古德诺还竭力主张要明确政党在政府体制中的地位，把它置于民主化、法制化的管理之下，从而使它摆脱受少数人控制和操纵的局面。古德诺还主张政党应该实行财务公开原则，防止政党和利益集团之间关系过于密切化。他说："如果我们希望我们的政党和政党领袖们能够在管理我们的政府中负起责任来，在美国，看来需要有适当的预选立法和涉及公司与政党领袖之间关系的，包括确保完全公开他们账目和活动的适宜的规定。"[①]

最后，古德诺认为，美国的两党制度实际上常常使选民对政党四年的整个政策做出单一的评判，这样往往导致许多问题不能真正体现出人民的意志。为了适应分解政治问题，从而使政党对人民的意志更负责任的需要，政府体制应该采取的另一项改革措施就是更加经常地使用公民投票的方法。在他看来，"我们完全有理由相信，更经常地借助于公民投票的方法，将会给减少政党目前必须从事的工作带来有利的影响，从而使政党对人民更加负责"[②]。

简 评

综上所述，古德诺不仅在威尔逊的政治—行政二分法的基础上做了进一步的阐释，而且更为重要的是，他着重对政治与行政的协调关系以及如何实现这种协调提出了独到的见解，其思想、观点不乏深刻之处。尽管古德诺由于受到时代的影响，没有把自己的主要注意力集中在行政管理部门的具体事务上，但他高屋建瓴地分析了行政管理有效开展所涉及的外部环境问题，具有较为开阔的视野。他通过对国家行政管理与政治、法律、政党的相互关系，行政管理与立法、司法的相互关系，中央与地方的关系以及公共行政功能与体制的关系等一系列重大理论问题的考察和分析，比较系统地阐述了他的行政学思想。从总体上来看，古德诺的行政学研究和威尔逊的研究有着相当一致的地方，他也是站在中小资产阶级利益一边，主张公共行政权力的集中，批评了美国建国之初被奉为神圣不可动摇的某些思想原则。因而，与威尔逊一样，古德诺的研究也明显带有某种批判精神，他把注意点放在影响行政变革的政府制度上，而没有真正深入到行政管理内部的那些技术性细节上去。这些特点的形成，显然

---

① [美] F.J.古德诺：《政治与行政》，王元译，134页，北京，华夏出版社，1987。
② [美] F.J.古德诺：《政治与行政》，王元译，109页，北京，华夏出版社，1987。

不只是由于古德诺的个人气质、性格因素的关系，而主要是由他所处的时代以及他所代表的利益造成的。通过对古德诺和威尔逊行政学思想的分析和研究，我们也许可以这样说：行政学的研究在威尔逊、古德诺这里只是完成了一个"起步"，它的深入、全面、系统的展开则是下一代人的课题。

思考题

1. 古德诺是怎样进一步阐释和发挥威尔逊提出的政治—行政二分法的？
2. 古德诺主张如何使政治与行政实现协调？
3. 古德诺认为美国应如何具体走向政治与行政协调？

第三章 韦伯的官僚制理论

本章提要

本章阐述了韦伯的权威结构理论与组织类型分析的主要内容，介绍了韦伯对官僚制及其特征的诠释以及对官僚制利弊的剖析，并从社会政治意义、学术意义和所存在的问题三方面对韦伯的官僚制理论进行了简要评价。

学习要求

1. 了解韦伯其人其事。
2. 掌握韦伯的权威结构理论与组织类型分析的主要内容。
3. 掌握韦伯对官僚制及其特征的诠释以及对官僚制利弊的剖析。

在当代社会科学领域，德国社会学家马克斯·韦伯（Max Weber）可以算得上是最有影响且最有争议的学者之一。韦伯于1882年进入海德堡大学攻读法律专业，并兼修中世纪史、经济理论、哲学和神学。后就读于柏林大学和哥廷根大学，于1889年以题为《中世纪贸易商社史》的论文获博士学位。他一生致力于社会、经济和政治问题的研究，写下了包括《经济与社会》《新教伦理与资本主义精神》《一般经济史》《社会和经济组织的理论》《政治论文集》《国家社会学》在内的大量学术著作，对许多社会、经济和历史问题都提出了独特的见解，创建了许多著名的学说，对社会学、经济学、政治学和管理理论的发展做出了重要的贡献，其中对于西方行政学的发展产生重要影响的便是官僚制（理想的行政组织体系）理论。

第一节 权威结构理论与组织类型分析

一、权威结构理论

韦伯以其开阔的视野将政府管理控制形式的演变和社会经济的发展联系起来考察，指出政府控制方式的更替、变换是整个社会变迁的一个重要的现象侧面。因此，韦伯官僚组织理论的一大特色就是带有很强的历史感。他把政府控制形式的探讨和人类的过去、现在和未来的命运联系起来，构成了一种浓厚的德国风格。韦伯认为，尽管社会组织在不同的发展时期具有不同的性质和特质，但权威和控制是各类社会组织不可或缺的要素之一。韦伯在对多种社会组织进行研究的基础上提出了自己关于组织现象的独特见解。

二、组织类型分析

韦伯对组织类型的分析是从一个基本问题开始的，即人们为什么会服从命令并按他们被告知的那样去行事，于是便产生了合法统治与权威类型的问题。韦伯首先分析了权威在维持和支配一个社会组织中的作用。他指出，任何一种组织都是以某种形式的权威作为基础的，权威能消除混乱、带来秩序，没有权威的组织是无法实现组织目标的。为了进一步阐述这一问题，韦伯对权威和权力做了区分。他指出，权力是无视人们的反对，强使人们服从的能力；而权威则意味着人们在接受命令时出于自愿。可见，在权威制度下，下级把上级发布的命令看作合法。正是根据这种权威合法化的方式，韦伯对不同类型的组织进行了区分。他认为有三种合法的权威，由此出现三种不同的组织形式，即"神秘化组织""传统组织"和"合理化—合法化组织"。其中，每一种组织形态都意味着其独特的管理机构或管理体制。当然，在现实生活中，任何组织都可以是三种组织形态的结合；然而，对于我们分析组织来说，区分三种完全不同的组织形态还是十分有益的。

"神秘化组织"形态行使权威的方式是基于领导者个人的人格，它以对个人的崇拜、迷信为基础，如对宗教先知、军事领袖和政治领袖的崇拜，崇拜这些人的超人能力、英雄主义精神及模范品格。韦伯用"超凡魅力"一词来说明领导者个人的人格。借助于这一特性，领袖成为超脱凡人，被赋予超自然、超人的权力，或起码具有非同一般的权力或才能的神秘人物。然而，在这类组织中，由于领导的权威仅仅依靠领导者个人的人格，组织成员对命令的服从，便仅仅是基于领导者个人的感召力和煽动力，因此，这种组织内在的基础并不稳固，常常会出现"人存政举，人亡政息"的现象。当领袖死后，而组织的权威必须继续时，就会产生权威的继承问题。在政治组织和宗教组织中，领袖死后经常出现的情况是，运动发生分裂，即各派弟子争当那个具有超凡魅力的领袖的"正宗"继承人，由此，组织和其所从事的运动便开始了它们的分裂过程。然而，即使领袖本人指定了继承人，这个继承人也不一定被组织成员所接受。事实上，不可能另外还有一个具有与他同样超凡魅力的领袖可以接替他的权威和他在组织中的地位。因此，当那个对组织成员具有超凡魅力的领袖死后，组织必将失去其神秘化的形式，而变成"传统组织"或"合理化—合法化组织"中的一种：假如领袖的继承问题是通过遗传的方式来解决的，那么"神秘化组织"就会演变成为"传统组织"；假如领袖的继承问题是根据已有的法则来决定的，那么"神秘化组织"就将发展成为"合理化—合法化的组织"，即"官僚组织"。

在"传统组织"中,行使命令和权威的基础是先例和惯例。从前经常发生的事情被看作神圣的东西并由此确定了各种团体的权利和期望。因此,在这种组织中,习惯成了伟大的仲裁者;领袖由于其在组织中所继承得来的地位便拥有了权威,而权威的内容则是根据习惯来确定的。当"神秘化组织"通过世袭的方式使那个具有超凡魅力的领袖的权力得到继承时,原领袖的那种超凡的魅力或所谓神授的能力便成为组织的惯例而固定下来。这时,就新领袖的权威而言,起作用的就不再是该领袖的人格,而是其所担当的角色,该领袖的权威是以对传统文化的信仰与尊重为基础的。在传统的权威制度下,存在着两种组织形式——"世袭制"和"封建制"。在前者中,官员只是领袖个人的奴仆并从领袖那里获取他们的报酬;而在后者中,官员则拥有自己的收入来源并对领袖保持着一种传统上的忠诚关系,因此,他们比"世袭制"组织中的官员享有更多的自主权。韦伯认为,封建制度的物质基础是什一税制、采邑制和遗产继承制,而维持这些制度的关键却是过去的惯例以及已成为惯例的权利与义务的体系。当然,韦伯所举的例子都是历史上发生过的事情,不过他的那些见解仍然可以运用于对现代组织的分析。在许多组织中,组织并不是在理性分析的基础上来考虑其所采取的工作方式是否合适,而只是根据其从前总是采用的那种工作方式去看待其目前采用的工作方式正确与否,因为这些组织认为它们过去常常采用的那种工作方式本身就是合理的。可见,这种组织类型的权威明显具有世袭性、封建性和绝对性的特点。所谓世袭性就是公之子恒为公、士之子恒为士;封建性是指领导者与被领导者之间是主人与臣仆的关系,信奉家长政治和老人政治,整个组织如同一个家族;而绝对性则意味着领导者的意志就是法律,权威不受限制,至高无上。

在"合理化—合法化组织"中,行使权威的基础是组织内部的各种规则,人们对权威的服从是由于有了依法建立的等级体系。此时的权威必须在组织中担任一定的领导职务,被领导者对权威的服从实质上是对组织规则的服从,在赢得服从这一点上与领导者个人的品质、能力、学识关系不大。此时,领导者与被领导者之间在法律地位上显然是平等的,各自都要受到组织规则的约束。这类组织是以官僚组织的形式出现的,而韦伯则把它看作现代社会中占主导地位的权威制度。这一权威制度之所以被称为合理化的制度,是因为它被专门用来作为实现某些既定目标的手段;同时,这一关于组织的权威制度又被称为合法化的制度,因为在此类组织中有着一系列的规则和程序,一定的时候在组织中担负一定职务的组织成员必须依据相应的规则和程序行使其权威。韦伯用"官僚制"一词来称呼这种组织。

韦伯认为,在基于三种权威而形成的三种组织类型中,与传统权威相适应的组织类型效率较差,因为其领导者不是按能力来挑选的,其管理单纯是为了保存过去的传统而行事。基于超凡魅力权威而形成的组织则过于带感情色彩并且是非理性的,其管理工作不是依据规章而是依据神秘或神圣的启示来进行的。而只有合理合法的权威才能作为行政组织的基础。所以,在韦伯看来,只有这种与合理合法权威相适应的组织形式才是"理想的官僚制",这也是韦伯倍加推崇的组织形式。应当注意的是,韦伯在此所讲的"官僚制"一词与人们对这个词的日常理解有很大的差异;所谓"理想的",也并不是指应当或合乎需要之意,它是讲组织的纯粹形态或标准模式，而现实中的组织往往是多种形态的混合，韦伯在此的目的是试图勾画出一种纯粹的、抽象的、标准的组织形态，以此作为参照系与其他社会组织进行对比和分析。弄清韦伯的官僚制组织及其理想形态的确切含义，是全面把握韦伯组织理论的关键。

第二节 官僚制及其特征

一、官僚制

"官僚制"是一个颇具歧义的词语。从语源学角度看，"官僚制"（bureaucracy）一词是由法文 bureau 与希腊文 kratos 复合而成。bureau 原指带有书写用折叠板的家具，后衍义为书桌，进一步引申为放书桌的办公室、官邸、办公场所；kratos 具有管理、治理、统治之意。这一术语 18 世纪以来即被使用，本意是指实施管理的社会行政机构（的特殊形式）。

但习惯上，尤其在汉语中，官僚制是一个贬义词，它往往成为低效率的同义词，它强调该制度下产生的烦琐公事程序、拖沓的工作作风以及泛滥成灾的各种公文和会议记录，所以人们常把它和低效率的行政管理等同起来，意指政府行政管理活动中问题与弊端的状况。然而，韦伯所说的"官僚制"却有着截然不同的含义。在他看来，所谓"官僚制"是指一种以分部—分层、集权—统一、指挥—服从等为特征的组织形态，即现代社会实施合法统治的行政组织。从纯技术的观点来看，"官僚制"是效率最高的组织形式，政府、军队、宗教团体以及早期的企业采用的都是这种组织形态，它是一种高度理性化组织机构的"理想类型"。可见，在这种意义上，"官僚制"基本上属于中性词汇。在早期英译汉活动中，人们习惯把 bureaucracy 译为官僚或官僚组织，细究之，这种译法并非很贴切，因为在汉语中它通常表达的是贬义，常常可能引起误解。所以，目前许多人改用"科层组织"一词取代官僚组织的译法，这不无道理。但考虑到约定俗成的因素，在此还是沿用传统译法，不过在论述时则将其视为中性词汇。

二、官僚制的特征

韦伯认为，作为一种理想的行政组织形式，"官僚制"具有以下基本特征：

第一，合理的分工。明确划分每一个组织成员的职责权限并以法规的形式严格固定这种分工是官僚制的重要特征之一。在官僚制组织中，管理层和任务层都有一种高度明确的分工，即将组织中的全部工作分成若干大的方面，再将每个大的方面的工作分为若干小的方面，直至将每个小的方面的工作分工至每个职位所应承担的任务。工作的专业化便是这种高度明确分工的结果。韦伯认为，组织根据分工要求规定每一职位均有特定的权责范围，这样不仅有利于组织成员通过训练掌握专门的技能,更有利于提高组织的工作效率。

第二,层级节制的权力体系。官僚制组织是一个等级实体,具有等级与权力一致的特征,其中,将各种公职或职位按权力等级组织起来,形成一个指挥统一的指挥链条,沿着自上而下的等级制,由最高层级的组织指挥控制下一层级的组织直至最基层的组织,于是便形成了官僚制组织中层级节制的权力体系。在韦伯看来,这种层级节制的权力体系可以使组织中的每个成员都能够确切知道从何处取得命令以及把命令传达给何人,它有助于克服组织管理中的混乱现象,提高组织的工作效率。

第三,依照规程办事的运作机制。在官僚制组织中,管理工作不是随心所欲地进行的,官僚制组织通常要制定一整套规则和程序来规范组织及其成员的管理行为,以保证整个组织管理工作的一致性和明确性。韦伯认为,这些规则和程序是根据合理合法的原则制定的,它们具有稳定性,可以保证官僚制组织的合理性、合法性、稳定性和连续性。具体来说,这些规则和程序所具有的作用主要体现在:(1)使组织中的每个部门、单位、个人都具有法定的权力和责任;(2)规范组织及其成员的行为,使他们依法行使自己的职权;(3)使那些只有具备法定资格条件的人才能被任用。

第四,形式正规的决策文书。在官僚制组织中,一切重要的决定和命令都应当形成正式文件而下达,并且要记录在案,用毕归档,为此,官僚制组织要设立一个妥善保管一切记录和文件的"档案馆"。韦伯认为,官僚制组织的这一特征使得组织独立于个人之外,在一个组织中,尽管其领导可能会因工作需要而有所变动,其成员也可能会由于某种原因来去不定,但它的文件规定却具有相对稳定性。在他看来,以文件形式下达决定和命令,有利于下级组织及其成员明确上级组织所下达的任务、规范要求和自己应履行的权责;而就上级组织来说,由于其对所属部门和个人的任务分配比较明确具体且已记录在案,因而也便于加强必要的控制,有利于组织有效地实现其目标。

第五,组织管理的非人格化。韦伯认为,人的个人情感和好恶等非理性因素常常会影响其理性、合法性和客观性,进而会助长亲情、裙带和偏爱等关系,而这一切都会严重干扰和妨碍组织管理工作的有效开展。因此,在官僚制组织中,管理工作是以法律、法规、条例和正式文件等来规范人的行为的,公事和私事之间界限明确,公务活动与私人生活在关系和范围上是截然分开的,在公务活动中不得掺杂个人情感、偏好等非理性因素;在组织成员之间的公务关系中存在的只是对事而非对人的关系,人们在处理公务时只应考虑合法性、合理性及有效性,而不应考虑任何私情关系。

第六,适应工作需要的专业培训机制。官僚制发展的一个重要标志就是专业管理人员的增加以及在各业务部门中专家人数的增加。韦伯指出,官僚制是建立在高度分工和专业化基础之上的,为了有效地处理纷繁复杂的事务和解决各种各样的问题,各个部门均有一套稳定且详细的技术规范要求,因此,组织在各个领域都必须配备专家和技术人员,以适应工作需要。随着社会的进步和科技的发展,官僚制组织必须为其成员提供各种必需的专业培训,以使其具备和增强处理事务和解决问题的能力,进而提高其服务数量和质量,从根本上提高组织的工作效率。

第七，合理合法的人事行政制度。关于官僚制组织的人事行政问题，韦伯用了较多篇幅予以阐述，他认为，官僚制组织的人事行政具有以下特点：（1）人员任用的根据不应是信仰、籍贯、关系和性别，而应是工作性质的要求以及人员本身所具备的资格条件，包括学历、专业、经验和能力。（2）对于人员的职位应根据职位等级系统给予合理的安排，以使其能在合适的位置上充分发挥其才能。（3）职务是通过自由契约关系来承担的，除非犯有重大过失并依照法定规则加以免职，否则组织不能单方面地随便结束这种契约关系；相反，本人则有权自由脱离组织。因此，从原则上讲，人员可以按其特长自由选择每一个职位。（4）每一个职务都有一个法律意义上明确规定的权责范围和应具备的学识、能力和经验。（5）组织应当具有明确固定的货币工资制度，工资标准基本上是根据人员在等级系列中的级别、职位的责任大小以及年资和社会地位来确定的。（6）人员的奖惩应根据其工作的优劣来确定。（7）人员晋升的根据应是人员工作成绩的大小和资历的深浅，而不应看其是谁以及有什么关系。（8）任何人员不得将自己的职位私自转让或指定他人非法继承。（9）行政人员不拥有任何获取其职位的手段并且不能滥用其职权。（10）行政人员在行使职务时受到严格而系统的纪律约束和控制。

根据韦伯对理想型官僚组织的分析，它显然属于一种典型的行政组织。他认为，从技术观点来看，这种纯粹的官僚集权式行政组织能够最大限度地发挥效率，因此这种组织是对人进行绝对必要控制的最合理的手段，在精确性、稳定性、严格的纪律性和可靠性等方面都比其他组织形式要优越，它能够正式应用于各种行政管理任务中。

第三节 官僚制的优点与缺点

通过对官僚制的本质及特征的深入系统分析，韦伯认为，官僚制具有巨大的优越性，在他看来，这种优越性具体体现在以下四方面：第一，严密性。官僚制组织通过等级结构进行控制，按专业化标准进行，权力分层、职位分等、层层节制，因而环环相扣、秩序井然，严格的岗位责任制使一切个人都统一在一个法则系统之内。第二，合理性。由于专业技术知识居于中心地位，任何规定都详细具体，具有可操作性，因而显示出精确、迅速、统一、协调、节约和高效等优势。第三，稳定性。非人格化秩序的确立，使管理的任何步骤都源于法规，摆脱了长官意志，保证了体制的连续性和稳定性。第四，普适性。官僚制组织适用面广，政府机关、公共事业、各种企业甚至私人组织都可以采用。

由于官僚制具有上述优点，所以韦伯认为资本主义离不开它，否则就不可能有发展，而社会主义由于科层化程度更高，更需要它。应当指出的是，韦伯在看到官僚制的优越性、不可摆脱性的同时，也指出了它的弱点。他认为，官僚制犹如一个巨大的铁笼，将人固定在其中，压抑了人的积极性和创造精神，使人成为一种附属品，只会机械地例行公事，成为没有精神的专家，没有情感的享乐人，整个社会将变得毫无生气。这种后果在韦伯看来是可怕的，人追求理性、合理化，把管理作为一种手段，但最后在合理化中丧失了自我，管理变成了目的本身。在这种理性主义和人本主义的冲突面前，韦伯感到两难、悲观。作为一种希望，韦伯指望人类将运用"超凡魅力"的革命性力量来冲破官僚制最终造成的沉闷局面，延展合理化的进程。

简 评

韦伯的官僚制组织理论在西方社会科学发展历史上产生了重要的影响，同时也引起了很大的争论，有人赞誉他，也有人批评他。综合各家学说，我们可以从社会政治意义、学术意义和所存在的问题三方面对其进行简要评价。

就韦伯官僚制理论的社会政治意义而言，在德国工业化高速发展的进程中，韦伯敏锐地感觉到旧的社会结构正在迅速瓦解，新的社会结构正在成长——皇权统治业已崩溃，以家庭为基础的旧企业体系正在解体。与此同时，新型工业化大企业发展迅速，国家、军队、政党等其他社会组织也获得了巨大的发展，这是一个历史的十字路口。韦伯认为，此时一个非常重要的问题就是使组织合理化，越是大型组织机构的发展，越要求管理合理化，以此为新的资本主义国家政府管理和企业管理提供所需的效率。在他看来，资本主义发展需要有稳定、严格、精细、可靠的管理，而官僚集权组织恰恰可以满足这种需要。有人用英国的斯密与韦伯进行对比，两人分别为扫除各自国家资本主义发展道路中的障碍做出了巨大的贡献，斯密的功绩在于摧毁阻碍英国资本主义发展的重商主义改革，而韦伯的功绩则在于对旧传统以及对经济发展的政治控制展开抨击，强调以知识和技能进行管理的必要，因此把韦伯比作德国的斯密不无道理。

而从韦伯官僚制理论的学术意义来看，韦伯是最早对社会生活中的组织现象进行系统研究的学者之一，因此，有人把韦伯称作"组织理论之父"，其理论贡献主要在于：第一，韦伯对各种社会组织进行比较研究，提出了一个对不同组织的性质、形态、特征进行分析的理论框架，三种组织形态的划分有着重要的理论价值。第二，韦伯把组织形态与权威性质结合起来进行分析，这既是对历史上权力问题研究的重要发展，又为后人研究组织问题指出了一个重要的方向。第三，韦伯对官僚制组织的功能、结构、管理方法进行了比较详细的分析，揭示了行政组织中的许多重要特征和管理原则，例如，关于专业分工、职责权限、层级节制、考试录用、工作报酬等问题的论述，对于后人的行政管理研究都极富启迪意义。第四，韦伯强调在知识和技能的基础上行使控制，这不但为解除资本主义生产方式上的封建约束提供了理论依据，而且为实施科学化管理奠定了必要的基础。第五，韦伯把行政管理与效率问题紧密地结合在一起，认为行政管理就是要最大限度地追求效率，这是一个重要的理论贡献，它充分反映了新型资本主义生产方式所需要的价值观念和管理观念。

至于韦伯官僚制理论存在的问题，按照现代的观点，主要表现在：第一，韦伯的理论是对普鲁士官僚行为进行高度抽象的结果,是一种高度纯化的理论描述,与现实生活相距较远,或者说,现实中不会真正出现韦伯所推崇的理想型官僚组织,因而无法对韦伯的理论进行实证性论证。第二,韦伯对官僚组织的分析偏重于静态研究,过分强调机械式正式组织的功能,而忽视了组织运作过程中的实际状态;过分强调层级节制体制,而忽视了下级人员的主动性和积极性;过于强调遵守组织规则,使组织陷于僵化,缺乏应变能力和弹性。第三,韦伯的理论偏重于对组织内部形态和管理结构进行分析,缺乏对组织与其环境之间相互关系的探讨,这也是传统组织理论中共同存在的问题。第四,韦伯的理论中过分强调专业分工和职能权限划分的意义,而忽视了宏观协调以及消除本位主义的问题。第五,韦伯的理论过于强调人员稳定,易于导致组织惰性;过于强调年资在升迁中的意义,易于形成论资排辈的不良观念,不利于激发组织成员的工作积极性,不利于服务质量的改善。第六,韦伯的理论过于强调组织利益和组织效率,而忽视了组织成员多方面的心理需求及人性发展。

最后应当指出的是,尽管韦伯的理论存在上述种种问题,但是,通过以上分析不难看出,韦伯的组织理论对于我们分析组织,尤其是正式组织提供了很好的指导原则,而且其组织理论之博大精深,远远超出了行政学研究的一般眼界,其生命力和影响将会是持久的。其实,仅从行政学的角度来看,韦伯的官僚制理论与威尔逊和古德诺的政治—行政二分法是一致的:政治领域(政策制定)与行政领域(政策执行)之间的区分是一种在行政管理过程中积极摈弃非理性因素干扰的努力,它重视行政管理应具有的独立地位,在行政管理独立自主的前提下,将职业化、专业技能和功绩制的价值观等理性标准引入行政管理过程,追求行政管理的客观化、科学化和理性化。也就是说,威尔逊的政治—行政二分法和韦伯的官僚制理论都认同行政管理的完善取决于从行政公务中积极排除政治性因素。行政管理的高效运作要依靠来自客观实际的可靠性法规的技术应用,要采取一套逻辑的、严格的和机械性的行为方式。如果说威尔逊在政治—行政二分法的基础上提出了建立行政学的必要性并大致框定了行政学研究的独立领域,那么韦伯的官僚制理论则从组织体制的角度为行政学的创立提供了理论框架,威尔逊政治—行政二分法的提出和韦伯官僚制理论的创立均为行政学成为一门独立学科提供了理论支撑。

思考题

1. 韦伯是如何对不同类型的组织进行区分的?他认为"理想的官僚制"是怎样的?
2. 韦伯所谓"官僚制"是何含义?其有何特征?
3. 应当怎样评价韦伯?

第四章　泰勒的科学管理理论

本章提要

本章着重介绍了泰勒的科学管理理论的主要内容：科学管理的中心问题是提高劳动生产率；提高劳动生产率的关键在于为工作挑选"第一流的工人"；实行标准化原理；实行刺激性的工资报酬制度；工人和雇主两方面都必须来一次"精神革命"；把计划职能同执行职能分开，变原来的经验工作法为科学工作法；实行职能工长制；在组织机构的管理控制上实行例外原则等。此外本章还对泰勒的地位和作用做了基本评价。

学习要求

1. 了解泰勒其人其事。
2. 掌握泰勒的科学管理理论的主要内容。
3. 掌握泰勒的科学管理理论的地位和作用。

西方行政学的产生和发展是与西方科学管理运动密切相关的，如前所述，在某种意义上，正是科学管理运动的兴起才促成了西方行政学的产生和兴盛，而对于这场科学管理运动的形成起着决定性影响的乃是泰勒的"科学管理理论"。弗雷德里克·温斯洛·泰勒（Frederick W. Taylor）自幼爱好科学研究和实验，对任何事情都想找出"一种最佳方法"，他曾以优异成绩考取哈佛大学法律系，但因学习过于勤奋，患了眼疾而不得不辍学务工，先后做过机械工人、车间管理员、技师、工长、总工程师和总经理。他在长期的工作实践中深感当时的企业管理当局不懂得用科学方法进行管理，不懂得工作程序、劳动节奏和疲劳因素对生产率的影响；而工人则缺少训练，没有正确的操作方法和适用的工具，这些都大大影响了劳动生产率的提高。为了改进管理，他从1880年开始进行试验，系统研究和分析了工人的操作方法和劳动所花的时间。在此基础上逐步形成了后来被称为"科学管理"或"泰勒制"的管理理论和管理制度。泰勒在管理方面的著作主要有《计件工资制》（1895）、《工厂管理》（1903）、《效率的福音》（1911）以及《科学管理原理》（1911）和《科学管理》（1912）等，其中尤以《科学管理原理》最为著名，该书风行一时，影响甚大。作为"科学管理之父",泰勒的科学管理理论主要就体现在《科学管理原理》一书中。

第一节 科学管理的中心问题是提高劳动生产率

泰勒在1912年出版的《科学管理》一书中曾强调提高劳动生产率的重要性。在他看来,人的生产率的巨大增长这一事实标志着文明国家和不文明国家的区别,标志着人们在一两百年内的巨大进步。正是由于生产率的增长,使得今日的劳动人民生活得几乎同250年以前的国王一样好。科学管理如同节省劳动的机器一样,其目的正在于提高每一个单位劳动力的产量。

泰勒认为,当时工人提高劳动生产率的潜力是很大的。他在一项工人搬运生铁的试验中,使工人每天搬运生铁的数量普遍地从12.5吨增加到47.5吨,增加了3.8倍。可是,当时不论是雇主还是工人,对于一个工人一天应该干多少活,都心里没数。工人由于对资本家的剥削不满,而且多劳不能多得,工资微薄,于是普遍采用"磨洋工"的斗争形式,没有充分发挥出劳动的潜力。而雇主或管理人员对工人一天应做的工作量也没有客观依据,只是凭一般印象或根据不完全的记录来确定一个标准,因而常常引起劳动纠纷。在泰勒看来,要制定出有科学依据的工人的"合理的日工作量",就必须进行试验和研究,即进行工时和动作研究。泰勒的方法是,选择合适而熟练的工人,把他们的每一项动作、每一道工序所需的时间记录下来并把这些时间加起来,再加上必要的休息时间和其他延误时间,就得出完成该项工作所需的总时间,据此定出一个工人的"合理的日工作量",这就是所谓的工作定额原理。

第二节 提高劳动生产率关键在于为工作挑选"第一流的工人"

何谓"第一流的工人"?泰勒认为,那些能够工作而不想工作的人不能成为他所说的"第一流的工人"。他曾试图阐明,每一种类型的工人都能找到某些工作,并能成为第一流的工人,除了那些完全能做这些工作而不愿做的人。可见,在泰勒看来,人具有不同的天赋和才能,只要工作对他合适,都能成为第一流的工人。如身强力壮的人,干重活是第一流的,但干精细活就不一定是第一流的。心灵手巧的女工,虽然干重活不一定是第一流的,但干精细活却是第一流的。所以,问题的关键在于要努力使得每一种类型的工人都找到能够使其成为第一流工人的工作。泰勒认为,所谓"非第一流的工人",只是指那些体力或智力不适合于分配给他们的工作的人,或那些虽然工作合适却不愿努力工作的人。对于那些不愿努力工作的人,应该采取说服教育和纪律约束等措施,并配合刺激性付酬制度,使其努力工作。对那些体力或智力上不适合干分配给他们工作的人,应加以培训,使之适应工作需要,

31

或把他们重新安排到另一些适合于他们的工作岗位上去。这里我们不难看出，泰勒十分强调人力资源的科学管理对于人能否成为"第一流的工人"所具有的决定性影响。

关于培训工人使之成为"第一流的工人"，泰勒指出，对那些尚未掌握科学工作方法的非第一流工人，在老的组织中，工头会对他说："你不行，走开吧，我没有多余的时间同你讲，你不可能挣得高出60%的工资，离开这里，走开！"这样做不客气，但工头没有时间闲谈。而在新的组织中，泰勒认为，一个用铲子的老师会来看这个工人。一个所谓用铲子的老师就是一个善于用铲子的人，他在使用铲子上有出色的表现，而他又是一个和善的人，知道如何教别人学会使用铲子。在泰勒看来，用铲子是相当大的一门学问，可不是一件小事，在新制度下，如果有一个工人没有干好，总是假定首先是我们管理人员的过错，可能是我们没有正确地教会这个工人，没有给他做出一个好的榜样，没有花费足够的时间教他怎样干他的工作。所以，泰勒认为，培训工人成为"第一流的工人"，是管理者的职责。至于工作定额的制定，泰勒是以第一流的工人"能在不损害其健康的情况下维持很长年限的速度，能使他更愉快而健壮的速度"为标准的。第一流的速度不是以突击活动或持续紧张为基础的，而是以工人能维持的正常速度为基础的。泰勒认为，健全的人事管理的基本原则是：使工人的能力同工作相配合。企业管理当局的责任在于为雇员找到最合适的工作，培训他们成为第一流的工人，激励他们尽最大的力量来工作。所以，泰勒所谓的第一流的工人是适合于其工作而又愿意努力干的人，并不像有些人理解的那样是一些体力超过常人的"超人"。

第三节　实行标准化原理

泰勒认为，在制定了恰当的工作定额并挑选了"第一流的工人"之后，应当实行标准化原理，即要使工人掌握标准化的操作方法，使用标准化的工具、机器和材料并使作业环境标准化。在此之前，工人的操作方法和使用的工具往往是根据自己的或师傅的经验来确定的，工人劳动和休息的时间以及机器设备的安排等也是由管理人员根据自己的判断或过去的记录确定的，缺乏科学依据。在泰勒看来，必须用科学方法对工人的操作方法、使用的工具、劳动和休息时间的搭配，以至机器的安排和作业环境的布置等进行分析，消除各种不合理的因素，把各种最好的因素结合起来，形成一种最佳方法。他把这看作企业管理当局的首要职责。泰勒认为，有意识地把企业中工作的所有20种不同工匠的经验知识（这些经验知识存在于这些工匠的头脑中、手中、身体中，是他们的诀窍、熟练技术，而从来没有被记录过）收集起来，加以分类并制成表格，在绝大多数情况下归纳成法则和规则，制定出一些数学法则。当企业管理当局把这些应用到工人的工作中之后，将会大大提高工人的产量。这就发展出一种用来代替工人原来的经验知识的科学方法。泰勒通过各种试验研究成功地证实了这一点。

第四节 实行刺激性的工资报酬制度

为了鼓励工人努力工作，完成定额，泰勒提出了这一原则，它主要体现在其计件工资方案中，内容主要包括：

第一，通过工时研究和分析，制定出一个定额或标准。这要由管理当局来做，由定额制定部门来设计各种工作，并把工作分解为各项要素，为每一项要素制定出定额。这样把定额的制定从以估计和经验为基础改变为以科学为基础。

第二，采用一种叫作"差别计件制"的刺激性付酬制度。这种付酬制按照工人是否完成其定额而采取不同的工资率。如果工人达到或超过了定额，就按"高"工资率付酬，为正常工资率的125%。而且，不仅超额部分按"高"工资率计算，全部工作量都按这个"高"工资率计算。如果工人的生产没有达到定额，就按"低"工资率付给，为正常工资率的80%，以此来督促和鼓励工人完成和超过定额。如果工人不是由于懒惰而没有完成定额，那么责任在于企业管理当局，领导者应该教会工人工作或把他调到更适合于他的工作岗位上去；如果工人没有完成定额是由于自己的懒惰，那他就是自作自受，只能按"低"工资率得到报酬。后来，泰勒受到其朋友和支持者甘特的影响，在工资问题上的严厉态度有所缓和，更多地考虑使工人拥有最低的工资保障。例如，他在《工厂管理》一书中既提到了"差别计件工资制"又提到了"任务和奖金工资制"。"任务和奖金工资制"规定：工人不论其生产量的高低，都有一个保证的日工资，如果工人完成了生产任务，就能得到奖金。奖金的多少根据工作的性质和激励工人的需要而定，在日工资率的30%～100%之间。按这种规定，工人在没有完成生产任务时，仍有一个保障工资，因而被认为更多地考虑到了人的需要方面。

第三，工资支付的对象是工人而不是职位，即根据工人的实际工作表现而不是工作类别来支付工资。这样做既能克服工人"磨洋工"的现象，更能调动工人的积极性。所以，泰勒不同意为了维护工人团结而使所有做同类工作的工人的工作条件和工资一致化的做法。他认为这样会挫伤工人提高生产率的个人积极性。在他看来，他提出的计件工资制能够促使工人大大提高生产率。企业管理当局的工资支付虽然增加了，但由于生产率的提高大于工人工资提高的幅度，所以这一做法对雇主还是有利的。

第五节 工人和雇主两方面都必须来一次"精神革命"

长期以来，劳资双方普遍存在相互指责、相互怀疑乃至彼此对抗的状况，因为雇主关心的是低成本，工人关心的是高工资。对此，泰勒认为，工人和雇主两方面都必须来一次

"精神革命",双方必须将相互指责、相互怀疑、相互对抗变为相互信任、相互合作。只有工人和雇主双方变相互对立为相互协作,共同为提高劳动生产率而努力,才有利于提高劳动生产率,而只有劳动生产率提高了,他们双方才都可以达到自己的目的。所以,在泰勒看来,雇主和工人双方进行的这种"精神革命"是从事协调与合作进而提高劳动生产率的基础。泰勒还就为了实现这种"精神革命"工人和企业管理当局双方各自的职责作了具体说明。他认为,在工人方面,应该做到:一是不再为生产中的盈余如何在工资和利润之间分配而烦恼和斗争;二是同意在提高生产的基础上将工资提高30%~100%。这个标准是通过试验而科学地确定的;三是放弃一切怠工的想法并帮助企业管理当局建立科学的生产方法;四是同意由企业管理当局科学地决定做什么,什么时候做,如何做,以及做多长时间;五是同意按企业管理当局规定的新方法来进行培训。在企业管理当局方面,则应该做到:一是为每种作业制定一种科学的方法,以代替主观和经验的方法;二是科学、精确地确定从事每项工作的正确时间和方法;三是选择并训练工人,使之担任最合适的工作,即在他经过训练以后所能担当的最困难的工作,而他仍能成为"第一流的工人";四是建立一个合适的组织,从工人那里接管除了工作的实际执行以外的全部责任;五是同意自己也接受每项作业科学的和事实的控制,从而放弃自己对工人的专断权力。遗憾的是,泰勒所期望的这种"精神革命"在当时的社会历史条件下并没有而且也不可能实现。

第六节 把计划职能同执行职能分开,变原来的经验工作法为科学工作法

为了提高劳动生产率,泰勒主张明确划分计划职能与执行职能,改变传统的经验工作方法。所谓经验工作法,就是每一个工人用什么方法操作、使用什么工具等都由他根据自己或师傅等人的经验来决定。所以,工效的高低取决于他个人所采用的操作方法和工具是否合理以及他本人技术熟练的程度和努力的程度。至于科学的工作方法,就是前面提到的在试验和研究基础上制定的标准操作方法并采用标准化的工具和设备等。泰勒认为,工人单凭自己的经验是找不到科学方法的,而且他们也没有时间和条件去从事这方面的试验和研究。所以,必须把计划职能和执行职能分开:计划职能归企业管理当局并设立专门的计划部门来承担,计划部门从事全部的计划工作并对工人发布命令。计划部门的主要任务有:一是进行调查研究(如工时和动作研究等),以便为确定定额和操作方法提供科学的依据;二是根据调查研究的结果制定出有科学依据的定额和标准化的操作方法和工具;三是拟订计划并发布指示和命令;四是对"标准"和"实际情况"进行比较,以便进行有效控制。至于现场的工人和工头,则从事执行职能,即按照计划部门制定的操作方法和指示,使用规定的标准化工具,从事实际的操作,不得自行改变。泰勒把这种职能的分工作为科学管理的基本原则之一,他认为,应有意识地把以前由工人承担的工作分为两部分,其中一部分交由企业管理当局承

担。企业管理当局要承担许多原来由工人承担的新任务。把这些任务交由企业管理当局承担，以前是人们没有想过的，这就需要企业管理当局同工人之间进行合作，而这种合作正是在科学管理制度下的工人从来不进行罢工的最主要的原因。在泰勒看来，如果你和我共同进行一项工作，并且认识到我们是相互依赖的，那我们之间就不可能发生争吵。也许我们在最初可能发生争吵，有些人感到难以进行合作，但一旦他们进行下去并认识到双方的幸福取决于每一方做好分内的工作，那又有什么理由要进行罢工呢？他们认识到不能对帮助自己的朋友进行罢工。泰勒认为他可以真诚地说，在科学管理制度下，与其说工人是企业管理当局的仆人，不如说企业管理当局是工人的仆人。而且他认为他还能够说，企业管理当局方面的责任感比工人方面更大。企业管理当局必须承担自己的一份责任，并时刻做好准备，这就是企业管理当局在科学管理制度下的责任感。

第七节 实行职能工长制

为了提高工效，泰勒主张实行职能工长制。泰勒指出，在传统的组织机构中，一个工长为了圆满履行其职责，必须具备九种素质：一是智能；二是教养；三是专门的或技术性的知识，敏捷而又有力量；四是才能；五是精力；六是坚韧刚毅；七是正直；八是判断力或常识；九是健康。但一般人很难完全具备这些素质，只能具备其中的少数几种。这样，为了使工长能有效地履行其职责，就必须把管理工作进行细分，使所有工长只承担一种管理职能。这样一来，同只接受一个上级领导的军队式组织不同，工人就要从几个承担不同职能的上级那里接受命令了。泰勒设计出了八个职能工长，代替原来的一个工长。这八个职能工长中，有四个在计划部门，有四个在车间。这种职能工长显然已不是严格意义上的工长了，但他们或多或少地承担着原来一般工长的某些职能，负责某一方面的工作，在其职能范围内可以直接向工人发出命令。

泰勒的这种职能工长制是以机械工业为依据提出的，但他认为也适用于其他行业。他认为，这种职能工长制有三个优点：一是由于管理者（职能工长）只承担某项职能，所以其培训只花费较少的时间；二是管理者的职责明确，因而可以提高效率；三是由于作业计划已由计划部门拟订，工具和操作方法都已标准化，车间现场的职能工长只需进行指挥监督，因此低工资的工人也可以从事比较繁杂的工作，从而降低整个企业的生产费用。然而，后来的事实表明，一个工人同时接受几个职能工长的多头领导容易引起混乱。所以，这种职能工长制没有得到推广。但是泰勒的这种职能管理的思想却为以后职能部门的建立和管理的专业化提供了参考。

第八节 在组织机构的管理控制上实行例外原则

泰勒认为，规模较大的企业不能只依据职能原则来组织和管理，而必须应用例外原则。所谓例外原则，就是企业的高级管理人员把一般的日常事务授权给下级管理人员去处理，而自己只保留对例外事项（重要事项）的决策和监督权，如有关企业重大政策的决定和重要人事任免等。泰勒在《工厂管理》一书中对此做过阐述，他说，在例外原则之下，经理只接受有关超出常规或标准的所有例外情况——特别好和特别坏的例外情况——概括性的、压缩的及比较的报告，以便使他得以有时间考虑大政方针并研究其手下重要人员的性格和合适性。泰勒提出的这种以例外原则为依据的管理控制原则后来发展成为管理上的分权化原则和实行事业部制等管理体制。

简 评

如前所述，除了政治—行政二分法和官僚制理论为行政学成为一门独立学科提供理论支撑之外，对于行政管理的科学化和技术化具有推动作用的还有泰勒的科学管理理论。19世纪末，在以美国为代表的西方发达国家，工业化发展已经达到了相当高的程度。一方面是生产规模和科学技术的迅速发展，社会物质财富迅速增加；另一方面是竞争的日益加剧，人们缺乏管理现代化大工业的方法和技术，劳动生产率增长缓慢，同时劳资关系日趋紧张，工人缺乏生产积极性。如何真正有效地提高劳动生产率，已经成为各个企业共同关心的问题。在这种情况下，人们提出了许多不同的解决办法，有人主张改进机器设备，也有人主张改变工资报酬制度，而泰勒则在长期调查研究的基础上主张实施新的科学化管理方法和制度，向管理要效率并进而提出他的科学管理理论。

尽管泰勒所开创的科学管理理论是针对企业管理提出的，但是政治与行政的分离强调行政管理事务的非政治化，使得行政事务在这一点上"仅仅与企业办公室所采用的工作方法是社会生活的一部分一模一样，仅仅与机器是制造品的一部分一模一样"[①]。也就是说，使得行政管理领域运用科学管理的原理和原则成为可能，所以，当最初产生于工厂管理实践中的科学管理理论逐步成为企业管理的基本原则之后，也逐渐运用到政府行政管理实践中。在泰勒提出科学管理理论不久，不仅美国政府将其提供的科学原理和方法应用于政府的行政管理，精简和调整机构并促进了政府工作的改革，提高了行政效率，而且有许多行政管理研究者也开始重视通过科学管理来解决行政效率的问题。例如，曾经担任美国全国办公室管理协会会长的莱芬韦尔就率先把泰勒的科学管理理论成功地运用于机关办公室管理工作中并发表

---

① [美]威尔逊：《行政学研究》，中译文，载《国外政治学》，1987(6)。

了许多有关办公室科学管理的著述,泰勒的亲密合作者库克也曾成功地把科学管理理论运用到市政管理工作中。更为值得一提的是,美国行政学家怀特则进一步用科学管理理论研究政府行政管理。无怪乎美国行政学家博兹曼说,科学管理"在公共行政的实践和政府研究中具有很大的影响……由于对科学管理和科学原则的信奉迅速扩展并使其流行的正统做法,公共行政和公共行政人员的影响达到了顶峰……科学管理在1910—1940年期间一直对公共行政起着支配作用"[①]。

泰勒的科学管理理论不仅与威尔逊的政治—行政二分法具有内在的结合点,而且也与韦伯的官僚制理论具有相通的精神气质。一方面,科学管理理论彻底改变了在此之前管理的非专业性和个性化特征,建立了专业化和普遍化的管理原则和方法。科学管理之前的管理纯粹是一种经验型管理,是受行为习惯支配的管理,缺乏普遍适用的有关如何进行管理的知识体系,没有共同的管理行为准则,对于一位管理人员应该如何行动,没有普遍统一的要求,管理者完全按照自己的想法来决定管理风格,碰到什么问题解决什么问题。即使存在管理,管理也被视为局部性问题,不需要普及推广。"人们把能否成功归因于管理人员的个人品质,而不是把成功归因于他们是否掌握了更为广泛的管理原则。认为管理是一种个人的艺术,不是一种科学;仅是实践问题,而不是理论问题,是特殊性问题,而不是普遍性问题。"[②] 科学管理将管理从个人经验和人格化的管理推向科学理性的、专业化的、普遍化的管理,就这一点来讲,与理性官僚制在历史上取代带有非专业化、人格化等非理性特征的前官僚制,具有相通的功能和意义。另一方面,科学管理理论在追求"最佳工作方法"、管理标准化和程序化、管理权威和结构的建立以及强调等级控制等方面,其本身就是与理性官僚制相一致的。按照科学管理理论的层级式管理结构就是官僚制的组织结构。

最后应当指出的是,泰勒并没有把他的科学管理理论看成已最后完成、不能再改变的理论。他曾指出:"科学管理的每一步都是一种发展,而不是一种理论。在各种情况下,实践都在理论之先……我所知道的同科学管理有联系的所有的人,都准备放弃任何计划、任何理论,转而拥护所能找到的更好的东西。在科学管理中并不存在着什么固定不变的东西。"[③]

思考题

1. 为什么说泰勒的科学管理理论促成了西方行政学的产生和兴盛?
2. 泰勒的科学管理理论的主要内容是什么?
3. 泰勒的科学管理理论与威尔逊、韦伯的理论有何联系?

---

① 转引自[澳]欧文·E. 休斯:《公共管理导论》,第2版,彭和平等译,40页,北京,中国人民大学出版社,2001。
② 丹尼尔·A. 雷恩:《管理思想的演变》,孙耀君等译,64页,北京,中国社会科学出版社,1986。
③ 转引自孙耀君:《西方管理思想史》,88页,太原,山西经济出版社,1990。

第五章 法约尔的一般管理理论

本章提要

本章介绍了法约尔的一般管理理论的主要内容：法约尔为一般管理所下的定义以及对其中计划、组织、指挥、协调和控制五种要素分别予以的说明；作为一般管理理论核心内容的管理 14 条原则及其诠释；进行管理教育和建立管理理论的必要性。另外，本章还对法约尔一般管理理论的历史地位和作用做了全面的分析。

学习要求

1. 了解法约尔其人其事。
2. 了解法约尔一般管理理论的意义与历史地位。
3. 掌握法约尔一般管理五要素的基本内容。
4. 掌握作为法约尔一般管理理论核心内容的管理 14 条原则的基本内容。

19 世纪末 20 世纪初，资本主义先进国家由于其生产力和科学技术的发展已经达到一定的程度，而管理还相当落后，因而要求在管理方面有一个较大的突破。这种情况不仅发生在美国，同样也发生在经济高度发达的法国，亨利·法约尔（Henri Fayol）的一般管理理论正是在这种背景下产生的。法约尔是西方管理科学发展史上具有重要影响的法国管理学家，他不仅长期在企业从事管理工作，而且一生都致力于管理理论的研究、宣传和推广，即便是在退休后，他还创立了一个管理研究中心并亲自担任领导工作，该组织对法国企业、军队乃至政府机构管理有很大的影响。法约尔获得了包括法国科学院德雷塞奖章在内的多种奖章和荣誉称号，著有《论管理的一般原则》（1908）、《工业管理与一般管理》（1916）、《管理职能在事业经营中的重要性》（1918）、《邮电部门的管理改革》（1921）、《国家行政理论》（1923）和《公共精神的觉醒》（1927）等多部管理方面的论著，其中，作为提交给第二届国际行政科学会议论文的《国家行政理论》一文被认为对行政管理理论的发展做出了重要贡献并被收入古利克和厄威克合编的《行政科学论文集》。作为一位与泰勒处在同时代的法国管理学家，法约尔没有像泰勒那样去过度关注作业现场的操作效率问题，而是试图寻求一种具有更广泛适用性的"一般管理理论",具体来说,他的一般管理理论主要包括以下三方面的内容。

第一节 管理的定义

法约尔对于管理的定义是通过将经营与管理进行比较和对管理活动的要素分析来揭示的。法约尔认为经营和管理是两个不同的概念,他用了两个不同的法文词来表示。他认为,"经营"的意思是指导或引导一个组织趋向一个目标,根据具体情况,经营可以指船长驾驶一艘船、经理经营一个企业或政府首脑管理一个国家。在他看来,"经营"包括六种活动,即技术活动、商业活动、财务活动、安全活动、会计活动和管理活动,作为这六种活动中的一种,"管理活动"则由计划、组织、指挥、协调和控制五种要素构成,"管理就是实行计划、组织、指挥、协调和控制"[1]。将管理定义为这五个要素正是法约尔最主要的贡献之一。

一、计 划

对于法约尔来说,管理意味着考虑未来,这就使计划和预测成为主要的管理活动。在这里,他是把计划和预测作为相同的概念提出的,即根据情况预测来制订工作计划。法约尔认为,管理必须"对未来做出判断,并为未来的活动制定规则",企业组织为了有效地发挥其功能,必须具有某种计划,而这一计划应具有"统一、连续、灵活和精确"这样一些特点。在法约尔看来,管理部门在计划过程中必须解决的问题是:第一,把企业组织中的各种局部目标牢牢地结合成一个整体,以保证计划的"统一性";第二,对未来做长期的和短期的预测,以保证计划的"连续性";第三,能够对计划做出不断的调整,使其适应变化着的环境,以保证计划的"灵活性";第四,对企业组织的行动方向做准确的预见,以保证计划的"精确性"。法约尔认为,计划的本质就是为了最有效地利用企业组织的资源。而且他指出,制订一个好的行动计划要求有一个精明的、有经验的领导,他必须具有管理人的艺术、积极性、勇气、专业能力、处理事务的一般知识和领导者本身的稳定性,缺乏计划或一个不好的计划是领导人员没有能力的标志。可见,在法约尔眼里,计划不仅是管理的首要因素,具有普遍适用性,而且是一切组织活动的基础。

二、组 织

组织是法约尔十分强调的又一管理要素。在他看来,组织就是确立企业在物质资源和人

---

[1] [法] H. 法约尔:《工业管理与一般管理》,周安华等译,5 页,北京,中国社会科学出版社,1982。

力资源方面的结构,而管理的任务就在于建立一种组织,使其能够以最有效的方式从事基本的活动,管理部门要完成这一任务,所要解决的中心问题是确立企业的组织结构,而这种组织结构则能够使企业的计划得到很好的制订和执行。法约尔认为,组织所应完成的管理任务有:(1)检查计划制订情况和执行情况;(2)注意组织活动是否与企业目标、资源和需要相适应;(3)建立一个统一的、有能力的、有效的领导机构;(4)配合行动,协调力量;(5)做出清楚、明确、准确的决策;(6)有效地配备和安排人员,每一个部门必须有一个能干而积极的领导,每一个职工必须安排在最能发挥其作用的地方;(7)明确地规定职责;(8)鼓励首创精神与责任感;(9)建立合理的报酬方式;(10)建立奖惩制度;(11)使大家遵守纪律;(12)使个人利益服从整体利益;(13)特别注意指挥的统一;(14)维护物品与社会秩序;(15)进行全面控制;(16)与规章过多、官僚主义、形式主义、文牍主义做斗争。为缩小管理的跨度,法约尔提出了他的等级系列原则,即每一个工头管理十五名工人,然后每一个上级领导四个下级,即一个监工领导四个工头,一个工长领导四个监工,等等,这样就形成了一个金字塔形的等级系列。法约尔主张在组织内维持一种比较狭窄的管理幅度,每个上级直接领导的下属人员不要过多,除了最底层的工头领导的工人可达十五人(而在工作简单时可达二十人或三十人)之外,其他的每一级至多不得超过六人。此外,法约尔还提出,由于高级管理人员忙于实际管理工作,无暇进行学习和研究,有必要成立参谋机构来协助其工作,在他看来,这种参谋机构的任务是:从事通信、接洽、会谈等;协助进行联系和控制;收集情报并帮助拟订未来的计划;研究如何改进工作方法,预测未来的变化,关心企业的长期发展。法约尔认为,这种参谋机构应直接听命于总经理,但不能直接给下级发布命令,他很强调统一指挥和统一领导,认为一个人如果同时接受两个以上的上级的命令,势必造成混乱。这里,法约尔实际上已经提出了直线领导和参谋机构的组织原则。

三、指　　挥

法约尔认为,指挥是指运用领导艺术以推动组织业务,减少无效耗费的组织管理活动。从逻辑上看,这一要素起源于前两个要素,因为每个组织从一开始就必须有一个计划来确定组织目标;然后,该组织必须确立一种适合于实现组织目标的组织结构;接下来,组织所要进行的工作就是使组织真正运行起来。组织管理中的指挥就是使组织成员的活动得到保证。法约尔认为,管理人员依靠自己的指挥能力,将尽可能地从他的下级那里获取出色的工作表现,当然,管理人员的这种有效指挥是通过其为下级人员作示范、熟悉组织的业务情况、对下级人员情况的了解、与其参谋人员的不断接触以及对他自己职能的明确认识来进行的。通过这一方式,管理人员将增进组织成员的工作责任感,从而使整个组织去从事最为有效的活动。在法约尔看来,一个管理者指挥水平的高低取决于其自身的某些素质和其对管理工作一般原则了解的多寡,他认为,在各个领域,不论是在工厂、军队、政治或其他领域,组织的指挥工作都需要由才华出众的人来承担。为此,他提出,为了使组织的所有成员都能做出最大贡献，负责指挥的管理人员应该做到：（1）对职工有深入的了解；（2）淘汰没有工作能力的人；（3）对企业（组织）和职工之间的协定很了解；（4）作出榜样；（5）对组织要定期检查并使用概括的图表来促进这项工作；（6）召集主要助手开会，以便统一指挥和集中精力；（7）不要陷入琐碎的事务中；（8）力争使组织成员团结、主动、积极和忠诚。上述八点连同后面将要谈到的 14 条管理原则一起形成了法约尔关于领导作风的一个系统概念。

四、协　　调

在直接从事生产的部门中，指挥主要涉及的是管理人员与下级人员之间的关系，然而，组织要完成的工作任务还有很多，因此，协调也是组织管理活动中必不可少的活动。法约尔认为，协调简言之就是使事情和行动都有合适的比例，就是方法适应于目的，是组织达成目标过程中统一、协力的一种保证。管理人员通过协调，让组织成员团结一致，使组织的所有活动和努力得到统一与和谐。从根本上说，协调的目的是要保证组织中各个部门的努力都相互一致起来，并使组织中所要进行的一切活动与组织的总目标相统一。不过，唯有通过组织内部有效的信息沟通，组织才能实现真正的协调，而会议则为组织内部的信息沟通提供了有效的途径，因为管理人员定期召开的会议为问题、进程、计划等方面的交换意见提供了场所，它是交流情况和保证团结的简便手段。所以，法约尔认为，管理人员的每周例会是协调工作的最好方法之一，而在各次会议间隔的时间里，为了促进协调以及照管远离中心领导机构的单位，可以使用联络人员——一般由参谋人员承担，但联络人员不能代替首脑人员承担直接责任。

五、控　　制

控制是法约尔管理五要素的最后一种。简言之，控制就是对各项工作能否按计划进行随时做出反应，具体地讲，就是要证实各项工作是否都与既定计划相符合，是否与下达的指示及既定原则相符合，以便发现、改正和防止重犯错误。法约尔认为，从逻辑上看，控制之所以是五种管理要素中的最后一种，是因为控制的目的在于检验管理中其他四种要素在实际发挥作用时是否得当。为了有效地进行控制，法约尔指出，控制必须及时并迅速采取行动，伴以恰当的奖惩，如果需要批准的话，也必须及时批准，以免贻误时机。法约尔认为，在控制中，要避免对各部门的领导及其工作进行过多的干预，以免造成双重领导和越权控制。而且他指出，检查人员应具备必要的条件，包括有相应的工作能力、责任感，对被检查的人员有独立性，具有判断力和机敏等。在他看来，一切控制活动都应公正，控制这一要素在执行时需要有持久的专心工作精神和高超的艺术，最好要做到不管对什么工作都能够回答这一问题："怎样进行控制呢？"

第二节 管理的 14 条原则

管理的 14 条原则是法约尔对自己长期从事管理实践的经验所做的理论概括，它们构成了其一般管理理论的核心内容。

第一，劳动分工。劳动分工是一项属于自然规律方面的原则，其目的是用同样的努力生产出更多、更好的产品。法约尔认为，劳动分工可以提高劳动的熟练程度和准确性，从而提高效率；他明确指出，劳动分工不仅限于技术工作，而且也适用于管理工作，适用于职能的专业化和权限的划分，这一观点与泰勒的观点相同，正如没有学者和艺术家的专业化工作，社会进步的可能性就不可想象一样，劳动分工对于提高管理工作的效率也十分必要。

第二，权力和责任。法约尔认为，所谓权力，就是指挥和要求别人服从的能力。他把管理人员的正式权力与其个人权力相区别，正式权力因管理人员的职务或地位而产生，而个人权力则由管理人员的智慧、博学、经验、道德品质、指挥才能和以往的功绩等所构成。一个好的管理人员应该以其个人权力来补充其正式权力。在法约尔看来，权力和责任是互为因果的，有权力就必定有责任。他明确指出："人们在想到权力时不会不想到责任，也就是说不会不想到执行权力时的奖惩——奖励与惩罚。责任是权力的孪生物，是权力的当然结果和必要补充，凡有权力行使的地方，就有责任。"①

第三，纪律。在法约尔看来，纪律是一种规范，对违反纪律者应该给予有效的惩处，纪律的败坏常常来自无能的领导。他认为，纪律是组织与其所属成员之间通过协定而达成一致的服从、勤勉、积极、规矩和尊重的表示，它是以尊重而不是以恐惧为基础的。没有纪律，任何一个组织都不能兴旺繁荣，而纪律的状况则主要取决于其领导的道德状况，纪律松散必然是领导不善的结果，而严明的纪律则产生于良好的领导、管理当局与其所属成员之间关于规则的明确协议和赏罚的审慎运用。

第四，统一指挥。法约尔的这条原则与泰勒的职能工长制的思想正好相反，他明确指出，无论对哪一项工作来说，一个下属人员只应接受一个领导者的命令，这就是"统一指挥"原则。他特别强调，这是一个普遍适用的、永久必要的原则，如果这条原则受到破坏，权力将受到损害，秩序将受到扰乱，稳定将受到威胁。为此，他提出要避免双重领导，他认为，如果两个领导同时对一个人或一件事行使权力，就会出现混乱。对此，要么撤销其中的一个领导者，停止双重指挥，使组织恢复兴旺；要么使整个组织继续趋于衰败。在法约尔看来，在整个人类社会中，工业、商业、军队、国家机构中的双重指挥经常是冲突的根源，这些冲突应该引起领导者的特别关注。

第五，统一领导。所谓统一领导，即指对于同一目标下的所有工作，应由同一管理者负

---

① ［法］H. 法约尔：《工业管理与一般管理》，周安华等译，24 页，北京，中国社会科学出版社，1982。

责,这是推动协调一致的共趋目标。法约尔认为,人类社会和动物机体一样,如果一个人身体有两个脑袋,就是一个怪物,就难以生存。因此,对于力求达到同一目的的全部活动,只能有一个领导者和一项计划。法约尔认为,不要把"统一领导"和"统一指挥"混为一谈,它们是两个不同的概念,"统一领导"强调的是一个领导者和一个计划,而"统一指挥"强调的则是一个下属只能听从一个领导者指挥。人们通过建立完善的组织来实现一个社会团体的统一领导,而统一指挥取决于人员如何发挥作用;统一指挥不能没有统一领导而存在,但并不来源于它。

第六,个人利益服从整体利益。个人利益服从整体利益原则是指,相对于其所属成员和部门而言,组织的整体目标具有至高无上的地位。法约尔认为,无知、野心、自大、懒惰和软弱等都是使个人利益、小集团利益有可能置于组织整体利益之上的因素,因此,管理者一定要保持警惕,做好榜样,做好协调,使组织的整体利益始终处于最优先的位置。在他看来,在一个组织中,个人利益或小集团的利益不能置于组织的利益之上,一个家庭的利益应先于其成员的利益,国家的利益应高于一个公民或一些公民的利益。要实现这一原则,成功的办法是:(1)领导者要具有坚定性,做好榜样;(2)要尽可能签订公平的协定;(3)要认真搞好监督。

第七,人员的报酬。法约尔是从把职工视为"经济人"这个观点来阐述这个原则的。他指出,人员的报酬是其服务的价格,应该合理,并尽量使组织的管理者和所属人员都满意。在他看来,应该奖励工作突出的人员,但也不能超出合理限度;同时应该认识到,任何报酬方式都不能完全取代配套的管理工作。他认为,职工的报酬方式有按劳动日付酬、按工作任务付酬和计件付酬三种,其方法还包括奖金、分红、实物补助和精神奖励。付酬的方式取决于多种因素,而目的只有一个,即改善所属人员的作用和命运,使其更有价值,鼓励各级人员的工作热情。

第八,集中。法约尔认为,集中也是一种必然规律的现象。在动物机体或社会组织中,感觉集中于大脑或领导部门,从大脑或领导部门发出命令,使组织的各部分运动。集中化管理作为一种制度,本身无所谓好坏,也不为领导人的主观随意性所任意取舍。权力的集中和分散即集权和分权问题在任何组织中都是一个程度问题,而组织集权和分权的最佳程度取决于组织所面临的环境、所具备的条件以及组织成员的素质。权力集中与分散的措施本身可以经常变化,所有提高下属作用的做法都是分散,降低这种作用的做法则是集中,实行集中化管理的最终目的是尽可能使所有组织成员的才干都得到发挥和运用。

第九,等级系列。等级系列指的是从最高权力机构直至低层管理人员的上下级领导系列,它显示出组织内权力执行的路线和信息传递的渠道。法约尔认为,等级系列固然能保证统一指挥,但往往并不是最迅速的信息传递渠道,在一些大型组织中,尤其是在政府机构中,通过这条渠道传递信息往往需要很长的时间,而许多事情的成败正是取决于信息传递和命令执行的快慢。因此,法约尔认为,应该把尊重等级系列与保持行动迅速结合起来,为了解决这个问题,他设计了一种"联系板",也称"法约尔跳板",以便跨过权力执行的路线而直接联系，但是他认为，只有在有关各方面都同意而上级又始终知情的情况下才能这样做。法约尔设计的这种"联系板"如图 5-1 所示：

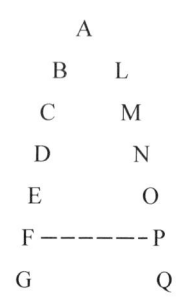

```
            A
        B       L
        C       M
        D       N
        E       O
        F-------P
        G       Q
```

图 5-1　法约尔跳板

在一个等级系列表现为 G-A-Q 双梯形的组织里，假设要使 F 与 P 发生联系。按照常规，需要先从 F 到 A，再下到 P，这之间每一级都需要停顿；然后，顺着原路，一级一级地返回出发点。如果通过 F-P "天桥"（跳板）直接从 F 到 P，那就简单、迅速而且可靠多了。如果 F 的领导 E 和 P 的领导 O 允许他们各自的下属直接联系，等级原则就得到了捍卫。法约尔认为，各级人员都应养成使用这种最短通路的习惯。后来人们把这种信息传递的方式称为"法约尔跳板"。在法约尔看来，等级系列是节制有效、命令统一的保证。

第十，秩序。所谓"秩序"，简言之，即"各有其位、各就其位"，也就是说，每一件物品都有并且都在相应的职位上，每一个人也都有并且都在相应的位置上。在这里，法约尔特别强调的是，要按照事物的内在联系事先选择好恰当的位置。在法约尔看来，秩序可以分为物品秩序和社会秩序，因此，这一原则不仅适用于组织管理，而且也适用于人事管理。他指出，完善的秩序还要求职位适合于人，人也适合于职位，即"合适的人在合适的职位上"，以使每个人都能够发挥自己最大的能力。法约尔认为，这就是"最理想的"社会秩序。

第十一，公平。法约尔认为，公平是由善意和公道产生的，它为处理组织与其所属成员的关系提供了一条原则。在他看来，公道是指实现已订立的协定，但这些协定不能预测到所有的事物，要经常地加以阐明和补充。为了鼓励所属人员能全心全意地和无限忠诚地履行自己的职责，领导者应该善待所属人员，尤其应该注意他们希望公平和平等的愿望，为了最大限度地满足这些愿望，同时又不违背任何原则，不忽视整体利益，领导者应该树立公平的形象并努力使公平感深入人心。

第十二，人员的稳定。"人员的稳定"即有秩序地安排人员和补充人力资源。法约尔认为，一个人在一个职位上做出成绩需要一定的时间，应该保持职位的相对稳定性，鼓励组织成员在一定的职位上做出长期的贡献。不稳定往往是组织不景气的原因与结果，所以要努力保持组织领导人和其他人员的相对稳定性。当然，法约尔也认识到，人员的变动是不可避免的，年老、疾病、退休、死亡都会打乱组织的人员构成，某些人不能再承担他们的职务，另一些人则担负起更大的责任，因此，法约尔指出，像其他各项原则一样，人员稳定的原则也是一个尺度问题，应合理补充人力资源，掌握好人员稳定的尺度。

第十三，首创精神。法约尔认为，首创精神能够激发组织成员的活力，对于组织来说，其成员的首创精神是一种力量的源泉，管理者应该允许其所属成员以某种方式显示自己的首创精神，应该尽最大的努力鼓励这种首创精神，为此，甚至可以牺牲部分管理人员的"个人虚荣心"。在法约尔看来，发挥首创精神是人的一种最大的满足，发挥首创精神不仅包括领导者的首创精神，还包括其所属全体组织成员的首创精神，他认为，一个能发挥下属人员首创精神的领导要比一个不能这样做的领导高明得多。

第十四，人员的团结。法约尔认为，全体组织成员的和谐与团结可以使一个组织产生巨大的力量。他告诫组织领导者要好好想想"团结就是力量"这句话的真正含义。他指出，使敌人分裂以削弱其力量是聪明的，但使自己的队伍分裂则是对组织的严重犯罪。为了维护团结，法约尔特别强调要注意一个原则并避免两个危险：一个原则，即统一指挥原则；两个危险，一是对格言断章取义、各取所需，二是滥用书面联系。

值得一提的是，在法约尔的笔下，"原则"一词只是显示其管理理论的"灯塔"，不是一个固定不变的、僵化的概念，因为"在管理方面，没有什么死板和绝对的东西，这里全部是尺度问题……原则是灵活的，是可以适应一切需要的，问题在于懂得使用它，这是一门很难掌握的艺术，它要求智慧、经验、判断和对尺度的注意。由机智和经验合成的掌握尺度的能力是管理者的主要才能之一"[1]。在他看来，原则的确十分重要，没有原则，人们就会处于黑暗和混乱之中。但是，如果没有经验与尺度，即使有最好的原则，人们仍将处于困惑不安之中。原则是灯塔，能使人辨明方向，但它只能为那些知道通往自己目的地的道路的人所利用。[2]

第三节　进行管理教育和建立管理理论的必要性

法约尔不仅通过对管理五要素的分析界定了管理的基本含义并提出了管理的14条原则，而且还阐述了进行管理教育和建立管理理论的必要性。

一、进行管理教育的必要性

法约尔认为，人的管理能力是可以通过教育来获得的，他很强调管理教育的必要性和可能性。他指出，由于大公司和其他大型组织日益增长，今后的领导必须接受管理方面的训练，而不是墨守以往的技术、商业等方面教育的成规。然而，当时的学校中并没有开设和教

---

[1] [法] H. 法约尔：《工业管理与一般管理》，周安华等译，22~23页，北京，中国社会科学出版社，1982。
[2] [法] H. 法约尔：《工业管理与一般管理》，周安华等译，45页，北京，中国社会科学出版社，1982。

授管理方面的课程，组织的领导者往往认为只有实践和经验才是走上管理职位的唯一途径。法约尔认为，这显然是错误的，它严重影响了企业和其他大型组织的发展。关于管理教育的必要性，法约尔指出："一个大型企业的高级人员最必需的能力是管理能力。因此，我们可以肯定，单一的技术教育适应不了企业的一般需要，即使工业企业也是如此。但是，当人们有成效地——尽最大努力推广和改进技术知识的时候，我们的工业学校在为未来的领导者提供商业、财务、管理和其他职能知识方面，却什么都没有做，或几乎什么都没有做……是不是因为管理能力只能从业务实践中得到呢？……实际上，管理能力可以也应该像技术能力一样，首先在学校里，然后在车间里得到。"① 这里，法约尔实际上指出了管理教育是培养管理能力的首要条件。

二、建立管理理论的必要性

在法约尔看来，当时缺乏管理教育的原因在于缺少管理理论。每个管理人员都按照自己的方法、原则和想法行事，而没有一个人把可以为大家所接受的经验教训概括成为管理理论。他指出："在我们的职业学校里缺少管理教育的真正原因是缺乏管理的理论。没有理论就不可能有教育。然而，还没有从广泛的讨论中得出普遍承认的管理理论，这里并不缺少个人提出的理论，但是，由于缺少普遍接受的理论，每个人都自以为拥有最好的方法。在工厂、军队、家庭和国家机构中，到处可以看到在同一原则的名义下极为矛盾的做法……如果存在一种公认的理论——已为普遍的经验所检验过的一套原则、规则、方法和程序，那么情况就完全不同了……因此，重要的是尽快建立一种管理理论。"② 而且法约尔本人也身体力行，担当起了创立这样一种一般管理理论的重任，并提出了他创立这种一般管理理论的理论依据：（1）管理是一种可应用于一切机构的独立活动；（2）一个人在某机构内的地位愈高，管理活动愈加重要；（3）管理是可以教授的。前述的管理定义及其要素和管理的14条原则正是法约尔创立的一般管理理论的核心内容。

简 评

关于法约尔的管理理论，日本管理学家占部都美做了十分中肯的评价。他认为，法约尔在受到泰勒科学管理理论影响的同时，又有意识地使自己具有独特性。泰勒以工厂管理合理化为目标，富有实践性，但缺乏一般科学性；而法约尔从实施管理教育的目的出发，其理论富有原则性。法约尔管理理论的特征有四个：（1）给管理规定了特有的概念，尽管缺乏统一性，但也做了有益的解释。（2）讨论了直线式组织和参谋机构等问题，但在他的著作中，

---

① ［法］H. 法约尔：《工业管理与一般管理》，周安华等译，17~18页，北京，中国社会科学出版社，1982。
② ［法］H. 法约尔：《工业管理与一般管理》，周安华等译，18~19页，北京，中国社会科学出版社，1982。

管理的含义很广，组织的含义很窄。(3) 14条管理原则尽管有用，而且不是教条，但这些原则之间显然存在着矛盾，这类原则列举得再多，也不能导致形成真正的"管理理论"。(4) 只考察了组织的内在因素，没有研究组织同环境之间的关系，因此是不完善的。[①]

法约尔的主要功绩在于开创了组织研究领域。一方面，在他的影响下形成的美国古典行政管理理论既是现代组织理论的批判对象，又是刺激现代组织理论产生的先驱。我们可以说，法约尔拓宽了科学管理理论所涉及的领域，为现代组织理论准备好了生长的土壤和补足对象。另一方面，法约尔的管理要素和管理原则固然不够完善，但在孔茨等现代学者手中得到了修补和改进，仍不失为有价值的见解。从组织理论上看，法约尔所讨论的主要是组织结构问题，尽管他也提到了一些行为问题。他赞成比较集权的、职能化的组织结构，颇有"机械模式"色彩。在"管人"的问题上，他基本上和泰勒一样，主张以纪律（惩罚）进行经常性监督。虽然他也提到了激发首创精神，并且将组织比作生物有机体，但遗憾的是他并没有做更为深入的分析，因而总的来说，他的组织理论并没有摆脱"机械模式"。

尽管如此，法约尔的一般管理理论对西方行政管理理论与实践的发展所具有的价值是毋庸置疑的。在过去的很长一个时期，也许是由于法约尔长期在企业部门从事管理工作的缘故，人们往往习惯于将法约尔的管理理论简单地归属于工商企业管理的范畴。其实，早在法约尔的《工业管理与一般管理》一书从法文译成英文时，人们对该书书名的翻译问题就曾产生过一些争论，尤其是关于能否用英文的 management 来表示法文 administration 的意思。有人争论说，用 management 代替 administration 就会容易使人对法约尔"管理"一词含义的理解过于狭窄，误以为法约尔所阐述的仅仅是关于工业管理的思想。而法约尔本人也曾在该书的序言中称："在一切企事业组织中，无论这些组织的规模是大是小，也无论它们是工业的、商业的、政治的、宗教的，还是其他方面的，管理都起着非常重要的作用。"[②] 在他看来，管理理论"是指有关管理的、得到普遍承认的理论，是经过普遍经验检验并得到证明的原则、标准、方法、程序的一个体系"[③]。法约尔自己也认为他的管理理论不仅适用于公私企业，而且也适用于军政机关和宗教组织等，正因为如此，他把自己的理论叫作"一般管理"或"行政管理"的理论。其实，我们从前面所列举的法约尔的著作中便不难看出，法约尔旨在创立一种能够广泛地适用于各种组织的一般管理理论，他大量的著作都关系到公共事业的改革。正是由于法约尔所确立的一般管理理论层次比较高，尤其是他所提出的14条管理原则和管理五要素说在包括行政管理在内的现代管理理论与实践中已作为普遍遵循的准则而存在，因此它们不仅被广泛应用于企业界，而且被政府管理机关普遍采用。法国政府就曾将他的理论运用于邮政部门，结果获得了很大的成效，以后便扩大到地方和中央政府的管理工作中。实践表明，法约尔的理论对一般组织管理都有一定的应用价值，也正是因为其理论所具有的这种"一般性"，才使得他的理论成为管理科学发展史上的一个重要的里程

---

① [日] 占部都美：《现代管理论》，蒋道鼎译，78~83页，北京，新华出版社，1984。
② [法] H. 法约尔：《工业管理与一般管理》，英文版序言，皮特曼出版社，1949。
③ [法] H. 法约尔：《工业管理与一般管理》，周安华等译，18页，北京，中国社会科学出版社，1982。

碑，以至于英国著名行政学家厄威克在其《管理备要》一书中认为"法约尔是直到本世纪上半叶为止，欧洲贡献给管理运动的最杰出的人物"。

最后值得指出的是，法约尔的理论已由当代美国传统管理学派的学者们加以继承并发展。这个学派亦称"管理过程学派"，因为他们都是把管理视为一个过程，并试图通过分析其中的要素，建立普遍的管理原则和组织理论。这一学派的理论观点对于我国管理界有较大的影响，特别是管理要素说和管理原则在很大范围内已经得到了直接或间接的应用，其中的许多内容已经成为现代行政管理理论的重要组成部分。

思考题

1. 法约尔是如何给管理下定义的？
2. 法约尔一般管理理论的核心内容是什么？
3. 法约尔如何看待管理教育和管理理论？
4. 法约尔理论的主要功绩何在？

第六章 怀特的系统化行政学理论框架

本章提要

　　本章阐述了怀特在行政学理论系统化方面所做的努力，主要表现为：明确了行政学的研究对象和范围；在行政环境思想方面，探讨了经济环境和政治环境、客观社会环境、科技环境与公共行政的关系等问题；在行政组织思想方面，探讨了行政组织的核心问题——行政组织体制、行政责任与权力的分配、权责分配的措施和方法、优良行政组织的标准等问题；在行政协调思想方面，提出了精简机构、设置行政协调机关、通过精密的协调来获得较好的协调结果、行政首长的裁定就是最后的决定等主张，还提出了协调的原则；在人事行政思想方面，探讨了人才选拔、职位分类—分级与工资的制定、职务的晋升等问题；在行政伦理思想方面，探讨了官纪的本质及其重要性、败坏官纪的因素、官纪的基础、良好官纪的标志等问题；在行政法规思想方面，探讨了政策、法规和法律之间的关系，行政条例制定权的范围、限度、保障及其对行政管理的重要性等；在行政监督思想方面，探讨了行政监督的必要性、立法监督的职责与方法、司法监督等问题。本章还对怀特的历史地位及其学说做了基本评价。

学习要求

1. 了解怀特其人其事。
2. 了解怀特行政学说的意义、历史地位及其优缺点。
3. 掌握怀特关于行政学的研究对象和范围的观点。
4. 掌握怀特行政环境思想的主要内容。
5. 掌握怀特行政组织思想的主要内容。
6. 掌握怀特行政协调思想的主要内容。
7. 掌握怀特人事行政思想的主要内容。
8. 掌握怀特行政伦理思想的主要内容。
9. 掌握怀特行政法规思想的主要内容。
10. 掌握怀特行政监督思想的主要内容。

伦纳德·D. 怀特（Leonard D. White）是美国早期杰出的行政学家，尤其擅长人事行政问题的研究。作为西方行政学的奠基人，他坚信行政管理存在着一些具有普适性的理论原则，他首次将行政学思想系统化、理论化，为行政学搭建了一个比较完整的理论框架。怀特认为，在范围广泛的行政事务和纷繁复杂的行政现象中，必须运用科学方法来建立知识系统和理论原则，以便为政府及其工作人员的行政管理和执法活动提供行为规范和理论指导。作为政府行政改革的早期倡导者，怀特积极主张并亲自组织了美国文官制度改革工作，为美国公务员制度的建立和完善做出了重要的贡献。怀特的行政学思想十分丰富，其见解透辟、学养深厚。怀特一生成就卓著、著述颇丰，其主要代表作包括《行政学导论》①《近代公共行政的趋势》《联邦主义者》和《外国公务员制度》等重要理论著作，其中，《行政学导论》（1926）被视为世界各国公认的第一本大学行政学教科书，怀特对行政学理论的系统化努力主要就体现在该书中。

第一节　行政学的研究对象和范围

任何一门独立的学科首先要有其明确的研究对象和范围。怀特认为，行政学的研究对象和范围就是对国家政府中"市政、邦联或联邦行政的研究"②，各级政府中均有行政中的各种基本问题，包括公务员创造才能的发展、工作的胜任、廉洁、负责、合作、财政、监督、领导资格、纪律以及各级政府的行政程序等③，这些均属于行政学研究的范围。在他看来，任何一种管理活动均有其目标或目的，而国家行政管理的目标或目的有五方面：一是行政的目的在于管理人员运用物质材料完成国家建设的任务；二是行政的目的在于使行政人员在权限范围内最有效地利用一切财源；三是公共行政是公务的执行，公共行政活动的目的在于以最敏捷、最经济、最圆满的方式成功地完成政务计划；四是行政法的目的在于保障人权，而行政的目的则在于政务的有效推行和管理；五是在增加行政权的同时增加保障，以防止行政权的滥用，怀特认为，这是与政府政策的推行具有同等重要地位的行政目标。行政只有通过有效管理才能发挥其功效、提高其效率，进而实现上述目标。

第二节　行政环境思想

行政环境是指围绕着行政活动直接或间接地作用和影响行政管理、行政行为以及行政效果的各种因素的总和。随着社会的变迁和发展，行政也相应地发生变化。行政环境对行政管

---

① 中译本名为《行政学概论》。
② ［美］怀特：《行政学概论》，中译本，2页，上海，商务印书馆，1947。
③ ［美］怀特：《行政学概论》，中译本，2页，上海，商务印书馆，1947。

理往往具有重要乃至决定性的影响。怀特早在20世纪20年代便从经济环境和政治环境、客观社会环境以及科技环境等诸方面对行政环境之于行政管理的重要影响做了较为深入、系统的探讨。

一、经济环境和政治环境与公共行政

怀特指出，现代国家政府行政的任务，深受这一时代政治、经济与文化环境的影响。[1] 他认为，环境首先影响国家的行政制度及组织。他明确指出："美国的行政组织渊源于英国，美国的行政制度是由英国的行政制度演化而来的。"在他看来，英国统治美国时期所建立的行政制度这一客观环境深刻影响着美国独立后建立的国家行政制度及行政组织。其次，国家经济上的发展变化也直接影响着国家行政职能、任务范围的变化发展。对此，怀特指出："后工业革命影响到社会经济、政治等方面的改革，促进了国家行政管理的新概念，放任主义观念已被抛弃。"我们知道，资本主义国家发展的早期实行的是自由经济，因此提出了"政府最好，管事最少"，放任主义观念盛行，政府的行政仅在国防、征税和社会治安等领域发挥其功能，很少干预国家经济的运行。怀特认为，随着工业的发展、经济活动的增多、交通的拓展、贸易的扩大、都市化和经济的垄断等经济环境的变化，客观上必然要扩大政府行政活动的范围，并增加了政府行政的重要性和难度，此时放任主义显然已不可取。这种新环境逐渐在人民心理上造成对国家行政任务的新观念，即"政府应按现代社会生活状况确定其应有的工作任务"，"政府成为社会合作的最大机关，也是制定社会规章的最大机关"。因此，经济上的发展客观上要求政府行政必须从"守夜警察"的角色拓展到承担起干预经济、加强宏观管理的新职能。此外，在政治上，资本主义经济危机加剧了业已存在的社会问题。政治环境的变化也要求政府加强协调劳资关系，强化社会管制，制定各种规章，通过有效管理来维护社会稳定。与此同时，对于政党的竞选，政府也必须加以干涉、规范，以防止"分赃制"的重演。怀特分析了上述经济政治环境的变化及其对国家行政管理提出的客观要求，并指出，现代国家的工作，正在向各方面发展之中，同时因国家新政纲的各个方面均反映为行政工作的增加，于是行政范围亦正向各方面发展。[2] 怀特的这一思想已包含行政管理必须适应环境才能发展、行政职能范围必须随客观环境变化而变化、保持行政的整体性和适应性等内容。

二、客观社会环境与行政

随着经济等方面的发展，行政工作也须随之发展，社会各方面对国家行政管理提出了更

---

[1] [美] 怀特：《行政学概论》，中译本，8页，上海，商务印书馆，1947。
[2] [美] 怀特：《行政学概论》，中译本，9页，上海，商务印书馆，1947。

高的要求，怀特将此归纳为以下几点：一是随着美国政府职能的扩大，政府的支出日益增加，使公民的赋税相应增长，公民要求政府节约，反对政府高赋税；二是随着政府对经济和社会生活干预的加强，公民要求政府管理要民主；三是经济贸易活动的拓展要求政府行政要高效，政府的支出要节约，政府行政的效能与节约是国家繁荣和商贸成功的第一要素；四是随着政府公务员队伍的扩大，公民要求政府行政应是忠实、优良及贤明的行政；五是随着政府职能的扩大，应改革原有机构，增设新部门以管辖新的公共事务；六是科学管理运动的蓬勃兴起，要求政府同样应实行科学管理，改进行政方法。

三、科技环境与行政

怀特认为，科学技术的发展为国家行政管理做出了重要的贡献，其具体表现在：一是科学技术及其产业化的空前发展，不仅改革了行政的设备，而且改革了行政的任务，科学已经为行政目标的确定提供了有益的启示，而且科学也改变了行政方法。二是现代科学的发展促进了科学技术在行政管理中的广泛应用，现代行政管理过程中诸如决策、规划、设计、技术措施和监督等许多重要工作都需要科学技术的支持，这是科学技术对政府行政管理的贡献。在怀特看来，国家行政管理需要一批专门的科技人才，"现代行政人员中既需要有实地研究者又需要有科学家"。三是科学的发展促进了行政研究的发展，产生了行政科学，使行政管理从旧时的经验管理走向科学管理。因此，除科研机构外，在"行政领域中应分出研究之职务"，设立专门机构和人员，从事行政管理的科学研究。

第三节　行政组织思想

行政是有组织的管理活动，行政组织是政府行政的主体，有效的行政来自有效的组织，行政组织是行政学最重要的研究内容。在这方面，怀特进行了深入研究并提出了一些重要的组织建设及管理思想。

一、对行政组织的核心问题——行政组织体制问题的探讨

关于行政组织的核心问题——行政组织体制问题，怀特主要结合英、美当时行政组织体制的状况将行政组织体制的类型及特征做了如下归纳：

第一，自治型的行政组织体制与官僚型行政组织体制。怀特认为，自治型行政组织体制的特征是多数的行政官员均系民选，有任期限制，体现民治，行政官员向民众负责；而官僚型行政组织体制特征则是行政官员由其上级领导委任，对其上级领导负责，他们只要遵守其行为规范便可以保住自己的地位并且可以长期任职。在怀特看来，美国的行政制度素有民治

倾向，多采用自治型行政组织体制，而欧洲大陆诸国则为官僚阶级统治，多采用官僚型行政组织体制。

第二，中央集权型的行政组织体制与地方分权型的行政组织体制。怀特指出，在行政组织体制中，基于中央政府与地方政府的行政权力配置关系，可以形成中央集权制与地方分权制两种体制类型。他认为，中央集权型行政组织体制的特征是凡国家和地方的重大政务均由中央决定，中央政府及各部门严密监督各地方行政机关的活动，地方政府唯中央政府之命是从；而地方分权型行政组织体制的特征是地方政府对地方的行政事务有决定权，地方政府权责明确，在正常运行的情况下，中央政府不干涉地方行政事务。

第三，独立制型行政组织体制与权力汇一制型行政组织体制。怀特认为，独立制型行政组织体制的特征是将每种服务机关视为一种独立单位，而与其他服务机关之间保持极少关系或毫无直接关系。在这种制度下，各种实施服务的机关直接上附于执行总部或立法机关，受其指导及监督。[①] 而权力汇一制型行政组织体制的特征则是将各种服务分集于各部门中，部门工作统属于同一范围，相互间须保持密切的工作关系，在各个部门之上均有其行政首长领导并负责监督其工作是否协调，以便为实现组织目标而共同努力，各部直接属于上级部门管理，上级部门汇至行政中枢或立法机关。

二、对行政责任与权力分配问题的分析

关于行政责任与权力的分配问题，怀特明确指出，政府的行政效率从根本上来说是以行政组织中责任与权力的适当分配为基础的。这是我们必须注意的一条重要原则。[②] 在他看来，责任与权力分配的确切意义即每一个行政官员必须特别赋予一种固定任务。在这种情况下，行政的成败取决于行政官员自身的才能与智慧。为此，必须配之以行政权力，每一个行政官员必须有法律上及财政上的固定权力，以便有效地执行其公务。[③]

当然，怀特认为责权一致原则的实施绝非容易之事，因为：一是民选官员均不受上级行政首长的监督，他们可以在法律范围内任意处理行政公务，缺乏固定的负责系统；二是行政工作由行政委员会主持，其责任很容易混淆不清；三是行政职权分配不当，例如，立法机关规定同一种行政事务由三四种性质不同的行政官员来处理等；四是同一种行政事务如果由两个以上的行政官员来办理，倘若工作出现失误，每个人都有不负责任的充分理由；五是在许多情况下，各个行政机关之间仍会有冲突事件发生，除非设有协调工作机关，否则，权责关系将会陷入难以克服的混乱状态；六是行政机构设置过量导致行政机关职责不清、工作范围模糊难辨，致使某些行政机关的领导者有机会攫取其他机关与本部门有关联的工作，结果必然造成部门间的对抗和冲突；七是有些参谋咨询机构超出了自身的职责范围，试图取代行政

---

① [美] 怀特：《行政学概论》，中译本，64 页，上海，商务印书馆，1947。
② [美] 怀特：《行政学概论》，中译本，67 页，上海，商务印书馆，1947。
③ [美] 怀特：《行政学概论》，中译本，69~70 页，上海，商务印书馆，1947。

领导的工作，这也给行政权责的合理分配造成了困难。鉴于此，怀特指出，上述种种使责任模糊难辨的情况导致行政权责关系至今难以确定，于是因权责关系的混乱状况所造成的行政失误频频发生。

关于行政责权分配方面的管理问题，怀特提出，适当的权力必须与确定的责任同时存在。第一，适当法定权力的行使，必须有立法依据，而且在许多情况下，要根据行政首长的命令来行使权力；第二，必须有充分的财源，以适应法定的状况。①

三、权责分配的措施和方法

怀特不仅从原则上提出了权责分配应注意的主要问题，而且进一步研究了权责分配的措施和方法。他认为政府部门的设置及其权责的分配可以采用以下措施和方法：一是将同一目标的行政事务、权力和责任归于同一行政部门；二是权责的分配与行政任务相一致，与部门、人员等级相一致；三是权责分配可以按区域、行政工作性质、行政方法、行政程序的不同加以分配。怀特认为按照上述这些原理和方法进行组织管理有其优点，他引用行政学家威洛比的观点对此加以论证，他指出，按照上述方法分部化并分配权责在组织管理上可发挥极其重要的作用，因为这样做能使政府的各种服务机关互相凭借，造成坚强的权力汇一及联合一致的行政机关；树立行政领导管辖的有效制度；确定行政权力及责任；免除组织上、规划上、设备上、人员上及活动上重复的弊端；使同一范围内活动的各服务机关之间保持合作的可能；提供一种防止或修正权限上叠置与抵触的方法；使行政在方法上、手续上容易制定标准；顺应普通事务实施方面的集权；为组织及管理的预算提供重要基础。②

为了保证行政权力的有效行使，怀特认为，行政权力的行使必须受到监督控制以防止滥用权力而造成混乱，而行政领导者的精力、时间总是有限的，因此，为了保证监督的有效性，保证权力运行机制的正常运转，上级部门及其行政领导必须有一定的监控幅度。在他看来，任何行政首长，其有效监督不能超出七部或七个行政单位，对此项原则的破坏将会导致行政工作效率的削减。③

四、优良行政组织的标准

关于优良行政组织的标准，怀特指出，要获得行政高效率，必须具有良好的行政组织，而优良行政组织应该达到下列标准：一是行政组织能够获得最优秀的人才；二是组织成员应有一致的责任及适当的权力；三是将行政官员区分为政务官和事务官，明确各自的权责及任务，以职务划分为原则，确定指标；四是设置协调机构专门从事综合协调工作；五是对组织

---

① ［美］怀特：《行政学概论》，中译本，74 页，上海，商务印书馆，1947。
② ［美］怀特：《行政学概论》，中译本，75 页，上海，商务印书馆，1947。
③ ［美］怀特：《行政学概论》，中译本，76 页，上海，商务印书馆，1947。

的管理效率进行精确、合理的测量。怀特着重强调了对行政效率进行测量、品评的重要性，他提出要设计有效的测量标准，例如，卫生行政可以分为五方面，每一方面以四分计算，进行效率测评，以断定其行政效率的高低，判定这一行政组织的优劣。

第四节　行政协调思想

行政协调是行政主体为达到一定的行政目标而引导行政组织、部门、人员之间建立良好的协作与配合关系，以达到共同目标的管理行为，它是行政管理的重要内容之一。对此，怀特从以下几方面进行了探讨。

第一，应该精简机构，减少协调工作的难度和数量。他认为，协调的困难在于行政单位数目增加，因此，现代行政发展的新趋势是缩减行政部门的数目，一方面归并工作性质相近的各行政单位，另一方面削减多种独立局。[1]

第二，应该设置行政协调机关。他明确指出，近来，在各个方面的活动中，行政部门之间的相互联系十分困难，这个问题越来越严重，为了实现各部门之间的相互协调，应该设置政府委员会以利于行政协调工作的有效开展。[2]

第三，要通过精密的协调来获得较好的协调结果。在他看来，政府在行政管理过程中要通过行之有效的协调行为，"及时调和各部门或各机关之间的活动，以求确保采取最经济和最有效的方法"[3] 来获得较好的协调结果，进而提高行政效率。

第四，在协调过程中，行政首长的裁定就是最后的决定。怀特认为，在行政管理中不可避免地会遇到矛盾乃至冲突，各部门在协调过程中总是争诉各自的理由，为了及时有效地协调，他特别强调首长的裁定就是最后的决定。但遇到有首长裁定不合理时可向上申诉。[4]

第五，协调的原则。他指出，协调机关的组织原则是对任何事件均由主管会制定完整的政策，用以领导相关的各部。规划这种政策是附设专门的协调委员会，各部有专人参加，形成联合规划中的协调部分。应用这种政策，可使各部在独立行动中获得合作的行政效能。[5]

第五节　人事行政思想

怀特的人事行政思想十分丰富且比较具体，他对人事行政中从人员的考试录用、职位分

---

[1] ［美］怀特：《行政学概论》，中译本，76～78页，上海，商务印书馆，1947。
[2] ［美］怀特：《行政学概论》，中译本，79页，上海，商务印书馆，1947。
[3] ［美］怀特：《行政学概论》，中译本，81页，上海，商务印书馆，1947。
[4] ［美］怀特：《行政学概论》，中译本，81页，上海，商务印书馆，1947。
[5] ［美］怀特：《行政学概论》，中译本，81～82页，上海，商务印书馆，1947。

类、分级与工资,到职务的晋升、惩戒与罢免以及退休等各个环节均做了探讨。具体来说,他的人事行政思想主要表现在以下几方面。

一、人才选拔问题

关于人才的选拔,怀特认为:"当代人事管理有两大支柱:一是选拔人才,一是职位分类,二者缺一不可。"[①] 现代人事行政就是建立在这两个根基之上的。关于人才选拔的方式,怀特指出,为了保证选拔人才的科学性和公正性,必须设置独立的考试机构,例如,独立于行政系统之外的文官委员会,它由三人组成,其中不得有两人以上同属于一个政党。文官委员会下设若干机构,分别管理各项考务,它奉行考绩原则,根据委员会制定的人事行政考试政策法规进行统一的管理。这里他特别强调考试机构必须有人事行政方面的专家学者参加。此外,怀特还就选拔人才的考试方法提出了具体的看法,他认为,政府选拔管理人才的考试方法应该科学化、多样化,既可以采用笔试和口试的方法,也可以采用操作试验、工作试验和心理试验的方法。他指出,笔试着重测验应考者的学识水平并且可以概略地测验其一般智慧,尤其是可以通过由判断题、选择题、填空题等题型构成的简明答案考试来判断应考者的知识面;口试是附加测验,它是对应考者中已通过初试者进行的再测验;操作试验则是对应考者掌握行政技巧程度的比较考试;工作试验是对应试者实际行政操作的考试,它可以测量应考者的初步工作能力、对环境的反应和应变能力等;心理试验是对应考者心理状态的测试,从测试中发现应考者的机智程度、反应的灵敏度等。在此,怀特特别强调考试应根据行政工作的需要而定,各种考试应当标准化,考试方法是否达到科学化、标准化,其标志是能否"挑选出胜任者,更由胜任者中,析出最胜任者"[②],其目的是通过筛选,为政府的行政工作选拔真正优秀的人才。

二、职位分类—分级与工资的制定问题

关于职位分类—分级与工资的制定,怀特认为,职位分类是现代人事行政的"两大支柱"之一,其他人事管理各环节都建立在这个基础之上。在他看来,职位分类对于实行工资管理具有重要的意义,这种重要性具体表现为:一是工资的多少应该根据所完成的工作加以确定;二是实行同工同酬,同一等级的行政人员享受同一等级的报酬;三是必须按照现代标准改进工资政策,实行公平的报酬;四是确定生活消费的公平报酬。

---

① 转引自曹志:《资本主义国家公务员制度概要》,123 页,北京,北京大学出版社,1985。
② [美] 怀特:《行政学概论》,中译本,295 页,上海,商务印书馆,1947。

三、职务的晋升问题

关于职务的晋升，怀特从以下四方面做了论述：

第一，晋升制度应建立在考核和功绩基础上。他指出，为了使行政职位能够吸引最优秀的人才并且使他们能够尽力服务，除了使其能够晋升职务和提供优厚报酬之外，再没有其他更好的办法。① 这里怀特明确指出了晋升职务与优厚报酬是吸引优秀人才的重要途径。怀特高度评价了芝加哥市政府对公务员晋升制度的改革措施：一是制定了公务员考试晋升的条例，规定了晋升考绩是公务员能否晋升的依据之一；二是建立公务员平时工作效率记录制度，将公务员平时的工作效率作为能否晋升的重要依据；三是规定工作优秀者，优先晋升职务。这样就把职务晋升制度奠定在公务人员的考绩和功绩基础之上，为优秀人才的晋升开辟了一条新的道路。

第二，应确保能干的人才得到提拔和重用。怀特指出，由于行政职务越往上层，职务额越少，为了确保提拔能干的人，应缜密地制订晋升计划，确保提升最有效率、最有价值者。要做到这一点，就应该根据考绩加功绩公开衡量并选择，贯彻公平处理的原则，这样才能使晋升制度发挥其应有的导向作用。②

第三，应该扩大晋升选才的范围。怀特认为，以往的人员晋升多为内部晋升制，这样就会产生晋升中选才不广的弊病。他主张："为均衡晋升之机会，应尽力混合各局之职务。"③ 他这里所说的混合是指本单位职务空缺，又无合适人选，则应向其他单位或更大范围开放招聘。在他看来，选择的范围愈大，则竞争愈激烈，而最后选择的人员，必愈为优良。④ 而封闭型的晋升制度必然会产生一系列弊端，必须代之以开放型的晋升制度，"广开才路"，以期选得优秀人才。怀特提出的开放型晋升制度，其最主要的特征是在公务员晋升制度中引进竞争机制，他主张全国或全邦同类职位的混合竞争，实给怀能擅才者以晋升的机会。他还做出如下预言：迟早之间，如欲使美国行政真确有效，则大部分行政部门必须废除地方居住期限等各条例，以实行公开于全邦或全国之竞争考试。⑤ 怀特在此充分阐明了人事行政选才贵广、得才贵精的道理。

第四，职务晋升的几个根据应综合加以运用。怀特指出，公务员晋升职务有几个根据：一是具有先进的工作资格；二是具有工作成绩或政绩；三是具有职务晋升考试成绩；四是领导综合判定后自由选择。这四个根据各有其优点和缺点，因此，必须结合上述两种或两种以上的根据综合加以运用，以期得到满意的结果。

---

① ［美］怀特：《行政学概论》，中译本，330 页，上海，商务印书馆，1947。
② ［美］怀特：《行政学概论》，中译本，378 页，上海，商务印书馆，1947。
③ ［美］怀特：《行政学概论》，中译本，378 页，上海，商务印书馆，1947。
④ ［美］怀特：《行政学概论》，中译本，340 页，上海，商务印书馆，1947。
⑤ ［美］怀特：《行政学概论》，中译本，343～344 页，上海，商务印书馆，1947。

第六节 行政伦理思想

　　行政伦理是指行政人员在行政管理活动中的行为规范的总和,它是维持行政管理活动参与者之间,即行政机关与各机关(包括各级行政机关和权力机关)之间、行政机关与其工作人员之间、行政机关与企业事业单位之间、行政机关与社会团体之间、行政机关与公民之间等的合理、正当关系的原则和规范。怀特的行政伦理思想主要体现在他对行政官员风纪,即他所谓"官纪"问题的研究上。怀特十分重视对官纪的研究,他认为,古典管理学派忽视了对此问题的研究,而随着现代人事行政观念的更新、对风纪的注意,官纪问题的重要性日益凸显,行政官员的风纪关系着行政管理的成败,它是现代行政管理的目标。怀特着重从以下四方面对官纪及其相关的行政伦理问题进行了分析。

　　第一,官纪的本质及其重要性。对于官纪的本质含义,怀特指出:"官纪者,乃表现于行政人员热望、忠诚、合作、竭力负责及以服务为荣之精神也。"[①] 官纪可分为高尚的官纪或衰微的官纪。高尚的官纪能激励行政人员的积极性,保持官界纯净,能培养行政人员的良好素质,能免除各种私利情事,从而使组织及其成员能够克服通常难以克服的障碍。在他看来,只有制定良好的政策并实施,方能将官纪提高至相当的程度,这对于促成良好的行政至关重要,行政领导要有发展官纪的计划。[②]

　　第二,败坏官纪的因素。怀特指出,从行政内部而言,败坏官纪,就不能激发行政人员的积极性、忠诚与协作。他认为,败坏官纪的因素主要包括:"缺乏奖励",即行政领导对其下属有错则发怒,有了成就却视而不见,更谈不上给予必要的奖励;"惩罚无度",即下属对不平等之处表示愤慨;"损失创制权",即不按照成绩与能力计酬,人员长期得不到升迁的机会,而幸运者则以不可思议的速度晋升到重要职位上;"疏略社交生活",即没有正常的社交场所;"调资不及时",即所得工资形成的购买力反而低于往年;"取消权利",即抑制升迁机会,等等。对此,怀特指出,尽管具体的人事管理权委托给了各个行政部门,但是文官委员会的任务在于制订改善官纪的正确计划,以明确良好官纪的标准,只有在此标准的指导下,通过人事管理各方面的一致努力,才能真正提高官纪的质量。

　　第三,官纪的基础。怀特指出,端正官纪应从直接和间接两方面进行。善于利用外界环境的影响、提供适当的工作条件以及鼓励有益的社交活动等均可以间接地促进官纪的改善;而对于工作成绩十分突出的行政领导或行政人员给予必要的物质奖励和精神奖励、倡导合作精神、激发想象力及忠诚感等均可以作为达到高尚官纪的直接途径。[③] 应当注意的是,激发官纪的间接途径和直接途径要相互补充,灵活运用。在各种行政情况中,官纪发挥其成效的

[①] [美] 怀特:《行政学概论》,中译本,262 页,上海,商务印书馆,1947。
[②] [美] 怀特:《行政学概论》,中译本,269~271 页,上海,商务印书馆,1947。
[③] [美] 怀特:《行政学概论》,中译本,272 页,上海,商务印书馆,1947。

关键在于领导者的才能。

第四，良好官纪的标志。行政官纪归根结底体现在行政组织的人际关系之中。怀特认为，良好官纪的主要标志即良好的人际关系，领导关心下属和重视让下属民主参与有关的决策，在这里，怀特提出了让下属参与决策的民主参与型领导方式。

第七节 行政法规思想

行政法规是指国家机关为了实施宪法和法律、履行行政职能、完成行政任务，在其职权范围内，依据法律和法定程序制定和发布的规范性文件的总称。现代行政管理最重要的特征就是法制化管理，行政法规作为行政管理法制化的有力工具，以国家强制力和严肃性确保行政活动有章可循、有效运转，行政法规在国家行政管理中具有重要的作用。行政法规大部分是由国家行政机关制定和发布的，在现代行政管理中，中高层行政机关享有委托立法权，政府及其部门在不违背宪法和法律的前提下，根据行政管理的需要，有权制定行政条例和规章，发布行政命令，怀特认为，这种制定条例权"乃系一种无上之'行政与立法工具'，藉使逆意之事实，能与社会目的相协调"①。怀特的行政法规思想主要体现在以下两方面。

一、政策、法规和法律之间的关系

怀特指出，要注意研究政策与法规和法律之间的关系。他认为，政策的基本制定，尤其是在政治生活之新领域中，必将演绎为通则化，形成法制；再经行政经验之归纳的通则化，形成行政条例；最后则于若干特别重要的机会中，制定成宪法条文。无论如何，行政与立法二者在共同利益限度内是互补的。②

二、行政条例制定权的范围、限度、保障及其对行政管理的重要性

关于行政条例制定权的范围，怀特认为，政府行政机关享有委任立法权，但行使这一权力有一定的范围和限度。首先，政府制定条例与规章的行政权必须根据宪法与法律来行使，超出这一范围则违法、无效；其次，被授予委任立法权的行政机关才有权制定规定范围内的行政条例和规章，超出这一范围则越权、无效。

关于行政机关制定条例权的限度，怀特具体指出了五种情况：第一种，当某项立法将被应用的环境情况极端复杂且琐屑而且立法人员又不易明了时，可授权委托行政机关制定相应

---

① ［美］怀特：《行政学概论》，中译本，441 页，上海，商务印书馆，1947。
② ［美］怀特：《行政学概论》，中译本，443 页，上海，商务印书馆，1947。

的条例、规章;第二种,因情况改变需要制定新条例,或经行政执行发现不妥,经研究须调整或新制定条例时,可由行政机关制定;第三种,应处理的事务中情况极端复杂并且具有较强的专业性以至于非专家不能处理时,可由行政领导邀请相关专家共同制定行政条例、规章;第四种,在发生紧急事件或必须采取直接行动的情况下,可授权委托行政机关制定相应的条例和规章;第五种,制定行政机关内部的管理条例。在怀特看来,在上述限度内行政机关有权制定、变更、增修或取消各种条例与规章,有发布命令、条例与规章之权,其受制于立法,不得超出该条例所本之法制含义,并受制于法庭之严密解释。公布之时须确遵法制中所规定之法定程序和法庭认为合理,必须手续完备和设定程序上的保障。①

关于行政条例制定权的保障问题,怀特提出了七项主张:一是立法权力的委托,应委托于可依赖且博得全国信任的行政领导;二是应确切划定委托权行使的范围;三是假如特种利益将因委托立法而受影响的话,负责立法者则应当在制定法律之前考虑这种利益;四是必须采用适当的方法,以取得共同意见;五是必须设有在必要时增修及取消委托立法的机构;六是已经公之于众的行政条例必须有相当程度的确定性;七是行政规章,尤其是涉及公众利益的内容必须叙述精确,必要时应对有关内容加以说明。在怀特看来,这七项主张便是政府行政机关实施制定条例权的保障。为此,各级政府中被赋予制定条例权的领导人数应有所限定,而且这些领导人本身应该具备制定条例的才能。怀特在此特别强调,制定行政规章尤其是涉及公众利益的行政规章,需要一定程度的民主性。关于行政条例制定权对行政管理的重要性,怀特认为,行政机关具有制定条例规章权,既可以使行政管理纳入法制轨道并具有权威性,也能够激励行政官员的负责精神及创造才能,使其胜任行政管理工作,忠实、公正地履行自己的职责,还可以减轻立法机关的工作负担。因此,怀特说,行政机关享有委托立法权是立法机关所寻求的真正目标。②

第八节　行政监督思想

行政监督是现代行政管理的一个重要环节。怀特不仅对行政监督的必要性、作用及分类等一般性问题进行了探讨,而且还对立法监督和司法监督等具体问题做了比较详细的阐述。

一、行政监督的必要性

怀特首先指出,由于在行政运行中存在着滥用权力、违法乱纪、侵犯公民权利、管理无力、不负责任等不良情形,因此有必要发展完善的行政监督机制,以便对行政系统实施有效

---

① [美]怀特:《行政学概论》,中译本,445~448页,上海,商务印书馆,1947。
② [美]怀特:《行政学概论》,中译本,458页,上海,商务印书馆,1947。

的监督，确保其高效运作。在他看来，由于行政部门权力汇一制的发展，政府机构增多，行政领导权力集中，人员无限增加，行政机关与公民之间的各种公务不断增多，致使行政监督的范围越来越广泛，因此需要寻求方法，以确保行政官吏的行为，不仅与法律相协调，且同样与公民之目的及心理相切合[①]。怀特认为，行政监督的目的在于使行政执法与法律保持协调一致，保护国家和公民的利益，避免行政行为损害这种利益。怀特还赞同并引用古德诺对监督制度的分析来说明监督的作用，他指出，监督的作用"首为政府效率，由此可确得行政行动与效率之调和及一致；第二为公民利益之维护，以防官吏侵及宪法中之个人自由；第三为社会福利，促使行政机关自认并非其本体之法律。与此三种利益相符者为三种方式之监督，即行政、司法及立法者是也"[②]。

二、立法监督的职责与方法

关于立法监督的主要职责及有效方法，怀特认为，立法监督的主要职责在于：一是确保立法与行政政策的协调；二是确保政府支出适当；三是确保行政监督的实施目的真正在于提高行政效率；四是使立法机关完全了解行政情形，以便制定补救的立法。可见，在怀特看来，立法机关主要是从大的方面实施对行政机关的监督，而不是实际管理或干预行政机关的具体行政事务。

为了确保立法监督切实有效，怀特还进一步提出了一系列有效的监督方法：一是会计及支出上的监督，委托审计总监署负责；二是款额分配的监督，包括对政府预算的审核，对行政执行、行政节约与行政效率各方面的监督；三是行政政策的监督，立法机关可令行政机关完成某种职务或规定相当方法，且可驳斥其规章，或禁令不得为某种行动放弃某种方法，也可规定行政机关决定政策之方法[③]；四是人员方面的监督，特别是公务员工资方面，确定工资标准，保障公务员的权利；五是调查监督，立法机关有调查行政状况的权力，可以随时调查各部门行政执行的状况，必要时可提出改进措施；六是诘问监督，立法机关有权对政府及其部门就重要行政事务提出质问，政府领导或部委首长必须到立法机关就有关问题做出解答或解释。

三、司法监督

怀特不仅对立法监督做了分析，还就司法监督问题进行了系统的阐述。他指出，国家行政活动必须受到司法机关的监督，他分析了司法监督行政的情况、限度和方法，认为对政府行政进行司法监督的目的在于对行政的过失进行补救，保障公民或公务员的权利。一方面，

---

① ［美］怀特：《行政学概论》，中译本，462~463页，上海，商务印书馆，1947。
② ［美］怀特：《行政学概论》，中译本，464页，上海，商务印书馆，1947。
③ ［美］怀特：《行政学概论》，中译本，471页，上海，商务印书馆，1947。

行政工作要迅速完成，就要迅速行动；另一方面，宪法中各种规定又提醒行政机关必须知道其权力范围，这是有效行政的基本条件。在他看来，法院方面对行政范围的划定，同时也划出了公务员自由裁量权的界限，而这种权力的大小对行政效力有着重要的意义。因此，他认为，司法监督主要包括以下三方面的内容：

第一，对公务员的司法监督。怀特指出，法院所具有的几种司法职权足以直接监督行政人员的任期和工作。法院对行政机关有查职权，法院可以通过"查职令"查办行政机关中缺乏正当任职资格的人员，处理委任及罢免手续不当的事件等；法院也可以通过受理及判决公民控告公务员的民事案件对公务员行使重要的监督；法院还可以对公务员执法过程中行使职权的情况进行监督，对违法侵权的行政行为以及贪污受贿的行为进行审判处理。

第二，对普通行政行为及特别行政行为的监督。普通行政行为是指政府机关制定并发布行政条例、规章、命令等行为，这种行为是否合法、合理，是否符合法定程序，必须由司法机关监督审核。而特别行政行为则是指行政执法的各个方面，司法机关监督行政行为是否合法、合理、有效，对行政机关或人员与公民之间因公务执行而产生的纠纷进行审理裁定。

第三，对行政自由裁量权行使的监督。行政机关在处理大量日常事务的过程中，有一定范围的自由裁量权。司法机关必须监督行政机关自由裁量权的行使，防止自由裁量权的滥用。

简 评

怀特通过自己的努力将行政实践的理论总结和各种政府管理研究成果熔于一炉，其《行政学导论》是世界上公认的第一本行政学教科书，它标志着行政科学的正式诞生，使行政管理成为系统化、理论化的知识体系，可见，怀特对于西方行政学的创立具有重大的贡献，他也因此被誉为行政科学的奠基人。

怀特对西方行政学的贡献不仅在于他率先提出了一个比较完整的行政学理论框架，而且也反映在他所提出的一些思想观点和方法上。首先，他提出了建立行政学的四个基本假定：一是行政管理具有共性，他认为，"行政为单一之程序，无论何处所见到之重要特质，均大体相同"；二是行政学的实践基础，在他看来，"行政之研究应始自管理之基础，而不宜始自法律之依据"；三是行政的科学化，他认为，"行政在大体上，仍系一种技术，但于转变之为一科学之重要趋势上，极端重要"；四是行政的重要性，他明确指出，"行政业已成为，且将继续为现代政府问题之中心"[①]。这四个假定反映了怀特对行政学的基本看法和基本研究方法，颇具特色。其次，在论及公共行政与各方面的关系上，怀特谈到了公共行政与平民组织的关系，他认为公私两方，"尤须长期合作，方可应付特殊之社会情况……二者合作之

---

① [美] 怀特：《行政学概论》，中译本，1~2页，上海，商务印书馆，1947。

技术，需要精详之计划，与不时之谨防，以减免两方之冲突，且利用二者各之特长"①。在这一点上，怀特的视野已经超出了前人，把行政研究传统注重的政治环境扩大到了社会环境。再次，怀特在论及中央集权问题时运用了发展的观点去看待中央集权的限度规定问题，他说："中央集权之限度，恒依现行社会合作之技术，及现行社会之环境为转移。中央集权之限度，不能加以任何特定之界定；纵使划定界限，亦不能历经不变。"② 应该说，怀特这个提法在西方行政学发展史上出现得比较早。最后，值得一提的是，怀特对自己工作的探索性、暂时性也有着相当深入的认识，他没有把自己的研究视为定论，没有把自己的体系加以封闭，而是强调："吾人之目的，乃在拟设问题，而不在贡献结论。"③

《行政学导论》作为西方行政学发展史上的第一部系统性教科书，将行政学的研究重点转向了行政管理内部，转向技术性细节，满足了行政管理作为一门独立学科的要求，丰富了行政学研究的内容，其意义重大。但与此同时，我们也应该看到，它似乎也丧失了威尔逊、古德诺那样的广阔历史视野和一以贯之的逻辑体系。也许，体现在怀特身上的这个特点也是行政学自身发展的一个缩影。

思考题

1. 怀特如何界定行政学的研究对象和范围？
2. 怀特如何论证各种环境与公共行政的关系？
3. 怀特的行政组织思想包括哪些内容？
4. 怀特的行政协调思想包括哪些内容？
5. 怀特的人事行政思想包括哪些内容？
6. 怀特的行政伦理思想包括哪些内容？
7. 怀特的行政法规思想包括哪些内容？
8. 怀特的行政监督思想包括哪些内容？
9. 你怎样看待怀特？

---

① ［美］怀特：《行政学概论》，中译本，53页，上海，商务印书馆，1947。
② ［美］怀特：《行政学概论》，中译本，115页，上海，商务印书馆，1947。
③ ［美］怀特：《行政学概论》，中译本，序言，上海，商务印书馆，1947。

第二编
演进过程中的西方行政学说

如前所述，威尔逊和古德诺在政治—行政二分法的基础上提出了建立行政学的必要性并大致框定了行政学研究的独立领域，韦伯的官僚制理论从组织体制的角度为行政学的创立提供了理论支撑，泰勒的科学管理理论和法约尔的一般管理理论从外部对行政学的创立起到了推动作用，而且怀特也通过自己的不懈努力开创性地为行政学提出了一个系统化的理论框架。然而，对于作为一门独立学科的行政学来说，他们只是完成了行政学创立的第一步，只是为我们大致勾画出行政学这门新兴学科的概貌，而西方行政学相对完整的理论体系则是在其后很长一个时期的演进过程中，通过对行政管理的科学原则和普遍原理的不断探寻而逐渐充实、完善起来的。

第七章　古利克的一体化行政管理思想

📖 本章提要

本章介绍了古利克为西方行政学的发展做出的重要理论贡献，主要体现在他阐述了政府在社会中的作用、行政在政府中的角色、科学与行政、行政组织理论、从理论原则到实际应用等问题。另外，本章还对古利克做了基本评价。

📖 学习要求

1. 了解古利克其人其事。
2. 了解古利克行政学说的优缺点及其意义。
3. 掌握古利克行政学说的主要内容。

卢瑟·H. 古利克（Luther H. Gulick）是西方行政学发展史上一位杰出的行政理论家和实践家。他于20世纪20年代获得哥伦比亚大学的政治学与公共法博士学位并长期担任美国哥伦比亚大学行政学教授，著有《组织理论评论》《行政的原则》《公共行政的下一步》和《科学、价值观与公共行政》等重要论著并与厄威克合编了著名的《行政科学论文集》一书，曾创建著名的美国国家公共行政研究所并长期担任所长，他还担任过美国政府研究协会会长等学术职务。古利克具有非凡、独特的公共服务职业生涯，曾先后担任马萨诸塞州议会财政与预算程序联合专门委员会的秘书、税务与节俭委员会主席，财政部长顾问，美国内部事务协调人办公室教育咨询委员会主任，美国商务部咨询委员会委员，全国人力资源计划委员会战后方案的协调人，联合国秘书处救济与恢复行政办公室主任，白宫参谋机构的行政事务助理，纽约市宪章修改委员会委员、城市规划委员会主席以及各种外国组织和国际组织的顾问等职。古利克一生中因其杰出的公共服务记录而获得过包括著名的沃尔多奖在内的多项大奖，他在美国行政管理领域声望极高，以至于人们认为，如果说在美国只有一个人是行政管理的化身，那么这个人就是古利克。古利克主要通过对以下诸方面问题的研究为西方行政学的发展做出了重要的理论贡献。

第一节　政府在社会中的作用

从古利克的著作中，我们至少可以推断出他对政府在社会中的角色和功能所具有的一般学术取向。在他看来，政府是任性、坚强而且自私的人们能够协作共生的手段，当基于自身利益并且由市场这只"看不见的手"所支配的私人行动被证明是不适当的时候，政府活动的必要性便油然而生。政府工作的目的在于对过度的自由行为施加必要的控制并提供合作的社区服务，即提供一些以合作为基础且能够更好、更经济或者更令人满意地完成的活动。总之，政府应该表现出一种"对弱者公平的人类同情心"。

尽管政府必须发挥作用，但是古利克认为它不应该单方面发挥作用。他强调，"一个多元化的社会不容许中央政府独断地寻求包括公共活动和私人活动在内的国家目标和政策方案"①。相反，公共部门和私人部门应该为实现共同的利益而携手合作，尤其是应将制订计划作为这种合作的重要组成部分。古利克认为，制订计划应该具有多学科性而且不可避免地会以价值判断为基础。因此，制订计划必定要涉及所有相关学科而且既应该征求"普通百姓"的意见又要征求特殊利益群体的意见。鉴于知识的限度减少了计划的精确性，所以古利克认为计划应该涉及的不是确定的绝对优先权，而是渐进变革的临界值，而且对于变革来说，计划只应发挥指南的作用，而不应作为实施变革的行动蓝图。

虽然古利克认为市场失败是政府行动的主要原因，但是他并没有将市场失败视为政府增长的唯一理由。他认为，公共部门角色扩大的原因还可能在于来自"那些热衷于扩大预算的官僚政客"的压力，而且他强调政府机构之间尚无"适者生存"的证据。在他看来，生存对于惰性很可能就像其对于适应性一样也是一种贡物。因此，在我们确定扩大政府的活动范围之前，我们首先应该仔细考察这种行动对于社会可能产生的后果，应该抵制种种试图使政府权力无限扩大的做法。政府由于其不能确切地了解未来，由于其领导者智慧、经验、知识和品质的缺乏，由于其行政技能和方法的缺乏，由于其综合行动要涉及众多的变量，还由于其集权体制缺乏开发新思想和新方案的有序方法，所以其作用应该是有限的。在古利克看来，在一个多元化社会中的民主制政府优于集权制政府，因为民主制政府能够产生新思想，具有自由批评的矫正效应并且要求老百姓对最终结果做出评价。尽管古利克承认集权制政府能够有效地控制被统治者的态度并因此很容易得到被统治者的赞同，但他认为集权制政府却很容易导致缺乏建议变革或评估变革之有效沟通渠道的"动脉硬化"。古利克承认对政府的角色尚不存在任何固定的限制，不过，他认为，政府不应该而且也不可能包揽所有的人类活动。

---

① [美]科姆、[美]古利克：《为了国家目标而制订方案计划》，载美国全国计划协会1968年编辑发行的第125期《计划小册子》，5页。

为了正确履行其必要的职责，政府有必要对其职能重新进行大幅度调整。古利克认为，无论是公众还是立法机关都不具备有效政府所需要的计划能力。在他看来，公众处理不了错综复杂的计划问题，因此公众必须将制订计划的责任授予政府，由政府来履行这一职责；而就立法机关而言，它并没有任何中心的责任焦点而且它也不能以一种有效连贯的方式发挥作用。古利克强调，与其说我们应该关心行政机关与立法机关的制衡关系，倒不如说我们更应该关心政策的规划和执行与政策的采纳或否决之间的区别。他认为，一个理想的政府系统应该是这样的：其中，行政首长在专门参谋机构的支持下负责制订计划，立法机关负责接受或者否决政策建议，行政部门负责贯彻实施已被采纳的政策计划，而公众则通过参加政党和压力集团行使一般的监督控制职能。在古利克看来，这样划分职能可以产生一种不仅为效率和效益所必需而且对于有意义的民主控制也是必要的统一管理，因为职责的界定和分配更加明确。

古利克还要求联邦系统对各项职责进行重新界定。他认为，一方面国家的立法者制定的某些政策常常忽视了州政府和地方政府的需要，而另一方面州政府和地方政府采取的行动有时也根本就没有考虑联邦政府或者国家的问题。与他对行政机关和立法机关的职能划分建议相对照，古利克认为，我们不可能对联邦系统内的职能做出明确区分。相反，他认为应该将职能按照其所赋予的相应责任划分为地方的职能、州的职能和联邦的职能。在他看来，这样划分具有灵活性，可以根据各级政府行政当局的连续计划和它们之间的合作情况进行改变。

尽管古利克在一般意义上提倡联邦政府应该发挥主要作用，但他对于各级政府职责正确划分的看法也随着时间的推移而有所变化。在"大萧条时期"，他认为联邦政府应该承担大量的新职权；后来，他又认为，在需要分散和地方适应的情况下，责任就应该分散，即便是需要国家政策的时候，如果为了确保政策得到一致的执行和个人权利得到正确的保护而确立了明确的授权标准，那么就仍然需要基层行政。

第二节 行政在政府中的角色

在古利克从事行政学研究的时代，人们讨论较多的主题是政治和政策考虑应该与行政问题分开。而古利克则认为我们既不应该又不可能也不需要把政治和政策与行政严格地分离开。在他看来，行政意味着要决定重要政策，要开发和采纳具体的方案，要创立组织，要配备人员，要核准资金，要对活动进行行政监督、协调和控制并且要对结果进行审计和复审。他在广泛的行政定义下强调行政必然要涉及政治和政策过程。

古利克认为政治这个词具有两层意义。在一般意义上，政治意指通过统治者的控制来寻求私利或寻求发展；而在真正意义上，政治则是指统治者用来实施控制的行动。这里的问题是，没有任何客观的方法可以区分一般的政治和真正的政治，因为这种区分不是取决于这一行动本身，而是取决于行动者的动机。因此，如果我们试图把政治的一般方面控制在行政中，那么我们就可能会要否认行政的真正政治功能。此外，将一般意义上的政治置于行政之外的企图也证明不可行。古利克认为，在一个权力制衡系统中禁止政治活动，那必将导致一个"因其毫无作为而不可能出错"的真正软弱无力的政府。试图通过建立独立的公共机构来将政治从行政中排除的做法只会阻挠建立具有计划能力的一体化政府的努力。简言之，古利克强调，政治与行政之间的老二分法已经失败，我们应该建立和发展一种"可以在一个具有政治和专业责任的适当组织机构中充分利用专家"①的新学说。

古利克的观点就是对政治、政策和行政进行很微妙的调节和适应。他通过测定与政治和政策的相关度对政治家、被任命的政务类官员、行政官员和技术专家的角色做了区分。他认为，政治家的角色就是通过监控和调节专家、官僚和利益集团之间的关系来保持整个系统的平衡。被任命的政务官员所充当的是中介人的角色，他们在专家和公众之间做解释工作以增进相互的了解。而行政官员的角色则在于理解和协调政策并且向具体的行政工作机构解释和说明政策指令，不过，他们对于民选官员的决策无疑十分忠诚。行政官员与政务类官员的区别在于行政官员不根据政策做最后的决定，他们在政策地位上既不成功也不失败。最后，技术专家一般只应该考虑"技术问题"。

尽管这些不同的行动者所具有的角色大致表明了他们与政策和政治活动的相关程度，但古利克却承认所有公共官员的行为是"一张由处理权限和行动构成的无缝之网"②，而处理权限则很可能使官员考虑政策问题。从民选官员到技术专家，其处理权限是递减的。不过，并非所有政策问题都要提交到最高层，因而，许多处理权限必然要属于"接触公众"的最基层。此外，任何特定的决策都具有政治性，而不是具有技术性。因此，就政治和政策相关性而言，这些角色的区别与其说是程度的区别，倒不如说是本质的区别。成功的行政官员必须理解并且能够处理其所在政治—行政系统的战略问题。有效的行政有赖于目标的单一性、政策的明确性和公众的支持。古利克奉劝行政官员应该将知识与技能同公众愿望、政治力量和常识融合起来，应该制定一套有结构的补救性行动步骤，并且应该采取具体行动确保权威的行使，这就必须有真正意义上的"政治"活动并且将行政官员引入政策过程。

第三节 科学与行政

政治—行政二分法曾经一直是早期行政学家希望建立一门行政科学的根据。他们认为，通过将行政与政策和政治分离开，行政可以被界定为一种价值中立的活动，并因此可以成为科学分析的合法主题。

虽然古利克拒绝接受政治—行政二分法，但是他还是渴望将科学方法应用于行政问题。

---

① [美]古利克：《公共行政的下一步》，载《公共行政评论》，1955（2）。
② [美]古利克：《政治、行政与"新政"》，载《编年史》，第166期（1933-09）。

在他看来，科学方法和科学精神同样可以应用于对人类行为的研究，实际上，他认为人类活动的每一个领域都必然要将经验和现象变成可测量项。就行政而言，古利克把科学方法视为"以能力取代无知、以专业人员取代非专业人员、以专家取代杂而不精者、以日益加剧的分化和专门化取代华而不实、以训练有素的行政人员取代缺乏训练的新手"①的一种途径。

古利克认为，我们不应该仅仅局限于收集一些很容易获得的事实、规则、惯例和只从事一些问题取向的应用研究，而必须进一步探讨现代政府的问题。这些问题的范围涉及从管理的细节到社会的哲学等诸多方面。行政科学能够包含"一个只要人们为了一个共同的目标而有组织地一起工作便可以用来认识关系、预见结果和影响后果的知识体系"②。在他看来，科学研究的目标在于发现"行政原则"或永远不变的"行政规则"，通过提炼和简化，这些原则或规则可以用来解决实际的行政问题。

由于古利克拒绝接受政治—行政二分法，所以他面临着价值观在行政中起什么作用和如何重新界定一个可以进行科学分析的适当范围的问题。古利克说，价值观所涉及的是对目的的合意性做出评价，他承认，行政必然要涉及这样界定的价值观，而这样界定的价值观是经不起科学考察的。因此，科学不能囊括行政活动的全部。不过，他认为，关于"变动和相互关系"的陈述不涉及价值观，在某些情况下，科学分析能够揭示可能会出现的情况。因此，在他看来，行政科学的适当研究范围是调查研究行动与后果之间的关系。古利克认为，尽管从应用意义上来看，效率必须与其他的社会价值和政治价值相适应，但科学研究工作本身所特有的价值就是效率。

古利克意识到建立一门行政科学存在的问题。社会科学具有一个难以捉摸的主题，因为人类具有能动性，在某种未知的范围内，还具有不可预见性。此外，对人类行为的研究还提出了对科学实验建立适当控制的问题。不过，古利克认为，科学研究是一种必需品，"即便它不是有效民主制必不可少的一种附属物的话，它也是有效民主制的有力同盟"③。

古利克还意识到科学"专长"的潜在危险。他指出，我们所面对的是一些对越来越少的事情了解得越来越多的专家，专家可能会假定自己比老百姓更了解他们的需要，而且专家还会宣称对其并不擅长的领域也具有知识和权威。这些危险之所以很值得注意，是因为古利克认为"一项依靠专家集团制定的政策方案在大约三十年内都将会处在该专家集团的专业领导和专业方向之下"④。为此，他认为，要消除专家政治的危险，就必须培养和树立一种施加责任自律的职业意识，就必须清楚地认识到不能由专家来采取最后的行动。在一个民主政体中，老百姓必须是自身利益的最终裁判。然而这并不意味着不需要专家，相反，民主制还要求专家和行政官员有责任与政治领导人和老百姓更好地进行沟通，并且有责任帮助他们了解有助于有效行政的条件。

---

① ［美］古利克：《美国国家公共行政研究所》，英文版，52 页，美国国家公共行政研究所，1928。
② ［美］古利克：《美国国家公共行政研究所》，英文版，191 页，美国国家公共行政研究所，1928。
③ ［美］古利克：《美国国家公共行政研究所》，英文版，45 页，美国国家公共行政研究所，1928。
④ ［美］古利克：《美国对外政策》，英文版，216 页，美国国家公共行政研究所，1951。

第四节 行政组织理论

尽管古利克赞成美国早期改革的目标，但他对于改革的适当策略问题却有着不同的看法。最初的"好政府"运动所集中关注的是一些具体的陋习和弊端，并试图通过选举过程来进行改革。而古利克认为，现在所需要的是改革行政的基本结构和基本过程。为此，必须对政府职能进行界定，对政府工作职责进行划分，使其结构和关系正式化，使其人员专业化，使其活动合理化。这就意味着要进行一系列改革，例如，强化行政部门、合并机构以及在政府中采用"类似企业管理"的方法等。就在政府中采用"类似企业管理"的方法这一点而言，古利克指出，政府行政管理与企业管理尽管其目标和侧重点有所不同，但二者都是同一个广泛科学的组成部分，二者都要利用分工的方法对为实现规定目标而工作的人员进行分组，都要通过计划来做出政策决定，都要进行协调、指挥并负有责任，都要设法通过激励和对人、物、时间的最佳利用来获得最佳工作绩效，都必须在不断变化的环境中密切关注公共舆论和管理工作的连续性。

古利克认为，行政改革应有一套新指导"原则"。美国政府最初依据的原则源于对行政权力的反感和对代议制的渴望，这些原则如下：许多政府官员应通过选举产生（增加选票）；选举应经常举行；应建立一个权力制衡系统来控制行政权力；多个领导优于单个领导（更倾向于委员会领导）；任何人都能够在政府任职。古利克说，经验已经证明这些原则有缺陷。选举许多官员和经常进行选举，既没有产生好政府也没有产生民主政府；权力制衡系统所导致的不是"更大的驱动力而是更多的制动器"；多头领导的机构使政府系统丧失了负责且有力的领导，而且不熟练的人已经被证明既不能处理好重要行政事务也不能胜任重要技术工作。

古利克强调，现在所需要的是一个既能够制订计划又能够执行民主政策的行政部门。他建议行政改革应遵循以下指导原则[①]：（1）相关的工作应该作为一个单元来完成；（2）所有的机构应该合并成一些部门；（3）每一个单元的行政工作都应该由单独的一个根据能力、专业知识和经验选举产生的负责官员来指挥；（4）部门领导的权力与其责任应该相称；（5）每一个大部门的领导都应该有一个负责工作评估的参谋机构；（6）每一种职能的责任都应该归属于一个具体明确的官员；（7）应该减少民选官员的人数；（8）委员会不应该用于行政工作，只应该承担准立法职能和准司法职能；（9）所有的行政工作都应该由单一的首长来领导，这个单一的行政首长应该由选民或选民代表直接选举产生并对他们负责；（10）行政首长应该有权任命和免除部门领导的职务并有权指挥他们的工作；（11）行政首长应该有一个研究参谋机构来汇报各部门的工作和探究更好的工作方法。

---

① [美]古利克：《行政的原则》，载《美国市政评论》，1925（7）。

简言之，行政分支机构应该被整合并置于坚强有力的行政部门领导之下，这些坚强有力的行政部门拥有一个能够对整个工作过程实施有效监督的权威行政首长。

改革还要求进行合理的分工和组织整合。古利克认为，分工之所以必要，是因为人的性格、能力和技能有差异，并且人的知识有限，一个人不可能同时出现在两个地方，一个人也不可能同时做两件事情。为了给组织中通过分工规定的"单元任务"之间提供重要协调，就需要进行整合。因此，组织理论所关注的是影响组织分工的协调机构。

组织整合的一个组成部分是在组织中对类似任务进行分组归类。古利克认为，可以将一个组织的单元任务分组归类的根据有四点：（1）目标（根据所提供的服务分组归类的任务）；（2）程序（根据所运用的技巧或技术分组归类的任务）；（3）服务对象；（4）地点。尽管古利克强调组织协调中目的的重要性，但是他特别提到任何特定根据的选择都将依赖于组织发展的阶段、技术的变化、组织的规模以及特定组织中利用特定根据所具有的具体优缺点。

集中精力于组织中的分工和单元任务的分组归类即古利克关于组织的所谓"自下而上"的观点。这种观点正确强调了"同质性原则"或类似任务的分组归类。不过，如果仅仅采取这种"自下而上"的观点，那么便会忽视组织中控制和协调的必要性。因此，古利克还提出了一种"自上而下"的观点，他指出，如果组织中的细分和专门化不可避免的话，那么协调就是必需的。他认为组织中主要有两种控制和协调机制，即权威的机构和思想或目的的单一性。

当然，通过权威的机构进行协调是一种主要的控制机制，它要求有一个负责全面指挥的单一行政权威，要求为每一项工作配备一名监督管理人员，并且要求确定总的工作必须分成多少项单元任务。就建立权威的机构而言，古利克警告说，由于监督管理人员的知识、时间和精力都很有限，所以每一级组织的有效控制幅度也是有限的，不过，如果该组织的工作具有常规性、重复性、可测量性和同质性的话，那么其控制幅度就可以扩大一些。

领导也是通过权威进行控制和协调的一个重要因素。古利克宣称，单一的集中领导几乎具有普遍性，而且他还建议不仅应该有权，而且就公共部门来说还应该有时间用权。古利克把行政机关所具有的职能总结为 POSDCORB 这个首字母缩略词，这个缩略词的字母代表行政机关的职能，即计划（planning）、组织（organising）、人事（staffing）、指挥（directing）、协调（coordinating）、报告（reporting）和预算（budgeting）。在他看来，行政组织应围绕着这些职能来建立，而且，只有行政机关才应该履行这些职能。古利克特别重视计划职能，他认为计划是目标转变为方案的手段，它意味着要识别一些为了实现组织目标而必须处理的关键性可控项目。尽管他认为计划工作应该由专家来做，但是他建议负责计划工作的人还应该负责具体的行动方案，以保证计划和行动方案之间恰当的相互关系以及计划的有效执行。

虽然古利克把权威的机构和领导的角色强调为组织中的协调机制，但他承认仅仅依靠层级制度还不足以产生一个一体化的组织。他认为，组织还必须利用思想进行协调，进而培养组织成员带着单一目标而共同奋斗的欲望和意愿。这就意味着行政官员与其说要运用强制和纪律的手段来完成任务，倒不如说应该利用说服的手段来完成任务。古利克说："解决问题的途径应该是通过个人协商谈判，开诚布公地摊牌，而不应该是通过轻率鲁莽的行动。"①古利克认为，通过思想进行协调可以使统治集团的荒谬行为变得"既惬意又合理"，明确陈述目标是有效行政的最佳保证。

在古利克看来，一个一体化的行政机构不仅要搞好协调工作而且要提供一个服从民主控制的领导责任和政治责任的单一焦点。他告诫我们还应该认识到，由于有效的知识、决策能力和管理技术存在着种种制约因素，所以组织的一体化还受到种种限制。因此，我们必须正确处理好一体化的愿望与其可应用性之间的关系。

第五节 从理论原则到实际应用

如前所述，古利克认为自己是一个实践家，而且他在其职业生涯的许多时间里都一直专注于对前述思想和原则的应用。在讨论他对这些思想和原则的应用时，我们有必要先了解美国国家公共行政研究所，因为它既是古利克许多思想信条的来源，又是他实践其思想信条的工具。

美国国家公共行政研究所最初叫作纽约市政研究局，它成立于1906年，是美国效率运动的一个组成部分。尽管该局的领导者们很关心经济和效率，然而他们也为一种深深的民主信念所驱动，这种民主信念具体表现为他们要求政府对公民负责、关心公民并做好对公民的教育工作。该局的创建者试图扩大政府的职能以使民主制"富有生机和活力"。因此，该局的工作不仅是要实现效率，而且还要在促进政府发挥更为积极作用的同时塑造被视为真正民主所必需的进步公民。

这个被古利克视为效率运动之"力量库和思想工厂"的组织机构主要是探索行政原则及其实际应用，其目的在于促进政府更节约、更有效率，促进对科学会计方法的采用和市政事务的报告，保护建设性的公开性以及对事实真相进行收集、分类、分析、联系、解释和发表，其基本着眼点在于集中研究行政责任以及正确计划、协调、预算和人事实践活动的发展。

该局亦即后来的美国国家公共行政研究所，它主要是通过政府调查和公共服务训练学校这两种主要机制来实现其目标。政府调查作为该局的主要分析工具，意味着要将行政活动分组归类成为一些主要的职能，给每一项职能分配一个调查研究人员，就每一项职能对宪法和法律条文进行分析以及对有关机构的实际组织和运作进行调查研究；然后提出改进建议，以使政府的活动更加统一、更加标准化、更具有明确性、更加协调并且得到更好的控制。该局还就这些建议实施的可行性与有关机构的行政官员进行讨论，并且将研究报告向公民发表，

---

① ［美］古利克：《计划与合作》，载《州政府》，1947（3）。

以便与其公民教育的使命保持一致。公共服务训练学校成立于1911年，其目标是为行政机关、非官方的公共服务机构以及市政研究组织培训人才，其培训项目包括一年的学习期再加上三个月的实习期。该局让其工作人员担任教员，将该市作为学员的试验室，因为学生被安排参加该局的研究项目以培养和提高他们的工作技能。

古利克的个人兴趣一直都主要集中在公共财政、人事和城市政府这些领域，他的个人兴趣产生于他在纽约市政研究局的工作经历，并且在很大程度上影响着他对该局的领导工作。当古利克还是公共服务训练学校的学生时，他就被任命为马萨诸塞州议会财政与预算程序联合专门委员会的秘书。这段经历使他产生了对公共财政的持久兴趣并且形成了他关于预算改革的许多思想。古利克通常认为，行政机关应该增加管理财政事务的职责，而立法机关则应该相应减少其在财政事务中的作用。在他看来，这样做的目的在于使有决心的行政机关摆脱立法机关的优柔寡断。古利克还提倡"功能化"，或者说，他主张计划、预算应该运用可以用来进行检查和评估的绩效指标。最后，古利克还建议，财政职能应该主要集中在各个州。他极力主张，各州政府应该对除财产税、地方调节税和"能够由地方单位支配的其他一些税种之外的所有税种具有行政管辖权"。

在人事方面，古利克主张在公共部门建立一个"积极的专业服务机构"。他认为，这样不仅可以把政治置于一个更高的问题层次，可以避免把人事问题视为职位和特权问题，而且可以为民主政体贯彻执行人民的决策和愿望所必需的人才资源提供有效的人事保证。在他看来，公共雇员应该早招收，应该有一段试用期，而且应该把那些不能胜任者淘汰掉。

古利克提出的职业系统可以扩大到政府中所有的高级职位，他认为这些职位可以包括五种职业类型，即无须技能的服务人员、技术和行业人员、办公室工作人员、职业和专业人员以及行政人员。各种职业类型的人员招收都应该通过竞争性考试，人员录用的依据应该是各类职业所需的特殊技能。所有的公共雇员都应该有一段试用期，试用期间，应对其暂时负责的工作任务实施严格的监督控制，以避免考试中投机取巧和偶然取胜的不良情况，确保被录用人员的质量。职务晋升的依据应该是功绩，为了吸引和留住胜任工作且具有真才实学的人才，应该为他们提供优厚的薪水和退休津贴。职业系统还应建立一些保护措施来保护雇员免遭任意解雇。

由于古利克一生都与美国国家公共行政研究所和纽约市政府有着密切的联系，所以他一直都十分关心城市政府的问题。古利克关于城市政府的思想一直都与联邦制概念是一致的，即应该按照职能的方面将责任分配给各级政府，并且要依靠具有处理问题能力的最小政府单位。他认为，尽管城市以民主的方式为民众提供了获得最高文化教养的机会，而且城市还通过学校教育培养人们的自主能力、自控能力和适应社会变化的能力，但是，城市生活既带来了机会也造成了问题。空间的拥挤不堪、少数民族和穷人云集，为不在城市生活居住的人们提供服务的需要以及财政资源的缺乏均给城市造成了很大的麻烦。在他看来，城市的这些问题并非仅仅是由于规模而导致的。规模经济至少可以部分地减少规模成本，而且没有任何"法律"可以限制城市政府的规模。城市问题实际上是不良政治操纵和不当管理手段的问题。古利克宣称政府不仅在许多领域都未能发挥作用,而且它一直承担的职能也遭到分部化。他认为,人口的失衡造成了不适当的税收基础,而且政治资源的匮乏和领导头脑的不清醒已经使城市政府难以胜任它所面对的工作。为此,他提出城市问题的解决可采取以下办法:为城区建立目标有限的机构,把分部的活动转交给上一级政府,建立地方的多目标机构,通过政府的合同系列地解决问题,在州一级建立一个地方事务部,重建县级行政区以及为城区建立一个新的政府层级。他强调,无论城市管理采取什么特定的形式,其基本要素还是确定边界的灵活性和政治可行性,地理、社会和经济的综合性,相关活动的合作,从该区域作为一个整体产生的代表团体,保护地方社区能够连续地履行地方职能以及适当的财政结构。尽管古利克通常主张行政控制而不信任立法机关,但他还是更倾向于建立一个可以依靠负责的政务类行政官员与其管辖范围内的社区领导人之间自愿合作的市政会。在他看来,城市问题的最终解决需要各级政府的共同努力,尤其是需要发挥联邦政府的重要作用和总统的领导作用。他认为,在一个将政府间的支出与对州和地方单位的财税授权结合起来的财政系统中,每一级政府都应该履行好属于自己的职能。

简 评

综观古利克的整个行政学思想,我们不难发现它明显具有一体化和实践性的特征,无论是对政府作用的研究,还是对行政功能的探讨,以至于对行政组织的分析,他都十分注意将其置于一种整体的系统背景之下,并且很善于理论与实践的有机结合。从古利克的身上我们可以感受到,政府在社会中扮演着一种十分重要且有用的角色,而且行政官员对于政府必要职能的履行也具有重要作用。同样,古利克也反映了明显具有改革运动特征的时代气质和使命感,其作品和行政生涯都有力地证明了他对其事业的热爱。其著作反映了20世纪早期改革运动的许多重要问题,其思想被广泛应用于公共部门的组织与管理。他采用了威尔逊关于应该构建一门行政科学的主题,认为这样一门科学应该建立在一些既可以应用于公共部门又能够应用于私人部门的基本原则之上。与威尔逊一样,古利克认为建立行政科学的目的在于更大地提高公共部门的工作效率。他特别强调要以联合一体化的名义进行结构改革,他主张集权以强化行政首长的地位,主张专业化以改进公务员的质量,主张决策和管理过程的合理化以确保公共服务效益和效率的提高。也许,古利克最为强调的还是增强行政组织内部以及行政组织之间的行政权力。在他看来,一个强有力的行政领导必须从整体上对个别公共组织和公共部门的分裂活动进行协调,统一集中的领导对于行政组织的合理运作和将责任定位于组织金字塔的顶端是十分必要的。就政府各部门之间的关系而言,行政部门应该制订计划、提出政策建议并执行公共政策和方案,而立法机关的职责只应限于审查和批准公共政策与方案。在对待政治—行政二分法的态度上,古利克不赞同这两个领域能够或者应该分离,他认为这种分离是不现实的、不可能的并且是不合需要的。相反,应该建立和发展一个允许充分利用行政人员专业特长的系统。

古利克对政府和行政问题的探讨主要可以概括为以下几方面：(1) 当私人行为证明不符合公共利益时，政府应通过行动在社会中扮演一种积极的角色，应尽可能建立公共部门与私人部门之间的合作机制，因为计划是所有公共事业的一个基本要素；(2) 各级政府的行政部门都应提出政策建议和执行政策，与此同时，立法部门则只应承担批准行政建议或否决行政建议的职责；(3) 在行政部门内，行政首长应通过更为有力的层级控制、改进参谋机构的支持、合并行政科室以及减少州级政府和地方政府民选官员的人数来增强其实力；(4) 联邦政府、州政府和地方政府之间应就各自所应承担的职责建立和发展合作关系，尤其是联邦政府应承认州和地方的问题具有全国性，因此联邦政府在处理这些问题时应扮演一种领导角色；(5) 行政官员必然要涉及政治和政策问题，而且行政理论应重新加以阐述，以便在各项行政职能中充分利用职业专长；(6) 应运用科学方法来发现能够用来提高政府工作效率和效益的一般性行政原则；(7) 组织的最高领导人应在组织内部通过权威机构和建立与发展统一目标来对其行政分支组织进行内部整合。

总之，古利克的行政改革方法意味着政府要承担新的职能，所承担的工作要更有效率，在行政机构内部以及对于作为一个整体的行政分支机构而言要集中，而且专家的管理要接受民选行政首长的直接控制，要服从立法机关的否决权并且要接受公众监督。

也许，对古利克的思想进行评价并非是一件容易的事情，因为在其漫长的职业生涯中，他的许多思想都发生了不同程度的变化，而且，他常常似乎更易于为其改革热情所驱动。因此，古利克的思想有时表现为一些未松解的张力，而且他的看法常常缺乏经验支持。

在某些方面，古利克的思想似乎有些不太一致。例如，虽然他因倡导一体化机构而闻名，但他愿意容忍一个没有统一命令、职责不明确、没有清楚的指挥链并且其中权威与财政职责不相称的联邦系统。更为常见的是，他在考虑一些对立的问题时明确显示出一些张力，例如，他一方面提出应扩大州级政府的作用，另一方面却又主张对州级政府能够并且应该发挥的作用施加限制；他一方面支持计划，另一方面却又说计划能够有效执行的程度存在着种种限制；他一方面主张一体化，另一方面却又承认一体化的可能性程度存在着种种限制；他一方面支持建立一种不受政治干预的专业公务员制度，另一方面却又希望在与行政机构的关系上强化政务类行政首长的地位和作用；他一方面主张扩大专家的作用，另一方面却又承认在一个民主社会中存在着对专家的控制问题。这里的问题在很大程度上并不在于对所有这些问题存在着对立的考虑——那也许是不可避免的，而是在于应该在哪些地方搞好这些平衡以及应该在什么情况下采取一种特殊的行动方案。而古利克对于这些关键性问题并没有给予明确的解答。

就古利克所信奉的某些行政"原则"而言也存在着类似的问题。例如，他信奉的同质性原则和一体化原则。同质性原则认为在组织中对类似的工作任务应该进行分组归类，问题是所有的活动不可能按照一个单一的尺度进行分组归类。而且也不存在这样一个可供选择的主要尺度，而工作任务的分组归类中所运用的方法配合则应取决于对各种组织工作任务分组归类基础之优缺点的考察。然而，古利克并未能为在这些分组归类基础之间进行选择提供具体标准,而且他也没有对任何一种特定选择的可能后果做出有益的思索。至于一体化原则,古利克认为,一个一体化的组织可以提高行政的效率和效益,可以通过明确规定的沟通渠道进行协调,并且可以进行有助于民主控制的职责分配。当然,这听起来似乎有一定的道理,但听起来似乎同样有道理的是,这种一体化组织的"官样文章"比效率和效益更有可能产生,一体化将会因沟通渠道的延长和组织的俗套而妨碍沟通,在官僚制的迷宫里职责不仅难以明确反倒会更加模糊,而且由一个权威行政领导指挥的一体化行政部门可能会导致专制政府。

这种未松解的张力也是古利克组织管理理论的特点。在组织中,古利克通常主要是依靠权威的层级结构来进行控制和协调的。就连"通过思想进行协调"也被古利克视为层级控制的一种方法和使这种控制看似合理的一种手段。这里的问题是经过层级整合的组织是否充分注意到作为组织成员行为动机的广泛需要。虽然古利克很关心这个问题,但是他未能深入探讨经过层级整合的组织与组织中满足人的需要之间的潜在不相容性。例如,为了确保严密且直接的监督,经过整合的组织常常要有一个有限的控制幅度。然而实践证明,严密的监督会压抑组织的士气和阻止下属人员承担个人的责任。层级整合通常与一种利用专业化组织的精细分工相联系,而实践证明,职责扩大(减少专业化)可以增强组织成员对组织总使命的认同感和完成任务的个人成就感。层级整合的组织要求集中化的决策程序,而分散的参与型决策程序已经被证明是增强个人的组织参与意识和提高个人接受组织决策可能性的一种有效手段。

最后,古利克的某些见解看起来与其说像是"科学"陈述,倒不如说更像是价值承诺。他关于加强和整合行政部门的主张就是如此。他认为,行政领导可以提高行政的效率,可以提高民主控制的程度,但是他没有提供足够的证据支持这一论点,而且,他对行政领导这一价值的接受与其关于代议制和中立能力等其他价值观相冲突。与代议制的冲突表现为一个有权的行政部门既可以不受选民控制,也可以逃避立法机关"权力制衡机制"的控制。与中立能力的冲突表现为行政领导要求政务类行政官员对被任命的官员实施更多的控制,并因此使行政官员处在职业标准与层级指令之间的一种潜在冲突地位。

尽管古利克的行政学思想存在上述这样一些问题,但这丝毫不应降低我们对他的评价。不管怎么说,我们都不能否认古利克对于行政管理理论与实践所做出的重要贡献。他所提出的许多思想都已经深深地扎根于行政管理的理论和实践之中。他关于行政管理研究应该内在地与行政管理实践相联系的思想、关于有效的民主需要对公民进行启蒙教育的思想、关于应该采用企业管理方法提高政府工作效率的思想、关于有效的行政管理需要行政领导的思想、关于公共服务机关应鼓励专业化的思想以及关于政府应该更加关心人民并应该对人民更加负责的思想,不仅过去为一代学者确定了行政管理的中心,而且现在仍然是行政管理领域的主题,他以POSDCORB这个首字母缩略词提出的七项行政管理职能,一直都是现代政府行政管理工作的主体内容。我们还应该注意,正是由于其行政管理思想很强调规范性,因而一方面致使他对行政科学的探求遇到了种种障碍,而另一方面也使他的思想在很大范围内产生了持久的影响。

此外，我们至少应该根据古利克的所言和所行两方面来全面客观地评价他对行政管理的贡献。古利克在美国国家公共行政研究所的长期工作经历、在美国总统行政管理委员会的任职、在第二次世界大战期间的行政工作经历、在纽约市政府机关的各种活动以及所获得的种种奖励和荣誉都有力地证明了他在行政管理领域所具有的杰出地位，以至于他常常被人们誉为"公共行政的前辈"。此项殊荣对于他来说应该当之无愧，因为他一生的大部分时间都致力于行政管理的理论研究和实际工作，其思想既反映了行政管理领域的诸多变化，也反映了构成这些变化之思想基础的一些恒久主题，而且古利克的公共服务经历虽然不能说是举世无双的，但至少可以说很少有人可以与其相比。他的行政学思想在整个西方行政学的发展过程中占有十分重要的地位，不仅曾经而且继续对西方国家尤其是美国的行政管理产生重要的影响。

思考题

1. 古利克如何看待政府在社会中的作用和行政在政府中的角色？
2. 古利克如何论证科学与行政的关系？
3. 古利克的行政组织理论包括哪些内容？
4. 古利克是怎样将其理论原则应用于实际的？
5. 应当如何评价古利克？

第八章 巴纳德的系统行政组织学说

📖 本章提要

本章对巴纳德所建立的一套影响深远的组织理论体系做了全面的介绍，包括组织的本质、组织三要素、协作的意愿、共同的目标、信息交流、非正式组织、组织平衡论、权威接受论、组织决策论、管理人员职能说、建立和维持信息交流的体系、促成组织成员提供必要的服务、规定组织的目标等多项内容。另外，本章还对巴纳德做了基本评价。

📖 学习要求

1. 了解巴纳德其人其事。
2. 掌握巴纳德行政组织理论的主要内容。

切斯特·I. 巴纳德（Chester I. Barnard）是西方管理科学发展史上最早运用"系统"观点表述组织概念并建立了一套影响深远的组织理论体系的美国管理学家。作为一位自学成才的管理学家，巴纳德长期从事组织管理工作，曾担任过美国宾夕法尼亚贝尔电话公司和新泽西贝尔电话公司的总经理以及著名的洛克菲勒基金会董事长，尽管他因故未能获得哈佛大学的学士学位，但是他在长期管理实践的基础上创立的系统行政组织理论使他获得了布朗大学、普林斯顿大学和宾夕法尼亚大学等七所著名大学的荣誉博士学位。巴纳德一生著述甚丰，撰有包括管理学名著《经理人员的职能》（1938）和《组织与管理》（1948）在内的大量重要论著，其系统行政组织学说的主要观点就体现在《经理人员的职能》这本被誉为管理学经典的代表作中。

第一节 组织的本质

巴纳德不是仅从物质或人的方面看待组织，而是从人与人之间协作关系的角度来看待组织的。他认为，在我们日常生活中见到的诸如政府机构、军队、企业、学校、医院等正式组织实体，都是由物质、技术、人和社会关系等方面或部分组成的协作系统。组织理论并不研究这种协作系统的各个方面，而只研究协作系统的一部分——"组织"，即协作系统中人的行为和人的协作关系，这样他就通过使组织概念抽象化在很大程度上排除了物质因素。他没有简单地把组织理解为人的集团，而是将组织界定为"有意识地协调两个以上的人的活动或力量的一个系统"①。

在研究正式组织时，他特别强调要把一个系统作为一个整体来看待，"因为其中的每一部分都以某种重要的方式同系统所包含的其他部分关联着"②。

从巴纳德的组织定义中，我们不难发现他所说的"组织"具有以下基本特点：

第一，组织是由人的活动或效力即人的行为构成的系统。巴纳德的组织概念所探讨的不是组织的形式而是组织的实质——人的行为。

第二，组织是一个系统，即按照一定的方法进行调整的人的活动和行为的相互关系。

第三，组织是动态发展的，即当系统中的一个部分与其他部分的关系发生变化时，作为整体的系统也要发生变化。

第四，组织是协作系统的一个组成部分，但两者糅合在一起，有时界限不太明确。巴纳德认为，从严格意义上说，协作系统（如行政机构、企业、学校等）包括四个组成部分，如图 8-1 所示。

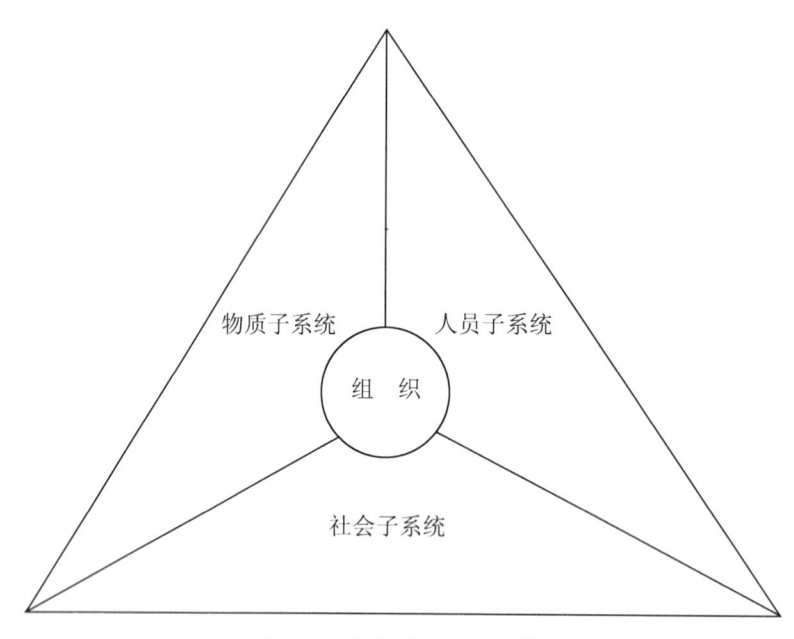

图 8-1　协作系统（企业等）

在协作系统中，组织是其中的一个核心子系统；物质子系统是机械设备、材料等物质手

---

① ［美］C. I. 巴纳德等：《经理人员的职能》，孙耀君等译，60 页，北京，中国社会科学出版社，1997。
② ［美］C. I. 巴纳德等：《经理人员的职能》，孙耀君等译，63 页，北京，中国社会科学出版社，1997。

段的系统；人员子系统指管理者和工作人员组成的集团；社会子系统则是指一个协作系统同其他协作系统交换效用的系统。他认为，协作系统以组织为核心，把物质子系统、人员子系统和社会子系统连接成为一个复合的整体。

第五，组织工作决不仅限于所谓"组织内部"，对于一个组织来说，其"内部"协作关系和"外部"协作关系同等重要。在他看来，作为管理者，不仅要注意内部问题，而且要注意外部问题，维持和加强种种协作关系是组织工作的核心之一。按照巴纳德的这一思想，政府部门的组织成员不仅包括本部门的"领薪"人员，而且包括上级行政长官和受到该部门管辖的所有人，政府与民众之间的关系也是协作关系。显然，巴纳德的这一思想有相当多的合理成分。

第二节 组织三要素

通过对组织的基本含义和本质特征的揭示，我们可以看出，巴纳德对组织的认识与一般人的看法不同。在他笔下，组织是一个具有广泛含义的概念，他认为，组织不单以人、财、物为内容，它更是一种人和人之间的互动关系。这种将组织视为由人群之间互动关系所组成的系统组织概念适用于政府等各种形式的组织，各种组织之间的差异仅在于物质环境和社会环境的不同以及人员的数量和构成不同等。因此，管理工作不仅要着眼于物、结构和单个人的静态研究，更要在一个动态过程中把握构成组织的那种互动关系系统。在他看来，作为一个系统，不论哪一级别的组织，全都包含着三种基本要素，即协作意愿、共同的目标和信息交流。

一、协作意愿

协作意愿的含义是自我克制、交付个人行为的控制权以及个人行为的非个人化。巴纳德认为，组织是由人组成的，但真正组成一个协作系统组织的，不是人，而是人的服务、动作、活动和影响，所以人们向协作系统提供服务的意愿是必不可少的。对于个人来说，协作意愿就是参加这一系统的"个人愿意和个人不愿意"的综合结果；对于组织来说，是它"提供的客观诱因和所加的负担"的综合结果，因为个人参加这一系统而不参加其他系统就是做出了一些牺牲，组织必须在物质方面和社会方面提供适当的诱因来弥补个人的这种牺牲，即提供客观的刺激和通过说服来改变个人的主观态度。在巴纳德看来，客观的刺激可以是物质的（如金钱），也可以是非物质的（如地位、权力等），还可以是社会性的（如和谐的环境、参与决策等）；通过说服来改变个人态度是一种主观的刺激方法，它企图通过教导、例子、建议等来制约个人的动机；同时，用来培育协作精神的手段不是靠强制，而是通过思想上的反复灌输，即号召忠诚、团结精神和对组织目标的信仰等。

二、共同的目标

共同的目标是协作意愿的必然推论。巴纳德认为，组织成员协作意愿的强弱在很大程度上取决于组织成员接受和理解组织目标的程度，如果组织成员不了解协作的目的和结果，就不可能诱导出协作意愿来；同时，一个目标如果不被组织成员接受，它自然也不会导致良好的协作活动产生。所以，对组织目标的接受几乎是和协作意愿同时发生的。

巴纳德认为，组织成员对组织共同目标的理解可以分为协作性理解和个人性理解，前者是指组织成员脱离了个人的立场而站在组织整体利益的立场上客观地理解组织的共同目标；后者则是站在个人的立场上主观地理解组织的共同目标。这两种理解常常会发生矛盾，在组织的共同目标比较简单、具体时，发生矛盾的机会较小，反之则较大，所以，组织中管理人员的重要任务就是要克服组织目标和个人目标的背离，以克服对共同目标的协作性理解与个人性理解的矛盾。在他看来，一个目标只有在协作系统的成员并不认为他们之间的理解有严重分歧时，才能作为系统的一个因素；只有当系统的提供贡献者相信共同目标是组织的坚定目的时，这个目标才能成为协作系统的基础。这里，巴纳德特别指出：（1）要让组织成员理解和接受组织目标；（2）要设法消除对目标理解的不一致；（3）要注意组织目标与个人动机的必然差异。他认为，管理人员的职能之一就是要向组织成员灌输共同目标确实存在的信念，进行鼓舞士气的教育工作并力争使组织成员感到，通过组织目标的实现，他们可以获得个人的满足。巴纳德关于组织目标和个人动机的论述，对于理解当今流行的"目标管理理论"无疑很有帮助。

此外，巴纳德还指出，由于组织建立起来之后需要存在和发展，所以组织的共同目标也必须随着环境的变化而改变。

三、信息交流

所谓信息交流指的是意愿、情报、建议、指示和命令等信息的传递。在巴纳德看来，上述两个基本要素只有通过信息交流把它们沟通起来，才能成为动态的过程：组织的共同目标即使存在，如果不通过信息交流使组织成员对此目标有所了解，则没有意义；而为了使组织成员有协作的意愿，能够合理地行动，也必须有良好的信息交流。所以，他指出，作为组织的基本要素，信息交流是不可缺少和无法取代的，组织的一切活动都以信息交流为基础。为此，巴纳德还提出了组织中信息交流的几条原则：（1）信息交流的渠道要为组织成员所了解，最重要的是要使信息交流的渠道成为惯例，即尽可能使之固定化。要把信息交流的渠道重点放在职位上或者是放在人上，相对而言，他对职位的强调甚于对人的强调。（2）要求每个组织的每个成员都有一个明确、正式的信息交流渠道，即每个成员都必须有一个上级并向其汇报工作，每个人必须与组织有明确的正式关系。（3）建立的正式信息交流线路必须尽可能直接和短捷，减少层次，以加快信息交流的速度并减少因多渠道传递而造成的失误。（4）在信息传递时，应利用完整的信息交流线路的每一个层次。如果在传递过程中跳过某些层次，就可能产生互相冲突的信息，同时也不利于维护每一层次的权威和职责。（5）作为信息交流中心的各级管理人员必须称职。这就要求管理人员具有有关技术、人事和非正式组织方面的能力，了解辅助机构的性质和状况，掌握同目标有关的行动原则，对环境因素做出解释，以及区别信息是否具有权威性。（6）当组织在行使职能时，信息交流的路线不能中断；组织在任职者不能行使职权或缺勤时，都要规定自动的临时代理职务的办法。（7）每一个信息都必须具有权威性，即从事信息交流的人必须是公认的实际上占据有关"权力位置"的人。这个位置发出在其权限范围之内的信息，这个信息是由于更上一层机构授权才发出的。在这方面，职务具有重要的作用。为了使大家都知道谁担任了该职务以及该职务包含什么职权，必须采取诸如授权仪式、就职典礼、宣誓就职、任职命令、到任、介绍等形式，以造成一种"组织感"。在这一点上，巴纳德与之前的组织理论家不同，他把信息交流作为组织的一个基本要素加以明确、认真地研究，对组织理论的发展做出了重要贡献。

第三节　非正式组织

对正式组织中这三项基本要素的确定，导致巴纳德去探求非正式组织的普遍原则。首先，他对非正式组织的概念做了分析和界定，他指出："当人们并不在一个正式组织中或并不受其管辖时，仍然常常接触和相互作用……这种接触和相互作用的特点是，并没有特别的有意识的共同目的而持续地或反复地进行接触和相互作用。这种接触可能是偶然的、有组织的活动所附带发生的，是某些个人愿望或群体本能所产生的。它可能是友好的，也可能是敌对的。但是，不管这些接触、聚集和相互作用是怎样引起的，它们改变着有关人员的经验、知识、态度和感情……我所讲的非正式组织是指刚才讲的人的接触、相互作用和聚集的总和。"① 基于这种分析，他将非正式组织界定为"一种没有固定形态的、密度经常变化的集合体"，它"是不确定的和没有固定结构的，没有确定分支机构"②。这里，我们可以看到，巴纳德所理解的非正式组织具有无正式的组织结构、无自觉的共同目标，只有一定的通过与工作有关的接触而产生的习惯、规范和情感因素等特点。然后，巴纳德分析了非正式组织的后果。他认为，与有意识形成的正式组织不同，非正式组织是由无意识的社会过程产生的。非正式组织有着两类重要后果：第一类是非正式组织使人们形成一定的"风俗、道德观念、习俗、社会规范和理想"③。由于他认为这是社会学、社会心理学和社会人类学的重要研究领域，所以他没有对这一后果进行详细的讨论。相比之下，他对非正式组织的第二类后

---

① ［美］C. I. 巴纳德等：《经理人员的职能》，孙耀君等译，91~92 页，北京，中国社会科学出版社，1997。
② ［美］C. I. 巴纳德等：《经理人员的职能》，孙耀君等译，92 页，北京，中国社会科学出版社，1997。
③ ［美］C. I. 巴纳德等：《经理人员的职能》，孙耀君等译，93 页，北京，中国社会科学出版社，1997。

果——非正式组织为正式组织的产生创造条件更为关注。他指出:"非正式的联系显然是正式组织形成以前所必需的一个条件。要使得共同目的能够被接受、信息交流成为可能、协作意愿的精神状态得以达到,都必须有一个事前的接触和预备性的相互作用过程。当正式组织是自发地形成的时候,这点表现得特别清楚。"[①] 他通过进一步分析得出了以下结论:"非正式组织的态度、习俗、风俗影响着正式组织并且部分地通过正式组织而表现出来。它们是同一现象的相互依存的两方面——社会由正式组织所构成,而正式组织则由于非正式组织而具有活力并受其调节。需要强调的是,两者缺一不可。其中一个失败了,另一个也会解体。"[②] 接着,巴纳德指出,非正式组织是普遍存在的,"一个社区、一个国家都有非正式组织"[③]。他认为,当正式组织产生后,它又创造出非正式组织并且需要非正式组织。针对非正式组织存在的客观性,他指出:"你阅读一个组织的组织图、设立许可书、规则和章程,或观察甚至细察其中的人员,都不能理解这个组织或它如何进行工作。""了解组织的诀窍是了解其非正式社会的人物、事情和缘由。阅读美国宪法、法庭的判决、法令或行政法规并不能精确地确定美国政府是如何进行工作的。'看不见的政府'这句话虽然常用于贬义,却表达了对非正式组织存在的认识。"[④] 最后,巴纳德对非正式组织的功能做了有意义的阐述。他认为,正式组织与非正式组织之间有着密切的关系,有了正式组织才有非正式组织;反过来,有非正式组织才能给正式组织以活力或某种限制,甚至在目标及工作方法上和正式组织进行对峙。巴纳德强调,如果关系处理得好,非正式组织能为正式组织承担三项积极功能,从而使正式组织更加稳固、健全,更有效率。这三项积极功能是:(1)可以从事正式组织所不便沟通的意见、资料和信息的处理工作;(2)可以通过培养组织成员的服务热忱以及对权威的认同感而维持组织团结;(3)可以借助于非正式组织的互动关系,避免正式组织的控制过多、过滥,进而保持个人自尊、人格完整和独立选择力。可见,非正式组织不仅必然存在,而且不可或缺。管理者要善于识别并正确利用非正式组织来增进组织的健康发展。具体来说,一方面,非正式组织的积极作用不可忽视,管理者若无视非正式组织本身的态度、习惯和规范,就难以发挥它们的积极作用,甚至造成不利后果;另一方面,管理者也不应过分依赖非正式组织,否则也会造成诸如干扰正式责任分工等不良后果。

第四节 组织平衡论

从人的行为和人与人之间的协作关系来看,组织生存和发展的一个基本条件就是:组织成员愿意并且确实能够进行正式协作,即参加和不愿意离开组织,为实现组织的共同目标做

---

① [美] C. I. 巴纳德等:《经理人员的职能》,孙耀君等译,93页,北京,中国社会科学出版社,1997。
② [美] C. I. 巴纳德等:《经理人员的职能》,孙耀君等译,96页,北京,中国社会科学出版社,1997。
③ [美] C. I. 巴纳德等:《经理人员的职能》,孙耀君等译,92页,北京,中国社会科学出版社,1997。
④ [美] C. I. 巴纳德等:《经理人员的职能》,孙耀君等译,97页,北京,中国社会科学出版社,1997。

出贡献。这个条件包括两方面：一是组织对其成员的吸引力，二是组织成员对组织的贡献。从这种观点出发解释组织生存和发展原因的理论，就是所谓的"组织平衡论"，也称"组织存续的理论"。在巴纳德看来，当组织建立起来以后，组织的生存和发展就成为组织的最终目的。他认为达到这一目的的关键在于使组织成员获得一种贡献与满足的平衡。"贡献"即组织成员为实现组织目标所做的工作或所付出的代价，与此相应地，组织应当提供必要的"诱因"以满足组织成员的个人动机和需要。"诱因"是指组织所提供的吸引组织成员的因素，例如物质待遇、荣誉、地位和共同理想等。巴纳德认为，如果组织提供的诱因与组织成员的个人贡献达到平衡或超过其个人贡献，组织就可以实现平衡，就可以生存和发展；否则，组织就会变得衰弱乃至消亡。可见，所谓组织平衡实质上就是贡献与诱因的平衡，它是组织生存与发展的关键环节。

巴纳德又把组织平衡进一步分为对外平衡和对内平衡两方面。对外平衡是指一个组织对外部环境的适应性，当环境发生变化时，组织也应有所变化，这种变化是通过一系列战略决策实现的对环境的有效适应；对内平衡则是指把各种诱因有效地分配给各个组织成员，使诱因与贡献达到平衡并调动和发挥组织成员的协作积极性。在巴纳德看来，当这种内部的平衡产生时，组织成员协作的积极性才有保证。

巴纳德认为，在平衡过程中，组织可以动用的诱因多种多样，他将诱因主要分为经济诱因和非经济诱因两方面。所谓经济诱因，是指工资、奖金、物品以及物质条件等方面的报酬；非经济诱因指的则是晋升、荣誉、威信、权力、理想的满足以及社会一致性、参与感、团结互助等因素。相对来说，巴纳德对非经济诱因的作用更为重视。他认为，经济诱因固然重要，但是如果它超过了生理学上的必要标准而没有其他方面诱因的配合，那么它就变成一种软弱无力的诱因。因此，我们必须充分重视非经济诱因的作用。他将非经济诱因视为超过最低限度经济诱因的、确保个人为协作而努力的主要诱因。

此外，巴纳德还认为，组织的平衡从来都是一种不稳定的平衡。在他看来，打破平衡的原因主要有两个：一是外部环境恶化造成诱因来源不足，组织不能提供必要的诱因，平衡就被破坏了；二是由于组织成员的需求标准总是在缓慢地提高，由此破坏了原有的平衡。巴纳德提出了一个克服这种不稳定状态的组织发展原则：通过组织的不断发展壮大来增加组织所掌握的诱因。他认为，这一点不仅适用于经济诱因，也适用于非经济诱因。与此同时，他也指出，组织的过度发展可能会导致组织的崩溃，这一点应该引起人们的警惕。

第五节 权威接受论

组织中的权威关系是普遍存在的。巴纳德有关权威的理论是最不寻常和最具特色的，因为以往的权威概念大多是建立在某种等级系列或组织地位的权力之上的，其来源在于权威者或发布命令的人，而巴纳德则对权威做了自下而上的解释。他说："权威是正式组织中信息交流（命令）的一种性质，通过它的被接受，组织的贡献者或'成员'支配自己所贡献的行为，即支配或决定什么是要对组织做的事，什么是不对组织做的事。"①他认为权威包括两方面：一是主体或个人方面，把命令作为权威来接受；二是客体方面，命令被接受的性质。在他看来，"如果一个命令下达给了命令的接受者，命令对他的权威就被确认或确定了。这成为行动的基础。如果他不服从这个命令，就意味着他否认这个命令对他有权威。因此，按权威的定义来说，一个命令之是否有权威决定于接受命令的人，而不决定于'权威者'或发命令的人"②。这里，巴纳德明确指出应当从组织成员是否接受一项命令、指示或建议的角度去看待权威。他认为，当一个组织成员接受了另一个组织成员的指示或建议时，他们之间就发生了权威关系；反之，当我们说到两个人之间有权威关系时，就意味着其中一个人接受了另一个人的指示或建议。

巴纳德不仅提出了一个全新的权威概念，而且还对权威被接受的条件做了阐释。他认为，权威要对人们产生作用，则必须得到人们的同意，而要得到人们的同意，则必须具备以下四个条件：(1) 使人们能够明确所传达的命令，因为"一个不能被人理解的命令不可能有权威"③；(2) 使人们认为这个命令同组织目标是一致的，因为"一个被接受者认为同组织目标相矛盾的命令是不会被接受的"④；(3) 使人们认为这个命令同他们的个人利益是一致的，因为"如果一个人认为一个命令所带来的负担会破坏他同组织关系的纯利益……他就会不服从这个命令"⑤；(4) 他们在精力上和体力上有能力接受这个命令，因为"如果一个人没有执行命令的能力，显然他一定会不服从这个命令，或更好的办法是不去管它"⑥。

当然，如果仅停留在以上的两点，还不能构成一套有用的权威理论。事实上，正式的权威关系总是与管理职位和等级制有着某种联系。在等级制组织中，下级人员在很多情况下无非是遵照上级指示行事，不对指示的是非曲直进行独立思考。但是，下级人员并不是完全任凭上级摆布的机器，他对来自上级的指示和命令有一个接受范围。针对这一事实，巴纳德提出了"无差异范围"或"接受范围"的概念。所谓"无差异范围"，指的是一个人对于让他干什么和怎么干感到无所谓，他不一定真正信服这样的指令或建议，仅仅是服从而已。因此，"无差异范围"或"接受范围"实际上就是通常理解的服从范围。在这个范围内，一个人不按个人的价值观去衡量和检验指示、命令、建议的是非曲直，就直接予以承认和执行。巴纳德推测，这个范围的大小取决于组织成员感到诱因超过贡献的程度以及组织成员所归属的团体的态度。如果一个人对自己的工资待遇、晋升、荣誉和其他需求方面感到很满意，他接受权威的范围就比较大；如果一个人所处的"小圈子"有比较强的服从倾向，他接受权

---

① [美] C. I. 巴纳德等：《经理人员的职能》，孙耀君等译，129 页，北京，中国社会科学出版社，1997。
② [美] C. I. 巴纳德等：《经理人员的职能》，孙耀君等译，129 页，北京，中国社会科学出版社，1997。
③ [美] C. I. 巴纳德等：《经理人员的职能》，孙耀君等译，131 页，北京，中国社会科学出版社，1997。
④ [美] C. I. 巴纳德等：《经理人员的职能》，孙耀君等译，131 页，北京，中国社会科学出版社，1997。
⑤ [美] C. I. 巴纳德等：《经理人员的职能》，孙耀君等译，132 页，北京，中国社会科学出版社，1997。
⑥ [美] C. I. 巴纳德等：《经理人员的职能》，孙耀君等译，132 页，北京，中国社会科学出版社，1997。

威的范围也会比较大。巴纳德就组织中的正式权威关系指出，管理者要想有效利用权威，必须从以下几方面做持久努力：（1）激励组织成员，从内心角度扩大接受范围；（2）设法培养良好的团体态度，作为保证服从性的一种约束力；（3）以组织目标为准做出决策，放弃"个人人格"，也就是决策要出于公心，对组织负责；（4）建立和改善信息交流渠道，使之能够准确、及时地传递必要的信息——指示、情报和建议等；（5）不要仅依赖职权，要把职权和才能、威信结合起来。

巴纳德认为，领导者同下级人员之间的权威关系可以分解为职位权威和领导权威两种。下级人员对领导者的意图和指示在多大范围内言听计从，在很大程度上取决于这两种权威的混合作用。职位权威与任职者的个人才能和威望无关，是由管理职位和等级制本身所决定的。领导权威是由领导者的才能、知识水平和威信所决定的。巴纳德指出，将这两种权威结合为一体，能够大大地扩展下级人员的接受范围。这一思想对于后来的"领导理论"产生了重要的影响。

第六节　组织决策论

巴纳德认为，组织理论不是要研究组织成员的操作活动（例如，工头下达指标、市长公布决议等），而是要研究决策活动——做决策的过程。他认为，组织中的决策分为个人决策和组织决策两种。个人决策是指个人参加组织的决定，主要出自个人动机；组织决策则是指有关组织活动的决定，主要从组织目标上考虑。用巴纳德的说法就是，个人决策是出于个人人格的决策，组织决策则是出于组织意图的非人格的决策。所谓"非人格"，指的是主要根据组织管理职位的要求，按照组织目标和规范等，对组织问题做出决策，因而基本上失去了决策者个人动机的色彩。因此，组织决策是为实现组织目标而制定的理性决策。

巴纳德认为，组织决策有两个客观要素，即目标和环境。在他看来，目标的客观性是指组织目标独立于个人动机，环境则是对实现目标起制约作用或推动作用的客观条件。他认为，决策的作用就是通过反复注意目标和环境，使两者越来越具体，最后确定实现目标的具体行动。因此，认清目标和环境是决策工作的两个紧密相关的方面；反过来讲，决策是要使目标和环境明朗化，在具体行动上达到一致。按照这种观点，决策总是发生在目标和环境这两个要素之间：通过分析和识别环境，确定具体的目标；从更具体的目标出发，对环境做更为具体的分析，如此等等。

对于环境要素，巴纳德吸收了美国学者康芒斯的公共经济思想，提出了战略要素理论。所谓战略要素，实际上就是通常所说的关键环节。巴纳德认为，全部环境要素按照它与目标的关系，可以分为两大类：一类是战略要素（康芒斯所谓的"制约因素"），它们是实现目标的关键；另一类是其余的条件，即"补充因素"，它们不是关键性的要素。决策的环境主要是由战略要素来刻画的,所以"决策所要分析的,事实上是一种对'战略要素'的探求"①,我们通过一系列的探索和决策,逐步确定了新的具体目标和战略要素,最终确定了实现总目标的一系列手段,即具体行动。巴纳德注意到,战略要素不是一成不变的,随着条件的变化,战略要素也会发生转移。在他看来,准确稳妥地处理战略要素,是做出合理决策的必要条件。

关于管理者的决策工作,巴纳德认为主要有三个来源:一是上级要求他根据本部门、本单位的情况,将上级指示具体化,做出适合本部门、本单位的决定;二是下级人员遇到困难(例如,发生权限纠纷、多头命令矛盾、指示含糊不清或出现意外事件等)时,请求他做出裁决;三是管理者独立地、创造性地发现问题和解决问题。在他看来,前两类决策有正式职权规定的保证,属"分内事",因而易得到承认;第三类决策虽然是检验管理者才能的"最重要的试金石",但往往被视为"多管闲事",受到怀疑和排挤。这是阻碍首创精神的一个重要原因。巴纳德主张,管理人员应积极地、创造性地发现和处理属于自己职责范围内的决策问题,而且应该仅去处理下级人员无法有效处理的决策问题。他认为,管理者必须避免事无巨细样样过问的做法,要回绝上述范围之外的琐细决策任务。他强调:"决策的艺术在于:对现在还不适当的问题不做决策,时机不成熟时不做决策,对不能有效地实行的事不做决策,对应该由别人决定的事不做决策。"②

此外,巴纳德还对决策思维做了分析。决策本质上就是一种解决问题的思维活动。巴纳德认为,管理者的决策思维包括两种基本的思考过程:一是"逻辑过程",即能够用语言或符号表示的自觉思考过程,也就是推理过程;二是"非逻辑过程",即不能用语言表达的判断过程,这种过程难以表示为推理,通常表现为快速的直觉反应。在他看来,逻辑过程比较清楚,一般有明确的目标和备选方案,管理者可以用明确的目标去评价各种备选方案所可能导致的结果并选取其中的满意方案。至于直觉或非逻辑过程,巴纳德并没有像有些管理学家那样将其视为一种神秘的过程,他认为直觉或非逻辑过程具有迅速、很难有条理地表达以及往往比较正确的特点,它在决策过程中具有不容忽视的作用,管理者应该通过实践、学习和研究等途径来提高自己的直觉本领和判断能力,有效运用"非逻辑"思维为自己的决策工作服务。

第七节 管理人员职能说

巴纳德认为,在一个正式组织中,管理人员是最关键的核心,他们的职能,就好像相对于身体其余部分的,包括大脑在内的神经系统一样。神经系统指挥着身体的各种活动,以使身体更有效地适应环境,维持生存③。基于以上认识,巴纳德将管理人员的职能概括为以下

---

① [美]C.I.巴纳德等:《经理人员的职能》,孙耀君等译,159页,北京,中国社会科学出版社,1997。
② [美]C.I.巴纳德等:《经理人员的职能》,孙耀君等译,152页,北京,中国社会科学出版社,1997。
③ [美]C.I.巴纳德等:《经理人员的职能》,孙耀君等译,170页,北京,中国社会科学出版社,1997。

三项。

一、建立和维持信息交流的体系

巴纳德认为,信息交流是复杂的正式组织生存和发展的必要条件,因为组织中的各个部分或要素必须连接成为一个整体,共同的目标必须予以规定并使之为组织成员所接受,而且要使事情的进展维持恰当的次序。所有这些都要涉及信息的交流,所以他强调,正式组织的复杂性使得有必要建立一个正式的信息交流体系,即管理人员组织。在他看来,信息交流体系的建立包括确定和阐明管理人员的职务以及找到合适的人员来担任这些职务两方面的内容。就前一方面而言,实际上是要求设计出信息交流体系的线路图,这种信息交流体系的线路图作为整个组织的一个组成部分,不仅与整个组织有着密切的联系,而且与组织中的其他多种因素有着复杂的因果关系。巴纳德认为,在信息交流体系中具有重要意义的是非正式信息交流体系,即非正式的管理人员组织。在他看来,由于管理人员之间必须进行信息交流,信息交流又必须以人们之间的相互信任和个人了解为依据,而非正式信息交流体系成员彼此之间的融洽协调则有助于信息的交流和组织的维持。至于该项职能的第二个方面,巴纳德认为,要使信息交流体系正确发挥作用,就必须找到具有恰当品质和能力的人员来担任管理人员的职务,并激励他们充分发挥自己的才能。谈到管理人员的素质,他说,管理人员最重要的品质是善于领会组织的整体性和复杂性,使组织中的各个部分协调地进行工作。此外,他认为管理人员还必须领会到与组织有关的整个形势和组织所承担的责任;必须忠诚于组织,愿意使自己的个人利益服从于组织的整体利益;应该具备灵活机智、勇敢顽强、判断敏锐以及受过专门训练等方面的素质。

二、促成组织成员提供必要的服务

巴纳德认为,管理人员的第二项职能是促成人们提供服务,努力推动下属积极性的发挥。在他看来,管理人员的这项职能主要包括两类工作:一是促使人们同组织建立协作关系;二是在人们同组织建立起协作关系之后,使之提供服务。谈到第一类工作,巴纳德说,这类工作的特点是"组织对完全在组织以外的人做工作。这类工作之所以必要,不仅由于新组织和现有组织的成长需要获得人员,而且由于必须补充不断发生的人员死亡、辞职、'背弃'、移任、解职、开除、放逐等造成的人员减少。为了增加或补充人员,要求组织做工作把人们吸引到能考虑组织提供的诱因的范围以内,以便把其中的一部分人吸引来参加组织"[①]。巴纳德还进一步将第一类工作分为把人们吸引到组织获得人们服务的工作能够达到的范围以内以及当人们进入这个范围以后对他们做工作这两个部分。关于第二类工作,巴纳

---

① [美] C. I. 巴纳德等:《经理人员的职能》,孙耀君等译,178~179 页,北京,中国社会科学出版社,1997。

德指出:"尽管在绝大多数组织中,特别是在新的、快速发展的、'人员更替率'高的组织中,招募工作很重要,但在已建立起来的和持续存在的组织中,使其成员提供恰当数量和质量的服务通常更为重要"①,为此,他提出应采取诸如维持士气、维持诱因体系、维持抑制体系及监督、控制、检查、教育和训练等手段来维持一个活泼或生产性的组织。

三、规定组织的目标

巴纳德认为,规定组织的目标这项职能不是某一个管理人员能够单独完成的。组织的目标不但要由语言来规定,更要由行动来阐明,而组织中所有人员行动的总体比语言更有说服力。一项组织目标只有被组织成员接受后才是有效的。因此,组织的共同目标必须用各个部门的具体目标来予以阐明。这事实上是把权力和责任授予各个部门,使各个部门相互联系协调而共同为组织目标的实现做出贡献。这里,巴纳德实际上已经提出了"目标管理"的思想萌芽。

简 评

以上我们对巴纳德具有开创性的组织理论做了扼要的考察,从中我们不难发现,其组织理论明显是以系统观念为依据的,他把组织视为一种由相互关联的人员组成的"开放系统",认为组织是一个由协作意愿、共同目标和信息交流三个相互关联的要素构成的有机整体,组织和组织中的所有成员都是寻求取得平衡,即达到稳定状态的系统,它们调整内部和外部的各种力量以维持一种动态平衡。说到"系统"或"系统观",或许今天很少有人觉得新鲜,然而,早在20世纪三四十年代以前,特别是在系统论正式产生之前,巴纳德便在组织管理研究领域率先运用系统的观点来表述组织概念并建立了一套影响深远的组织理论体系,这对于包括行政学在内的整个管理科学所具有的理论贡献都是十分重大的。综观巴纳德组织理论的方方面面,无不体现系统的思想和观点,他的组织理论实际上是开放系统理论的一种具体应用。尽管今天的组织理论家可以采用更为严格或更加现代的术语来定义组织系统,但其实质仍不外乎"相关性",或是由相关性导致的复杂性。英国学者斯图亚特说:"如今,当我们翻开一本有关管理或组织的书时,如果发现其中没有'系统'一词,那才有些怪呢。我们通过阅读而了解了系统途径、社会系统和系统分析……'系统'一词究竟使我们懂得了哪些有关组织的新东西呢?……从系统的角度去看待组织,其价值在于能够改变人们描述和分析组织各个部分的做法,使人们的注意力从组织的各个部分转移到各个部分之间的相互关系。这种系统观所强调的是,我们不应当孤立地看待和处理各个问题,而应当认

---

① [美] C. I. 巴纳德等:《经理人员的职能》,孙耀君等译,180页,北京,中国社会科学出版社,1997。

识到它们之间的相互影响。"① 巴纳德首先提出组织系统观并建立了一套至今仍然具有广泛影响的系统组织理论,从他所处的时代来看的确难能可贵。今天,我们不仅已经熟悉了系统观的种种说法,而且正在获得越来越多的"系统技术"和"系统理论",逐步显示了系统思想在组织领域具有广泛的应用前景。巴纳德那充满系统思想的行政组织理论不能不说在这一发展方向上具有首创性,无怪乎著名经济学家凯恩斯把巴纳德的组织管理理论称为"巴纳德革命"。

当然,巴纳德的组织理论也有不完善之处,比如,在其组织平衡论中,他把诱因和贡献的平衡视为组织生存和发展的基本条件,但他并没有提出切实可行的衡量平衡的尺度,这样就很容易陷入循环论;再比如,他的组织决策论对决策概念的分析还不够深刻,有时似乎轻视了高层管理人员面向外部环境的决策任务,等等。

尽管巴纳德的组织理论存在着某些缺陷,但其在组织管理理论方面的独创性贡献使其在整个行政学乃至整个管理科学发展史上都占有十分重要的地位,他的学术思想和理论观点对于后来的组织理论和管理思想产生了深远的影响。尤其是他的代表作《经理人员的职能》至今已再版20余次,在管理界和管理学界均具有广泛而持久的影响,成为行政学的经典之作,以至于美国管理学家梅西说:"现代管理研究的发展,其根源大多可在巴纳德的理论著作中找到……他所提出的非正式组织、决策、权威和信息沟通等概念,后来均成为管理学界的重要课题。在这些新发展方面,他对管理学其他领袖人物的思想影响,无论如何强调也不过分。"② 而美国著名管理学者彼得斯和沃特曼则对巴纳德评价得更为具体:"巴纳德可能是头一个能全面而不偏颇地看待管理过程的人……巴纳德1938年写就的《经理人员的职能》一书……也许能称得上是一套完整的管理理论。"③ 的确,作为西方行政学发展史上的一个里程碑,巴纳德不仅开创了现代组织理论和行政管理研究的许多重要途径,而且还提出了许多具有重大理论价值和实际意义的根本性概念和观点,正因为如此,他才被誉为"现代管理理论之父",并成为西方管理思想史上社会系统学派的创始人。

思考题

1. 为什么著名的经济学家凯恩斯把巴纳德的组织管理理论称为"巴纳德革命"?
2. 巴纳德的组织理论有哪些内容?
3. 巴纳德的组织理论有哪些不足?

---

① [英]斯图亚特:《组织的现实》,英文版,19~20页,麦克米兰出版公司,1985。
② [美]约瑟夫·L.梅西:《管理学概要》,陈语更等译,25~26页,沈阳,辽宁人民出版社,1985。
③ [美]托马斯·J.彼得斯、[美]小罗伯特·H.沃特曼:《成功之路》,余凯成、钱东生、张湛译,123页,北京,中国对外翻译出版公司,1985。

第九章　西蒙的行为主义行政学说

本章提要

本章阐述了西蒙行为主义行政学说的主要内容，包括对传统行政学理论的批判、行政学研究方法论、行政决策理论、行政组织论等，并对西蒙做了基本评价。

学习要求

1. 了解西蒙其人其事。
2. 了解西蒙对传统行政学理论的批判。
3. 掌握西蒙行政学研究方法论的主要内容。
4. 掌握西蒙行政决策理论的主要内容。
5. 掌握西蒙行政组织论的主要内容。

赫伯特·A. 西蒙（Herbert A. Simon）是一位在行政学、经济学、心理学、逻辑学以及人工智能等诸多研究领域均具有重要影响的著名学者。他于 1943 年在芝加哥大学获得博士学位，并先后获得耶鲁大学、凯斯技术学院、瑞典伦德大学、加拿大麦基尔大学以及荷兰经济学院等多所大学的荣誉学位。他自 1949 年起一直在美国卡内基－梅隆大学担任行政学、心理学和计算机科学教授，他是诺贝尔奖历史上唯一的一位以非经济学家的身份获得诺贝尔经济学奖的学者，并且曾获美国心理学会的杰出科学贡献奖和全美计算机协会的图灵奖。作为一名成就非凡的行政学家，西蒙撰有《行政行为》[①]（1947）、《行政学》（1950）、《组织》（1958）和《管理决策新科学》（1960）等多部行政学经典著作。他对西方行政学的主要理论贡献就在于他基于对行政学所谓"正统"研究方法的批判而提出的行为主义行政学说。

---

① 中译本名为《管理行为》。

第一节　行政谚语——对传统行政学理论的批判

西方行政学界在 20 世纪二三十年代普遍认为行政学是一门科学，从科学研究中可以引出一些行政原则，而且行政学家们曾提出一些至今仍为许多行政学者所提到的行政原则。西蒙认为传统行政学家所提出的每一条行政原则都可以找到另一条看来同样合理的原则，虽然这两条原则导致相反的意见，但是在理论上我们不能指出哪一条原则是正确的，因此，这些原则如同一般的谚语，虽然它们相互矛盾，但彼此之间可以并行不悖，所以这些"行政原则"并非真正的科学原则，它们只能被称为"行政谚语"。

西蒙专门以人们常常谈到的"专业分工""统一指挥""控制幅度"和"根据目标、程序、服务对象、地点划分组织"四项原则为例做了具体的阐释。他认为，分工只是群体工作的本质，组织不论效率如何均需分工，因为两个人不能在同一时间、同一地点做同一项工作，分工只不过是不同的人在同一时间做不同的工作而已，所以分工并不是有效行政的条件。与此同时，专业分工原则与统一指挥原则也是相冲突的，根据前一条原则学校的会计部门便应该听从其专业上级的指挥，而按照后一条原则它则应该听从校长的指挥，在他看来，真正的统一指挥在任何行政组织中事实上都从不存在。控制幅度原则显然与另一条人们常提到的应该力求减少组织层次的原则相冲突，缩小控制幅度势必增加组织层次，同时提出控制幅度数为 5 或 6 或任何数字都是缺乏一定理由的。按照目标、程序、服务对象、地点划分组织的原则本身就是相互冲突的而且也没有明确的分辨标准，根据目标划分组织就必须牺牲按照程序、服务对象、地点划分组织的好处。例如，某市政府的主要机构如民政局、教育局、建设局等是按照工作目标所划分的组织，各局都需要各种相同的总务、会计、统计、普通行政人员等，服务对象都是该市区的全体市民，当然也就失去了根据程序（按照专业技术）、服务对象和地点划分组织的优点。再从另一个观点来看，该市政府的这种依据工作目标而划分的组织同时也都可以被视为按照程序划分的组织，因为建设、教育等也可以说是达到市政府为市民服务这一总目标的各种方法，而从整个国家来看，这些组织也是地域组织，教育局主管该市的地区教育，建设局主管该市的地区建设，因此，一个组织到底属于上述四种组织中的哪一种，这取决于从哪一种观点来分析，仅就组织本身则很难说它们绝对属于其中的哪一种组织。

传统的行政学研究方法既然只能得到谚语，而不能得出行政原则，因此在研究方法上就必须寻求新的途径，即只有提出新的研究方法才能建立真正的行政原则，这便是西蒙将传统的行政原则称为行政谚语的真实含义所在。

第二节　行政学研究方法论

一、事实与价值

在学术研究上严格区分事实与价值因素是现代行为主义社会科学家在研究方法上的基本主张。在行政学研究中，西蒙更是以二者的区别为其方法论的出发点。区分这两种因素的理论依据是逻辑实证主义学派的知识理论。

"价值"是哲学上的一个重要问题，在研究方法上讨论价值问题不是对价值问题本身的讨论，只是区分价值问题与事实问题在学术研究上的不同。社会科学家在传统研究上不重视事实与价值的区别，而西蒙则强调了二者的区别并且在此基础上建立其进一步的方法理论。

事实命题是关于客观世界中可观察的事物及其运作方式的陈述，价值命题是关于偏好的表达，二者的区别也就相当于一般所谓"描述性陈述"与"规范性陈述"或"实然问题"与"应然问题"的区别。事实命题可以证明真假，即是否实际上存在或发生所陈述的情形；价值命题即宣告某种特定情形是"应该如此"、是"更好的"或者是"所想望的"，这种命题无客观是非，不能以经验或推理证明其正确性。一个事实命题是否正确取决于它是否与事实相符，而一个价值命题是否正确则是基于人的主观价值。同时，事实命题不能以任何推理从价值命题中引出，价值命题不能直接从经验事实中产生。科学命题都是事实命题，即科学研究以事实问题为对象；而价值问题则是不能用科学方法进行处理的。

以上是价值与事实的理论区别，在实际辨别上，西蒙则是从手段与目的的关系上来进行考察的。粗浅地说，价值与事实的区别就是目的与手段的区别。例如，当一个人在几种可能的办法中选择一种时，一定要问目的是什么以及哪一种办法最能达到这个目的。这里，目的就是价值问题，而哪一种办法（手段）最能达到这个目的则是事实问题。进一步来看，某一手段可以用来达到某一目的，而这一目的又可以用来达到另一目的，这时，前一个目的即后一个目的的手段，以此类推即一个手段—目的链，也即构成一个"目的层级体系"。在这个层级体系中，每一层级对下一层级来说为目的，而对上一层级来说则为手段，也即所有目的皆可以作为手段，所有手段皆可以作为目的。所以，手段与目的并无绝对意义，只有相对意义。在这种手段—目的链上，所谓价值是指最终目的，即所以求达此目的者在此目的本身，此目的不再为达到另一目的的手段。对这个最终目的的抉择便是一个"价值判断"，而关于达到这一目的之手段的抉择均为"事实判断"，但手段与目的的关系并非完全像链条一样环环相扣，二者的关系往往并不十分清楚，一种手段可以达到多种目的，同时层级越高，二者的关系越不清楚。实际上，个人与组织都一样，并没有一个单纯的手段—目的层级，而只有一个复杂且关系不清的手段—目的关系网。通常，人们在做决定时的目的均不是最终目的，只是中间目的，最终目的可以称为纯粹价值，中间目的即为中间价值。政府的最终目的

（纯粹价值）通常是指公正、社会福利、自由等，这些目的的含义都不肯定，没有明确的手段—目的关系可言，行政活动不能以这些目的为目的，只能以一些中间目的为目的。也就是说，行政机关所寻求的都是中间价值。再深入一层看，则可以发现手段—目的说并不能完全辨别价值因素与事实因素，因为在实际情况中，手段与目的不能严格区分，手段不是价值中立的。某一特定的手段用以达到某一特定的目的实际上会产生许多在此特定目的之外的结果，这种结果均与价值有关，在考虑这种手段时不能不考虑这些目的之外的结果。一个人以偷、抢为手段来达到获得金钱的目的，不能不考虑犯罪、判刑的结果，而犯罪、判刑便是在目的之外所产生的有关价值的结果，这个结果是由偷、抢的手段而来的，即这个手段本身不是价值中立的而是具有价值意义的。所以，手段—目的的区别与事实—价值的区别并不一致。同理，政府处理违章建筑也不能以放火烧毁作为手段来达到目的。因此，无论是个人还是政府组织，做事都不能只求目的，而不择手段。就手段—目的的关系来区别价值与事实既然具有这种缺点，于是西蒙便提出以"可供选择的行为"或"备选方案"，"行为后果"或"后果"与价值的关系来区别价值与事实。"可供选择的行为"是指在特定的时间和情况下个人或组织所可能实施的任何行为，而"行为后果"则是指各种行为所产生的各种后果。比如，在前面谈到的例子中，"抢钱"就是一种行为，而"获得金钱"则是行为后果之一，因为，除此之外，这种行为的后果还可能包括被捕入狱、被当场击毙或打伤以及其后所发生的种种其他后果。而假如政府以放火为手段烧毁违章建筑，那么其后果便可能包括违章建筑的消除、社会的批评、违章建筑户采取的过激行为以及由此而产生的种种其他后果。

这种后果可以视为这种行为的价值指标，由此与价值相关联。经济学家视经济财物为价值并将其作为经济活动的目标，实际上，经济财物只是一种可以由之获得价值之状态的存在（消费财物之可能性）的指标，即一种价值指标。换言之，人的经济活动旨在获得财物，但是财物的获得（行为后果）并不等于直接得到价值，必须通过消费这些财物才能进而获得价值，财物具有消费的可能性，也就等于说存在一种可以获得价值的状态，即价值指标。人们在决策时到底选择哪一种行动便取决于这种价值指标的高低。当然，这种价值并无绝对数字可言，但它们却有程度之别。同时，这里所指的价值既包括积极价值也包括消极价值。例如，由抢劫所产生的后果包括得到金钱、被捕入狱等，这种种后果既包括由金钱而获得的积极价值（享受）指标，也包括被捕入狱而产生的消极价值（痛苦）指标。如果再就手段—目的的关系来解释的话，那么一种行为就是一种手段，一种行为产生各种后果，也就等于有多种手段—目的关系。所以，上例中所说的抢劫获得金钱、抢劫与坐牢、抢劫与被杀等均为手段—目的的关系。在这种手段—目的的关系上，目的本身并不等于价值，只是作为价值指标而与价值有关。以上说法是将行为与行为后果均视为事实问题，价值则由行为结果予以实现。这种说法也只是比单纯手段—目的关系更能明确分清事实与价值而已，手段—目的说并非无用，而且在一般情况下人们通常仍然以手段—目的作为区分事实与价值的准则。

西方行为主义学派的社会科学家在学术上所采取的价值中立态度即以事实与价值的区分为基础，所以西蒙的主张也就是行为主义的主张。这种区分本是关于整个学术研究的，但是它在西蒙的行政学方法理论中有特殊的意义,即与他所提出的政治(政策)与行政的区分具有密切的关系。

西方早期的行政学家大都认为政治与行政可以明确区分开,政治是决定应该做什么,即决定政策。到20世纪30年代后期,行政学家逐渐放弃了这种严格区分的主张,他们认为,从政府机关的实际情况来看,政治(决定政策)与行政(执行政策)是相互关联而无法严格区分开的。现代行政学家一般也持这种观点,西蒙也认为从决策与执行的观点来区分政治与行政并不妥当,因为行政也必须做决策。

西蒙是从价值与事实的区分以及决策理论的观点来看待政策问题与行政问题的区别的。如前所述,关于判断价值问题与事实问题正确与否的标准是不同的,即前者是基于人的主观价值,而后者则是基于客观的、实证的真实性。基于这种观点,西蒙提出了下列区分政策问题与行政问题的原则。

第一,一个决策问题是应该交给立法机关还是应该交给行政机关,这取决于其中所含的事实问题和价值(伦理)问题的相对重要性以及关于事实问题的纷争程度。

第二,行政机关的价值判断必须反映社会价值,当价值判断有争议时,则行政机关对这种价值判断必须向立法机关负完全责任,也就是说,立法机关对这种价值判断保留控制权。

以上区分原则并非将政策问题与行政问题的区分等同于价值与事实的区分,但它和价值与事实的区分有着密切的关系。政策问题与行政问题都包括价值与事实这两种因素,但就政策问题而言,价值因素在其中占有重要的地位,衡量决策正确与否的标准主要取决于立法人员的主观价值;而对于行政问题来说,事实因素则在其中占据着重要地位,所涉及的价值问题主要是反映社会价值,所以衡量其决策正确与否的标准主要在于客观、实证的真实性。西蒙的这种政策(政治)与行政区分说,其目的并不在于作为立法机关与行政机关职权的区分准则,而是在于区分政策问题与行政问题的性质,从而确定行政学或行政行为的研究对象。

二、操作定义

关于操作定义的思想是西蒙行政学研究方法论的一项重要内容。西蒙认为,凡是用于科学研究的名词定义必须是操作性的,行政行为研究中的名词当然也不例外。所谓名词的操作定义,是指名词的定义是与实证观察的事实或情况相一致的。西蒙在《行政行为》一书中将"权威"一词的操作定义表述为:"只要一个下级人员将自己的行为置于上级决策的指导之下,不对该项决策的是非曲直进行自主审查,我们就说,那个下级人员接受了权威。"[①]西蒙在与史密斯伯格和汤普森合著的《行政学》中将"权威"分为法定的权威与心理的权威,同时将这两种权威的操作定义表述如下。

第一,法定的权威。"一个人有权利要求服从就是他有权威……当我们说一个人有法定

---

① [美]西蒙:《行政行为》,英文版,22页,麦克米兰出版公司,1957。

权利要求服从时，我们的意思是指有一个为我们视为正当的法律体系，这个法律体系指出在某种情况下其他人应该接受这个人所做出的决策。"①

第二，心理的权威。"从心理的观点看，权威的运用是一种两个人以上的关系。一方面是一个为他人的行动作建议的人，另一方面是一个接受这些建议的人——即服从这些建议的人。一个人接受他人的建议有三种可能的情形。

其一，他可以审查这些建议的妥当性，他确信这些建议妥当后应予以执行。我们不将这种接受建议的情形列入权威观念之中。

其二，他并没有完全相信甚至尚未部分地相信这些建议的妥当性便执行这些建议。事实上，他可能根本没有审查这些建议的妥当性。

其三，虽然他认为这些建议是错的——无论是从个人、组织或者是从二者的价值观点来看，但他仍然执行这些建议。

我们将第二、第三种情形视为接受权威。"②

西蒙的这种操作定义的主张依据的显然是物理学家布里奇曼所倡导的那种建立在实证主义基础上的操作主义。

三、概念工具

寻求新的概念工具或分析单位是行为主义学派社会科学家的普遍主张，应用新的概念从事实际研究是行为主义学派的学者与传统学者的显著差异之一。

西蒙认为："在一门科学能够创立原则之前，首先必须具备某些概念。例如，在重力定律得以形成之前，必须先具备'加速度'与'质量'的概念。因此，行政学理论的首要任务就是要建立一系列能够从理论角度描述行政问题的概念。"③ 这种概念不包括有关学科的实质理论，只是用来作为研究这一学科，建立这一学科的理论或原则的工具，所以称为"概念工具"。西蒙最重要的著作《行政行为》一书中的理论旨在提出研究行政学的一组概念工具。

西蒙还认为，任何一种整体现象的复杂性都是就其特殊"层次"的现象建立其特殊理论，其层次取决于作为研究目标的某种特殊单位，这种层次现象的理论应该以单位内的行为和单位间的行为来说明。例如，物理学的粒子—原子—分子、生物学的遗传原质—染色体—细胞核—肌肉—器官—生物等即它们各自学科各层次现象的特殊单位，各层次现象均依据一定的合适单位建立其理论。④

以上所论及的单位即指人们通常所说的"分析单位"，它与概念工具实际上是相同的，

---

① [美] 西蒙等：《行政学》，英文版，180～181 页，诺夫出版社，1950。
② [美] 西蒙等：《行政学》，英文版，182 页，诺夫出版社，1950。
③ [美] 西蒙：《行政行为》，英文版，37 页，麦克米兰出版公司，1947。
④ [美] 西蒙：《评组织理论》，载《政治科学评论》，第 46 卷（1952－12）。

一个分析单位也就是一个概念。概念工具通常都是一组相关的概念，对一组概念的相互关系所做的说明就是一种理论，这种概念理论常常根据其主要的概念被称为"××理论"，例如，"决策理论""群体理论"等。就分析单位而言，所依据的这个主要概念便被视为分析单位。就一组概念来研究一个问题在研究方法上称为"概念探究"，所谓"决策研究"的说法就是据此而来的。

西蒙在行政行为研究上是以"决策"为基本概念提出一组概念工具的，就分析单位而言，则是以"决定"为基本单位，以"决定前提"为最小分析单位的。"决策"是目前行政行为研究中最流行的概念工具，但并非唯一的概念工具，每一个行政学者都可以自行提出其有用的概念工具。其实，目前也有人提出其他新的概念工具，只是没有像"决策"那样受到重视而已。

第三节 行政决策论

行政决策是行政学研究的核心内容。古利克早在其《组织理论》一文中就明确提出决策是行政管理的主要功能。此外，巴纳德和斯坦也于第二次世界大战前分别在其《经理人员的职能》和《对行政科学的探讨》中提出了决策概念。但是决策概念能够在行政学研究中处于重要地位则应归功于西蒙在《行政行为》中所提出的决策理论的影响。在该书出版的三年前，西蒙先在《决策与行政决策》（1944）一文中提出了决策理论的轮廓。他自《行政行为》出版后一直都在继续其决策理论及实际决策技术的研究，在西蒙及其他学者的推动下，行政决策研究近几十年来一直是行政学研究领域中一个颇有成就的研究领域。

一、决策研究与行政学研究

关于决策研究在其整个行政学研究中的地位，西蒙在《行政行为》的序言中就明确表述了他在行政学研究中提出决策理论的目的："本书是我在公共行政研究工作中试图建立有益的研究工具的探索结果。它产生于我的这样一个信念，即在这个研究领域里，我们至今还没有充分恰当的语汇和概念方面的工具，当然也就谈不上用它们来现实而深刻地刻画行政组织，哪怕是简单的行政组织……在我们得以建立任何永恒的行政'原则'之前，我们首先要能够在文字描述上精确地说明行政组织的面貌和运转状况。作为本人从事行政研究的一项基础工作，我试图构造一系列能够进行以上描述的术语，本书记录了我所得出的结论。"[①]

当代西方行为主义学派政治学者的重要方法论主张之一就是提出新的概念工具去从事研究，同时他们已经在事实上应用多种新概念工具从事着研究。决策是其中之一，其他的诸如

---

① [美]西蒙：《行政行为》，英文版，XⅣ－XⅥ页，麦克米兰出版公司，1947。

"系统""权力""群体""精英"等。而所谓"分析单位",也就是指这种概念工具而言的。在政治学研究中,上述概念已经为许多人所接受和采用,但在行政学研究中,上述概念则并非全部都能适用,只有西蒙提出的决策理论最受重视并最常被引用。所以,决策概念已经成为行政学研究中最重要的新概念工具。

西蒙还从以下几方面进一步阐述了他提出以决策行为去研究行政学的理由。

第一,传统行政学的讨论都只注意"执行",即"行动"或"做",而不注意行动或做之前的"决策"。任何实际活动都包括决策与做两方面,但一般的行政学者则不认为行政理论对决策程序与行动程序两个方面应给予同样的关注。这种忽略也许是由于他们认为决策是限于一般政策的决定,行政学只讨论如何做而无须注意决策。但实际上,决策程序不仅仅限于行政组织目标的决定,决策与做都是遍及整个行政组织的,二者相互关联、不可分割。因此,行政理论必须同时包括如何有效地去做的原则与如何正确决策的原则。不过,他强调说,之所以行政行为的研究以决策为主,而不重执行,是因为执行决策本身仍是决策活动,一个组织决定一项政策,执行这项政策的人员又要做许多决定,所以执行政策只是做更细密的政策决定而已。因此,决策活动是行政活动的典型活动。

第二,实现行政组织目标的实际工作是由组织最基层——操作层的操作人员执行的,例如,火灾是救火队员扑灭的,而不是救火队长扑灭的。但是在这些操作人员之上的非操作人员在实现组织目标上显然并非多余,而且影响可能更大。例如,打仗虽然是士兵打的,但是指挥官对于一场战事的影响比士兵更大,这种非操作的行政人员在实现一个组织目标上的作用大小取决于其对最下级操作人员的决策影响的大小。比如,一个指挥官对一场战事的影响程度就在于他用他的头脑对其士兵开枪的手的影响程度,亦即影响士兵决策的程度。

第三,传统行政学者对一个组织的说明大部分都限于说明组织的职责分配与组织的正式权力结构,他们往往不注意组织中其他影响力量与沟通系统,例如,只说:"一个局由三个处组成,第一处的职责为×××,第二处的职责为×××,第三处的职责为×××",实际上他们并不能了解这种组织安排是否适当,因为从这样的说明中看不出行政决策是集中在局的层次上还是集中在处的层次上,也不知道局对处的权力实际运用到何种程度,也没有表明沟通系统协调三个处的范围以及依照工作性质所需要的沟通范围。这种说明实际上过于简化、肤浅而且不切合实际,它过分重视权力因素而忽略其他同样重要的因素。而对一个组织状况科学且恰当的描述应该是对组织中每一个人做什么决策以及做决策受到何种影响的描述。

第四,所谓好的或正确的行政行为在本质上就是指有效率的行政行为,而决定效率程度最简单的办法就是看行政组织中每一个人决策的理性程度。

第五,行政活动是用多数人的力量去完成某种工作的活动,要用多数人的力量去完成工作,就必须开发出一种运用组织力量的技术方法,即所谓行政程序,这种行政程序也就是决策程序,就是划分组织中每一个人应做哪一部分决策的程序。

二、有限理性与决策准则

西蒙行政决策理论的最大特点在于他基于"理性"概念发展其理论,这里所谓基于理性概念,并非是说人的行为都合乎理性,而是指从理性概念讨论人的决策行为的理想模式、人的实际决策的理性程度、行政组织与理性决策行为之间的关系等问题。基于理性概念也是西蒙行政学理论的一大特色,他在其《行政行为》第2版的导言中就曾明确指出:"行政理论所关注的焦点,是人的社会行为的理性方面和非理性方面的界线,行政理论,是关于意向理性和有限理性的一种独特理论——是关于那些因缺乏寻求最优的才智而转向满意的人类行为的理论。"[①]

在社会科学成为独立科学之前,理性是哲学、伦理学中的重要词汇。现代科学发展后,理性概念仍然重要。现代化行政组织的发展基于现代科学技术,现代科学的基本精神就是理性主义精神。这里所谓的"理性主义"当然不是指哲学上反实证主义知识理论的理性主义,而是指一般意义上的理性主义,即"理性"是指非感情的一种计算、思考的心智方法。

西蒙行政决策理论中的理性概念与现代科学中的一般理性概念是一致的,只不过有更明确的专就其决策理论所指的意义而已。在他的理论中,"理性的"是指一种决策行为方式,所谓"理性的决策"是指理性方式的决策。"理性的"与"非理性的"在用法上都是中立性的,不包含一般用法上的价值意义,它与心理学上讨论决策问题所用的"理性的"或"非理性的"概念相同,只要是合乎这种方式的决策,就是理性的决策。西蒙的理论观点主要是通过客观理性——"经济人"假设与有限理性——"行政人"假设的对比来予以描述的。

西蒙认为,所谓客观理性就是人们通常所说的"完善理性""绝对意义上的理性"或曰"传统经济人的理性",它实际上是古典经济学理论和统计决策论所发展起来的理性概念,而"经济人"假设正是在这种理性概念的基础上形成的。按照古典经济学理论,人类是理性动物,人类经济行为的目的无非是为了追求利益的最大化,这就是所谓的"经济人"假设。这种假设萌芽于资本主义形成之初,它在穆勒、斯密、李嘉图、李维弈、西斯蒙第和郭森等古典经济学家那里得到了发展和完善。"经济人"假设所依据的理性原则包含了下列四个先决条件:(1)存在着数种可以相互替代的行为类别;(2)每一类行为都能够产生明确的结果;(3)经济主体对行为产生的结果拥有充分的信息;(4)经济主体拥有一套确定的偏好程序表,以便让他依据自己的所好来选择自己认为适当的行为。因此,"经济人"假设最重要的特征就是认为人类理性是经济活动的主导因素。西蒙驳斥了古典经济学理论的这种认为"经济人"具有"客观理性"或"绝对理性"并且能够使利益最大化的观点。在他看来,知识的不完备性、预见未来的困难性以及备选行为范围的有限性决定了"客观理性"在实际行动中是不存在的,人类行为所依赖的既不是古典经济学家所谓的"客观理性",也不是弗洛伊德所讲的"非理性",而是介于理性与非理性之间的"有限理性",任何组织和

---

① [美]西蒙:《管理行为》,杨砾等译,19~20页,北京,北京经济学院出版社,1988。

个人都只能被视为一个具有学习及适应能力的体系，而不应被看作一个绝对理性的体系。因此，西蒙主张用"行政人"来取代"经济人"，而"行政人"的基础便是"有限理性"。在他看来，"行政人"是"心理人"和"经济人"两者的结合。"心理人"有他自己个人的目的、动机、怪癖等，由于每个人的心理构造各不相同，因而在组织的决策方面就可能有合理或不合理两种结果，对组织的需要也可能有自觉和不自觉两种情况；而"经济人"具有所谓"最大限度"的能力，能够为实现目标做出最佳选择。西蒙认为，"行政人"是"经济人"的"堂兄弟"，甚至是"亲兄弟"，"行政人"宁愿"满意"而不愿做最大限度的追求，满足于从眼前可供选择的办法中选择最佳办法。"行政人"对行政形势的分析易于简化，不可能把握决策环境各个方面的相互关系，因此，他只具有"有限理性"。

不过，在此值得注意的是，理性是个程度问题，客观理性是最高程度的理性，有限理性是某种程度的理性，这种程度不是固定的。客观理性虽然不可能，但这个概念十分重要，即有限理性的程度提高以客观理性为准则和目的。假如我们能够达到客观理性则不应该以有限理性为满足；同理，假如我们能够达到最高目的，则不应该以"满意""比较好"为满足。在西蒙的用法上，"理性的"实际上是指以客观理性为准则，有限理性在不同程度上的表现。

正是基于上述对客观理性——"经济人"假设与有限理性——"行政人"假设的认识和分析，西蒙提出了他关于决策准则的看法——应该用"令人满意的"准则取代"最优化"准则。西蒙认为，既然所谓的"客观理性"或"绝对理性"事实上并不存在，那么我们就不应把建立在"绝对理性"基础上的"最优化"准则作为决策的准则，相反，我们在决策时由于没有求得"最优化"的才智和条件而只能满足于"令人满意的"这一准则。所谓令人满意的决策准则，具体来说，就是在决策时决定一套标准，用来说明什么是令人满意的最低限度的备选方案，如果拟采用的备选方案满足或超过了所有这些标准，那么这个备选方案就是令人满意的。此外，西蒙还指出，按照令人满意的准则进行选择时，有时进行选择的标准本身也可以加以变动，例如，在按照原定标准寻找不到令人满意的任何备选方案时，就有必要考虑改变原定的标准。

三、行政决策过程

对行政决策过程的研究是西蒙行政决策理论的主体部分。早在《行政行为》一书中，西蒙就曾经论及行政决策过程及其相关问题，在后来的著作尤其是在《管理决策新科学》一书中，他又对这些问题进行了更为深入、全面的探讨。

西蒙对行政决策过程的认识是与他对"决策"一词的理解密切相关的。他认为，关于"决策"一词的含义，不应仅从狭义上去理解，而应从更广泛的意义上去理解。在他看来，广义的"决策"一词和"管理"一词几近同义。决策决不只限于从几个备选方案中选定一个，而是包括几个阶段和涉及许多方面的整个过程。决策过程包括四个阶段：第一阶段，"情报活动"，其任务是探查环境，寻求要求决策的条件；第二阶段，"设计活动"，其任务是设计、制订和分析可能采取的备选行动方案；第三阶段，"抉择活动"，其任务是从可供选择的各种备选方案中选出一个适用的行动方案；第四阶段，"审查活动"，其任务是对已经做出的抉择进行评价，第四个阶段有时也被称为执行决策任务的阶段。西蒙认为，尽管这四个阶段缺一不可，但对于优秀的行政管理者来说，四个阶段并不具有同等的重要性，其中，关键性的是前两个阶段，后两个阶段次之。因此，他建议，在时间分配上，行政管理者应该用大部分的时间去"调查经济、技术、政治和社会形势，判别需要采取新行动的新情况"；用较大部分的时间"独自或者是跟他的同僚们一起去创造、设计和制订可能的行动方案，以应付需要做出决策的形势"；而"用较少的时间来选择他们为解决已确认的问题而制定的而且对其后果也已做过分析的决策行动"；同时，"还得用适量的时间去估价作为重复循环一部分的，再次导致新决策的过去行动的结果"。①

应当指出的是，西蒙对整个决策过程的四阶段划分只是在一般意义上来说的，他认为，在实际的决策活动中，诸阶段是相互交织的。一般来说，"情报活动"先于"设计活动"，而"设计活动"又先于"抉择活动"。但是，阶段循环的实际情况却要复杂得多，制定某一特定决策的每一个阶段，其本身就是一个复杂的决策制定过程。例如，设计阶段可能需要新的情报活动，而任何阶段中的问题又会产生若干次要问题，这些次要问题又有各自情报、设计和抉择的各个阶段，用西蒙的话来说，"也就是大圈套小圈，小圈之中还有圈"②。

四、行政决策的类型与技术

关于决策的类型，西蒙早在《行政行为》一书中的第五章就谈及一般决策的类型问题，他依据决策对未来的影响方式将决策分为两种类型："一是决策所决定的现实行为可以限制未来可能出现的事物；二是现实决策可以对未来决策起到或多或少的指导作用。"③ 后来，他又在《管理决策新科学》一书中对其决策分类的思想做了进一步的发展，并依据组织活动的类型和决策所采用的技术不同将决策分为程序化决策和非程序化决策两种类型。

西蒙认为，一个组织的全部活动可分为两类：一类是重复出现的例行活动，另一类是尽管不是重复出现，且不能用例行公事的办法来加以处理但往往又比较重要的非例行活动。有关前一类活动的决策是经常反复的并且有一定的结构，所以，这类决策可以建立一定的程序，当这类活动重复出现时予以应用，不必每次都做新决策，这类决策因而被称为程序化决策；而关于后一类活动的决策是新出现的且不能程序化，所以这类决策被称为非程序化决策。

针对上述两类不同的决策，西蒙分别从传统和现代两方面阐述了它们各自使用的决策技术。西蒙认为，就程序化决策技术而言，程序化决策的传统技术包括由组织成员的实际知识、习惯性技能和操作规程等集体记忆构成的习惯，与习惯紧密相关的标准操作程序以及在

---

① [美] 赫伯特·A. 西蒙：《管理决策新科学》，李柱流等译，34 页，北京，中国社会科学出版社，1982。
② [美] 赫伯特·A. 西蒙：《管理决策新科学》，李柱流等译，36 页，北京，中国社会科学出版社，1982。
③ [美] 西蒙：《管理行为》，杨砾等译，95 页，北京，北京经济学院出版社，1988。

标准操作程序之上的组织结构；而程序化决策的现代技术则包括运筹学，如线性规划、动态规划、整体规划、博弈论、决策论、排队论、概率论等数学工具以及利用电子计算机模拟等电子数据处理技术。至于非程序化决策技术，西蒙认为，人们在进行非程序化决策时通常所采用的传统技术是"判断"，而判断是通过某种不确定的方式由经验、直觉和洞察力来决定的，当围绕着一个重大难题进行非程序化决策时，或者说，当进行一项将会产生极为深远的影响的决定性决策时，通常需要决策者发挥创造性。但在西蒙看来，非程序化决策所依靠的这些技术的心理过程至今仍很少为人们所了解，所以有关非程序化决策的理论也就显得比较空洞，不过，这类决策可以通过某种有条理的思考以及对管理人员的职前培训和在职培训来加以改进。关于非程序化决策的现代技术，西蒙指出，如同程序化决策的技术一样，非程序化决策的技术也正在经历着一场革命，这场技术革命主要表现在探索式解题技术的应用，其中包括决策者的培训和探索式计算机程序的编制。在他看来，非程序化决策的这种技术创新不仅会为非程序化决策方面的自动化开拓出新的前景，而且还会有助于深化我们对人类思维过程的理解进而提高非程序化决策的能力。西蒙将决策的这两种类型及其所使用的技术列表如下（表9-1）。

表9-1 决策的类型及决策制定技术①

决策类型	决策制定技术	
	传统式	现代式
程序化的： 常规性、反复性决策，组织为处理上述决策而研制的特定过程	(1) 习惯 (2) 事务性常规工作： 标准操作规程 (3) 组织结构： 普通可能性；次目标系统；明确规定的信息通道	(1) 运筹学： 数学分析；模型；计算机模拟 (2) 电子数据处理
非程序化的： 单射式，结构不良，新的政策性决策；用通用问题解决过程处理	(1) 判断、直觉和创造 (2) 概测法 (3) 经理的遴选和培训	探索式问题解决技术适用于： (1) 培训人类决策制定者 (2) 编制探索式计算机程序

值得注意的是，西蒙并没有将这两种决策类型的划分绝对化。他认为，程序化决策和非程序化决策就如同一个光谱一样，是一个连续统一体：其一端为高度程序化决策，另一端则为高度非程序化决策。我们沿着这个光谱式的统一体可以找到不同灰色程度的各种决策。所谓程序化决策和非程序化决策只是用作光谱的黑色与白色的标志，而世界上的问题和决策大多是灰色的，只有少数几块地方是纯黑或纯白的（只有少数高度程序化决策和高度非程序化决策）。

---

① ［美］赫伯特·A. 西蒙：《管理决策新科学》，李柱流等译，41页，北京，中国社会科学出版社，1982。

第四节　行政组织论

如前所述，巴纳德在其《经理人员的职能》中对组织问题进行了深入、系统的探讨并且创立了独具特色的组织理论。西蒙不仅接受了巴纳德在组织问题上的基本观点，而且还对其组织理论做了进一步的深化和完善。正如美国学者德斯勒所言："巴纳德把组织看成……决策者所构成的网络的观点，在西蒙手上得到了改造、细化和发展。巴纳德是从实际管理者的角度进行写作的，而西蒙则是一位熟悉组织理论、经济学、自然科学和政治学的学者。"①

西蒙除了对行政组织的决策问题做了较为系统的研究之外，他还着重对组织平衡和组织影响力等基本组织理论问题进行了探讨，并且还在其决策理论的基础上从组织的层级结构、专业分工和集权与分权等方面提出了他关于组织设计的理论观点。

一、组织平衡

西蒙同巴纳德一样认为，组织是一个平衡系统，人之所以参与一个组织，提供其贡献，就是因为该组织能给他最大的满足，所以，组织的继续存在有赖于确保贡献与满足的平衡。他明确指出："个人参加组织有三个基础：（1）由于组织目标的实现而直接得到个人报偿；（2）与组织规模及其增长紧密相关的、由组织提供的个人诱因；（3）与组织规模增长无关的、由组织提供的个人诱因。""组织的成员们为组织作贡献，以换取组织提供给他们的诱因。组织中某一类群体的贡献，是组织提供给其他群体的诱因的来源。如果贡献的总和在数量和种类上都很充分，足以提供必要数量和种类的诱因，那么组织就会生存和成长；反之，除非能达到某种均衡，否则它就会衰退，乃至消亡。"② 不仅如此，西蒙还详细讨论了诸如贡献与诱因的含义、组织参与者的类型、作为诱因的组织目标以及组织平衡与效率等组织平衡中的基本问题。在他看来，所谓"贡献"包括组织所需要的一切有形和无形的资源，而"诱因"也包括一切有形和无形的事物，大至有助于世界和平，小至增加一元薪饷，它并非完全自私的，也不是只偏重于物质因素。他认为，组织的"参与者"不只是指组织机构内部的成员，就行政机关而言，他们不仅包括该机关的工作人员，而且包括该机关对之负责的上级机关的成员、相互合作的其他机关的成员、立法机关的议员、与其工作有关的服务对象以及所有接受其服务的人。在他看来，作为诱因，政府机构的组织目标就是对其具有最终控制权的立法机关的"个人"目标，亦即公民们的个人目标，实现组织目标是为了满足"顾客"——立法机关或公民的个人价值，随着"顾客"的影响，组织目标本身也会相应发生

---

① ［美］德斯勒：《组织理论》，英文版，40页，普伦蒂斯－霍尔出版社，1980。
② ［美］西蒙：《管理行为》，杨砾等译，108页，北京，北京经济学院出版社，1988。

变化。谈到组织平衡与效率，西蒙指出，组织的控制集团"只有能维持住贡献对诱因的正差额（贡献大于诱因），或者至少能维持两者的平衡，他们才能通过组织去实现其个人的目标"，而"在公共组织中，效率仍是决策的基本准则，因为无论组织目标怎样确定，控制集团总是试图以它所能支配的资源，去最佳地实现组织目标"。[1]

二、组织影响力

关于组织影响力，西蒙认为，个人在参加组织而成为组织成员之后，在组织成员的地位上所做的有关组织的决定与纯粹关系个人的决定不同，前者受组织影响。在西蒙看来，这种组织影响力主要表现为权威、沟通、组织认同或组织忠诚、效率准则和训练五种，其中，权威与沟通是决策时的外在影响力，组织认同与效率准则是决策时的内在影响力，训练在施行训练时与沟通性质相同，组织成员由训练所获得的知识、技能、态度即成为内在影响力。他认为，这五种力量本身相互关联、相互影响，并不是受其中一项的影响而不受其他各项的影响。组织对组织成员在决策时发生这些影响力也就是向组织成员在做有关组织的决定时提供决定前提（包括价值前提与事实前提），再由组织成员从这些前提及其他前提得出结论（决定）。这五种组织影响力的实际影响情形是组织成员决策理性程度的关键，即整个组织效率的关键。

上述五种影响力各有特点，现按照西蒙的分析分别概略地说明如下：

权威可以被视为一种能够用来做出指导他人行动之决定的力量。权威关系是上下级两个个人之间的关系，上级做决定并传达决定，预期下级会接受这个决定；下级预期有这种决定，其行动取决于这种决定。权威对个人的影响，是个人组织行为与组织外行为的主要区别所在。西蒙认为，先有权威而后有组织结构，一个组织的分工与权力分配办法即该组织的正式组织，组织内省略正式组织关系或与正式组织关系不一致但对决策有影响的人际关系即为该组织的非正式组织。任何正式组织必有其非正式组织，正式组织需靠非正式组织才能有效地运行，但非正式组织也可能产生有害于正式组织的作用。权威的运用对组织有三种值得特别注意的作用：使运用权威者负责任、让专家去做决策以及组织活动的协调。

沟通是组织中某一成员将某些决定前提传达给另一组织成员，没有沟通就没有组织，因为无沟通则组织就不能影响组织成员的决定。在西蒙看来，组织沟通是一个双向程序：一方面是将命令、资料、意见等信息传达到决策中心（指负特定决策责任的人）；另一方面是决策中心将决策传达到组织各方面。沟通程序有上行、平行及下行三种。沟通还有正式沟通与非正式沟通之分：正式沟通是指组织有意建立的沟通系统，非正式沟通则是指由组织中各成员之间的社会关系所构成的沟通系统。任何组织都有其非正式沟通，正式沟通也有赖于非正

---

[1] [美]西蒙：《管理行为》，杨砾等译，116~117页，北京，北京经济学院出版社，1988。其中括号内的文字系本书作者注。

式沟通的补充和帮助，但非正式沟通也可能对组织产生不良的影响。

组织认同（组织忠诚）是指个人以组织价值代替个人价值作为自己决策时的指标，换言之，即个人在做决策时以此决策对组织产生何种结果来衡量，不以此决策对个人产生何种结果来衡量。个人的组织认同有两种：一是对组织目标的认同；二是对组织本身的认同，即对组织存在、延续、发展的认同。个人认同组织目标时，如改变组织目标，他即不再有此组织认同；个人认同组织本身时，只要组织存在，不论组织本身从事何种目标，均可以维持其认同。个人的组织认同对行政组织有其重要功能。一个行政人员在决策时，只有在认同一个组织或一个组织的目标时，才有可能做出合理或有效的决策，才具有做这种决策的能力。反之，如果他不就其所认同的小范围目标决策而需要对每一决策都就整个人类价值体系来衡量，他就没有能力做合理或有效的决策。个人的组织认同现象既为一个组织实现其组织目标所必需，也会为组织造成某些困难。由于个人认同某一组织，所以他在决策上便以该组织单位的价值（目标）作为决策依据，而当小单位的价值与大单位的价值发生冲突时，便会造成行政组织的困难，这就是西蒙所说的"目标冲突"。

效率准则是指个人应基于效率观点做决策，换言之，在一定机会成本下应选择能够获得最大成果的行动。效率准则与理性准则不同，依据理性准则在做决策时要全盘考虑可能的行动和结果以及整个价值体系，而效率准则是一种将复杂现象予以简化后决策的依据。效率准则是在决策上接近理性准则的方法。理性准则是在复杂决策的情况下求最大成果，而效率准则是在简化情况下求最大成果。通常，人们首先要求在简化情况下的决策能获得最大成果，而后才可能在复杂情况下获得最大成果。由于人的理性能力有限，行政人员只能以效率为决策准则。

训练旨在使组织成员能够自行做出满意的决策而无须经常依靠上级命令及组织其他方面的意见、资料及决定来做决策，所以训练可以取代部分权威和沟通的运用。训练有职前训练与在职训练两种，组织录用受过某种教育的人员就是依靠职前训练来试图保证行政人员在工作中能够做出正确的决策，行政组织的设计应该考虑人员所受过的训练情况，受训练多的人员在决策上可给予较大的自由裁量权并进而减少上级的监督。西蒙认为，以训练作为影响决策的方法，在通过正式权威下命令来影响决策有困难时作用最大，这种困难既可能是由于需要立即行动，也可能是由于组织在空间上过于分散，还可能是由于决策事项太复杂。在西蒙看来，作为一种组织影响力，训练可以向受训练者提供决策所必需的事实要素，可以为受训练者提供思维的参照框架，可以向受训练者传授业已证明行之有效的处理问题的方法，还可以向受训练者灌输决策所依据的价值观念。

三、组织设计

组织设计是组织理论中的一个老问题，其基本任务在于提出建立组织体制和组织结构方面的原则，以提高组织管理的效率。与其他的组织理论家不同，西蒙对组织设计的看法是建立在他的决策理论基础上的,他认为,组织最重要的性质就在于它是许多人在其中处理信息、传递信息和制定决策的系统,因此组织设计的一个基本出发点是,必须采用信息处理的观点来看待组织,从而提出组织设计的基本要求。西蒙关于组织设计的观点可以概括为以下几方面:

第一,组织的结构形态。这是组织设计的首要问题,任何一个组织结构的建立首先遇到的问题就是围绕着哪些工作任务来形成哪些部门。西蒙认为,组织结构的设计首先要从建立或改变组织目标体系入手,通过组织设计,我们所得到的最重要的结果不是组织图,而是比较明确和具体的组织目标体系,它既是规定组织结构的重要依据之一,又是影响组织成员决策环境的重要因素。西蒙认为,应该把组织的整体结构设计成层级结构,一个组织一般应包括三个组织层级:上层组织机构、中层组织机构和基层组织机构,它们各自具有不同的职能目标,上层组织机构为非程序化决策层,主要负责整个组织系统的设计工作,为其确定目标并监督目标的实施;中层组织机构为程序化决策层,主要负责管理生产和分配系统的日常工作;基层组织机构为基本的作业层,主要从事直接的生产性业务工作,履行具体的操作职能。

第二,组织的专业分工。西蒙认为,由于组织成员的信息处理能力有限,即便是利用了最好的计算机系统也是如此,所以必须将作为整个决策系统的组织分解为彼此相对独立的子系统,使各个子系统的信息处理能力和技术手段同其信息处理任务(决策任务)相适应,这个要求也可以看作"分工",但西蒙这里所说的"分工"不是指业务内容上的分工,而是指决策职能的分工。从信息处理的角度对组织进行专业化分工同一般的部门划分有所不同,它以尽量减少子系统之间的依赖性和尽量充分利用决策能力为宗旨。按照这一宗旨进行组织设计,不仅"能实现最大限度的分散决策,使子系统能比较完全地独立制定其最终决策;而且,它能最大限度地利用比较简便和比较经济的协调方法,如市场机制,使决策子系统彼此联系起来"[1]。

第三,组织的工作重心。西蒙认为,同样也还是由于组织成员的信息处理能力有限,组织必须把自己有限的能力花在重要的决策任务上。现代组织所处的环境是"信息丰富"的环境,有许多信息可以收集,有许多决策任务可以注意,但组织不可能同时注意所有可以获得的信息,一般来说也很难同时考虑一切需要完成的决策任务。在这种情况下,组织设计必须应用"控制注意力的原则",有效地利用组织的"注意力资源"。具体来说,就是首先必须合理设计组织系统的边界结构,使之有选择地注意和吸收那些为组织的长期战略决策所必需的信息,并将它们及时传递给组织内部的相应部门,要做到这一点,需要认真设计面向外部的信息处理系统和信息沟通网络。其次,组织尤其是组织的上层机构必须设立如何安排议事日程的规则,用来区分紧迫的决策任务和期限较为灵活的决策任务。

第四,组织的权力配置。在组织中如何科学合理地配置权力一直都是组织设计中的一个

---

[1] [美]西蒙:《管理行为》,杨砾等译,283页,北京,北京经济学院出版社,1988。

十分重要的问题。一般来说,组织的权力配置方式不外乎集权和分权两种,在西蒙看来,集权和分权各有利弊。他认为,从组织决策的角度来看,集权的好处在于:有利于保证各种作业活动的协调,有利于发挥决策才能,有利于明确责任进而能够促使决策者以更加负责的精神去制定决策,还有利于克服因组织内部各部门之间的"门户之见"而引起的困难,等等。而集权的弊端在于,易于导致决策者负担过重、无法集中时间和精力考虑重要的决策问题,易于导致决策过程的重复,使下级人员无所作为,易于导致信息沟通网络的扩张和繁忙,进而造成决策费用的增加,易于造成"下情不上达",致使决策脱离实际,等等。关于分权,西蒙认为,由于个人的认识能力是有限的,所以在做出重大的新的决策时,必须实行适度分权,即让各个部门和各级管理人员参与决策,这里西蒙特别强调组织决策要"适度"分权而不允许"绝对"分权,因为组织活动是集体的活动,要顺利实现组织目标,就必须有一定的集中协调机制。

总之,在组织设计问题上,西蒙主张:(1)应把组织的整体结构设计成层级结构;(2)必须注意组织结构纵向和横向两方面的专业化分工,认真设计有关的信息沟通网络;(3)必须应用"控制注意力的原则",有效利用组织的"注意力资源",把管理者亲自处理的决策任务限制在一定的范围内,使工作任务量适合管理者的有限时间和精力;(4)应正确处理好集权与分权的关系,要根据实际情况把一部分容易受"门户之见"影响的决策集中起来,交给一个合适的特定部门去制定,而对于基层情况不易上达的某些具体决策工作则应交给基层或中层机构去做。

简 评

也许,从学术领域来评价西蒙的地位是一件非常困难的事情,因为他的著作横跨了行政学、政治学、心理学、管理学、计算机科学以及经济学等诸多领域。尽管如此,我们仍然可以说,西蒙是一位杰出的行政学家,这是因为当今任何论及公共政策以及组织理论的著作没有不提到西蒙的贡献的,西蒙甚至被视为"决策"的同义词,由此可见其学术地位之崇高。而从行政学的角度来看,我们可以说西蒙开辟了行政学研究的一个新的时代。西蒙早年受教于美国芝加哥大学,深受行为主义学派的思想影响,因此穷其一生莫不是为建立科学化的知识体系而努力。他的研究方法以及他对决策过程的研究,其主要目的就是试图建立科学化的行政学,这方面的努力最具体的学术成就就是《行政行为》一书的问世。美国著名的行政学家沃尔多在其《行政研究》一书中将西蒙的《行政行为》视为传统行政学派走向行为主义行政学派的重要里程碑。自从该书问世起,西方行政学便开始迈进了一个新的时代,即以科学化的概念、实证的研究方法来取代传统的、充满含混命题和教条化陈述的内容。不仅如此,西蒙因其在《行政行为》一书中广泛引用了心理学、社会学等其他学科的研究成果而开拓了行政学研究的新视野,使行政学研究由狭隘的单一学科的概念框架迈向了"泛科际途径"的科际整合之路。西蒙为后来研究行政现象的学者们提供了一个非常重要的研究途径，即决策研究方法。他使学者们对行政组织的研究焦点由对制度、法制、结构等静态层面的研究转变到对决策过程的动态研究。自从西蒙提出决策研究途径以来，西方行政学已日渐重视决策的重要性，甚至有人主张用"公共政策"取代"公共行政"，这种以政策为主导的行政学研究潮流已经成为西方行政学的主流。从这个角度来看，西蒙不仅是决策研究的开拓者，也是站在时代前沿的高瞻远瞩的预言家。

思考题

1. 为什么说西蒙是决策研究的开拓者？
2. 西蒙对传统行政学理论作了哪些批判？
3. 西蒙行政学研究方法论的主要内容是什么？
4. 西蒙行政决策理论有哪些主要内容？
5. 西蒙行政组织论包括哪些主要内容？

第十章　林德布洛姆的渐进决策理论

📖 本章提要

本章对林德布洛姆的渐进决策理论做了全面的介绍，包括林德布洛姆渐进决策理论产生的背景与形成过程、林德布洛姆渐进决策理论的基本内容，并对林德布洛姆做了基本评价。

📖 学习要求

1. 了解林德布洛姆其人其事。
2. 了解林德布洛姆渐进决策理论产生的背景与形成过程。
3. 掌握林德布洛姆渐进决策理论的基本内容。

查尔斯·E. 林德布洛姆（Charlse E. Lindblom）是美国著名的政治学家和经济学家、"政策分析"的创始人。他早年在斯坦福大学主修政治学及经济学，后来获芝加哥大学经济学博士学位，在耶鲁大学从事政治学和经济学的教学和研究工作，历任耶鲁大学社会科学院院长、政治学系主任、经济学与政治学"首席讲座教授"和社会与政策研究所所长，曾担任美国比较经济学会会长、美国政治学会会长并在著名的行为科学高级研究中心和古根海姆研究中心担任过研究员。他在政治学领域的研究中进行了一些开创性工作，以对"政策"的分析研究，尤其以其提出的"渐进决策模式"享誉美国政治学界和行政学界。林德布洛姆著有包括《政策分析》（1958）、《"渐进调适"的科学》（1959）、《决策过程》（1968）、《政治与市场》（1977）在内的大量论著。其中，《政治与市场》被视为20世纪最后25年最有影响的政治学著作并荣获美国政治学会的最高荣誉奖——威尔逊政治学术奖。作为西方行政学发展史上具有重要影响的学者，林德布洛姆最主要的理论贡献在于，他在理性主义决策模式的实际运用面临种种困难的背景下提出了试图弥补理性决策模式之不足的渐进决策模式，该模式实际上已经成为当今世界许多国家行政决策的基本模式。

第一节　林德布洛姆渐进决策理论的产生背景与形成过程

政治决策作为一种重要的政治行为，在第二次世界大战后受到越来越多的政治学家和行政学家的关注。在林德布洛姆的决策理论尚未出现之前，最有影响的政治和行政决策理论是理性决策模式。这种模式的主要观点是：(1) 决策者知道所有同具体问题有关的目标；(2) 所有有关问题的信息都是可得的；(3) 决策者能辨别所有的选择；(4) 决策者能有意义地评估这些选择，即研究选择的结果并加以衡量和比较；(5) 所做的选择能最大限度地扩大决策者指出的价值。显而易见，理性决策模式是从规范的角度去考察问题的，它深受早期经济理论的影响。传统的经济理论认为"经济人"知道全部可能的行动，知道哪种行动能得到最大的效果，知道从所有可行的行动中挑选最好的一种。受这种理论的影响，理性决策模式认为人在政治和行政决策的活动中也是可以非常理性的，这一决策模式的研究方法带有明显的传统特征。

不久，理性决策模式受到了另外两种决策模式的挑战：一是前述西蒙的有限理性决策模式；二是林德布洛姆的渐进决策模式。这两种决策模式的研究在方法论上都是从实证的角度对理性决策模式做了分析和批评。有限理性决策模式对理性决策模式做了逐条批驳，西蒙认为：(1) 决策者事实上并不具有有关决策状况的所有信息；(2) 决策者处理信息的能力是有限的；(3) 决策者在具有有关决策状况的简单印象后就行动；(4) 决策者的选择行为受所得信息的实质和先后次序的影响；(5) 决策者的能力在复杂的决策状况中受到限制；(6) 决策行动受到决策者过去经历的影响；(7) 决策行动受决策者个性的影响。在西蒙看来，政治决策者的理性是"有限的"，在决策中应以"满意"来代替"最佳"。

如果说西蒙也还是从理性的角度来探讨政治和行政决策的话，那么林德布洛姆的渐进决策模式则是从另一个思维角度来探讨政治和行政决策。林德布洛姆的渐进决策模式经历了几十年的发展演变，其渐进决策的思想起源于1953年，他关于渐进决策的思想在其早期著作《政治、经济及福利》(1953) 中已具雏形。他在该书中首次提出了"渐进主义"的概念，他通过对社会政治过程的四种基本形态的分析提出了自己已具雏形的渐进决策模式。他认为社会政治过程包含着以下四种基本形态。

第一，价格体系。价格最先由供给与需求决定。供给多、需求少，价格自然下降；供给少、需求多，价格自然上涨。因此，价格高，企业家有利可图会多生产，反之则少生产。为改变供求关系，企业家会千方百计地控制价格。同样，在政治领域中，社会大众需要服务，政治领袖需要权力。社会大众支持政治领袖以获得服务，而政治领袖以其服务而获得权力。对政治领袖来说，只有服务而无权力，社会大众不会屈从；但只有权力而无服务，又会失去大众的支持。如价格体系一样，政治领袖控制着社会大众，同时又被社会大众控制，两者相互控制。

第二，层级体系。层级体系是政治领袖为实现其目标，由上而下、层层控制的工具。随着目的的不同，体系的结构形式会有很大的差别，但层级分明，上层会不断控制并利用下层。在控制中，下层级层层贯彻上层级的指令，而其本身无多大自主权。

第三，多元体制。在美国多元化的政治体系中，存在着多元政治权力中心并且各有其自己的政治领袖。决策经常在各党派公开的相互竞争中进行，各政治领袖受到多元体制形态的控制。

第四，议价。市场上买卖双方要相互讨价还价。妥协的结果是相互退让，选取折中方案作为成交的价格。在政治上，各政治势力团体如政党、政治派别与利益集团等，相互妥协、交易，取得一种能牵制各政治领袖的"议价"。

因此，从价格体系的角度来看，价格不可能由单方面决定；从层级体系的角度来看，除最高层外，其他层次也无法单方面做决定；从多元体系来看，决定是各政治权力中心互动的结果；从议价的角度来看，决定又是双方妥协的产物。这样，决策是彼此间相互作用的结果，无一方可以单独做决策。政治上若要做决策，聪明之举是在相关人士取得共识的前提下进行，如此才能方方面面都考虑到。具体地讲，可以从若干个相差不大的方案中比较得失后，选取其中较好的方案。被选中的方案只是对现实中的执行方案做了微小调节。在林德布洛姆看来，这种被称为"渐进主义"的方式具有以下优点：（1）决策所选择的方案与现实状况相差不大，可以预测；（2）在一时无法搞清人们的各种需求时，渐进方案会以不断尝试的方式，找出一种满意的结果；（3）易于协调各种相互冲突的目标，不会因远离原有目标，搞乱了原有目标之间的秩序；（4）渐进方式可以帮助人们检验所做的抉择是否正确，特别是在复杂条件下，可以孤立某些因素，比较其利弊；（5）渐进方式比较稳妥，容易控制，能够及时纠正错误，不会造成大起大落的状况。

1958年，林德布洛姆在《政策分析》[①]中，在批评传统政策分析方法（他所谓的"第一种方法"）时，进一步提出了"第二种方法"——"渐进分析"方法。他认为，传统政策分析方法在探讨政策问题时过于强调理论在政策研究中的作用，注重从政策理论中引申出一般规则；过于强调价值，将价值当作方案抉择的标准；过于强调所有重要变量，要求对变量一一做广泛综合的分析。而渐进分析方法则不同：第一，它不依赖理论作为政策分析或政策制定的指导原则，认为实际的政策分析或政策制定是配合现实情况的需要或限制，是超理论的。由于现实政治所推行的是渐进政治，对政策问题各政治领袖与政党的看法大致上达成共识，所能调节或改变者只是在小节问题上，因而是渐进的。在实际政治中，不一定需要用许多理论。第二，尽管政策分析或政策制定也会经常出现许多变量，但渐进分析只注重政策制定中出现的几个重要的变量，做片段分析，方案的考虑也只限于少数几个，而不是广泛的。第三，它认为价值与事实在渐进分析中交互使用、互为一体。现实政治中的基本价值已达成共识，无须再寻求各种不同的价值标准作为决策标准。第四，渐进分析着重以已有的政

---

① ［美］林德布洛姆：《政策分析》，载《美国经济学评论》，1958（3）。

策为前提，这样的政策更可能被社会上一般人所接受，较有把握，较符合实际，并且与现实的差距不大，较易控制，不至于冒太大的风险。

1959年，林德布洛姆在《"渐进调适"的科学》[①]一文中进一步批评了传统政策分析模式——全面理性模式并阐述了他的连续有限比较模式（"渐进调适"模式）。林德布洛姆认为，传统政策分析模式不切合实际，不是好的政策分析模式，而"渐进调适"的政策分析或政策制定模式较实际、较科学、较妥当。他将两种模式加以比较，指出了它们之间的主要区别。他认为，传统的全面理性模式的特征是：（1）明确区分目标与行动，将目标当作政策分析的前提；（2）在目标与手段的分析中，先确立目标，再寻找手段；（3）认为"好"的政策是实现目标的最佳手段；（4）主张综合或全面的分析；（5）它过分强调理论的作用。与这种传统决策模式相反，连续有限比较模式的特征是：（1）不区分目标与行动，认为它们是联系着的；（2）不区分目标与手段，认为这种区分是不适当且有限的；（3）认为"好"的政策是由"共识"所产生的；（4）它主张有限分析，忽略了重要后果、可行方案和价值标准；（5）主张通过连续比较来减少对理论的依赖。

1963年，在《决策的策略》中，林德布洛姆将他的政策分析模型又称为"断续渐进主义"，而传统的理性决策模式则被他称为"全面分析"，这种分析的含义是："小心和完善地对所有可能的行动途径及这些途径的可能结果进行研究，并且用价值观对这些结果加以评估，在各种不同的行动途径中做出选择。"而断续渐进主义的特点则是只因时间差距进行边际的选择，只考虑有限的政策方案和有限的行动后果，只在于调适目标、重新检查资料、做连续不断的补救性分析评估及社会片段分析。

至此，林德布洛姆的"渐进调适"模式已基本定型并且产生了很大的影响，与此同时也遭到了激烈的批评。针对来自各方面的批评意见，林德布洛姆后来又发表了一系列论著加以反驳，并且改正、扩展、完善了其《"渐进调适"的科学》一文，尤其是1979年他在《公共行政评论》上发表了《尚未达成、仍需调适》一文，对自己的理论进行了系统的辩护和补充。他区分了渐进政治、渐进分析、党派相互调适等概念，补充了"党派相互调适"和社会组织等方面的内容，他特别对渐进分析的层次进行了划分，即划分为简单的渐进分析、断续的渐进分析和策略分析三个层次。在他看来，简单的渐进分析是指针对与现状有差距的各种政策备选方案择其一而予以简化和重点性的策略研究，它所提出的几个可行性方案与现实差距甚微，所做的决策与现行的状况比较并没有太大的改变。这种分析只能构成复杂策略分析的组成部分，其结果必然造成"渐进政治"，即那种在实际的政治行为中只做局部或点滴调整的政治。断续的渐进分析是指每一项政策制定前，在社会上已达成基本共识，政策制定只能根据情况变化所产生的边际差距，在有限的可行性方案中，分析其后果并重新检查资料，片段性、连续性和修补性地调适目标，因为综合全面的分析既然做不到，那么就应退而求其次，采取"策略分析"。林德布洛姆认为，在各种"策略分析"方法中，"断续渐

[①] ［美］林德布洛姆：《"渐进调适"的科学》，载《公共行政评论》，1959（2）。

进"不失为一种较好的方法。策略分析是指针对复杂问题,直接经过深思熟虑后选择策略,它实际上是简化了的科学分析方法,是由简单的渐进分析发展而来的,它将断续渐进方法纳入自身,将其作为一种主要方法。此外,在林德布洛姆看来,试错法、计算决策法、启示决策法、突破瓶颈法等也是策略分析常用的方法。他还认为,渐进分析的这三个层次是相互联系的:简单的渐进分析是断续渐进分析的组成部分,而断续渐进分析又是策略分析的一种。显然,《尚未达成、仍需调适》是林德布洛姆对其渐进决策模式较系统的表述。

第二节 林德布洛姆渐进决策理论的基本内容

从渐进决策模式产生和发展的过程,我们不难发现,林德布洛姆的渐进决策模式是在对传统的全面理性决策理论的批判基础上发展起来的。传统的全面理性决策理论的基本内容是:(1)决策者面临的是一个既定的问题,这个问题可以与其他问题相区别,或者至少与其他问题比较,它是重要的;(2)引导决策者做出决策的各种目的、价值或各种目标是明确的,而且可以按照其重要程度将它们加以排列;(3)处理问题的各种备选方案为决策者一一加以考虑;(4)决策者对每一备选方案可能出现的结果进行调查、研究;(5)每一个决策方案和它可能出现的结果能与其他备选方案相比较;(6)决策者将采用其结果能最大限度地完成其目的、价值或目标的那一个方案。因此,这一决策过程是一个理性的决策,这一决策能够有效地达到既定目标。林德布洛姆对这一传统的全面理性决策模式提出了强烈的批评。他认为,由于人的知识能力不足、政治问题、人性弱点、社会价值、决策技术以及时间变迁、组织结构等因素的存在,使得传统决策模式成为不可能,传统决策模式的各项基本内容均可反驳。林德布洛姆着重从以下几方面对传统的全面理性决策模式进行了批判:

第一,决策者并不是面对一个既定的问题,而他们必须对自己的所谓问题加以明确并予以说明。这样,关于"问题是什么",不同的人有不同的看法,存在各种争论的余地。但怎样解决这一问题呢?目前还没有任何可以通过分析来解决这一争论的方法。

第二,决策分析并不是万能的,对一项复杂决策来说,分析永远没有穷尽,有时或许还会造成错误;而且在现实决策中,也不可能漫无止境地分析下去。这是因为:一方面,决策要受时间的限制,常常是决策者在分析远未完成前就要做出决定,否则就要贻误时机;另一方面,决策也要受费用的限制,对有些决策来说,采用分析手段代价太昂贵,虽然对有的决策进行确定性分析是可能的,但是也许不值得花那个代价。

第三,决策受到价值观影响。由于决策集团内部各人的价值观存在差异,因而在进行决策备选方案的选择时就必然会出现意见不一致的情况,但依靠分析并不能解决决策者的价值观和意见不一致的问题。这是因为:一方面,价值观是不能被证实的,分析的方法既无法证明人的价值观,也无法命令人统一其价值观;另一方面,在决策标准上,决策者也很难取得一致意见。有人认为,所谓的"公共利益"可以作为政策制定的标准,而林德布洛姆则认为公共利益也很难作为政策制定的标准,因为人们在什么构成公共利益这一问题上尚未达成共识,公共利益并不表示一致同意的意见。

综上所述,我们可以对渐进决策做如下理解:所谓渐进决策,就是指决策者在既有的合法政策基础上,在决策时采用渐进方式对现行政策加以修改,通过一连串小小的改变,在社会稳定的前提下,逐渐实现决策目标。在林德布洛姆看来,渐进决策需要遵循三个基本原则:

第一,按部就班原则。林德布洛姆认为,决策过程只不过是决策者基于过去的经验对现行决策稍加修改而已。"按部就班、修修补补的渐进主义者或安于现状者,或许看来不像个英雄人物,但是个正在同他清醒地认识到对他来说是硕大无朋的宇宙进行勇敢的角逐的足智多谋的问题解决者。"[1] 这里,他把决策过程视为一个按部就班的过程,注意到了决策过程的连续性。

第二,积小变为大变原则。从形式上看,渐进决策过程似乎行动缓慢,但林德布洛姆认为,这种渐进的过程可以由微小变化的积累形成大的变化,其实际的变化速度要大于一次大的变革。在他看来,渐进决策要求通过对现实一点一点地变革,逐步实现根本变革的目的。

第三,稳中求变原则。为什么决策过程要按部就班和积小变为大变呢?林德布洛姆认为,其原因就在于要保证决策过程的连续性。在他看来,政策上的大起大落是不可取的,欲速则不达,那样势必危及社会的稳定。为了保证决策过程的稳定性,就要在保持稳定的前提下通过一系列小变达到大变的目的。

林德布洛姆不仅提出了渐进决策的基本原则,而且进一步分析了推行渐进决策的原因。在他看来,政策分析之所以不能进行理性化的周密分析,而要采用渐进分析,是因为决策与政策的制定必然受到政治、技术和现行计划的制约,它们决定着决策必然成为渐进过程,他分别从上述三方面对推行渐进决策的原因做了分析。

首先,决策的渐进性是由政治的一致性所决定的。在西方国家尤其是在美国,政治上所推行的是多党制,政府决策必然受到多个党派影响,必然成为各个党派折中调和的产物,或者说,决策主体是多元的。然而,各个政党和政治领袖对基本政策的看法往往是一致的,因此,政治总是朝着一个统一的目标逐步前进。各个政党之间虽然也有矛盾和斗争,但由于其阶级利益的一致性,所以其政治利益常常也是一致的。一般来说,不会因为政党之间的矛盾和斗争而导致政治的剧烈变化。因此,林德布洛姆断言,西方国家所推行的实质上是一种渐进政治,各政党在竞选时仅对每项政策提出渐进的修改,政党自身的政策也是渐进地改变。与此相一致,政府的决策过程必然是一个渐进的决策过程。

其次,决策的渐进性也是由技术上的困难造成的。任何一项决策的做出必然与时间、信息等因素相关,而决策的正确程度则直接受制于决策者对决策备选方案及其后果等信息的了解程度,决策者对决策备选方案及其后果了解得越深入、越透彻,决策正确的可能性就越

---

[1] [美]查尔斯·E.林德布洛姆:《决策过程》,竺乾威译,43页,上海,上海译文出版社,1988。

大；反之亦然。然而，决策者并没有足够的时间和智慧或其他手段了解所有的决策备选方案，洞悉每个决策备选方案的后果，或者说，决策者在技术上不可能对决策的所有备选方案都做到深入、透彻的了解。因此，林德布洛姆认为，决策者不可能等到对决策的每个备选方案及其后果都深入、透彻了解后再做决策，而必须在有所了解的基础上就做决策，然后边执行边修正。这就是他所谓决策过程中的"修修补补"。

最后，决策的渐进性是由现行计划的连续性所决定的。任何一项新的决策都不得不考虑原有决策的影响，因为原有决策已造成了一个既成事实——现行计划，而现行计划的实施可能已经投入了巨大的资本和精力，这就在一定程度上排斥了剧变，否则便会带来一系列组织结构、心理倾向、行为习惯的震荡和财政困难。因此，林德布洛姆指出，为了保证现行计划的连续性，决策过程也只能是渐进的。

简 评

林德布洛姆的渐进决策模式作为一种决策思想和方法在某种程度上具有相当的价值。从认识论上说，渐进决策模式的特点在于以历史和现实的态度将事物的运动看作一个前后衔接的不间断过程，即无论哪种新的决策，只能在直接碰到的、既定的、从过去继承下来的条件下进行，这些条件包括历史和现实的特点，包括决策主体的本身条件以及整个社会、组织的政治经济状况和心理结构。在方法上，渐进决策模式注重事物变化的量的积累，以量变导致质变。它强调在进行改变时维持社会和组织的稳定，因而主张不间断地修改，主张逐步对政策加以修改并最终改变政策，而不是引起动荡的变革。从行政决策的角度来看，渐进决策模式不失为在某种条件下的一种有用的思想和方式。

然而，仅仅是在某种条件下，仅仅是一种方式而不是全部，这就表明了渐进决策的局限性。现代管理理论指出，决策的产生一般来自三方面的要求：（1）外部条件和要求的变化；（2）组织内部的变化；（3）决策者本人富有想象的创见。而就渐进决策模式来说，其局限性首先表现为它在方法上明显带有保守的特点，它一般适合比较安稳和变动不大的环境以及从总体上说是比较好的现行政策。然而，一旦社会条件和环境发生巨大的变化，一旦表明对以往的政策需加以彻底改变时，渐进决策模式所主张的修改和缓行就起不到它的作用，有时甚至还会对大变革起阻碍作用。历史表明，在社会发展的某些关头，需要在政策上做大幅度的调整，有时甚至需要抛弃以前的政策而重新确立新的政策。如果把这种决策方式称作激进决策的话，那么渐进决策的认识论特点也并非为它所独占，激进决策也可以是非常注重历史和现实条件的。从行政决策的角度来讲，引起震荡的变革有时正是促进社会发展的一个必要条件。在社会政治的发展过程中，有时需要采用渐变的决策模式，而有时则需要采用剧变的决策模式，一切应当根据时间、地点和客观条件而定。渐进决策作为一种决策模式，不应是排斥其他模式的唯一决策模式。忽视渐进决策运用的限制条件，把它夸大为普遍适用的模式，这正是渐进决策理论的另一个弱点。

尽管林德布洛姆的渐进决策理论因其自身的弱点而受到了一些批评和挑战，例如，著名的政策科学家德罗尔就在《公共行政评论》上撰文批评渐进主义决策模式不是"科学的"，而是"惰性的"（inertia）[①]；另一位著名的公共政策研究专家艾兹奥尼则认为，社会上有许多问题是不能通过党派调适来加以解决的[②]。然而，林德布洛姆的渐进决策理论在西方行政学的发展历史上却产生了重大而深远的影响，在西方公共行政学的预算研究领域，维尔达夫斯基的渐进预算理论可谓是将林德布洛姆的渐进主义思想在预算过程的研究中发挥到了淋漓尽致的境地，正是《预算过程中的政治》这部基于渐进理论的经典著作奠定了维尔达夫斯基在政府预算领域中的大师地位；而且，林德布洛姆的渐进决策理论所强调的利益相关者"互动"的思想也对公共政策研究领域关于政策执行模式的发展产生了重要的影响，所谓自上而下的第二代政策执行模式（bottom-up model）认为政策的目标与执行细节不是上层领导者理性控制的产物，而是政策执行者彼此之间相互妥协的产物，这种观点与林德布洛姆的渐进主义决策理论实有异曲同工之妙，其受林德布洛姆渐进主义决策学说的影响显而易见，而且，其后许多西方行政学家乃至政治学家的研究都在不同程度上留有林德布洛姆渐进主义决策理论观念的影响印记。

思考题

1. 什么是渐进决策理论？林德布洛姆的渐进决策理论是怎样形成的？
2. 林德布洛姆的渐进决策理论有哪些基本内容？
3. 林德布洛姆的渐进决策理论有哪些局限性？

[①] [以] 德罗尔：《渐进调适——"科学的"抑或"惰性的"?》，载《公共行政评论》，1964（3）。
[②] [美] 艾兹奥尼：《混合扫描：决策的第三条途径》，载《公共行政评论》，1967（5）。

第十一章　维尔达夫斯基的公共预算理论

本章提要

本章对维尔达夫斯基的公共预算理论进行了详细的介绍，从理论建立的缘起到预算本质的阐述，再到筹划预算的方法和争取预算的技巧，同时还对公共预算体制的改革进行了全面的阐述，并对维尔达夫斯基做了基本的评价。

学习要求

1. 了解维尔达夫斯基其人其事。
2. 了解维尔达夫斯基公共预算理论的缘起。
3. 掌握维尔达夫斯基公共预算理论的主要内容：预算的概念和本质；预算的策略；预算体制的改革。

艾伦·维尔达夫斯基（Aaron Wildavsky）是美国著名的行政学家和政治学家，尽管其早年未能进入所谓名牌大学接受精英教育，但后来他通过不懈的努力而成为富布莱特学者并且获得了耶鲁大学的博士学位，自1962年开始直到1993年9月4日他去世为止，维尔达夫斯基一直在著名的加利福尼亚大学伯克利分校任教，历任该校政治学系主任，公共政策研究院首任院长并先后当选为美国政治学会会长、美国国家公共行政研究院院士、美国艺术与科学研究院院士以及美国行政学会高斯讲座教授。他曾荣获美国政治学会的梅里安奖、美国行政学会的莫舍奖和沃尔多奖、美国评估研究学会的拉扎斯菲尔德研究奖、美国公共政策分析与管理学会奖、美国政策研究学会的拉斯韦尔奖以及美国预算与项目分析学会的全国杰出服务奖等多项大奖。1993年，美国行政学会因他在公共预算方面所取得的巨大学术成就而专门设立了维尔达夫斯基奖。作为西方行政学、公共政策以及政治学领域最具创新性并且最多产的学者之一，维尔达夫斯基著述颇丰，其范围涉及公共预算与财政政策、政治制度与政治行为、公共政策、社区权力与领导、政治文化以及风险分析与安全等诸多领域，而且在每个研究领域，他都不乏理论创见，他一生共撰写了30多部著作和200多篇学术论文，仅在预算和财政政策方面就撰写了包括《预算过程的政治》（1964）、《预算：预算过程的比较理论》

(1975)、《编制预算：预算过程的比较理论》(1975)、《怎样限制政府开支》(1980)、《赤字与公共利益》(1989)以及《预算过程的新政治》(1992)在内的9部著作和40篇文章，他对西方行政学的理论贡献主要就体现在他的公共预算理论方面。

第一节 维尔达夫斯基公共预算理论的缘起

从根本上来看，维尔达夫斯基对公共预算理论的研究源自他对政治特别是政策制定过程的关注和研究兴趣。或许是受到家庭环境的影响，早在1950年他进入纽约市的布鲁克林大学读书时，便显现出对政治的浓厚兴趣，那时在他家里，政治已经是大家茶余饭后谈论的主要话题。后来，他通过对政治结构和权力政治的研究发现，对于预算过程进行研究是全面、深入地研究政治过程的一个全新的视角，"'预算的研究'只不过是'政治的研究'的另一种表达方式而已""把关注的焦点放在预算决策所提供的制高点上可以为分析各个政策的制定提供一个有用却经常被忽视的视角"[1]。在维尔达夫斯基看来，观察预算的全过程将有利于对政策制定的分析，因为预算不仅可以为政策制定的研究提供很多的机会，而且还可以为政策分析提供翔实的数据资料，此外，预算过程中必不可少的各种交易也从根本上有助于解决政策分析中的假设检验问题。他在后来发表的《把政策分析从PPBS中挽救出来》(1969)一文中，将他在预算政治、权力以及激励方面的研究成果融入公共政策分析文献中，则更进一步表明了他对更好预算的追求实际上是为了追求更好的政策分析。

其实，早在《预算改革的政治含义》一文中，维尔达夫斯基就明确指出："预算的关键在于谁的偏好将会在围绕哪些活动应该实施以及应该在何种程度上实施，根据有限的资源，谁将会得到预算收益以及将会得到多少预算收益这样一些问题展开的争论中占上风？"[2]作为当时奥柏林大学的一位充满抱负的年轻教授，维尔达夫斯基从那时起便确立了他未来研究预算问题的议程。该文展现了他后来著作中出现的许多主题的轮廓。在该文中，他基本上不主张发展一种规范的预算理论，而是更倾向于号召人们按照社会政治行为主义的观点做描述性分析；也就是说，他主张进行参与性观察并且直接采访预算过程中的关键角色和决策者。他首先分析并批评了当时预算方面的权威学者凯关于规范性预算理论的看法，他说："凭什么要把X美元分配给A活动而不是分配给B活动。"[3] 发展这种规范性预算理论的前景很暗淡。他大声呼吁："之所以没有取得任何进展，其原因正是在于这项任务不可能实现。"[4]在考察另一位预算专家史密西斯的分析性方法和建议时，他甚至要批评的内容更多。史密西斯建议成立一个联合（国会）预算政策委员会，该委员会被授权一揽子考察所有岁入和支出计

---

[1] [美]维尔达夫斯基：《预算过程的政治》，英文第3版，126页，利特尔-布朗出版公司，1979。
[2] [美]维尔达夫斯基：《预算改革的政治含义》，载《公共行政评论》，1961(4)。
[3] [美]维尔达夫斯基：《预算改革的政治含义》，载《公共行政评论》，1961(4)。
[4] [美]维尔达夫斯基：《预算改革的政治含义》，载《公共行政评论》，1961(4)。

划,史密西斯还表达了将会使国会的预算更加合理和有效率的目标。而维尔达夫斯基则对这种方法进行了评估并基本上否定了这种方法,因为他认为这种方法忽视权力政治,而且按照史密西斯的观点,这种方法也存在着不可克服的信息问题。这个全权委员会的成员们大都来自于安全的地区和州,因此他们可能会像"精英主义者"那样行为,而维尔达夫斯基认为,这是一件非常糟糕的事情,它与英国议会的预算方法很相似。他们在议会中可能会否决别人的观点,并且"实际上可能会忽视总统,操纵行政部门以便行政部门对他们负责"①。关于信息问题,维尔达夫斯基认为,如果只看重对效率(他把效率界定为在给定分配份额的条件下使预算收益最大化)的需求,那么就必然会缺乏充分的信息并且参与者也无意去最充分地利用他们的政治资源,进而导致公众对变革的需求得不到广泛的关注。② 由于维尔达夫斯基反对现状,所以他认为,编制预算的"行动迟缓"反倒可以为"创新"提供空间,因为这样它允许因一种更加分权并且更加分裂的决策过程而产生更高的效率。他特别提道:"多数实际的预算可能都是发生在政治与效率之间的一个边缘过渡地带。"③

对于维尔达夫斯基来说,凯和史密西斯等人的方法都表明了"预算的流行看法中的一些严重弱点"。在对预算文献的批评中,维尔达夫斯基警告说,改革绝不应该仅被视为一个程序调整的问题。他说:"在改革者(这里他主要是指学术界和国会中的分析人员和改革的倡导者)中很少有人或者说根本就没有人认识到预算关系的任何有效变革必然会改变预算过程的后果。否则,为什么还要操那份心呢?改革远不是一个'改进预算'的中立问题,它对政治体系必然包含着重要的含义,也就是说,它对于'谁在政府决策中得到什么'具有重要的影响。"④他认为,一个好的预算理论必须能够成功地解释预算过程的运作和后果。一个有影响的理论往往可以描述参与者之间的权力关系,可以解释为什么有些参与者在实现自己的预算目标时比别人更成功,可以陈述各种策略灵验或不灵验的条件并且可以以这种方式解释预算决策的模式。⑤在他看来,对全面规范理论的寻求是徒劳的,因为这种理论会规定"政府应该做什么"。然而,我们不可能总是预先确定政府应该试图解决什么问题以及项目应该怎样运作。政府以及预算必须随机应变,如果不这样,国家就会变得冷漠呆滞并注定不能满足选民和对外政策的需要。对于规范理论,他非常简明地说:"极权主义政权通过压制异议而将它们的规范预算理论强加给别人……我们拒绝把这种做法当作对社会冲突问题的回应,我们坚持民主程序。"⑥ 也就是说,他所坚持的是对预算决策过程的公开参与。这些陈述以及上述引语对于我们追溯维尔达夫斯基预算思想的起源十分重要。这里,他基本标出了在预算研究领域的领地。他在政治科学和美国政府的一个非常重要但被人忽视的领域中发

---

① [美]维尔达夫斯基:《预算改革的政治含义》,载《公共行政评论》,1961(4)。
② [美]维尔达夫斯基:《预算改革的政治含义》,载《公共行政评论》,1961(4)。
③ [美]维尔达夫斯基:《预算改革的政治含义》,载《公共行政评论》,1961(4)。
④ [美]维尔达夫斯基:《预算改革的政治含义》,载《公共行政评论》,1961(4)。
⑤ [美]维尔达夫斯基:《预算改革的政治含义》,载《公共行政评论》,1961(4)。
⑥ [美]维尔达夫斯基:《预算改革的政治含义》,载《公共行政评论》,1961(4)。

现了一个巨大的真空地带。这确实是一个机会，与其说是过去人们写就的东西错了，倒不如说关键在于他发现了政治学家和行政学家看待预算研究的方式错了。应该说，维尔达夫斯基正好抓住了这个机会。

第二节 预算及其政治本质

一、预算的概念

对于预算的基本概念，维尔达夫斯基曾从多角度和多层面给予了解释和分析。

首先，"从最常见的字面意义来说，一项预算即是一份包含有语词和数字的文件，它提出了用于某些项目和目的的支出。其中，语词描述的是支出的项目（工资、设备、差旅）或者目的（防止战争、改进心理健康、提供低收入住房），而数字则往往是每一个项目或目的所附带的。"[1] 在他看来，也许是因为编制预算的人们预期写进预算中的东西与未来的事件之间将会有一种直接的联系，所以，预算可能会被他们视为预期行为，被当作一项预测。如果对资金的要求获得了批准，所要求的资金也是按照说明开支的，而且有关行动也导致了预期的后果，那么在文件中所陈述的目标就会实现。预算因此就成为实现政策目标的财政资源与人的行为之间的一种联系。在此，维尔达夫斯基特别强调，我们只有通过观察才能确定该预算文件中所假设的预测结果的正确程度。

其次，"按照最一般的定义，预算涉及把财政资源转变为人的目标。因此，一项预算就可能会被描述为一系列附有价目标签的目标。由于资金是有限的并且不得不以一种方法或另一种方法加以分配，所以预算就变成了在各种备选的支出项目之间进行选择的一种机制。当这些选择为了实现预期的目标而协调时，一项预算就可以被称为计划。倘若一项预算包括对其目标应该怎样实现的详细说明，那么该预算就可以作为承担该预算执行任务者的工作计划。如果强调的重心是实现一笔资金的最大政策回报或者强调的是以最低的成本实现预期目标，那么一项预算就可能会成为确保效率的工具"[2]。然而，他明确指出，在预算编制者的意图与预算的真正实现之间可能会存在很大的差距。而且他通过研究发现，尽管一项预算的语言要求通过有计划的开支来实现某些目标，但实际的调查研究可能表明根本就没有什么资金用在了这些目标上，钱都用于其他的目的了，业已实现的往往是一些很不相同的目标，或同样的目标是以不同的方式得以实现的。

再次，他认为，如果我们从另一种视角来看的话，预算则可以被看作一种契约。他解释说："国会和总统都答应在规定的条件下提供资金，而且行政机关也同意以种种达成一致的方式开支这些资金。当一个行政机关向它的下属单位分配资金时，它可以被认为是在订立一

---

[1] ［美］维尔达夫斯基：《预算过程的政治》，英文第3版，1页，利特尔－布朗出版公司，1979。
[2] ［美］维尔达夫斯基：《预算过程的政治》，英文第3版，1~2页，利特尔－布朗出版公司，1979。

个内部契约。"① 不过,在他看来,契约能否得到实施,或当事人是否真正就该契约所规定的内容达成了一致,这是一个需要进一步探究的问题。然而,如果一项预算得以实施,那么它就给契约的当事人施加了一套相互的责任和控制。这里,他特别提醒要注意"相互"这个词,因为人们很容易假定控制是由诸如国会议员、部门领导等上级单向地施加给他们的下属的。但是,在他看来,当拨款委员会批准某些支出项目而不批准其他支出项目时,当拨款委员会为资金的开支规定了一些条件时,该委员会也就有责任遵守其中的部分条件。这里,他强调指出,一个希望控制其下属行动的部门领导通常必须始终按照承诺来支持下属的某些要求,否则就必定会发现他们试图在削弱他的基础。正是基于这种认识,他认为也可以将预算视为"一种社会关系网和法律关系网,在这种关系网中,各方当事人都做出了承诺,而且大家都可能会受到制裁(虽然这种制裁的程度对于各方未必是同样的)"②。

最后,维尔达夫斯基还认为预算也可以成为一种沟通网络,因为"行政机关提交给预算局的预算计划可能代表着它们的期望。这些预算是它们期望看到能够通过立法并且真正能够开支的数额。行政机关的要求也可能代表着它们的抱负。这些预算是它们希望在形势特别有利的情况下可以得到并用于各种项目的支出数字,这样它们就能够产生必要的政治支持。然而,由于所要求的资金数量常常会对所得到的资金数量产生影响,所以预算计划常常就是一些策略。资金总额及其在各种活动之间的分配要设计得有利于支持这些机关的预算目标。当每个参与者都按照预算来行动时,他就可以了解到别人的偏好并且可以通过自己所做出的选择来告诉别人自己的期望。在此,预算又变成了一种沟通网络,其中,信息不断地产生并且反馈给各个参与者"③。在他看来,预算一旦通过,就等于有了先例,进而可以大大增加今后这个项目再次获得拨款的可能性。

二、预算的本质

至于预算的本质,尽管人们对预算可能会有各种不同的理解,但从上述维尔达夫斯基对预算概念的阐释中,我们不难发现,他更倾向于把预算过程当作政治背景下的一种人类行为现象来谈论。也正因为如此,他更加关注的是作为政治事务的预算。他认为,"作为一个整体,联邦预算是政府活动的货币表征。如果说政治在某种程度上被视为围绕着在决定国家政策时谁的偏好将会占优势这个问题而发生的冲突,那么预算就是这场斗争结果的记录"④。在他看来,如果我们把政治看作政府为了解决迫切需要解决的问题而动员资源的一种过程的话,那么预算就是这些努力的一个核心。他在《预算过程的政治》中结合美国公共预算的政治环境进一步指出,"预算的规模和形式是我们政治生活中的一个具有严重争论的问题。

---

① [美] 维尔达夫斯基:《预算过程的政治》,英文第3版,2页,利特尔-布朗出版公司,1979。
② [美] 维尔达夫斯基:《预算过程的政治》,英文第3版,3页,利特尔-布朗出版公司,1979。
③ [美] 维尔达夫斯基:《预算过程的政治》,英文第3版,3页,利特尔-布朗出版公司,1979。
④ [美] 维尔达夫斯基:《预算过程的政治》,英文第3版,4页,利特尔-布朗出版公司,1979。

总统、政党、行政官员、国会议员、利益集团以及相关公民都在为了使自己的偏好记录在预算中而相互竞争。胜利与失败、妥协与交易,以及就国家政府在我们社会中的角色问题而达成的共识和出现的冲突,所有这些在预算中都会出现。从最完整的意义上来说,预算处在政治过程的中心"①。"预算是政府的生命线,是政府做什么或者打算做什么的财政反映"②。对于预算过程的政治本质,维尔达夫斯基在与赫克罗合作撰写的《公共资金的私人政府》中还结合英国的情况做了分析。他在该书中大胆地揭露了议会制政府体制下的预算问题。他通过研究发现,英国的多数税收和支出决策都是由内阁的一个关键委员会私下做出的。其中,权力被抓得很紧,而且信息一般也不与其他大臣和部门分享。决策往往都是在最后阶段不怎么与政党商量的情况下由首相及其身边的工作人员、大臣以及财政部的高级官员做出的。在这种体制下,公众乃至多数议员实际上都被锁在了决策过程之外。一旦首相的预算被列入下议院的议事日程,税收与支出政策以及预算中的数字基本上就是"一笔搞定了的交易"。尽管在议会为此项拨款投票表决之前可能会(而且实际上也的确)就该预算进行争论,但是对首相建议的改变通常没有什么意义。如果预算通不过,政府可能会因为下议院受到首相所在政党的控制而垮台。

尽管维尔达夫斯基在这本书中证实了英国议会体制下的预算与美国三权分立体制下的预算之间的巨大差异,即在议会体制下,政府的立法部门与行政部分是一致的,而在三权分立的体制下,情况则不然,但两个国家在预算过程的政治本质这一点上则是一样的,而且他认为预算的政治在美国宪政体制下要比其在议会体制下更具有公开性。在他看来,尽管人们对精英政治和美国国会经常"关着门"做出的有利于"特殊利益集团"的预算决策有种种抱怨,但是就公共参与、决策过程的开放性乃至对公共利益的服务而言,英国的情况可能比美国更糟糕。

第三节 预算的策略

所谓预算的策略,就是"政府机构为了维持或增加它们可以获得的资金数额所采取的行动"。维尔达夫斯基认为,尽管预算领域所采取的每一次行动未必都是有意识地为了得到资金,但是行政官员不可能不懂得没有钱什么事情都干不了这个最基本的常识,所以,在他看来,行政官员通常必须为维持或增加而不是减少他们的收入而有所作为。维尔达夫斯基主要从筹划预算的方法和争取预算拨款的技巧两方面阐述了预算的策略。

---

① [美] 维尔达夫斯基:《预算过程的政治》,英文第 3 版,4~5 页,利特尔-布朗出版公司,1979。
② [美] 维尔达夫斯基:《预算过程的政治》,英文第 3 版,128 页,利特尔-布朗出版公司,1979。

一、筹划预算的方法

维尔达夫斯基认为，预算是一件很复杂的事情，预算的参与者们都是在一种对其行为施加了种种严格限制的环境中活动，而且所有的参与者通常都面临着诸如利益集团、国会议员与其选民之间的关系、政党的冲突、行政部门与立法部门的合作与对抗、政府机构内部的争执等因素的公开影响。因此，行政机关在预算的最初阶段筹划和拟定预算提案时必须注意正确的方法。为此，他提出了筹划和拟定预算提案的几种基本方法。

第一，化繁为简，简单明了。在维尔达夫斯基看来，参与预算的人可谓肩担超负荷的重任，唯有化繁为简才能行事。他认为，筹划预算提案的官员可以利用一些比较简单的项目所采取的行动作为更复杂项目的指标。他举例说，国会议员可能不会直接处理一项巨大原子设施的费用，而可能会试图弄清楚他们所熟悉的人事成本和行政成本或者不动产交易是怎样处理的。如果这些项目处理得好，那么这些议员们可能就更觉得这些行政官员有能力处理好更大的项目。也许，我们可能会感到国会议员们似乎是"小事拘谨、大事糊涂、见小不见大"，维尔达夫斯基认为，在许多情况下，事实确实如此，他们经常因处理不了大问题而退去管一些小事情。维尔达夫斯基特别强调，如果这种做法用来作为一种检验手段而且在处理简单问题时所显现的能力与处理复杂问题时所显现的能力之间的确存在一种合理的联系的话，那么这种做法有时可能要比其表面上看起来的更为有效。为了对这一点做进一步的说明，维尔达夫斯基还提到了另一种相关的办法，那就是如果人们认识到该问题的确太难并且工作量特别大以至于不得不相信那些负责人，那么就让他们去直接观察那些负责任的行政官员，而不是让他们直接去观察具体的题材。他们常常会向行政官员问这问那，试图弄清楚这些行政官员是否有能力且可靠。维尔达夫斯基认为，其实，有些政府部门的预算提案就是以这种方式被国会议员通过的。

第二，不求最佳，只求满意。维尔达夫斯基认为，预算官员不仅可以通过降低目标来简化预算提案，而且他们在筹划预算提案时往往并不试图追求"最佳"方案，相反他们常常追求的是"满足需要就够了"，也就是说，他们对预算提案的筹划"不求最佳、只求满意"①。用他们自己的话来说就是，他们只想"勉强过得去""结果还行""避免麻烦""避免出现最坏的情况"，等等。在维尔达夫斯基看来，如果预算官员能够让别人相处得很融洽，如果别人都不会长时间地大声抱怨，那么他就可以把这种达成一致的事实作为成功的测量标准。而且他认为，由于预算每年都要被提出来，并且预算主要涉及的是逐渐调整，所以我们可以在预算被提出来时纠正突出的弱点。这里，维尔达夫斯基实际上是对西蒙基于有限理性的满意决策原则的具体运用，而且他也正是以此为基础提出了预算的另一种方法——循序渐进，逐步调整。

---

① ［美］维尔达夫斯基：《预算过程的政治》，英文第3版，12页，利特尔－布朗出版公司，1979。

第三，循序渐进，逐步调整。维尔达夫斯基强调，循序渐进是预算过程中至关重要的一种手段。在他看来，任何预算都不会全盘评定现有的价值，并且与所有可能的方案一一进行比较。通常，新一年的预算都是以去年的预算为基准略作增减而成的。所以，他说，"任何预算，其最大的组成部分实际上都是以前的一些决策的结果"。留给预算官员的活动余地相当狭小。维尔达夫斯基认为，今天，无论是加拿大的大省份，还是美国密歇根州的小城镇，都毫无例外地采用循序渐进的预算方式。正因为如此，他指出要注意预算参与者的期望，因为循序渐进是以现有基础为出发点，而所谓"基础"，就是指预算参与者们的普遍期望，即各项计划都可以在大致接近现有开支水平的情况下予以实施。所以，预算的基础其实也就是指各项计划中能够为大家接受、不必反复讨论、再三斟酌的部分。

第四，拨款要求，恰如其分。除了上述三种预算的基本方法之外，维尔达夫斯基还从方法的角度对行政部门要求拨款的要领做了阐释。那么，行政部门究竟要多少拨款才算合理呢？要得太多，拨款委员会会觉得不太合情理，这些部门的信用就会因此而大打折扣，以后即使申请不多，获准也不会那么容易。因此，维尔达夫斯基提议的第一条要领是：切忌操之过急，一开口就讨大钱。但是说起来容易做起来难，如果申请拨款时过于小心翼翼，别人又会误以为这个部门其实并不需要拨款。怎么办？维尔达夫斯基提议的第二条要领是：可以多要一点，但不可要得太多。多要一点，以备审批时克扣不会造成太大的影响。但又不可要得太多，以免有关方面就此生出成见，失掉信任。问题是如何才能把握好分寸？政府部门的那些有经验的领导们通常都会密切注视周围的动态，例如，往年的经验、议会的投票、行政当局的政策声明、实地调查的报告等，然后报上一个比希望得到的略高的叫价。

二、争取预算的技巧

一般来说，对于政府部门而言，在确定了预算目标、筹划和拟定了预算提案之后，接下来要做的工作就是围绕着如何争取预算而进行战略计划。维尔达夫斯基认为，美国联邦政府的预算官员都一致相信，在争取预算的过程中，与其一味追求效率，不如在这几方面多下功夫：一是培养积极的顾客基础；二是努力赢取其他官员（特别是拨款小组委员会成员）的信任；三是注意充分利用各种机会。顾客基础好，为之服务的部门就有了充足的理由要求加钱加人，顾客还会为该部门做免费的宣传。拨款委员会在预算问题上位高权重，由于预算的各种考虑错综复杂，这些委员们在绝大多数情况下只能假定上报的预算提案的数字的确真实无误，所以他们要求各政府部门的预算官员办事诚实正直。一旦这些委员们发现自己上当受骗，不但部门的预算官员要丢掉乌纱帽，该部门也难逃一年不如一年的厄运。

另外，维尔达夫斯基还强调，作为争取预算的一种技巧，上报预算提案也要考虑时机、环境和地点。根据维尔达夫斯基的观察，有的政府官员会故意表示受节缩开支的压力不得已只能在一些最受大众欢迎的项目上下手，引起舆论轰动，结果拨款得以分毫未减。为了大幅度地增加预算的基础，也有人在适逢危机时抓住机会提出新的项目以求达到目的。还有一个特别值得注意的策略就是把开支一分为二，变成基本预算和费用预算两个大类。维尔达夫斯基认为，由于美国的意识形态对赤字的大小和增长相当注重，引进基本预算通常会有助于大幅度地增加开支。

最后，维尔达夫斯基指出，任何政府部门都希望在一个良好的环境中生存，换言之，就是希望服务对象和其他有关政府部门能够不断地从政治上给予支持。在他看来，对政府部门的领导们而言，如果上报的预算草案总是被否决的话，他们就会失去对自己组织的控制、被撤掉官职、自己一手创立的政策就会被推翻，甚至整个部门都会被解散。为了避免这种局面的出现，他们一定要拿得出一份像模像样的成功记录，以维持组织内外关键人物对他们的信任。所以，政府部门的领导们必须认真考虑假定自己处于那些关键人物的地位时会采取什么行动，然后注意观察，看上报不同的预算草案时国会和预算局的态度、反应会有何不同，进而采取恰当的应对措施。这里，维尔达夫斯基专门对预算局和众议院拨款委员会在预算过程中的活动规律做了分析。他认为，就美国联邦政府的预算局而言，其任务就是协助总统实现他设定的目标，它在预算过程中的具体做法则以削减为主，其原因十分简单，政府的各个部门一向习惯于报大数、要大钱。由于美国国会向来对总统提交的预算都是以"砍"为主，政府各个部门最多也只能满足于预算局报上的拨款数额。事实上，美国政府的财政大权一直操纵在国会的手中。所以，如果预算局的提议一再被国会否决的话，各政府部门自会察言观色，越来越不把总统的预算当一回事。有鉴于此，预算局也是吃一堑、长一智，多半会在规划预算时留意遵循国会的一贯行事准则。事实证明，在相当多的问题上，预算局基本上都是跟着国会的步子走的。[①] 而对于众议院的拨款委员会来说，为了决定一些具体的项目到底应该建议拨款多少，它往往要分成几个独立小组。维尔达夫斯基注意到在众议院拨款委员会的这些小组之间有一条广受尊重的原则就是互惠互利。这些小组的另一个特点是成员对各自负责的领域比较熟悉，专业性较强。此外，这些小组在规划预算时都采取渐进方式，以有关部门的历史基础为参照点略作调整。对这些小组的成员而言，他们参与的预算只是对现有计划在财务上稍做修改而已，完全不存在对基本的政策选择要重新考虑的问题。

应当指出的是，在维尔达夫斯基与凯登合著的《贫穷国家的计划与预算》中，他们发现预算过程中的策略行为并非单单是美国联邦政府独有的现象。策略行为在各种国家的预算过程中都会出现。他认为，世界各国预算策略的基本一致性源于预算过程的功能相当，因为无论在哪里都有人希望得到比他们所能够得到的更多，而且还有一些人的工作就是告诉他们不可能得到那么多。要对这些竞争性的要求进行平衡并非轻而易举，角色和任务的根本差别强化了对财政与计划之间权力的争夺。[②]

[①] [美] 维尔达夫斯基：《预算过程的政治》，英文第3版，利特尔－布朗出版公司，1979。
[②] [美] 维尔达夫斯基：《编制预算：预算过程的比较理论》，英文版，155页，利特尔－布朗出版公司，1964。

第四节 公共预算体制的改革

维尔达夫斯基关于预算改革的建议产生于20世纪60年代他对美国农业部的研究,他在此后陆续发表的一系列论著中又相继对公共预算的改革问题进行了更为深入的探讨。

在1964年出版的《预算过程的政治》中,维尔达夫斯基专门用了一章来探讨预算改革问题,他把预算政治出现的种种不成文的规则和策略毫无顾忌地详加描述,在学术界和政界均引起了强烈的反响。他指出,一些政府部门的预算从来就没有作为一个整体经过认真的检查,更没有和其他切实可行且成本效率更高的方案放在一起进行比较评价。当官的往往就是闭着眼睛,任意假设,一再核准预算的基础。对一项计划各方面的考虑固然重要,但是如何争取得到政府拨款的公正份额、如何满足各种利益集团和服务对象的要求、如何制定出有适当余量的预算以备送审过程中不可避免的削减等因素同样值得考虑。

在《预算过程的政治》出版之后,维尔达夫斯基又发表了一些涉及预算改革的论述。例如,在《效率的政治经济学:本利分析、系统分析与项目预算》一文中,维尔达夫斯基就分析了"理性的系统"方法对于决策的用途。他认为,经济学、系统分析和PPB(Program Planning and Budgeting,计划项目预算)都有一些局限性,他断言:"我们的确很需要基于效率的研究而且这种研究越来越有用。我的抱怨不是对这些研究的。我一直担心的是一个单一的价值可能会战胜其他价值。如果我们对政治理性的追求像对经济理性的追求那样有力,我便会感觉好得多。那样,我对于把效率研究扩展到决策机构里面便不会再有太多的疑虑。我的目的是要强调,无论经济理性被吹捧得多高,它都不应该淹没政治理性——但是倘若继续缺乏训练有素的内行辩护者,那么经济理性将会真的把政治理性淹没掉。"①其实,在1961—1975年,维尔达夫斯基对每一次旨在通过给联邦决策注入"效率和理性"来改进政策的预算和政策改革试验进行了解释和批评。这些改革包括零基预算、本利分析、系统分析以及为行政部门所接受却被国会部分或完全拒绝或忽视的其他管理创新。应该说,在美国联邦政府进行的这些改革尝试为维尔达夫斯基这位有见识的预算和公共政策评论家创造了巨大的机会。他在这一时期关于预算及其改革的研究成果主要被收入《编制预算:预算过程的比较理论》一书中。在该书中,他积极主张推进程序改革,他认为,这样有助于改进对预算进行分析的质量,有助于知识与权力的结合,有助于控制预算,并且有助于在财政决策中创造行政权力和国会权力之间更好的平衡。尽管他积极主张并努力推动这种改革,但他也提醒人们,预算过程的任何变革都不会改变预算斗争的基本特性——为了把权力和金钱花在选民项目上。他的研究强化了这样一种平均主义的观点,即人民对于规定预算过程的后果有

---

① [美]维尔达夫斯基:《效率的政治经济学:本利分析、系统分析与项目预算》,载《公共行政评论》,1966(4)。

影响——人民根据博弈的规则做决策。不过，这些规则是可以随环境而被改变的——实质必将会战胜程序。在他看来，这就是民主社会应有的情况。我们既不应该指望也不应该希望出现别的情况，因为程序支配实质的后果便是少数人的暴政，最终会导致政策过程不能满足人民的合法需要。这本书被认为是关于基本的渐进改革怎样才能改进政策和预算分析的质量并最终更好地通过资源分配决策来满足美国公众需要和偏好的最佳陈述。后来，维尔达夫斯基在《怎样限制政府开支》和《赤字与公共利益》等著作中又对自己以前的思想做了进一步的发展。

在《怎样限制政府开支》一书中，他把分析的重心放在了修改宪法以使支出的增长受制于国民生产总值增长率的建议上。他说，每个人都希望减少通货膨胀、降低税率、改进预算并且减少支出。他预见有必要确定一个支出限度并且表明这个支出限度应当被视为一种社会契约而不能只是当作被政府勉强接受的东西。联邦支出应该受到限制以符合人民的意愿和经济的需要。他认为，我们可以探讨出一个限制开支增长的恰当指标来替代国民生产总值（Gross National Product，GNP）指标，而不应该只是谈论应该确定一个限度。当然，接受这种限度也会遇到一些障碍，不过，这些障碍主要来自于我们自己。正如他所言："我们已经看到了敌人，那就是我们自己。"[①] 我们都希望得到的更多，但是为我们的收益所支付的削减份额却应该来自于别人。他断定，必须修改宪法。他对建议达到的标准，这种限度的理论基础，如何对付绕过这种限度的规避伎俩，怎样对付意外事件，支出灵活性的需要，执法程序和司法解释，"赢家和输家"的立场以及它们对净效应的预期将会怎样决定它们对改革的立场等问题均做了说明。然后，他指出："政府开支规模与经济发展的联系是通过使用决定论的词汇实现的。所以，有人告诉我，支出是'不可控的'。这样说也就意味着我们的政府是不可控的……也就意味着我们的人民也是失控的。宪法规定支出限制的目的正是要恢复我们的政府并因此恢复我们公民政治生活的自我控制的现实。"[②] 而在《赤字与公共利益》一书中，他则对赤字的政治、减少赤字的创新举措以及这些举措在20世纪80年代成功与失败的程度进行了全面的评论。他断定，赤字是不同价值体系的产物，是预算过程中围绕这些价值所发生的冲突和竞争的产物。他表明，赤字并不都是坏事，一定程度的赤字至少暂时可以促使我们从边际上减少赤字的规模，可以促使我们去设法减少赤字。他最后警告说："赤字已经变成了一种多用途的武器，它实际上既可以用来反对任何立场，又可以用来支持任何立场。这就是糟糕的政策和更糟糕的分析，它已经使我们的政治体系无能为力。"[③] 按照他的观点，如果公共利益要得到服务，这些问题就必须解决。

至于如何从根本上对预算体制进行改革，维尔达夫斯基认为，预算与政治体制之间有着千丝万缕的联系，就像前面对预算的本质所阐述的那样，研究预算在一定程度上就是研究政治，不但预算离不开政治，而且研究预算也有利于对政治的了解，如果一项预算不考虑清楚

---

① [美]维尔达夫斯基：《怎样限制政府开支》，英文版，58页，加利福尼亚大学出版社，1980。
② [美]维尔达夫斯基：《怎样限制政府开支》，英文版，126页，加利福尼亚大学出版社，1980。
③ [美]怀特、[美]维尔达夫斯基：《赤字与公共利益》，英文版，575页，加利福尼亚大学出版社，1989。

哪一方会因之而受益、受损，或者未能证明没有人受损，它是决不能标榜为较好的预算的。实际上，所谓较好的预算背后很可能藏有一些秘而不宣的政策目的。例如，建议总统享有预算的单项否决权，其实是那些和美国首席行政长官过从甚密但与国会关系平平的某些利益集团想增加自己影响力的一种企图。所以，维尔达夫斯基认为，倘若预算改革只是对着预算机器做一些零碎的修补，而决定预算的模式却一如既往，那么这样做是毫无意义的。换言之，在不触动政治过程的情况下，是不可能对预算过程做出任何重大改变的。反过来看，如果预算改革终于成功导致了新的不同预算决策，这必然意味着各种政治力量之间的较量对比已经旧貌换新颜了。在维尔达夫斯基看来，遗憾的是，有关预算的一些文章却至今还没有能够真正认识到这一事实的许多内在含义。比如，很多人就没有能够清楚地意识到，做出根本性的政治改变是最能影响预算的途径。对此，他机敏地解释说，尽管目前的预算过程有很多令人不能满意的地方，但问题的关键还是在于政治体制的某些方面而不是预算本身。他问道，如果对如何改变政治影响力分配一字不提，就对预算进行大刀阔斧的改革，岂不就是天方夜谭吗？他认为，诚然，通过支出限制来改进预算，控制增长甚或接受权力的边际减少，所有这些都可能成为解决问题的一部分办法，但是，这些改革不会也不可能为美国人所面临的公共政策困境提供根本的解决办法。在美国，要找到解决这些棘手问题的办法太难了，它们决不是仅通过对我们用来进行资源分配决策的制度机制做一点改革就可以解决的问题，它们从根本上需要在美国进行一场社会和文化的变革，如果改革仅着眼于预算，成功的机会则微乎其微。正是基于这种认识，他提出，对预算及其改革的研究应该从两个角度进行：不仅要注意理论上的探索分析，还要着重改革实践的讨论。他认为，在实施改革之前，应该事前掌握一点理论方面的知识。只有当对有关预算的理论有了充分的了解，对各自政治体制下的现有状况有所认识，才可以避免出现重大改革的提案缺乏根据的可悲局面。他说道，假定一份预算提案会改变现存的各种关系、或者会禁止某个政府部门以对其最有利的方式展示其计划、或者会改变人们对参与预算的关键人物的期望、或者会影响到某个部门能否获得应有的拨款，这份提案所造成的很多后果往往是我们难以事先预测到的。

当然，维尔达夫斯基也相信，在某些情况下，在切实可行的小范围内放慢步子，搞些改革的试点也未尝不可。他清醒地认识到预算改革的艰难，他认为，尽管我们可能会为民主决策的缺憾而感到痛惜，但是目前又很难找到比民主决策更好的替代方法。尽管国会议员们总是在抱怨他们必须像他所说的那样"编制预算"，然而，制度改革却因其会产生赢家和输家而遭到抵制。[1] 所以，维尔达夫斯基认为，渐进主义是安全的，它往往可以产生可预见的后果，而且政治家和预算编制者都更喜欢有更大的确定性。在他看来，维持现状的收益通常就足以说服预算过程的参与者们去抵制全面的变革甚至对边际调整都会产生怀疑。

---

[1] ［美］维尔达夫斯基：《预算过程的新政治》，英文第2版，XⅥ页、480页，哈珀-科林斯出版社，1992。

简 评

要对维尔达夫斯基这样一位博学多产的杰出行政学家做出全面的评价,也许并不是一件很容易的事情,但是,作为公共预算领域的权威专家,他对西方行政学发展所做出的重大贡献是毋庸置疑的。他不仅使我们懂得了预算的基本要素,而且在西方行政学的发展历史上率先深刻地揭示了预算的政治本质,正如美国行政学家沃尔多与朋友在谈到维尔达夫斯基的成名作《预算过程的政治》一书时所说的那样:"尽管(政治学和美国政府研究领域的)每一个人都知道这个材料,但是,只有维尔达夫斯基坐下来把它们都写出来了。令人惊讶的是,他居然抓得那么准……我们谁都没有料到这本书会受到如此大的关注,或者说,它会有如此长久的生命力。"正是这部关于预算程序、权力政治和竞争策略方面的不朽论著奠定了维尔达夫斯基在西方行政学尤其是公共预算研究领域的崇高学术地位。维尔达夫斯基本人在后来出版的《预算过程的新政治》一书中也承认:"《预算过程的政治》为我所带来的收获远比我为它做的更多。"①

纵观维尔达夫斯基对公共预算问题的研究历程,我们不难发现,他在从更加广泛意义上的研究预算和财政政策问题时找到了机会,而且他对此已经竭尽全力。一直到去世的前一年,他还在努力地探究公共预算问题,他在西方行政学界被誉为研究预算政治的典范。从他1961年探讨预算政治的第一篇论文一直到1992年《预算过程的新政治》的最后一版,他使我们真正懂得了怎样才能最好地分析和理解预算问题;他使我们能够将预算理解为一种以不断修改和改革为特点的过程;他在渐进主义的框架内告诉我们应该怎样平衡预算以及怎样才能并且应该怎样对预算进行评估;他告诉我们权力政治和预算文化的本质就是一种妥协的艺术,它所产生的预算应该使参与谈判的各方都相对地同样满意;他证明了渐进主义是民主政治体系中就税收和支出政策而达成妥协的必然结果,渐进的变革只可能"慢慢地"发生,一旦你习惯于折中变革方式,折中缓慢的渐进变革作为一种稳定的策略毕竟不是一件坏事。②维尔达夫斯基通过对预算过程的如实描述,表明这种渐进决策的预算过程使政府的服务对象和各利益集团的影响均可以得到保障,所以他认为这个过程的政治实质是和美国的政府体系相适应的。正是对决策过程的这种看法使维尔达夫斯基成为大力鼓吹渐进主义的主要倡导人之一,使渐进主义逐步成为公共行政决策的一个主导模式。

总之,作为一个充满创见的行政学家,维尔达夫斯基在西方行政学特别是公共预算领域所产生的影响极其深远。在公共预算研究领域,尽管还有许多稀奇古怪的问题有待于进行深入的研究,但是有一点我们无法否认,那就是,后来的研究其实在某种程度上都是对维尔达夫斯基提出的假设进行验证,他的研究已经为预算研究框定了范围并且为未来的研究确立了

---

① [美]维尔达夫斯基:《预算过程的新政治》,英文第2版,Ⅱ页,哈珀-科林斯出版社,1992。
② [美]维尔达夫斯基:《存在有为了大家的预算吗?为什么传统预算能够持续下来》,载《公共行政评论》,1978(6)。

评判的标准。他几乎对关于预算的政治以及每年上演预算政治剧的舞台情节均做了详尽的解释。他的许多论点已经得到了后来无数学术论著的验证。一般来说，这些检验大都是支持他的假设，而且，即便是有些论著不支持他的假设，但作者们也不得不解释相对于维尔达夫斯基提出的假设为什么情况是如此。这便是他为预算研究领域做出理论贡献的重要标志——他为其后的研究成果建立了检验的标准，从其成果的引用率和人们对他的尊敬程度，我们就不难看出这一点。因此，我们可以说，维尔达夫斯基是一位很成功的学者，正如他自己所言："每一个人都需要有一种能够用来表达自己才能范围的技巧，我已经找到了我自己的技巧。"①

也许是由于维尔达夫斯基不赞成去追求一种规范的预算理论，不太注意理论体系的建构，而更多地倾向于从实证研究出发去关注、探讨公共预算过程中的实际问题，所以，从他的公共预算理论中，我们也不难发现一些相互矛盾的观点，例如，一方面，他在预算改革的问题上力主触及政治体制乃至从根本上进行社会和文化变革的激进主义；另一方面，他又积极倡导在公共预算过程中推行所谓"适合美国政府体制的"渐进主义决策模式。其实，如何既通过体制的改革来不断地改进公共预算的过程，又注意保持行政的持续稳定与社会的和谐安宁，这些始终都是行政学界需要认真探讨的一个重大问题。维尔达夫斯基的许多观点不但为我们在这一研究领域的进一步探索奠定了良好的基础，而且更为我们的深入研究提出了新的问题。

思考题

1. 维尔达夫斯基研究公共预算理论的原因是什么？
2. 在维尔达夫斯基看来，预算的本质是什么？
3. 维尔达夫斯基认为预算的策略有哪些？
4. 如何评价维尔达夫斯基的公共预算理论？

---

① [美]维尔达夫斯基：《反叛民众以及关于政治与公共政策的其他论文》，英文版，3页，基础书出版社，1971。

第十二章 麦格雷戈的人事管理理论

本章提要

本章介绍了麦格雷戈人事管理理论的主要内容,包括麦格雷戈人事管理理论的思想基础——需要层次说,对传统 X 理论的反思与批判,Y 理论的基本观点等,并对麦格雷戈做了基本评价。

学习要求

1. 了解麦格雷戈其人其事。
2. 掌握麦格雷戈的需要层次说。
3. 掌握麦格雷戈对传统 X 理论的反思与批判。
4. 掌握麦格雷戈 Y 理论的基本观点。

道格拉斯·M. 麦格雷戈(Douglas M. McGregor)是美国当代著名的行为科学家和管理学家。他自 1935 年于哈佛大学获得哲学博士学位后即在哈佛大学任教至 1937 年,后来又转至麻省理工学院任教,其间有 6 年受聘担任安第奥克学院院长。麦格雷戈擅长社会心理学和组织管理学,他曾教授过心理学和工业管理等课程,并对组织发展等问题颇有研究,而且发表过多篇社会心理学方面的论文。他在担任安第奥克学院院长期间,对当时流行的传统管理观点和对人的特性的看法提出了疑问,并于 1957 年 11 月在美国《管理评论》杂志上发表了《企业的人性方面》这篇经典论文,其中提出了著名的"Y 理论",并在此后出版的《企业的人性方面》(1960)和《领导和激励:麦格雷戈论文集》(1966)以及《职业的经理》(1967)等著作中进一步充实和发挥了这一理论。麦格雷戈的人事管理理论主要表现为他基于对传统 X 理论合理内核的扬弃而提出的以注重发挥人的才干和热情、重视人的行为、尊重人格为特征的 Y 理论。

第一节 麦格雷戈人事管理理论的思想基础——需要层次说

需要层次说是美国著名心理学家亚伯拉罕·H.马斯洛（Abraham. H. Maslow）在1943年提出的，这一学说的提出对包括行政学在内的整个管理学理论的发展产生了重大的影响。按照需要层次说，人的基本需要一般被划分为以下五个层次：

第一，生理的需要。这是人类最基本的、最原始的需要，包括饮食、性和其他生理机能的需要。这些需要是最强烈、最不可避免的最低层次的需要。当个体被生理需要所控制时，其他一切需要都成为次要的。

第二，安全的需要。当个体的生理需要基本上获得满足后，就会产生安全的需要。它要求劳动安全、职业安全、生活稳定，希望免于灾祸、希望未来有保障，要求劳动保护、社会保险、退休养老等。

第三，感情和归属的需要。这是指个体希望家庭成员之间、伙伴之间、朋友之间、同事之间保持良好的关系和友谊，希望得到爱情，希望爱别人，也希望被人爱。渴望自己有所归属，即成为某个组织团体中公认的成员等。这类需要比前两类需要更精致、更难以捉摸，但对大多数人来讲是很强烈的一类需要，如果得不到满足，就会导致精神上的不健康。

第四，尊重的需要，即个体希望自我尊重、自我评价以及尊重别人。渴望自信心与成就，渴望独立与自由，渴望名誉与声望。满足尊重的需要可以导致自我相信、价值、力量、能力、适合性等方面的感觉。这种需要如果得不到满足，就会产生自卑感、虚弱感和无能感。尊重的需要很少能够得到完全的满足，但是这种需要一旦成为推动力，就会产生持久的干劲。

第五，自我实现的需要。这是指个体希望实现自己的理想、抱负，使自己的潜能得到最大限度的发挥，成为人们所向往的人物。正如马斯洛所言："一位作曲家必须作曲，一位画家必须绘画，一位诗人必须写诗，否则他始终都无法安静。一个人能够成为什么，他就必须成为什么，他必须忠实于他自己的本性。这一需要我们就可以称之为自我实现的需要。"[①]

马斯洛应用心理学知识创建的需要层次说尽管存在一些不够科学的地方，但它从心理学角度阐述了人的需要分类和层次及其动态过程，在某种程度上反映了一定的客观规律性，它对后来的行政学理论产生了重要的影响，麦格雷戈的"Y理论"就是基于"需要层次说"概括出来的。在Y理论看来，人在工作中运用智力、体力，正如游戏或休息一样自然，人可以自我指挥和自我监督，最有意义的奖励是自我实现的需要得到满足。这正是需要层次说的主要内容。

[①] [美] 马斯洛：《动机与人格》，许金声等译，53页，北京，华夏出版社，1987。

第二节 对传统 X 理论的反思与批判

麦格雷戈的"Y 理论"是基于对 X 理论进行反思和批判而提出的，他所谓的 X 理论是指传统的管理观点。麦格雷戈指出："管理部门的任务是将人类能量用于满足组织上的需要。这个传统的概念可按三个命题广泛加以叙述。为了避免标签带来的复杂情况，我把这套命题称为'X 理论'，这三个命题是：（1）为了经济目的，管理部门负责把生产性企业的要素——金钱、物资、设备、人员——组织起来。（2）关于人事，这是一个指挥他们的工作、推动他们、控制他们的行动，改正他们的行为以适应组织需要的过程。（3）没有管理部门的这种积极干预，人们对于组织上的需要会是消极的——甚至是有抵触的。所以，对他们必须实行说服、奖励、处罚和控制——他们的活动必须听从指挥。这就是管理部门在管理下层职员或工人时的任务。我们经常把这些概括起来说成通过他人完成任务便构成管理。在这个传统理论的后面，有另外几条信念——不甚清晰，但流传甚广。（4）普通人生性懒惰——他想尽可能地少干工作。（5）他缺乏抱负，不喜欢负责任，宁愿被人领导。（6）他生来自私自利，对组织上的需要漠不关心。（7）他在本性上抵制改革。（8）他轻信、不很聪明、易于受骗子和煽动家的诱惑。"① 在麦格雷戈看来，当时企业组织中的人事管理工作以及传统的组织结构、管理政策、实践和规划都是以这种 X 理论为依据的。所以，管理人员在完成其任务时，或者采用诸如强迫和威胁（通常采取隐蔽的形式）、严密监督以及对行为的严格控制等"强硬"管理办法，或者是采用诸如随和的态度、顺应职工的要求以及一团和气等"松弛"的管理办法。

麦格雷戈认为，自 20 世纪以来，从最强硬的管理办法到最松弛的管理办法都曾被试用过，但管理实践表明其效果均不太理想，一方面，采用强硬管理办法常常引起各种反抗的行为，例如"磨洋工"、采取敌对行动、组织好斗的工会以及对管理者的目标进行巧妙而有效的破坏，这种强硬管理办法在职工充分就业、劳动力供应短缺时期更难实行。另一方面，采用松弛管理办法也产生了许多问题：例如，这种管理办法常常使管理人员放弃管理、放任自流，尽管大家保持一团和气，但在工作上却马马虎虎；人们对这种温和管理方法钻空子，提出越来越多的要求，而做出的贡献却越来越少，等等。于是，较为普遍的倾向是，试图吸取软硬两种管理方法的优点，推行一种"严格而合理"的管理方法，正如罗斯福所说的那样："说话和气但带着一根大棒。"② 但是，这种管理方法同上述两种管理方法一样，其指导思想也是 X 理论。

麦格雷戈认为，当时社会科学正陆续取得一批新的研究成果，其中包含着各种新思想和

---

① 转引自 [美] R.J. 斯蒂尔曼：《公共行政学》，下册，李方等译，143～144 页，北京，中国社会科学出版社，1989。
② 转引自 [美] R.J. 斯蒂尔曼：《公共行政学》，下册，李方等译，145 页，北京，中国社会科学出版社，1989。

新观点，它们对这种关于人和人的天性以及作为管理指导思想的 X 理论提出了挑战。虽然当时工业组织中人的行为表现同 X 理论所提出的各种情形大致相似，但这些新思想和新观点确信，人的这些行为表现并不是人固有的天性所引起的，而是现有工业组织的性质、管理思想、政策和实践所造成的。X 理论所运用的传统研究方法是建立在错误因果观念的基础上的。对于这一点，麦格雷戈引用马斯洛的需要层次说做了进一步的说明。他指出："我们毫不犹豫地承认，受到饥饿折磨的人是会生病的，生理需要得不到满足会产生行为后果，虽然缺乏充分认识，对于较高层次的需要来说，情况也完全一样。安全、交往、独立或地位的需要得不到满足的人也会生病，正像一个得了软骨病的人一样，他的病也会有行为后果。人的消极状态、敌视行动或推卸责任都是作为结果而产生的，如果我们把它们归为天生的'人性'，我们就会犯错误。这些行为样式是病态表现——是社会需要、自我需要得不到满足的表现。"① 在人们的生活还不够丰裕的情况下，胡萝卜加大棒的管理方法是有效的，正如麦格雷戈所言："胡萝卜加大棒的动力学说（跟牛顿的物理学说一样）在一定的环境下合理地起到好的作用。满足人的生理需要并（在一定程度上）满足其安全需要的手段，能由管理部门提供或抑制。职业本身就是这种手段，工资、工作条件和津贴也是同样的东西。只要一个人挣扎着生存下去，就能用这些手段控制他。当没有面包时，人只是为面包而活着。"② 但是，当人们达到丰裕的生活水平时，这种胡萝卜加大棒的管理方法就不管用了，因为那时人们行为的动机主要是追求更高层次的需要，而不像生理上的需要和安全的需要这种"胡萝卜"似的低层次需要了。因此，"对于那些生理的和安全的需要已经得到合理满足，而其社交的、人格的和自我完善的需要却占据统治地位的人们来说"，用监督和控制来进行管理——无论是强硬的还是松弛的——都不足以激励他们的行为。

第三节 Y 理论的基本观点

麦格雷戈的人事管理理论主要就体现在他基于对 X 理论合理内核的扬弃而所提出的 Y 理论中。在麦格雷戈看来，正是由于上述理由以及其他许多原因，我们需要另一种建立在对人的特性和人的行为动机具有更为恰当的认识基础上的人事管理新理论，有鉴于此，他提出了 Y 理论。

作为一种新的人事管理理论，Y 理论主要包括以下基本内容：(1) 为了经济上的目的，管理部门应该负责把生产企业的要素——资金、材料、设备、人员——组织起来。(2) 人们并"不是"生来就对组织上的需要采取消极或抵制的态度，他们之所以会如此，是由于他们在组织中的经历和遭遇所造成的。(3) 人们并不是天生就厌恶工作。应用体力和脑力

---

① 转引自［英］D. S. 皮尤：《组织理论精萃》，彭和平等译，316 页，北京，中国人民大学出版社，1990。
② 转引自［美］R. J. 斯蒂尔曼：《公共行政学》，下册，李方等译，150 页，北京，中国社会科学出版社，1989。

来从事工作，对于人们来说，正如游乐和休息一样，是自然的。当依赖于可控制的条件时，工作可以成为满意的源泉（自愿从事工作），也可以成为惩罚的源泉（尽可能避免工作）。(4) 外来的控制和惩罚的威胁并不是促进人们为实现组织目标而努力的唯一方法。人们对自己所参与制定的目标，能够实行自我指挥和自我控制。(5) 对目标的参与是同获得成就的报酬直接相关的。这些报酬中最重要的是自我意识和自我实现需要的满足，它们能够促使人们为实现组织的目标而努力。(6) 在适当的条件下，一般人不仅能够学会接受责任，而且能够学会主动承担责任。逃避责任、缺乏进取、强调安全感一般来说是经验的结果，而不是人的天性。(7) 在解决组织问题方面，多数人而不是少数人具有发挥相当高的想象力、独创性和创造力的能力。(8) 在现代工业社会的条件下，一般人的智慧潜能只是部分地得到了利用和发挥。(9) 动力、发展的潜力、承担责任的能力、指挥自己的行为使其朝向组织目标的意愿，所有这些都存在于人们当中，管理部门不应该不理会它们，使人们有可能为他们自己而认识和发挥这些人的特性，是管理部门的职责。(10) 管理部门的主要任务是安排好组织条件和工作方法，使人们的智慧潜能能够充分发挥出来，更好地为实现组织的目标和自己具体的个人目标而努力。这个过程主要是一个创造机会、挖掘潜力、排除障碍、鼓励发展和帮助引导的过程。①

麦格雷戈在《企业的人性方面》中把 Y 理论叫作"个人目标和组织目标的结合"，认为它能使组织的成员在努力实现组织目标的同时，最好地实现自己的个人目标。所以他认为关键不在于在采用"强硬"管理方法或"温和"管理方法之间进行选择，而在于要在管理的指导思想上变 X 理论为 Y 理论。这两种理论的差别在于，是把人们当作小孩看待，还是把他们当作成熟的成年人看待。由于 X 理论已经流传了好几个世纪，所以不可能指望在短期内就使所有的企业组织都采用 Y 理论。但是，麦格雷戈认为当时已经有某些与 Y 理论相一致的创新思想在应用上取得了一定的成果。这主要表现在以下几方面：(1) 分权与授权。这是把人们从传统组织的过紧控制中解脱出来的方法。这种方法给人们一定程度的自由来支配他们自己的活动并承担责任，更重要的是，来满足他们的自我需要。在这一点上，罗巴克公司层次很少的扁平形组织结构提供了一个有趣的例子。该公司用某种带强制性的办法来推行"目标管理"，即扩大由经理直接领导的下级管理人员的人数，直到使经理无法继续按传统方式去指导和控制他们的业务，只好实行分权与授权的目标管理。(2) 扩大工作范围。国际商用机器公司和底特律爱迪生公司倡导的这个想法同 Y 理论颇为一致。它鼓励处于组织基层的人承担责任并为满足职工的社会需要和自我实现需要提供机会。实际上，在工厂一级实行改组，扩大工作范围，就提供了很大的机会来开展与 Y 理论相一致的创新活动。(3) 参与式和协商式管理。在适当条件下，参与式和协商式管理可以鼓励人们为实现组织目标而进行创造性的工作；在做出与他们工作有直接关系的决策时，给他们提供发言权，并为满足他们的社会需要和自我实现需要提供重要的机会。斯坎伦计划就是一个取得显著成效

---

① [英] D. S. 皮尤：《组织理论精萃》，彭和平等译，32 页，北京，中国人民大学出版社，1990。

的例子。(4) 鼓励职工对自己的工作成绩做出评价。按照以往的 X 理论，由上级给下级的工作成绩做出评价这种做法实际上是把职工看成装配线上受检验的产品。通用电气公司试行过一种新的管理方法，要求职工为自己制定指标或目标，每半年或一年对工作成绩进行一次自我评定。在这种新的管理方法中，上级仍然起重要的领导作用——事实上它比传统管理方法对领导者提出了更高的要求。但对许多管理人员来说，他们宁愿担任这种新领导角色而不愿像以前那样做"审判者"和"监督者"。最重要的是，这种新的管理方法鼓励个人对制订计划和评价自己对组织目标所做的贡献承担更大的责任，有助于职工充分发挥自己的才能，满足自我实现的需要。

简 评

综上所述，麦格雷戈以马斯洛的需要层次说为基础，通过对传统人事管理理论——X 理论的批评，进而提出了著名的 Y 理论，其价值显而易见。我们知道，人事管理领域的早期研究者趋向于接受以提高组织活动的效率为基本目标，并切实寻找方法，使管理者能提高员工的劳动生产率，单调、孤独和工人疲劳等问题成为人事管理研究最初的焦点。这些研究者往往以传统的 X 理论为指导，更多地关注诸如建议调整管理的幅度之类组织上的形式或程序方面的问题。而麦格雷戈在人事管理问题上另辟蹊径，力主一种新的人事管理理论——Y 理论，他基于需要层次说指出，管理者有必要从 X 理论——指挥和控制管理——转变到 Y 理论上来，即转变到"主要是创造机会、挖掘潜力、排除障碍、鼓励发展和帮助引导的过程"上来，于是目标变为对具有人情味的环境的创造。在这种环境中，"人们通过引导自己朝向组织目标的努力，能最好地达到自己的目标"。扩大职责范围、权力下放、分散责任和群众参与管理，是麦格雷戈认为在组织中实施和贯彻执行 Y 理论的几种具体方法。实质上，麦格雷戈探究的是创造一种健全组织机构的方法，以便允许最大限度地发挥人类的潜能。他试图通过对人类行为动机的具体认识，通过培育有益于个人能力发展的民主组织环境来达到这个目的。通过 X 理论和 Y 理论的比较，我们便不难发现 Y 理论的价值所在，作为一种管理理论，它至少看到了在它之前的传统 X 理论所忽略的东西，说出了 X 理论所没有说出的东西。尽管麦格雷戈的 Y 理论主要是针对企业管理提出来的，但是 Y 理论为管理人员提供了一种对于人的乐观主义的看法，这种乐观主义的看法不仅对于争取企业组织成员的协作和热情支持是不可或缺的，而且对于争取政府行政机关公务员的协作和热情支持也是完全有必要的。而作为一种一般的管理理论，Y 理论认为个体和组织的目标应该融合，只要能注意满足个体的需求和利益，个体就能为组织尽更多的义务和责任。此外，Y 理论强调个体的内心需求协调，实行自我控制等思想较之传统的 X 理论更能代表行政发展的方向。当然，我们也不能否认麦格雷戈的 Y 理论存在一定的局限性，因为麦格雷戈只看到了问题的一方面，我们固然不赞成像 X 理论所假设的那样把所有的人都视为天生就是懒惰和不愿负责任的，但是在现实生活中的确有这样的人而且他们还不愿改变，对于这类人就不适合运用 Y 理论进行管理，而且要开发和实现人的潜能，就必须有合适的工作环境，而这种合适的工作环境并不是经常有的，有时要创造出这样一种环境来，成本也太高。所以，Y理论也并非普遍适用。也正是由于其本身存在着一定的局限性，后来才出现了诸如超Y理论、Z理论等较之Y理论更为完善的种种新的管理理论。这也是科学发展的客观必然。

总之，麦格雷戈的Y理论主张采用更大的分权，更少靠强迫和控制，更多靠民主领导方式，强调参与决策。它认为，通过排除满足需要的人为障碍，管理能使组织内的人们满足其需要和实现其潜力，组织将会更有效力。这些观点都是颇有见地的。诚如美国行政学家帕拉洛和昌德勒所说，尽管"Y理论的处方并不适用于所有管理形势，但是它的主要格言：人类个性的整体观，使工作成为值得干的需要，存在于自我实现者中的潜力，在美国公共行政中已留下了不可磨灭的印迹"[①]。

思考题

1. 什么是麦格雷戈的需要层次说？
2. 麦格雷戈是如何对传统X理论进行反思与批判的？
3. 麦格雷戈Y理论的基本观点有哪些？

[①] ［美］J. C. 帕拉洛、［美］R. C. 昌德勒：《行政管理学词典》，湖北省社会科学院本书翻译组译，148页，成都，四川人民出版社，1988。

第十三章 沃尔多的综合折中行政观

📖 本章提要

本章阐述了沃尔多对传统行政学和当代行政学的评论，介绍了沃尔多本人的公共行政观，并对沃尔多做了基本评价。

📖 学习要求

1. 了解沃尔多其人其事。
2. 了解沃尔多的历史地位与作用。
3. 掌握沃尔多对传统行政学的评论。
4. 掌握沃尔多对当代行政学的评论。
5. 掌握沃尔多本人的公共行政观。

德怀特·沃尔多（Dwight Waldo）是西方行政学发展史上一位博学多产且极具影响的行政学家，他于1942年在耶鲁大学获得博士学位，历任加利福尼亚大学伯克利分校行政学与政治学教授兼该校政府研究所所长、锡拉丘斯大学马克斯维尔学院施韦策人文科学教授。在进入大学从事行政学教学与研究工作之前，他先后在华盛顿的物价管理局和预算局从事过物价和行政分析工作，在他看来，一个人如果对公共事务没有经验，他就不能教授政治学，他说自己就是带着对行政困难的关注和对行政官员的感情移入而走进政府的。虽然沃尔多认为自己的官员生涯是失败的，但他的行政经历却使他开始了一次再社会化过程，而正是这次再社会化过程导致了他对公共行政而不是对政治理论的认同。作为西方行政学界最著名的行政学家之一，沃尔多自20世纪40年代以来一直活跃在西方行政学舞台上，即便是在他作为荣誉教授从锡拉丘斯大学退休后，仍积极地继续从事着行政学专业工作。他先后担任过美国政治学会副会长、《美国政治学评论》编委、美国公共行政学会理事、《公共行政评论》主编以及《国际行政科学评论》编委等多项学术职务，曾荣获包括美国公共行政学会的莫舍与伯奇菲尔德奖以及加利福尼亚大学伯克利分校的伯克利荣誉状在内的多项荣誉称号，并且著有包括《行政国家》（1948）、《组织与行政的新观点》（1968）、《骚乱时代的公共行政》

(1971) 以及《公共行政的事业》(1980) 等行政学名著在内的大量论著。作为西方公共行政学界公认的学术大师，沃尔多不仅在西方行政学发展的历史研究方面造诣很深，而且对行政学的内在本质也颇具见地，他是西方新公共行政运动的积极倡导者和参与者，为西方行政学的发展做出了重要的贡献。正是由于他在行政学领域所取得的巨大成就，美国公共行政学会专门以他的名字设立了美国行政学界最具影响力的学术大奖——沃尔多奖。

第一节 对传统行政学的评论

由于沃尔多的许多著作都论及行政学的历史，所以我们在讨论他的行政学观点之前先来考察一下他对行政学历史的看法和评论。

沃尔多认为，行政学并非始于20世纪，行政技术已具有数百年的发展历史，只不过直到最近的时代公共部门才做出了更为重要的贡献而已。他称赞19世纪末20世纪初对公共行政的自觉研究使人类历史进入一个新的发展阶段。他认为美国是行政研究的一个重要焦点。尽管在行政研究领域总体轮廓的形成过程中许多力量都发挥了重要的作用，但沃尔多认为对于行政的具体内容具有决定性影响的因素则是改革运动和时代进步，因为它们强调行政领导、文官制度改革和对公民的教育，并试图通过科学的调查研究来揭露政府工作的无效率和不称职，而传统行政学思想则在某种程度上体现了这些特点。

一、传统行政学的一般特点

沃尔多认为，传统行政学具有五个在1940年以前一直支配着行政学领域的基本特点：(1) 接受政治—行政二分法，即传统行政学家都承认政治与行政的区别，都宣称行政属于一个应该将政治排除在外的专门领域。(2) 一般管理取向，即假定私人（企业）管理的技术和方法可以在（政府）公共部门中加以应用，公共行政既可以接受企业的管理程序，也可以接受企业的管理思想。(3) 通过科学分析来寻求一般原则，即通过对公共行政的科学研究，可以找到能够帮助政府提高工作效率的一般行政"原则"。(4) 强调行政活动的集权化。旨在集中责任，通过在行政部门内部建立较强的等级控制机制来加强行政首长的权力，提高行政效率。(5) 对实质"民主"的基本承诺。旨在通过建立一个既强有力又负责任的政府来从实质上实现民主。

二、传统行政学的思想框架和哲学基础

尽管传统行政学家自称避免了价值承诺、意识形态和哲学基础，但沃尔多认为他们信奉个人主义、实利主义和平等，喜爱和谐甚于喜爱冲突，相信都市生活的优越性，把献身科学

当作进步的主要工具并且十分注重手段和方法论，因而他们有效地接受并支持现存的政治秩序。从思想框架来看，传统行政学包含着民主使命的概念，它信赖基本规律，信奉进步论与循序渐进论，相信能够据以成立"民主统治阶级"的专门知识。它将政府工作的高效率视为完成民主使命的前提条件，将寻求行政"原则"视为信赖基本规律的体现，将有计划地管治社会视为实现进步的途径，将有效的组织和行政视为创立称职政府的手段。在沃尔多看来，传统行政学家就是这样试图建立一个由专业行政人员组成的统治阶级，他们为了保护民主而行使政府权力。就哲学基础而言，传统行政学注重手段的效率，这反映了其实用主义的哲学基础；它假定人们之间实际上存在着平等，把实现"最大多数人的最大幸福"作为目标，因而体现出功利主义哲学基础。它反对无形的标准并试图用"测量来取代形而上学"，这则体现了其实证主义哲学基础。[①]

三、关于韦伯的官僚制理论

如前所述，韦伯是西方行政学发展历史上一个十分重要的人物。尽管其思想极为丰富，但对于行政学的发展产生重要影响的则主要是他的官僚制理论。沃尔多认为，韦伯的官僚制概念是关于正式组织唯一最重要的陈述。在他看来，韦伯的确是一个天才，他能够恰当地将官僚制概念同历史、经济生活、技术发展、政治哲学以及社会结构和社会过程有机地联系起来。总之，韦伯将官僚制的发展视为与文明本身的发展相联系这一观点与沃尔多的思想是完全吻合的。虽然沃尔多评价说韦伯对官僚制的系统阐述似乎与其所处的时代很合拍，但是他对官僚组织是否合乎需要这一点保留了某些意见。

四、沃尔多对传统行政学的批评

沃尔多首先认为，政治—行政二分法无论是作为现实的描述还是作为对行政行为的规定都是不恰当的，这种二分法的目的是试图通过使民选官员负责制定政策而行政人员只是去执行政策来解决官僚制与民主制之间的冲突，但传统公共行政实际上并不符合民主制的理想，尽管民主被视为合乎需要，但它并不是行政所关注的中心问题而且它也不赞同效率核心原则。传统行政管理运动反对"离心的民主"，并试图通过提出政治与行政的分离，依靠所谓"集权教条"与"整合原则"作为解决效率问题的方法来实施它自己的"向心的民主"。此外，政治—行政二分法还试图解决价值问题，它认为政治体系要确立价值观并为行政设定目标，但沃尔多认为这种观点并不坦率，因为它忽视了行政学应该包括更多复杂现象的愿望，结果，公共行政就有"篡犯政策或政治领域"的危险。在他看来，传统行政学家所提出的现实问题并不是政治与行政是否应该分离，而是行政应将其决定价值观和政策的功能扩大到

[①] ［美］沃尔多：《行政国家》，英文版，80页，罗纳德出版社，1948。

何种程度，但他们并没能为这个问题提供合适的答案。而沃尔多则认为应该鼓励行政权力和政治权力之间的合作而不是被分离权力之间的对抗。

沃尔多同样也批评了传统行政组织理论的理性主义倾向，批评传统行政学过分强调组织之间的共性或所谓的原则而忽视了作为"行政实质"的具体性。在他看来，建立组织的目的不应是符合一般的原则而应是能够解决问题，组织实际上所采取的形式和过程应该适合它所面对的具体情境，而传统组织理论所规定的一般组织形式和组织过程却很难适应具体情境或不断变化的环境，而且传统行政学忽视了组织的非理性的方面和非正式的方面。

沃尔多还指责传统行政学家所谓的行政"科学"主要依靠"事实的堆积"，其原则只不过是常识的扩展而已，他对于发展行政科学的可能性持保留意见，他认为公共行政涉及对人的思索和评价，而科学的方法并不适合这样的主题，因为价值观是不能科学地加以探讨的，而且人的自由意愿意味着机械的因果原则是不适用的。当然，这并不是说沃尔多认为科学是不必要的。即使行政科学不可能存在，他也相信科学的思想至少可以使常识更具有合理性，而且公共行政的某些部分很可能经得起科学研究的检验。但沃尔多警告说，我们不应该试图对某一主题强行采用不适合它的方法。

最后，沃尔多还反对传统行政学家过于重视效率的做法。不过，他认为效率概念本身就充满着道德含义，因为对"技术效率"的追求可以转变为对"社会效率"的追求。此外，他还宣称效率本身不是价值，效率只有在自觉持有的价值观念框架内才是有用的概念。

当然，尽管沃尔多起初批评了传统行政学观点，但他并不否认传统行政学包含着许多真理，而且他认为传统行政学代表着知识界对历史环境做出的一种反应。尤其是政治—行政二分法，从过去到现在一直有助于促进政治改革和改进行政管理工作。此外，传统行政学思想仍然深深根植于我们的文化之中，而且迄今尚没有任何其他的行政学思想被人们一致地认为能够完全取代传统的行政学范式。

第二节 论当代行政学

20世纪40年代，传统行政学受到了一系列的挑战，"异端取代了正统"，公共行政领域也随之出现了多种不同的观点，沃尔多认为，在此时的当代行政学中，既有仍然关注事实问题的行为主义行政学观点，也有重新关注诸如行政人员在政治和政策过程中的角色等价值问题的其他行政学观点，他将当代行政学的主要思潮概括如下。

一、组织理论

沃尔多将组织理论的发展分为三个阶段。第一阶段是传统组织理论时期，以泰勒、古利克、法约尔和穆尼为代表人物，传统组织理论以组织的"机器模型"为基础，强调人类行为的理性方面。这一阶段的组织理论于20世纪30年代发展到了最高峰,并以《行政科学论文集》的出版而告终。第二阶段被沃尔多称为"新传统组织理论"时期。这一发展阶段始于20世纪20年代的霍桑试验,并且一直影响到20世纪中期的组织理论。沃尔多认为,与传统组织理论相比,新传统组织理论强调的是组织中人的行为的情感方面和社会心理方面,它集中关注的是诸如士气、知觉和态度、群体关系、非正式群体、领导以及组织行为的合作基础这样一些问题。第三阶段被沃尔多称为现代组织理论时期,它从1958年马奇和西蒙合著的《组织》出版开始,现代组织理论是以组织的"有机体模型"或"自然系统模型"为基础的,它强调的是组织的生存和发展,它认为组织应该更少地依赖等级控制,更多地依靠公认的权威,更多地提供个人流动的机会以及更善于接受新的变革。在沃尔多看来,现代组织理论具有明显的行为主义倾向,它采用的是物理学和生物学的方法,它试图寻求一种价值中立的、无论何时何地都适用的"一般组织理论",其理论来源不仅涉及管理科学、社会学、社会心理学,而且还涉及经济学和人类学,其思想基础仍然是20世纪西方文化中科学、理性、效益、效率和生产率等价值观念,这样便导致了它从理论科学向应用科学的明显转变。

二、比较公共行政

当代行政学的第二个重要焦点是比较公共行政。在沃尔多看来,比较公共行政既类似于现代组织理论又不同于现代组织理论,其相同点表现在它们都关注方法论问题,都相信系统框架和功能主义,都具有交叉学科的取向,都寻求一般性概念、公式和理论,并且都强调经验描述。而它与现代组织理论的不同之处在于它具有明确的比较观点,它注重文化的多样性,而且它对韦伯的官僚制具有强烈的爱好。

尽管比较公共行政曾被广泛地视为当代公共行政中"最有前途的领域",但沃尔多感到这种前途至今还有待于实现。在他看来,比较公共行政使我们更多地了解到行政与社会目标之间的关系、文明对有效政府行政的严重依赖以及将西方的行政模式传递给其他文化的种种困难。然而,比较公共行政运动的基本问题是所运用的理论模型与实地研究证据之间的距离。沃尔多认为,即便比较公共行政运动具有强烈的理论爱好,它也未能取得任何精确的理论成果。

对实际结果的压力导致了比较公共行政向"发展"行政的转向,沃尔多本人也一度赞同这种转向。在他看来,这些结果至今也没有产生多大的作用,我们只不过是了解到许多将是无用的东西而已,而且迄今也没有出现任何一般性的"发展科学"。沃尔多不赞成那种所谓发展就是"西化"的发展观,他认为这样会导致发展行政成为一种具有"世界性宗教"特点的"强大而敏感的意识形态",而且所谓"发展"的实现也只不过是在复制韦伯的官僚制模式而已。

三、公共政策

当代公共行政的第三个重要焦点是公共政策,它最初采取的是案例研究的形式。作为一种极为重要的教学方法,案例研究方法旨在通过对现实行政事件的描述为学生提供一种能够产生共鸣的行政经验。案例研究以一种整体的方式集中研究决策,并试图就政策和伦理这两方面提出一些基本的问题。这种研究方法的目的之所以具有"科学性",是因为案例必须以认真细致的观察为基础,并且最终要积累有关行政过程的经验资料。但是这种方法也反驳了逻辑实证主义和西蒙的事实—价值二分法,按照案例研究的观点,西蒙的事实—价值二分法只是与传统的政治—行政二分法一样的过于简单的分裂,它太容易使人想起那种传统的政治—行政二分法了。在沃尔多看来,虽然案例研究方法对于研究和学习公共行政具有潜在的用途,但它并不是研究和学习公共行政的唯一手段。

沃尔多说,在公共行政领域,除了案例研究方法,很少有什么其他探讨公共政策的方法。然而,直到政策这个焦点研究领域已经在很大程度上被让给了其他学科,尤其是让给了经济学,而且那些学科一直都在研究着一些在沃尔多看来本应该属于行政学研究的问题。

四、新公共行政学

到沃尔多所处的年代,当代行政学的最后一个重要发展成果就是新公共行政运动。这个运动是由于20世纪60年代末70年代初的社会骚动和政治骚动而引起的,在沃尔多看来,它是青年激进派的反叛和非马克思左派反主流文化的组成部分。新公共行政学批评"老的"公共行政学缺乏一种明确的思想—哲学框架,并且认为行政人员应该在寻求社会公平的过程中发挥积极的作用。沃尔多把新公共行政运动称为一种"新的浪漫主义",因为它与浪漫主义一样,也假定人性本善,而其腐败堕落的根源在于坏的制度。作为对理性的反映,新公共行政运动强调情感高于理性,感觉高于理智,本能、创造性以及自我实现高于惯例和规则的作用。

新公共行政学的基本主题是参与、分权以及代议官僚制。参与既是一种政治过程又是一种组织过程。政治参与被视为权力分散和增加公民参与政府事务的一种手段。新公共行政运动既反对多数主义也不赞成有利于选择的多元论。而组织参与可以成为促进组织变革和分权的一种手段。分权像参与一样,其目的在于在政府过程或组织过程中分散权力和增加公民参与。代议官僚制的宗旨在于产生以顾客为中心的行政和由行政人员代表顾客利益的代表制。

沃尔多承认新公共行政运动的观念中存在着一种"富有同情心的影响",但是他也表示出某种实际的担忧。就参与和代议官僚制而言,沃尔多认为其论据如果说不是不真实的话,那么就是特设的和自相矛盾的。在他看来,参与的支持者似乎是假定某种"看不见的"手会解决这个高度分权的新系统中的协调、秩序和生存问题。此外,沃尔多发现新公共行政运动的愿望是自相矛盾的，它一方面希望拥有民主，另一方面又拒斥多数主义和多元论，并且实际上支持少数人的统治。关于分权，沃尔多指出，集权也可以找到证明其正确性的有力证据，因此我们不能绝对地断言集权和分权哪个正确、哪个错误。

尽管沃尔多发现新公共行政学的反组织态度有一定的道理，但是他认为这种态度是不公正的、不合逻辑的并且首先是不现实的。他指出，虽然我们的行政精神倾向于理性的目标，但是这并不等于说我们就必须盲目地遵循僵硬呆板的组织程序和官僚制，而且正是那些官僚制组织常常被证明是一种变革的力量。沃尔多特别提到，多数创新的技术和方法都是在官僚制组织中产生的，而且官僚制的时代也曾是迅速变革的时代。此外，即使官僚制适应这种现状，这种现状本身也不是一种整体利益，而是各种不同的、全都必须满足的利益。最后，谈到效率问题，沃尔多认为，那些批评者们不应该抨击一个曾被长期遗弃的狭义效率概念。

就新公共行政运动只是反映了一种青年与时代的冲突这一点而言，沃尔多说："孩子们的讨伐与青年运动从整体上来看并没有在文明的历史上写下愉快而光辉的记录。"他甚至更为尖刻地说，这些青年代表着一种"连续不断的野蛮人侵略"。[①]

就作为一个整体的当代公共行政而言，沃尔多认为它很容易陷入"四面楚歌"的境地，因为尚未出现任何新的综合性思想可以取代传统的思想。尽管这个领域的周界线越来越长，但是它缺少公认的智力核心或"公共哲学"。在沃尔多看来，现在的问题是要找到公共行政的边界。

第三节　沃尔多本人的公共行政观

至此，我们考察了沃尔多对公共行政这一研究领域所进行的描绘以及他对此所做出的反应。沃尔多本人与其说是一个创造性的理论家，倒不如说是一个评论家和批评家或是一个综合家。然而，在他大量的著作中充满颇有见地的言论，尽管这些言论没有构成统一的公共行政理论，但它们至少可以帮助我们更好地认识沃尔多自己的公共行政观。

一、历史与公共行政

如果说沃尔多的著作有一个专一的主题的话，那也许就是他对历史的高度重视。沃尔多相信我们从历史中可以学到许多的东西，历史的重要经验就是告诉我们行政的技术和方法处在政治—政府发展的中心。他痛惜行政学在很大程度上一直都具有反历史的性质。在他看来，行政通过为文明提供一种地基或舞台，并且通过提供一种发展目标来"塑造文明"。简言之，作为行政的政府与文明总是密切相连的。

[①]　[美] 沃尔多：《骚乱时代的公共行政》，英文版，268 页、281 页，钱德勒出版社，1971。

二、官僚制与民主

沃尔多说，由于政府与行政一直都密切相连，所以行政与官僚制也是密切相连的。在他看来，我们时代的中心问题正是官僚制与民主之间的潜在冲突。

在使用"官僚制"这个术语时，沃尔多很小心地将他对这个术语的用法与这个术语的通俗用法和韦伯的理想类型区别开，按照韦伯的理想类型，官僚制与理性是一致的。而沃尔多却是在一种描述—分析意义上使用"官僚制"这个术语，在他看来，"官僚制"仅仅意味着大规模的、正式的、复杂的、任务专门化的以及目标取向的组织。

沃尔多认为，民主是"一种为了平等和自由的奋斗"，民主可以被描述为一种道德观或者一套价值观而不是程序上的装饰品。此外，民主是一个同样可以应用于政治事务和行政—官僚事务的术语。在他看来，官僚制组织并非与民主概念完全不相容，官僚制组织可以为民主价值观提供重要的支持，例如，建立在能力和专长之上的普遍性标准和机会。当然，它们二者也有一些相抵触的概念，例如，官僚制强调的是等级规则，而民主强调的是平等；官僚制依靠的是纪律和监督，而民主强调的是自由原则。

沃尔多把官僚制与民主之间的冲突视为一种窘境。一方面，权力被视为一种应该分散的危险物；另一方面，人们承认权力如果引导得当则能够达到好的目的。从公共行政方面来说，这就意味着官僚权力被视为一种不道德的潜在力量而且应该鼓励分权；同时，人们认为民主只有在权力集中得既能够发挥作用又负有应负的责任时才有存在的可能。

沃尔多认为，要解决这个问题就必须在民主与官僚制之间寻求一种融合，即承认不仅民主是合乎需要的，而且官僚制也是必不可少的。在他看来，我们应该承认我们具有一种行政文化，而且我们应该利用这种文化来获得尽可能多的人生利益。我们还必须关心人类平等和参与的价值观。即使大量的权威、等级乃至压制是必要的和不可避免的，官僚游戏也应该玩得让每一个人都知道基本规则，并允许人们根据自己的技能和爱好来玩。此外，我们还应该做好周密的计划以便保护自由和自主的领域。简言之，沃尔多是要让我们去改革这个世界，而不是试图逃避或消灭这个世界，他希望我们在适应权威与反叛之间寻求一种合理的平衡。

三、公共行政与政治

与官僚制和民主问题有关的是行政在政治中的作用问题。在这个问题上，沃尔多试图用某种新观点取代政治—行政二分法。在他看来，政治与行政不是可以分离的领域，而是相关的领域甚或就是一个统一的领域。他没有自命可以解决将政治与行政联系起来的问题，他实际上是表明，朝着一种专业观点发展可能是有益的。他认为，这种专业观点应该承认公共行政可以被描述为一套连锁的价值观，而不是一种僵硬的范式或教条，因此它也应该来源于各方面的思想和方法；这种专业观点应该有一种取自民主价值观的道德成分；而且，这种专业观点应该将经济理性、政治理性以及社会理性的概念与正在发挥重要作用的"公共利益"概念结合起来,以免公共行政失去其道德意味并进而退化为纯粹的"政府行政"。

四、道德与公共行政

沃尔多清楚地认识到,如果否认行政人员的职能仅仅是有效执行国家的意志,那便会产生一系列棘手的价值问题。在他看来,公共行政在其最初的十年中不应该为了寻求效率而只关心技术问题和科学问题,进而完全回避了价值和道德问题。他认为,这样做既不现实也不适当。沃尔多没有避开价值问题和道德问题,而是断言公共行政既是一种伦理道德又是一种意识形态,因此,公共行政理论必然包含道德学说,而道德学说又要求不应把价值观仅当作数据资料。沃尔多认为,我们应该自觉研究价值观,应该利用它为经验研究指引方向。沃尔多并未设想有"一套初级启蒙书能够为复杂的伦理问题提供'容易的答案'"。但是他的确相信对价值观的自觉研究能够有助于减少混乱和压力并可以有助于发展公共行政事务中的"道德创造力"或"道德建筑风格"。①

沃尔多本人在他对价值观和道德观的研究中提出了一些尝试性的基本步骤。他告诉我们,历史提供了两种公共事务中的道德传统:一种是公共道德,另一种是私人道德。按照柏拉图和亚里士多德著作所反映的古希腊传统,政体本身就被视为道德的来源。因此,好人和好公民是同一的。相比之下,斯多葛派则认为在政治共同体之上还存在着一个应该受"自然规律"支配的人类共同体,因此,对正确与错误的考虑依赖于政体利益之外的利益。随着基督教教会的出现,教会有权不依赖于政体来管理精神事务。近代国家理论的出现标志着又回归那种认为存在一种公共道德和私人道德统一体的传统立场。在人们看来,国家有权决定正确与错误,但要以一种高级法则为基础,因而公共道德超出了私人道德事务的范围。这种思想发展的极端表现是国家理性的教条,按照这种教条,如果某些行为能够符合产生、保护或增强政府权力的目标,那么这些在私人道德看来是不道德的行为却具有合理性。

沃尔多认为,自由民主的政治理论试图包括这两种道德传统。因此,"运气、荣誉和生命",不仅可能要取决于道德与不道德之间的选择,而且还取决于不同道德观念之间的选择。在沃尔多看来,公共事务中的所有决定和行动都必然具有道德的复杂性,而且像一场希腊悲剧一样,这些决定和行动,与其说易于成为善与恶的冲突,倒不如说容易成为不同利益的冲突。这就是说,个人可能不得不按照其他集体(家庭、组织或专业)的不同要求和高级法则或良心的要求,来衡量国家的道德要求。

沃尔多认为,所有的政府都被视为道德或宗教上的罪孽,至少它们是靠偶尔和有节制的道德过失或宗教过失来生存的。此外,他还认为,不道德的某种代价就是公共道德的任何行为的价码,而且政府的行动必然是道德与不道德的混合体。沃尔多并没有试图去解决由公共

---

① [美]沃尔多:《美国的行政理论》,载《政治学研究》,1954(2)。

事务中的道德复杂性所提出的难题，实际上，他认为那些问题是不可解决的。不过，他倒是常常提醒人们注意这些问题，指出这些问题值得认真研究，而且他还告诫人们要防止表面的道德判断。沃尔多特别提到，伪善同样很令人讨厌，因为在伪善的影响下，"无论用什么全称命题作为判断的根据，对公共道德的考虑都可能是不全面的和无关紧要的"[①]。

五、逻辑实证主义与公共行政

沃尔多坚持认为公共行政的研究与实践包含有价值观念，因此他不太相信逻辑实证主义作为一种分析性观点会有多大用途。在他看来，尽管逻辑实证主义是一种值得重视的观点，它在逻辑上区分了事实和价值，但事实与价值是有机相连的，它们不可能分开，即便是在一门"纯粹的"科学中也是如此，只要这门科学具有社会性，价值与事实就不可能分开。

逻辑实证主义的一个更大但具有相关性的问题是逻辑实证主义导致了一种不成熟的技术取向，这种技术取向把公共行政仅视为实现外部确定的目标的一种工具。这就意味着放弃广泛的人类经验领域，即放弃人的审美经验、道德经验和形而上学经验，并进而让"理性"为"非理性"服务，或者说至少是让"理性"为一些被判定为超出了理性研究范围的问题服务。沃尔多最后得出结论，我们需要对价值观念进行自我认识和自我批评，他告诫人们不要以相关性为代价去寻求严密性，他希望人们能够在"科学性"与规范性之间达到一种妥协。

六、科学与公共行政

沃尔多还提出了是已经建立还是正在建立还是能够建立一门行政"科学"这个问题。他对这个问题的回答是含糊的。在某种程度上，他认为对这个问题的回答取决于对"科学"这个概念如何界定。在他看来，就其最广泛的意义而言，科学只不过是导致"对具体变化进行控制"[②]的知识而已。据此，沃尔多说包括公共行政在内的社会科学也具有科学性。他认为，社会科学已经在很大程度上实现了对人类行为的控制，并且能够做出许多准确的预测。在他看来，由于社会科学技术的进步与自然科学技术的进步密切相关，因此，所有科学在某种重要意义上都是社会科学。

不过，沃尔多也承认上述对科学的定义很宽泛。如果科学在比较严格的意义上加以界定的话，即将科学视为把经验"实在"同假设和定律"安排"在一起的高度抽象的系统化概念以及按照规定的方法论原则获得的合法化知识，那么沃尔多便不相信存在或可能存在一门行政科学。在他看来，尽管可能存在一些普遍的行政"原则"，但我们并不知道是否真是如

---

① ［美］沃尔多：《关于公共道德的反思》，载《行政与社会》，1974（3）。
② ［美］沃尔多：《公共行政的事业》，英文版，21页，钱德勒出版社、夏普出版社，1980。

此或它们的内容可能是什么。此外，他还怀疑"管理科学"是否不仅仅是为了管理者的利益而寻求控制的一种隐藏的、以阶级为基础的意识形态。对于公共行政如果说不能成为一门"科学"，那么通过研究可以使它更具有科学性这一命题，沃尔多认为，在组织现象中的确有一些通过科学可以使我们更加了解的规律性。

七、公共行政：学科、专业、事业

沃尔多认为，公共行政可以而且至多能够被视为一门应用科学，也许把它视为一门艺术、一种专业或其他的东西更为合适。他仔细考虑了一些试图获得一种公认的公共行政观的看法。

例如，公共行政是否应该被视为一种"专业"，要看"专业"这个词如何定义，但无论怎样，沃尔多更倾向于认为公共行政由准备在公共服务部门工作的人们所需要的许多学科知识所构成。沃尔多断然否定那种认为公共行政仅仅是一门子学科尤其是政治学的子学科的观点。在他看来，政治学过多地受到逻辑实证主义的影响，因此它现在所关注的是"有趣但无价值的问题，可以量化但不重要的琐碎问题"[1]。沃尔多认为，公共行政与政治学的传统关系部分是习俗，部分是惯性，而且其前途未定，因为政治学未能为公共行政提供一种认识和培育环境。他还认为，公共行政也不应归属于企业管理学派或"一般"管理学派。在他看来，无论是行政的价值观还是行政的技术和方法都不能普遍化，而且公共行政既需要一种特异的技术又需要一种有特色的哲学。此外，如同对政治学一样，沃尔多告诫人们，企业管理学院或一般管理学院的公共行政培养方案，很可能"因缺乏营养而正在慢慢走向灭亡或者因缺少关心和爱护而正在萎缩衰退"[2]。

沃尔多比较赞同把公共行政视为一种"专业"。他承认公共行政不是、不会甚至也不应该成为一种严格意义上的专业，然而，他认为，公共行政应该由一个学科发展成为在大学拥有一个独立专业学院的专业。沃尔多最喜欢将其与医学进行类比，他说，医学既是科学又是艺术，既是理论又是实践，与其说医学有一种专一的理论，倒不如说医学有一个多学科的研究中心，而且医学趋向于一种广泛的社会目的。在沃尔多看来，如果把公共行政视为一种专业，那么就使公共行政在大学文科中摆脱了二等公民的地位，使它摆脱了一种认为自己没有独特范式的内疚感，使它无论在哪里落脚都有权寻求自己所需要的一切。因此，他指出，即便公共行政不是甚或不希望成为一门专业，它也可以充当一门专业。

沃尔多最后断定，公共行政不是一个单一的事物，而是一个最好被描述为一种"事业"的兴趣中心。他认为，这种事业包括许多方面的思想、观点、兴趣和方法论，它具有折中性、实验性和开放性，因为它涉及的是一些关于一个不整齐且瞬息万变的世界的问题。

---

[1] [美] 沃尔多：《公共行政的事业》，英文版，6页，钱德勒出版社、夏普出版社，1980。
[2] [美] 沃尔多：《重访行政国家》，载《公共行政评论》，1965（1）。

八、公共行政与未来

沃尔多将未来视为一个骚乱和变革的世界。他认为，变革的主要力量是当前由工业社会向后工业社会的过渡。尽管他注意到对20世纪70年代的预言有许多都没有实现，但他仍然相信，在后工业社会，知识将成为生产率的一种决定性因素，人们将会创造出一些新的信息处理技术，工厂将会衰落，新的权力精英和权力中心将会在科学—技术知识的基础上建立起来，而且人们所关注的中心将会由生产转向分配和服务业。在他看来，所有这一切都将导致经济—社会—政治变革步伐的加快，进而会产生制度危机和心理—社会危机。

这些力量引起了一系列必须或者至少在某种程度上必须由公共行政来探讨的问题。沃尔多说，公共行政将要涉及的一个特殊问题就是一些新的组织形式和管理形式，而且要求人们承担一些新的责任。沃尔多预言，未来的组织将具有更少的官僚制，具有越来越多的公—私混合性质，未来的组织与其说是一元的组织倒不如说是"组织系列，组织联合体或组织系统"[①]，而且未来组织的运作方式具有更多的国际性或多国性。这些新的组织风格也提出了一些问题，例如，怎样在不产生混乱的情况下建立和发展官僚制意味更少的组织？如何处理日益增加的道德复杂性？怎样对付越来越大的冲突可能性和危机可能性？此外，公共行政很容易被要求发挥更多的作用，这样便会导致一个系统的负担过重。

公共行政的这种未来具有多重意义。在沃尔多看来，公共行政就是政府对付上述力量的主要机制，因此它着重关注的是变革与转型。这样，公共行政的决策必然会是一个由政策判断、工具判断、法律判断和道德判断组成的联合体，公共行政这项事业将会明显具有哲学多元论、学科多元论和方法论多元论的特点，因为我们要生存、要适应、要控制变革。

展望未来，沃尔多说，主要有两种方案：一种是集权主义方案，另一种是无政府主义方案。集权主义方案从定义上将公共道德与私人道德加以调和，因为政府是完全一体化的并且占据支配地位；而无政府主义方案则认为未来具有多重性特点，未来包含着分散、复杂的经济—社会—政治制度，这些制度对公共道德概念的解释具有很大的歧义。在沃尔多看来，无政府主义方案更为可取，至少不太令人讨厌。对于无政府主义方案，沃尔多说他感到自己好像在观看一部倒着放映的影片，因为主权国家被解散，而且其明显的垂直型权威结构被结构复杂的契约性非正式水平关系所取代。然而，这并不意味着沃尔多认为历史将会重现。沃尔多认为，我们必须创造未来，而不能复制未来，他希望"我们现在可以更多地互相学习，相互调整并且可以进行更多的制度干预，我们可以建立和发展一个统一但不一元、和谐但不均一的世界"[②]。

[①] [美]沃尔多:《公共行政的发展》，载莱恩编:《公共行政的当前问题》，英文版，538页，圣马丁出版社，1978。
[②] [美]沃尔多:《公共行政的事业》，英文版，134页，钱德勒出版社、夏普出版社，1980。

简 评

如前所述，沃尔多在公共行政领域除了是一个创造者之外，他还更是一个评论家。因此，他所起的作用与本书中所论及的其他行政学家有所不同。

我们可以发现，沃尔多对公共行政史的研究在细节上存在着问题，但其著作的更大问题是他本质上存在的矛盾心理。他坚持认为公共行政必然涉及政治，而他又在政治—行政二分法中看到了某种连续的价值；他说公共行政既是艺术又是科学，而他却未能指明一个大家都可以应用的领域；他认为公共行政既不同于私人（企业）行政又类似于私人（企业）行政，而他却没有详细说明二者的相同点和不同点或后果；他认为我们应该既有民主又有官僚制，而他既没有告诉我们如何解决二者之间的冲突，也没有告诉我们它们之间的最优平衡是什么；他说公共行政不是而且也许不应该是一门专业，而他却极力主张它像一门专业那样发挥作用。也许沃尔多本人最恰当地表达了自己的这种矛盾心理，他说："我怀疑所有的信条和哲学，这显然包括怀疑论。"[①]

当然，这并不意味着沃尔多就必然是错误的。他承认自己存在这种矛盾心理，但他发现自己的主张能够站得住脚。在谈到将自然科学方法应用于社会科学时，沃尔多说："我必须承认某种模糊性和矛盾心理……但是我没有发现这种心境、这种试图找到一个中间领域的做法是'错误的'。"[②] 情况也许如此，但他的这种心境也的确导致了一个问题。沃尔多奇怪地把理智杂乱与怀疑论混合在一起，照此，他认为任何观点都有毛病，但是任何观点都含有某种有益的东西。在他手中，公共行政因其试图无所不包而丧失了其个性。沃尔多认为公共行政应该有一个积极活动的周界线也许没错，但沃尔多忽视了他自己关于公共行政也应该有一个公认中心的见解，至少，他没有对这样一个中心做出界定。

由于人们已经像沃尔多那样从广义上来界定公共行政，所以沃尔多似乎被公共行政研究与实践所面临的巨大工作量搞得不知所措。如果公共行政的工作量真的有如此之大，那么它就是沃尔多自己解释的工作量。尽管他要求人们认识行政的范围和行政工作的环境，但他似乎把几乎所有的问题都视为行政问题。这在很大程度上是由于沃尔多的观点而导致的，因为沃尔多认为行政与文明密切相连，而且行政是政府对付变革的一种重要机制。这样，沃尔多的矛盾心理便再一次出现：一方面他希望将公共行政限制在某种适当的范围之内，另一方面他又相信公共行政必然会涉及现在和未来的许多重要问题。

美国学者华勒斯·塞尔曾指责沃尔多对当代公共行政的"认同危机"持一种"年轻的悲观主义态度"[③]。与其说沃尔多解决了这个问题，倒不如说他明显学会了和它共处。即使

[①] [美] 沃尔多：《行政国家》，英文版，导言，罗纳德出版社，1948。
[②] [美] 沃尔多：《行政国家》，英文版，48页，罗纳德出版社，1948。
[③] [美] 塞尔：《评沃尔多的论文》，载查尔斯·沃斯编：《公共行政的理论与实践：视野、目标与方法》，英文版，27页，美国政治科学与社会科学研究院，1968。

他未必看到公共行政这一事业的崇高未来，但他还是对公共行政提出了一些崇高的要求。就公共行政这个概念和沃尔多提出的行动号召而言，他已经提供了在他看来公共行政所需要的东西，即一门"鼓舞人心的学问"。不过，就其特有的风格而言，沃尔多的"鼓舞"大量散布了悲观与怀疑。

思考题

1. 为什么说沃尔多所起的作用与本书中所论及的其他行政学家有所不同？
2. 沃尔多对传统行政学有何评论？
3. 沃尔多对当代行政学做了怎样的概括？
4. 沃尔多本人的公共行政观有哪些内容？

第三编
深化过程中的西方行政学说

尽管西方行政学经过长期的演进过程而在探寻科学的行政管理原则和普遍的行政管理原理方面取得了长足的发展，进而在很大程度上充实和完善了早期创立的行政学科的理论框架，但那一时期的行政理论正是由于过于关注对行政管理普遍原则和原理的追求，而在研究视野和研究内容上均存在局限性。到了20世纪六七十年代，一方面，科学技术突飞猛进，以原子能技术、空间技术、电子计算机技术的利用和发展为主要标志的第三次科学技术革命，尤其是系统论、信息论、控制论等新兴方法论学科的发展和应用，不仅极大地促进了管理的现代化，而且也为行政管理科学注入了新的活力。另一方面，英、美等西方国家的经济陷入"滞胀"的困境，尤其是美国经济的低速增长与结构性经济危机相交织，结束了美国历史上第二个经济高速发展时期和美国称霸资本主义世界的黄金时代。公民权运动、越南战争、水门事件、能源危机等带来的社会政治问题，使公众对政府丧失了信心，现实对行政学理论提出了挑战，人们纷纷提出所谓"新的模式"或"中心理论"，以取代"旧的传统理论"。这一时期的行政学摆脱了长期以来对政治科学的过分依赖，由纯理论研究转向应用研究，许多相关学科的理论方法和研究成果纷纷被引入行政学的研究，不仅衍生出了诸如行政生态学、比较行政学、政策科学以及新公共行政学等行政学的新兴分支学科和理论流派，而且使行政学在研究视野和研究内容上均得到了进一步的深化，进而成为一门融多学科的理论与方法于一体的综合性学科。

第十四章　里格斯的行政生态学理论

本章提要

本章阐述了里格斯行政生态学理论的产生背景，介绍了里格斯行政生态学的主要内容，包括里格斯提出的三大行政模式分类及其含义、对五种主要行政生态要素的分析、过渡社会公共行政的特点等，并对里格斯做了基本评价。

学习要求

1. 了解里格斯其人其事。
2. 了解行政生态学的概念及里格斯行政生态学理论的产生背景。
3. 了解里格斯对于行政生态学的理论贡献及其缺陷。
4. 掌握里格斯提出的三大行政模式分类及其含义。
5. 掌握里格斯对五种主要行政生态要素的分析。
6. 掌握里格斯提出的过渡社会公共行政的特点。

弗雷德·W. 里格斯（Fred W. Riggs）是美国著名的行政学家和行政生态学的创始人，他于1948年在美国哥伦比亚大学获得政治学博士学位后，先后在美国对外政策协会、纽约公共行政—政府情报交换所、印第安纳州立大学政治学系、夏威夷大学东西方研究中心和斯坦福行为科学高级研究中心从事公共行政及相关领域的研究工作。他尤其擅长比较公共行政、行政生态学以及发展行政方面的研究，并在这几个研究领域取得了诸如《行政生态学》（1961）、《发展中国家的行政：棱柱型社会的理论》（1965）、《泰国：一个官僚政体的现代化》（1965）、《发展行政的新领域》（1971）和《重访棱柱社会》（1973）等一系列重要研究成果。作为美国公共行政学会比较行政分会的第一任主席，里格斯正是基于对不同社会形态国家的社会经济结构及文化、历史与公共行政之间的相互影响进行比较研究，进而创立了行政生态学这个重要的行政学分支学科的。

第一节　里格斯行政生态学理论的产生背景

生态学原本是生物学的一个分支学科，它研究的是生命有机体在其生长过程中相互之间以及与其周围物质环境之间所发生的相互关系和相互作用。由于生态学具有多学科性，所以它在很大程度上具有重要的思维方法论功能。正是基于这种思维方法论，里格斯把行政生态学定义为研究"自然以及人类文化环境与公共政策运行之间的相互影响情形"[①] 的一门行政学分支学科。他认为，要了解一个国家的公共行政，不应仅局限于行政系统本身，而应跳出行政系统，从社会这个大系统来考察行政，即考察一国的行政与该国社会环境的关系。诚如他所言："在现代的、过渡的社会里，一直有一种建立正式的政治和行政制度的趋势，但这些制度却仍然只是一种形式主义的制度。这就是说，有效的行为绝大部分取决于传统的结构和压力，例如，家族、宗教以及一些继续存在的社会和经济成规。因此，只有以生态学的观点——亦即从非行政的因素角度去观察，才能了解这些国家的政治和行政。"[②] 在里格斯看来，行政生态学的研究范围包括两方面：一是探讨各国所特有的社会文化及历史等诸因素是如何影响并塑造该国的公共行政；二是反过来研究各国公共行政又是如何影响该国的社会变迁与发展的。

里格斯的行政生态学理论起源于他的比较行政学研究。里格斯在他发表的《公共行政比较研究的趋势》一文中颇有见地地指出，现代公共行政比较研究的重要发展方向之一就是从非生态的研究转向生态的研究。早在1955年普林斯顿大学主办的"比较政治研讨会"上，里格斯就形成了农业的与工业的观念，尔后他在《公共行政的比较研究》论著中的《农业社会与工业社会——建立比较行政的类型》一文中，借用社会学的结构—功能分析概念，把人类社会分为两种主要的类型，并建立了一个可以用来描述最欠发达社会与最发达社会的"政治行政制度"的"两极模式"，以观察和预测这两种类型的社会在行政方面各自具有什么显著的特点。在这个"两极模式"中，里格斯已经意识到，在现实世界中，既没有纯粹的农业社会，也不存在纯粹的工业社会，他也意识到在"农业社会与工业社会"之间存在一个"中间的"社会形态，或可称为"过渡的"社会形态。尽管里格斯的"两极模式"有其不足之处，但是它为他后来提出的"棱柱模式"做了最好的准备工作。1956年，里格斯又参加了耶鲁大学的"比较行政学研讨会"，这使他的理论性工作又向前推进了一大步。之后，他以社会科学研究理事会比较政治研究会会员的身份到泰国研究其公共行政，在泰国的这段时间使里格斯的模式建构工作获得了印证的机会，进而为他的"棱柱模式"找到了坚实的奠基石。1958—1959年，里格斯被菲律宾大学聘为客座教授，这使得他更有机

[①] 转引自彭文贤：《行政生态学》，19页，台北，三民书局，1988。
[②] ［美］里格斯：《公共行政比较研究的趋势》，载《国际行政科学评论》，1962（2）。

会对"棱柱模式"做更深层次的思考。在这几年中,里格斯一直都在为他的"模式建构"进行持续不断的发掘工作,并为此发表了一系列重要学术论文。最后,里格斯终于放弃了他最初提出所谓"农业社会和工业社会"的"两极模式",而思考建立了一个更富有逻辑性的模式,这个模式已不仅仅以"最欠发达或最发达"的社会为适用对象,而是可以适用于传统社会、现代社会以及过渡社会等所有各种类型的社会形态,这个新建的模式就是构成里格斯行政生态学理论核心内容的"融合的—棱柱的—衍射的模式"。正是基于对诸如传统泰国和现代泰国、菲律宾以及现代美国等不同形态的国家公共行政的比较研究,里格斯创立了他的行政生态学理论并得出如下结论:当我们研究一个国家的行政制度和行政行为时,不能仅从行政本身做孤立的描述和比较,而必须进一步了解它与周围环境的相互关系。里格斯认为,在发达国家,社会的经济、政治、行政等各方面多少都有各自的范围,所以比较容易个别地抽离出来研究。但是,在发展中国家,这些方面往往纠缠在一起,彼此密切地相互影响着,因此研究者必须把眼光扩展到整个社会政治系统的各有关因素,才能把公共行政的真实情况勾勒出来。

第二节 里格斯提出的三大行政模式分类

里格斯对行政生态背景的比较分析是建构在他对社会形态划分的基础上的。他认为,人类历史上存在三种基本社会形态,即传统农业社会、过渡社会和现代工业化社会,他把现代美国、英国、苏联等称为生产力高度发展,社会流动且具有有效政府和行政系统的现代工业社会;把传统泰国、古代中国等称为传统农业社会;而把现代泰国、菲律宾、19世纪前的英国和法国等国称为处于现代工业社会与传统农业社会两极之间的过渡社会,在这类社会中,其领袖们皆以为人民创造新命运的面目出现,他们推动现代化、工业化发展,为进步而鼓吹,促进传统向现代的变迁,这些构成了过渡社会的特征。里格斯通过对泰国和菲律宾等国行政行为的研究提出了著名的三大行政模式,并且运用物理学光谱分析上的光折射概念对这三种行政模式及其相互关系做了形象的说明。

一、农业社会的行政模式

里格斯对农业社会的行政模式(也称融合型行政模式)的分析是在《农业社会形态与工业社会形态比较行政研究》一文中与工业社会的行政模式相对照进行的。他强调,农业社会的行政模式具有如下特征:(1)经济基础是农业生产力;(2)土地的分配和管理是政府的重要事务;(3)官僚的职位重于行政政策;(4)行政风范带有浓重的家族和亲族主义色彩;(5)流行世卿世禄的行政制度;(6)政治与行政不分,权力来源于君主,行政官吏在政治和经济上自成特殊的阶级;(7)政府与民众沟通较少,而且同一阶级成员的交往也受到空间上的限制;(8)行政活动以地域或土地为基础,行政的主要问题是维持行政的一致和统一。里格斯认为,就像折射前的自然光是一道白光一样,传统农业社会的社会结构是混沌未分的,没有明确、细致的社会分工,与之相适应,行政行为与诸如立法、司法、军事、经济等其他社会行为是混杂在一起的,更谈不上有专业化的行政机构,所以里格斯将这种类型的行政称为"融合型行政",而在里格斯看来,这种所谓"融合型行政模式"的行政效率极为低下。

二、工业社会的行政模式

与传统农业社会的融合型行政模式相比,里格斯认为,工业社会行政模式(也称衍射型行政模式)的特征主要表现为:(1)经济基础是美国式的自由经济或苏联式的管制经济;(2)民众有影响政府决策的渠道,政府与民众的关系密切;(3)行政风范体现平等主义、成就导向和对事不对人的原则;(4)高度的社会流动,发达的沟通渠道;(5)由于社会高度的专业化,因而行政的主要问题是谋求专业化基础上的协调和统一。里格斯认为,不同于一道白光般的传统农业社会的结构和功能,工业社会的结构和功能犹如白光经过三棱镜的折射后表现出来的各色光谱,整个社会有着明确、细致的分工,所以政府职能也十分明确,有着分工极细的行政机构,执行着各自不同的行政职能,各个行政部门各司其职、互不混杂,讲求行政效率与科学性,里格斯将这种行政模式称为"衍射型行政模式"。

三、过渡社会的行政模式

里格斯通过对泰国、菲律宾等发展中国家公共行政的研究发现,仅有农业社会的行政模式和工业社会的行政模式尚不足以全面、完整地刻画发展中国家多姿多彩的行政特色,为此他又在进行大量实证研究的基础上重新建构了一个可以用来刻画和描述介于传统农业社会和现代工业社会之间的过渡社会公共行政的分析模式,即他所说的"棱柱型行政模式"。里格斯认为,过渡社会的行政模式既具有农业社会行政模式的一些特征又具有工业社会行政模式的一些特征,明显带有新旧并存、稻稗混杂的特点:尽管行政行为已经逐渐与其他社会行为分化开来,但尚未完全分化;尽管专业化的行政机构已经设立,但是它们还不能正常运作,其功能还很有限;尽管许多行政制度业已建立,但是它们在实际的行政过程中因仍受着各种传统势力的影响而不能起到约束和规范的作用。这种情形如同白光在三棱镜之中,虽然光线已经开始折射,但折射尚处在未完成的过渡状态,此时,光在棱镜中的折射过程既具有融合的白光特性,又含有衍射光的因素,所以里格斯将这种类型的行政模式称为"棱柱型行政模式"。由于对过渡社会公共行政的研究既是里格斯创建行政生态学的起因,也是其行政生态学说的核心内容,所以我们将在后面专辟一节对过渡社会公共行政的特点做更为详细的介绍。

在里格斯看来，利用上述三种行政模式的理论几乎可以分别解释所有社会中的行政行为，但是，在使用任何理论之前，必须先了解社会究竟属于何种社会形态，是农业社会、过渡社会还是工业社会，然后才能利用正确的理论达到了解行政行为的目的。不过，这里我们应注意，行政模式的发展本是一种连续不断的漫长过程，它形成了一个发展的连续体，在这一连续的发展过程中，任何一种行政理论都只能解释这一连续发展过程中的一个片断，所以，利用任何行政理论来解释一种行政制度中的行政行为，其结果都不可避免地具有片面性。为此，我们可以通过图 14-1 来完整地了解上述三种行政模式的发展过程。

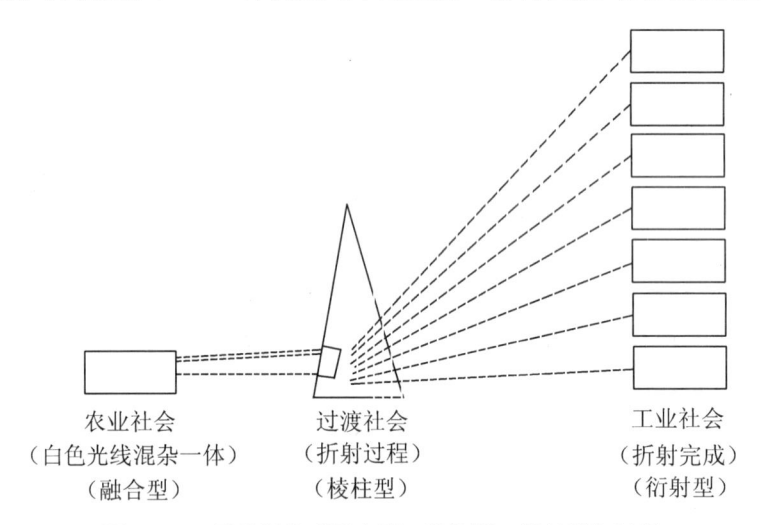

农业社会　　　　　过渡社会　　　　　工业社会
（白色光线混杂一体）　（折射过程）　　　（折射完成）
（融合型）　　　　　（棱柱型）　　　　　（衍射型）

图 14-1　里格斯的"融合型—棱柱型—衍射型"过程

第三节　对五种主要行政生态要素的分析

公共行政与其生态环境之间相互依赖、相互影响的关系具体表现为与其生态环境中某些要素发生相互作用。里格斯认为，影响一个国家公共行政的生态要素多种多样，其中最主要的有五种，即经济要素、社会要素、沟通网络、符号系统和政治构架。他在《行政生态学》中以泰国作为融合型行政模式的典型代表，以菲律宾作为棱柱型行政模式的典型代表，以美国作为衍射型行政模式的典型代表，结合三种不同行政模式的特点，对这五种主要行政生态要素与公共行政的关系做了深入的分析。

一、经济要素与公共行政

社会经济机制和生产力发展水平是影响公共行政最主要的生态因素，一个国家的行政模式基本上是由该国的经济结构所决定和塑造的。所以，里格斯认为经济要素是影响一国公共行政的第一位要素。在他看来，与传统农业社会、过渡社会和现代工业社会这三种社会形态相对应，也存在着"互惠—重配"结构、"集市—有限市场"结构和"市场—企业"结构这三种经济结构，里格斯详细考察了这三种经济结构对公共行政的影响。

第一，"互惠—重配"结构，即传统农业社会的经济结构。里格斯所说的"互惠"泛指国家或地区之间互赠国产，地方官吏向国王"纳贡"以及民间以物易物、互补不足的交易形式。这种交易主要是基于情感、宗教或主仆关系而进行的，它不同于市场经济条件下以营利为目的的商品交换。在这种"互惠"行为中，实际上完成了社会经济活动的"重配"功能，即在一定程度上实现了社会财富的重新分配。里格斯以传统泰国为例说明了这种经济结构对公共行政的影响。他认为，正如美国公共行政受市场经济的支配一样，传统泰国的行政则受其经济生态环境的制约。传统泰国的经济是自给自足的农业经济，虽然存在一定的交换，但主要的经济交往则是在分配制度中进行的。在这种由政治权力进行分配的经济体制中，国王是最后的"重配"中心，对于他，上至贵族、下至百姓，都有效忠尽力的义务，国王从他们身上获得财物，再任意分配给他的廷臣、皇族及僧侣，每个官吏又是小皇帝，接受孝敬和施行保护。这样层层相因，形成分配的经济结构。传统泰国的行政制度是与这种经济结构紧紧契合的。由于国王和官吏都一方面靠其被保护者贡献的货物与人力而生活，另一方面又将它们重新分配给部属，因此重新分配结构是一元结构，不能清楚地划分经济制度和行政制度。据此，里格斯断定，这种经济结构决定了传统农业社会的行政只能是一种"重配"的行政制度，经济机构也就是行政机构，经济行为与行政行为是重合的，它们"可以说是一个钱币的两面……'重配的行政制度'的特质也就是'重配的经济制度'的特质：任何一个行为都是同时包含两者之性质的"[①]。

第二，"集市—有限市场"结构，这是介于传统农业社会和现代工业社会之间的过渡社会的经济结构。里格斯认为，在这种过渡社会中，尽管已经有了市场化的"集市"，有了以货币为媒介的交换行为，但社会经济并未完全商品化，政治、社会、宗教以及个人地位等因素仍然强烈影响着经济行为，可见，过渡社会的经济是一种有限市场经济，这种经济结构最明显的特征是"价格不可决"，即商品的价格并非完全取决于其价值，它常常要受到诸如交换双方的社会地位、家庭出身、名声威望以及关系亲疏等非经济因素的影响。这种"价格不可决"对公共行政的影响最突出的表现是确定行政职务的授予以及荣誉和薪水时"市场"和"身份"同时在起作用。在现代工业社会的衍射型行政模式中，行政"职位分类"的基础是市场因素，即根据一个人的能力、才干以及所能提供的服务数量和质量来确定职位并付给薪水。在传统农业社会的融合型行政模式中，行政职位的授予以及荣誉和薪水的确定则主要看其身份，"出身高贵"的人可享有各种特权，至于他实际上做了什么工作则无关紧要，"出身贫贱"的人则很难挤进"高贵阶层"圈子。而在过渡社会的棱柱型行政模式中，"职位分类则是综合了职责与身份、成就与关系的"，一个人职位和报酬的获得既取决于其能力

[①] ［美］里格斯：《行政生态学》，54页，台北，台湾商务印书馆，1978。

强弱、贡献多少、绩效大小,又要受其资历深浅、教育水平以及家庭地位、社会背景乃至宗教信仰、种族肤色等因素的影响。

第三,"市场—企业"结构,即现代工业社会的经济结构。其中,社会经济遵循价值规律进行运作,根据"功利"与"理性"的市场原则进行交换,力图用最少的投入获得最大的产出。在里格斯看来,这种经济结构下的整个行政制度也呈现出市场化、商品化的特点,他对此以美国为例做了详细的分析。作为现代工业社会典型的美国,不仅有惊人的经济生产力,而且其经济制度乃是一种特殊的制度设置,这就是自由竞争、自由选择的市场经济机制,这种经济特点对美国公共行政产生了直接和间接的影响。美国市场社会把经济市场中的基本价值运用到行政中,市场取向成为公共行政的基石。例如,市场中一切都可出售,公务员的薪俸也可以看作其劳动力的价格,同工同酬的人事行政原则由此而产生。在市场的自由竞争中,选择自由和契约关系是永远被重视的,这一精神移入人事行政中,一个公民可以出卖劳务换取职位,如果他发现更多机会,可以辞职。在政府方面,如果发现公务员提供的服务低于他的薪俸,便予以解雇;另外,政府用人,不依据社会、家庭及种族背景,而是凭择优录用的专业考试。这些行政原则都是市场经济原则在行政领域的反映。里格斯认为,甚至可以把美国行政机构看作一个"市场",其中,每个行政官员即以最经济有效的方法,最大限度地完成其规定的任务,实现其特定的目标。粗略地说,行政机构就是经济市场的相对物,二者都是功利的、理性的,也都是经济有效的。里格斯进一步分析了美国的行政发展,指出美国公共行政的成长正是市场经济制度扩张与增进的需要,公共行政的内涵亦取决于市场社会的经济需要,行政制度亦为市场的需要所塑造。同时,庞大的行政机构和扩展的行政职能所需的巨额财政支出也只有现代经济才能给予有效的支持。总之,任何一个工业发达的社会都必须依赖一个功利的、理性的制度,以支持其经济。对于工业社会来说,市场经济与行政官僚机构都是必要的。从深一层次来看,现代社会之所以必须有一个理性的、才能取向的行政机构,其关键的决定因素倒不是市场本身,而是工业化的结果。

二、社会要素与公共行政

里格斯所说的社会要素主要是指各种社会组织,他把各种社会组织分为两大类:一类是以血缘关系为纽带结成的自然团体,例如,家庭、家族;另一类是以利益关系为纽带结成的人为团体,例如,教会、政党、工会、商会等,他将这些通称为"社团"。里格斯认为,在不同类型的社会中,家庭和社团对行政所产生的影响也不一样。在融合型行政模式和棱柱型行政模式中,家庭的作用很大,而社团的作用则微不足道;而在衍射型行政模式中,情况却恰恰相反,社团起着重要作用,而家庭的作用则微乎其微。里格斯结合美国和传统泰国等的情况对这一点做了进一步的阐述。

里格斯认为,在现代工业社会,由于社会分工极为发达,社会结构高度分化,因而代表着各种不同社会利益的功能性社团也种类繁多、十分活跃,对社会生活各方面都有重要的影响，尤其是与行政的关系非常密切，彼此之间相互影响、相互作用。一方面，社团成为各种利益和要求的汇聚点和表达者，社会各阶层、各种利益集团都可以通过社团向政府施压，影响行政；另一方面，政府也利用社团来表达自己的目的。在美国，社团对政府的作用甚大，连政府政策的拟定有时都必须事先征得各社团的同意和支持，而政策的推行若没有社团的帮助，则寸步难行。

相比之下，里格斯认为，在传统农业社会和过渡社会，家庭的作用就异常明显。政府行政行为常常为家庭尤其为一些显赫家族所左右，行政官员的任命和升迁在很大程度上不是取决于其能力和才干，而更看重的是其家庭背景，这样便导致制约官吏行政行为的不是其所属的行政机构而是其家庭，所以，官吏首先考虑的便是家族利益而不是公众利益。因此，里格斯认为，这种建立在家庭背景之上的融合型行政模式和棱柱型行政模式必定是裙带风盛行、结党营私、行政封闭、效率低下。

三、沟通网络与公共行政

里格斯所说的沟通网络包括社会的文化水平、适用语言的状况、社会舆论的力量以及通信和交通的状况等使整个社会互相"沟通"的手段。他认为，一个国家的沟通网络是否畅通，对其公共行政具有重要的影响。这里，里格斯借用多伊奇的"动员"和"同化"这两个变项来讨论社会沟通问题。"动员"是指全社会的人口参加庞大沟通网络的程度，它受语言的同一性、知识和电话、报纸等大众传播媒介的普及以及都市化和新交通工具的出现等因素制约。"同化"则指的是社会普通民众和精英分子共享同一符号，认同同一基本价值与目标的程度。根据这两个变项，他从社会沟通的角度把社会分为一元化社会和多元化社会。在像美国这样一些现代工业化国家中，工业发展的种种后果使社会不仅高度动员，而且高度同化，成为一元化社会。一元化社会虽然存在不同的利益集团，但没有分裂的社区。在这种社会里，在社会大众与行政官员间的行政沟通中，双方都能使用共同的语言和价值系统。这样，相互之间比较容易彼此信赖，比较容易接受对方的观念并彼此了解对方的需要。他认为，行政问题的解决是十分复杂的，必然有许多信息、资料需要交换、表达，这在一元化社会中是非常有利的，因为在一元化社会，多种利益集团可以顺利凝聚他们的需要，形成他们的公共舆论，并且把他们的需要与事实用来唤起行政官吏或政务官的注意，而当行政官吏考虑如何执行法律，或者提出何种政策建议时，他们也能够制订出相当可靠的不同方案，以及预估它们的可能结果。就执行法令来说，行政官吏也应该向公众说明他们的意愿以及可能提供的服务等。凡此种种，都需要大量的沟通工作，这又唯有在一元化社会中才是可能的。

而在诸如古代泰国这样的传统社会中，既无现代大众传播工具，人与人的交往也只限于亲朋好友等，此外就只有主仆之间的关系，至于人们对京都的了解，则最多只有依稀恍惚的认识，而皇帝究竟为神为人皆非所知，"天高皇帝远"。再加上所有的语言形式都因地位而有所差异，对上级讲的是一套，对下级讲的是另一套，而对同僚讲的又是一套，即便男人和女人也必须使用不同的说话方式。这种低动员状态又影响着同化，于是朝廷中的政策观念、符号只对朝廷小圈子中的人具有真实感。这种传统的多元社会对于公共行政具有双重影响：一方面会限制行政机关对于公众利益的聚合和表达范围；另一方面会抵消加强政府责任和对公意尊重的任何努力。反过来，这一现象也妨碍了政府制定政策、执行法令的功能。由于政府与社会之间没有一条灵活通道，社会不能形成真正的力量，不能将责任强加给政府，这样，政府所面对的民意只能是虚假的。所以，里格斯说，一个社会如果不是"动员的"，则无法使统治者自动或被动地实行"法治之治"。

四、符号系统与公共行政

里格斯所说的符号系统是指包括政治神话、政治准则、政治法典在内的一整套政治符号系统。政治神话是指"用以表明主权的最后源泉，人之天性与命运，人之权利、义务以及主要的关系等"[1]的信念。例如，在美国，政治神话便是指根植于美国人心中的主权在民、人生而平等、天赋人权神圣不可侵犯等观念；而在一些传统或过渡社会中，政治神话则指的是在上帝面前人人平等、君权神授、君臣名分不可逾越等。里格斯认为，这种神话提供了政治统一的"理论依据"。政治准则是指一套决定政府结构和统治者的选择方式及其应承担的职责等的规则，里格斯认为，诸如规定美国实行两院制、总统制、普选制等政治结构的美国宪法、独立宣言等文件便属于这种政治准则。而政治法典则是指将政治准则进一步具体化、规范化的各种法律制度。

里格斯认为，符号系统对行政的影响主要体现在，由符号系统所提供的"共同意识"是形成行政权威所不可缺少的东西，"共同意识的基本重要性在于它给予公共行政一高度的'权威'"[2]。而"共同意识"的形成又受到符号系统诸因素尤其是"政治神话"的影响。例如，在一些较古老的传统社会中，"政治神话"认为"君权神授"，统治者被认为是神的代理人，统治者的权威是建立在神意之上的，人民对统治者的顺从也就是顺从神的意志，人民的意见无足轻重甚至不起作用。因此，在这种社会中，整个行政系统便只对专制统治者负责而不向人民负责，行政的权威不是来自人民高度的认同感，而是来自武力的强制。相反，在诸如美国这样的现代社会，依据"主权在民"的政治神话，政府的权威来自于人民的同意，行政机构只对人民负责，尽管"美国的官吏并不是百分之百地符合了'公仆'形象的……不过，值得注意的是，他们的这种行为永远逃不了公众的指责，而舆论也必然会对他们构成一种压力"[3]。因此，里格斯认为，美国的主权在民的"政治神话"及负责的政府创造了一种特殊的行政模式，其行政结构——它的甄拔、升迁与组织的方式——的确反映了它的政治神话。

---

[1] [美] 里格斯：《行政生态学》，35 页，台北，台湾商务印书馆，1978。
[2] [美] 里格斯：《行政生态学》，37 页，台北，台湾商务印书馆，1978。
[3] [美] 里格斯：《行政生态学》，39 页，台北，台湾商务印书馆，1978。

五、政治构架与公共行政

里格斯认为,政治与行政应该是分离的,政治是决定政策的过程,行政是执行政策的过程,换言之,行政靠政治来领导,而政治则要依靠行政来实现其目标,行政制度的有效与否是决定政治目标能否圆满实现的关键。尽管行政与政治具有不同的功能,但二者之间实际上存在一种"功能依存关系",正是这种"功能依存关系"决定了政治构架是对公共行政具有重要影响的行政生态要素。

里格斯认为,在传统社会,由于社会结构尚未分化,没有专门的行政机构,政治权力与行政权力合二为一,人们无法在"政客"与"官僚"之间做出明确的划分,从国王到各级地方官员实际上往往都是身兼二任。这样,行政官吏可以不向任何人或任何机关负责而专横独断、为所欲为。里格斯将这种现象称为"官僚政治",其特点就是"专横但非有效","国王的权力形态虽然专断恣睢,但其权力幅度极为有限"[1],一方面由于缺少一部专职的"行政机器",另一方面又没有健全的沟通网络,无法及时了解各方面的情况,所以行政效率极为低下。而在现代社会,行政服从于政治,行政官僚的权力是有限的,受着"非官僚权力"的制约,因此可以保证较高的行政效率。正如里格斯所言:"只有在'非官僚的权力'强大得足以控制并奖惩官僚的成绩表现时,以及政策之执行步骤能很清晰地被规制时,我们才能期望一个高水准的行政的产出的获得。"[2]

里格斯认为,上述五种因素是影响并决定一国公共行政的主要因素,它们的作用是交叉、互动的,彼此之间相互作用、相互影响,例如,经济要素对沟通网络具有重要的影响,社会要素、符号系统影响着政治构架,而政治构架也影响着经济、社会等诸要素。因此,在考察一国的行政生态环境时,既要细致分析每一种要素,又要注意它们之间的"互动性"。

第四节 过渡社会公共行政的特点

如前所述,对过渡社会公共行政的研究是里格斯创造比较行政生态学的起因,他有感于在各种形态的社会中行政环境具有不同的特点,而西方行政学者在研究发展中国家行政时却以西方发达国家的行政环境作为前提并且往往导致错误结论,因此他强调应具体分析发展中国家的社会、经济特点,并在此基础上再分析它的公共行政。

里格斯认为,20世纪,许多传统社会在西方科学技术的冲击下,急速或缓慢地向现代社会转变。在这一转变过程中,一方面,这些社会已经从传统社会走了出来,却又未能顺利

---

[1] [美]里格斯:《行政生态学》,61页,台北,台湾商务印书馆,1978。
[2] [美]里格斯:《行政生态学》,45页,台北,台湾商务印书馆,1978。

进入"现代"范畴中去。在这一过渡阶段，社会结构、价值系统、行为模式等都进入内发或外发的巨大变迁之中。另一方面，各种行政生态环境中都同时融汇着传统生态和现代生态的许多特质，呈现出并存、冲突的态势，例如，自给自足的小农经济和市场经济形式并存。过渡社会行政生态的特殊性使作为附属文化的行政文化、行政制度具有哪些特点呢？里格斯重点分析了现代泰国、菲律宾的公共行政并据此提出了过渡社会公共行政的三个基本特点。

一、异质性

里格斯认为，"异质性"是指一个社会在同一时间里同时存在着不同的制度、行为和观点，犹如在同一街区摩天大厦与木房共存、豪华轿车与牛车并行一样，极不协调，表现出强烈的反差。过渡社会的多元社区、多元经济形式以及多元价值使其公共行政具有明显的多元性，即异质性特点。从行政组织来看，一方面，中央政府在航空、电子、通信等部门设有专门的机构并配备有现代化的管理设施；另一方面，在一些偏远地区却根本没有专门的行政机构，在那里，宗族、宗教、宗派团体支配着一切。从人事行政来看，过渡社会的异质性特点表现为一种奇特的"西化分子反精英现象"，在那里往往出现一些深受西方文化影响、被称为"西化分子"的青年知识分子，他们雄心勃勃，力图通过政府中谋求职位而进入"精英集团"，但由于传统势力强大，而且"精英"的地位往往与家庭出身、种族血统等因素联系在一起，所以这些"西化分子"很难进入"精英集团"。于是，他们常常因其欲望得不到满足或因其职位卑微、不足以满足其欲望而成为社会的"反精英"分子，"西化分子反精英现象"的出现进一步加剧了过渡社会公共行政的"异质性"。

二、重叠性

过渡社会的行政异质性使行政受到各种冲突的行政因素的影响，进而造成了公共行政的重叠性特点。在里格斯看来，公共行政的"重叠性"即行政机构的重叠现象，具体是指行政机构并不一定产生其应当有的功能，行政行为往往受非行政标准所主宰，而不受行政标准所决定。当一个行政机构不能发挥其应有的功能、不能完成其行政任务时，不得不由另外一些非行政组织来完成它的任务。里格斯认为，这种重叠性是过渡社会的公共行政所特有的现象。在他看来，在传统农业社会，由于所有功能都是由一个机构来执行，行政不会出现这种重叠性现象；在现代工业社会，由于社会机构分工明确、各司其职，行政也不会出现这种重叠性现象。而在介于两者之间的过渡社会，尽管有了相当程度的社会分工，但其社会分工尚未达到高度发展的程度，尽管专业化职能机构及相应制度已经建立，但其功能尚不能很好地发挥。例如，在许多发展中国家，我们常常可以看到这样的现象：虽然有了宪法、议会、政府机关、选举制度等，但它们却不能正常发挥作用，有的甚至成了一种徒有虚名的"装饰品"，本应由它们执行的功能却不得不由诸如家族、宗教团体、同乡会、同学会乃至黑社会组织等非正式组织来执行。于是，合法组织成了"影"，非正式组织却成了"形"。里格斯认为，这种行政重叠性必然导致合法机构受控于非法机构以及派系林立、政出多门、互相扯皮、彼此排斥等行政行为多元化的恶果。

三、形式主义

里格斯认为，过渡社会公共行政的异质性和重叠性特点必然导致整个行政系统的形式主义。所谓"形式主义"是指政府所制定的法令和政策不能付诸实施，形同虚设、徒有虚名。他认为，任何一种行政制度都有理论与实践脱节的形式主义，都可以找到政策、法令不能贯彻的事例，但是只有在像现代泰国和菲律宾这样的过渡社会，形式主义才达到了顶峰。

他认为，过渡社会公共行政的形式主义的首要表现便是宪法的形式主义。在泰国和菲律宾，虽然议员通过公正竞争选举产生，但他们对政府的政策根本没有影响力，国会只是装饰品，议员的主要工作只是任用私人，这种形式主义造成了行政权威合法性的危机。过渡社会在变迁的过程中，旧有的权力基础——神圣的君主权力已经逐渐消解，而替代的人民主权的权力基础没有生成。这种权力基础的危机影响了统治和政府管理权力的社会合法性。而这种合法性的缺乏不仅使社会经常反抗政府的非法之治，而且官僚结构内部也因为没有主权权力者的监督和潜在的制约，而很容易发生非法的权力斗争。官僚统治者只有从主权者那里获得承认，他的赤裸的权力才能被承认为合法的权威，但是人民主权的新原则并不代表泰国社会内部权力的实态。同时，由于议会不能有效地行使制定法律的权力，这使得行政官僚在政策制定中扮演着更为活跃的角色。他们努力地并且不得不努力地去影响目标与政策，这种行政对政治决策大量干预的现象基本上动摇了行政与政治分开的原则。里格斯认为，这将在官僚集团中造成政治斗争，并由此形成多种"小帝国"。这种派别的存在致使行政的性质遭到根本歪曲，任命与升迁不再取决于能力与资格，而取决于是否有利于加强对"小帝国"的控制。官僚之间的政治比重越高，则诸如效率、理性等纯行政标准便可能越低。与行政政治化相关的一个现象是程序的仪式化，即过去所推行的一切法规、官僚习惯都逐渐固定成为一种内在的价值。

里格斯认为，形式主义一旦与官僚权力相接触，就会产生许多矛盾和弊病。首先，一方面官僚完全墨守成规，另一方面他们常常蔑视法令，可以随意做决定，而不受任何有效政治控制的约束。其次，形式主义深深影响行政行为的品质，促使贪污腐败愈演愈烈：倘若政策、法令普遍被侵犯，那么行政贪污的机会也必然会随之增加，同时在政策、法令不能得以有效贯彻、执行的情况下，老实的守法者将处于不利地位。于是，商人行贿、行政官员待遇低、政策和法令贯彻受阻、官员受贿等层出不穷。最后，成就取向很有限。在过渡社会中，虽然依门第、种族、身份等关系的用人标准已经被放弃，一种以成就为取向的考试制度已经建立起来，但是，因为整个人事政策是不确定的，因此要决定怎样考试才能测验一个人的真才实学则是相当困难的，而这一时期，社会又十分重视证书与文凭，所以出现了有人专为文凭而考试的不良倾向。凡此种种在里格斯看来均为形式主义所导致的后果。

简评

作为行政学的一个分支学科，行政生态学是以行政现象、行政行为与行政环境之间的相互关系为研究对象的，它要求运用生态学的概念与方法对行政系统做整体的观察与精密的分析、做宏观研究和微观研究，从而正确揭示行政这一主体的生长和发展规律，以从整体上把握行政过程与行政运行规律。尽管诸如我们在前面谈到的怀特以及后来的高斯都曾在里格斯之前对行政生态问题有所论及，特别是美国哈佛大学的约翰·高斯教授专门将行政问题与生态环境联系起来进行研究并于1947年出版了《政府的生态学》一书，提出政府组织与行政行为必须考虑到生态环境，但是他们的研究成果在当时并未引起理论界的足够重视，行政生态学作为行政学分支学科的地位在他们手中尚未得以真正确立。而作为西方最享盛誉的行政学家之一，里格斯继怀特和高斯之后把生态学观点引入行政学领域，用生态学的方法研究行政现象，即从公共行政的社会环境、文化背景、意识形态等外部关系上着手去了解一个社会的行政制度和行政行为，进而在广泛的实证研究和理论抽象的基础上使得行政生态学真正成为行政学的一个重要分支。里格斯对于非西方过渡社会的一般社会有着普遍而深入的了解，而对那些社会的公共行政原则更具有独特的锐见与洞察力，无怪乎美国行政学家黑迪称赞说："里格斯见广识博，立论精深，诚乃当代最具代表性的理论家。"[①]

当然，里格斯的行政生态学理论也具有一定的局限性，甚至在某些方面尚存在着一定的缺陷。例如，他热衷于模式的建构，而缺乏对整个行政生态环境的系统、完整的考察，进而使其理论有"挂一漏万"之嫌；他过于追求术语的新奇，而忽视了其理论的可读性和可接受性，进而容易使人对其理论产生费解难懂、故弄玄虚、故作深沉之感；他试图建立一种所谓价值中立的行政生态模式理论，而不符合实际地忽略了具有明显价值取向的公共行政研究目标，等等。

然而，尽管里格斯的行政生态学理论存在着上述这样一些不足之处，但这并未削弱他在西方行政学发展史上所具有的重要地位，特别是他在行政学方法论方面的贡献和创造，为行政学开辟了新的领域，使行政学摆脱了那种就行政论行政、抽象讨论行政原则、难以科学地反映和指导行政实践的学究作风。用一种生态的观点来考察行政，这无疑是正确的认识途径。尤其值得一提的是，里格斯在20世纪三四十年代曾在我国生活和从事研究很长时间，他关于过渡社会行政的许多观点都来源于他对我国的研究。当前，正值我国进行行政体制改革的重要时期，里格斯的许多见解对我们的行政管理理论与实践应该有所启发，特别是从行政环境来研究行政的生态学方法尤其值得我们借鉴。此外，里格斯还把行政生态学方法运用于对各种形态的社会公共行政的比较研究，开创了比较行政学这一新的分支学科，为行政学研究提供了一种新的方法论。

---

① 转引自彭文贤：《行政生态学》，43页，台北，三民书局，1988。

思考题

1. 什么是行政生态学？里格斯的行政生态学理论是如何产生的？
2. 里格斯提出了哪些行政模式？它们分别代表什么含义？
3. 里格斯对五种主要行政生态要素与公共行政之间的关系做了哪些分析？
4. 里格斯提出的过渡社会公共行政的特点是什么？
5. 你如何看待里格斯的行政生态学说？

第十五章 以弗雷德里克森为代表的"新公共行政学"

本章提要

本章阐述了新公共行政学的产生背景与基本含义；介绍了以弗雷德里克森为代表的新公共行政学对传统行政学"效率至上"观的反思和批判，新公共行政学对社会公平价值观的提倡，新公共行政学对传统政治—行政二分法的突破，新公共行政学的动态、开放组织观，并就新公共行政学在理论研究和行政实践方面对当代公共行政的发展做出的重要贡献予以充分肯定，还对其今后的发展方向提出了意见。

学习要求

1. 了解弗雷德里克森其人其事。
2. 掌握新公共行政学的产生背景与基本含义。
3. 掌握新公共行政学对传统行政学"效率至上"观的反思和批判。
4. 掌握新公共行政学对社会公平价值观的提倡。
5. 掌握新公共行政学对传统政治—行政二分法的突破。
6. 掌握新公共行政学的动态、开放组织观。
7. 掌握新公共行政学对当代公共行政的发展做出的重要贡献。

20世纪60年代末70年代初，以美国为代表的西方国家连续出现了一系列社会、经济与政治危机，要求政府改革的呼声此起彼伏，传统的行政学说面临着严峻挑战。对此，西方行政学界做出了积极且有力的回应。他们反思传统公共行政固有的缺陷，开始用全新的视角、全新的理性价值审视和研究公共行政的今天以及未来的发展，从而引发了新公共行政运动，并形成了一个新的行政学流派——新公共行政学派，其主要代表人物就是曾担任过美国公共行政学会会长的著名行政学家H·乔治·弗雷德里克森（H. George Frederickson）和我们前面已介绍过的著名行政学家沃尔多等人。以下我们主要依据他们的思想和观点来简要地介绍新公共行政学的主要内容。

第十五章 以弗雷德里克森为代表的"新公共行政学"

第一节 新公共行政学的产生背景与基本含义

当人类进入20世纪后半叶时，整个世界几乎处于一种急剧变革和纷扰不安中。科技的迅猛发展，不仅使生产率得到了快速的增长，使经济发展水平得到了不断的提高，而且也导致了全球文化的日益普遍化和理性化。所有这些既对人类社会的进步具有重要的促进作用，也对人类社会的发展造成了许多不良影响，例如，科学研究的态度促使人类原有的终极信仰转变为对客观知识和工具理性的信仰，导致意义的沦丧，形成现代人内在的空虚感，促使人类社会更加世俗化、更为功利。科技的发展还造成当代规范系统的混乱——原有的价值规范丧失权威，而新的价值规范系统尚未确立，于是便导致现代人对价值无所适从。

面对社会出现的种种变化，现代政府的确已无法再用过去的管理模式来控制局势和解决问题，因为传统行政学理论是实证科学的产物，它自然也就无法指导行政实践，应付现代科学技术的发展所造成的各种危机。正是在这样一种历史背景下，1968年，新公共行政学高举"社会公平"的旗帜应运而生，它倡导关注意义和价值、着重建立规范理论，以期促使未来人类社会绽放出一线曙光。

新公共行政学是相对于传统行政学而言的。在弗雷德里克森等行政学者看来，所谓传统行政学，是指1968年弗雷德里克森等一批年轻行政学者，在锡拉丘兹大学的明脑布鲁克会议中心召开会议，采用新的研究方法探讨行政学的发展趋势，进而形成了一场新的公共行政运动之前的正统时期的行政学理论和第二次世界大战后重新建立的行政学理论，他们将这些行政学理论称为"旧行政学"。他们把20世纪60年代末期和70年代产生的运用现象学方法、本土方法论、符号互动论以及解释学和批判理论等新的研究方法，以及强调以公共行政的"公共"部分为研究重心的行政学理论称为"新公共行政学"。传统行政学所追求的是一个有效、经济和协调的行政系统，它往往把研究的重点放在高层管理机构以及政府重要的职能部门中，例如，放在城市管理、国家预算、宏观计划、人事及组织结构等方面。而新公共行政学则不然，它不仅认为公共行政应当以经济、有效的方式为社会提供高质量的服务，而且更强调把社会公平作为公共行政所追求的目标。传统的行政学试图找出下列两个问题中任何一个问题的答案：（1）我们怎样才能够利用可以利用的资源来提供更多的或更好的服务（效率）？（2）我们怎样才能够花费更少的资金来保持我们的服务水平（经济）？而新公共行政学则增加了这样一个问题：这种服务是否增进了社会公平？这实际上也就意味着行政人员不能是价值中立的，他们应当担负起对社会的责任，应当把出色的政府管理与社会公平作为一种新公共行政的基本原理、应履行的必要职责和应遵循的社会准则。而且社会公平这一社会准则本身又赋予了新公共行政以新的使命，即它有责任改革那些在制度、功能、效果上妨碍社会公平的政策，改革那些影响实现社会公平目标的政府行政体制。换言之，新公共行政的使命是对影响和削弱社会公平、出色管理、经济和有效率的各种因素和组织结构进行变革。

第二节 新公共行政学对传统行政学"效率至上"观的反思和批判

"效率"是一个既十分重要又颇具歧义的概念。19世纪末期,效率的特定意义只应用于工程方面,自20世纪初起,效率便开始应用于经济和企业界,由于政府资源有限而且人民的需求日益增长,效率观念也逐渐在公共行政理论研究和实际工作中得到广泛的应用。然而,即使是在公共行政领域,人们对效率也有不同的理解,对效率的解释大致可分为以下两种基本类型:第一种,机械性效率。它是指可以用具体数字表示的投入与产出之比率,它强调的是以最少的投入取得最大的产出,机械性效率也称"技术效率"或"生产效率"。传统行政学理论的效率观大致属于此类。第二种,社会性效率。它是指以社会价值观念为目标,规范地予以衡量的效率,也就是说,效率必须与公共利益、个人价值、平等自由等价值目标结合起来才有意义。新公共行政学的兴起即代表着这类效率观的发展。

新公共行政学正是在不断对传统行政学所谓"效率至上"原则进行反思和批判的基础上发展起来的,它对传统行政学"效率至上"原则的反思和批判是从理论和实践两方面进行的。

从理论方面来看,新公共行政学主张公共行政不仅是执行政策的工具,而且还是对广大民众生活各方面都具有决定性影响的重要因素,它担负着广泛的社会责任。反观传统行政学理论,它将效率当作基本价值,强调非人性化和客观化的所谓理性效率,促使组织对人与人之间的互动采取机械性控制,个人只是习惯性地服从并且专注于生产或工作过程,人与人之间变成了工具般的相互操纵,以追求有效率地完成组织目标;而个人则失去了自我反思和自我了解的意识,缺乏创造精神和人格的健康发展,甚至造成组织成员与服务对象之间的疏远和隔离,进而失去了组织应该表现出的社会价值和责任。鉴于传统行政学"效率至上"原则固有的缺陷,新公共行政学采取解释学和批判理论的模式进行研究,以期超越传统行政学的所谓"理性模式",它主张行政组织通过"了解"和理想情境的沟通对话来促使公共行政与其服务对象——人民产生诚挚的互动,以通过增加其对民众需求的积极反应来抵消传统行政学理论下的效率观,引导社会价值,进而实现公共行政的民主政治责任与义务。也就是说,与传统行政学不同,新公共行政学强调建立规范价值,关注人民需要,提高社会性效率,以改善人类生活,实现行政工作的最终目标。

从实践方面来看,新公共行政学认为,首先,公共行政最重要的目的在于促进人类幸福,然而,传统行政学理论所强调的指挥统一、层级节制等原则虽然促进了效率,但面临发展的困境,而且由于社会急剧变迁,传统行政学理论与实际之间的鸿沟愈来愈大,它无法担负起社会责任,更缺乏适应社会发展的能力,自然也就谈不上有效改善人民群众的生活水平了。其次,传统行政学的效率观也促使一些行政学者以机械性效率为标准来评估公共服务绩效。这些行政学者被训练得如同专业经济学家,专注于本益分析,并且被假定为"国家意志"的先知者，成为怀特早期对公共行政所下定义的典型例证，即成为"政府目标完成过程中的管理者和材料"。而如此定义下的公共行政，其实践成果又怎么样呢？对此，新公共行政学的另一个代表人物奥斯特罗姆以美国胡佛委员会所提出的 PPB 预算法案为例做了回答。他说，1969 年由胡佛委员会所提出的 PPB 预算法案，经由国会通过，它以产出作为决策的基础，即假定某一方案的选择要基于对资源的有效利用，然而事实上，这种所谓完全科学的假设根本站不住脚，在他看来，PPB 犯了根本性错误，而且它导致了总体上的无效率。最后，传统行政学理论过分迷信效率，造成了长远性缺乏效率并且已明显造成了更多问题。尽管它强调的行政原则为罗斯福执政时期强化行政权力以及集权控制联邦行政系统提供了依据，但这种强调"指挥统一"的效率行政设计也导致了尼克松执政时期著名的"水门事件"成为公共行政领域的一大丑闻。可见，新公共行政学者认为，效率虽然在某种层次上有其积极作用，但在公共问题的解决上却一筹莫展，究其原因，这正是由于按照传统行政学理论设计的政治制度并未表达公共利益，而只是考虑机械性的量化概念，它未曾顾及社会性的公平分配，其结果往往促使社会上有组织者、有权势者以及既得利益者受益最多，而造成越来越多且差距日益增大的不公平、不平等现象。

第三节　新公共行政学对社会公平价值观的提倡

如前所述，传统行政学把效率和经济作为公共行政的两个基本原则，所谓效率是指利用有限的资源提供更多更好的服务，而经济则是指花费更少的资金保持和提高服务水平。在传统行政学视野中，经济特别是效率无疑是公共行政的出发点和终极目标。新公共行政学提出了与此不同的看法。他们认为，实现以较少的投入换取较大的产出即经济和效率目标固然是公共行政的价值追求和目标之一，但绝不是其核心价值，更不是唯一的价值准则和终极目标。传统的行政机关在执行立法和提出计划时，常以牺牲社会平等来强调效率和节约，与其说它照顾一般利益，倒不如说它照顾特殊利益，它以献身于争取公众福利和民众的面目出现，实际上却反其道而行之。而新公共行政学则强调，公共行政的核心价值在于社会公平，在于促进公民社会所拥有的、以社会公平为核心的基本价值。

"公平"本是一个社会心理学概念，早在 1965 年美国社会心理学家亚当斯就从行为科学的角度提出了著名的公平理论。他认为，一个人不仅关心个人的收入（工资标准、奖金数量、工作成绩的认可以及其他因素）和付出（如个人的努力程度，付出劳动量的大小以及经验、知识的多少等），而且还关心自己的收入、付出与别人收入、付出的关系，即人们不仅关心个人努力所得到的绝对报酬量，而且还关心自己的报酬量与别人的报酬量之间的关系，即相对报酬量。人能否受到激励，不仅会由于他们得到了什么而定，还会由于他们看到别人得到了什么而定，他们总是首先进行一番"社会比较"，全面衡量自己的收入和付出。从某种意义上说，工作动机激发的过程实际上就是人与人之间进行比较、做出判断并据以指

171

导行为的过程。如果一个人发现自己的收入和付出的比例相当,他就会心里平静,感到公平,于是心情舒畅,努力工作;反之,则会产生不公平感,内心不满,影响工作积极性的发挥,亚当斯用公式将其公平理论概括如下:

设 Ix 代表个人的付出,Ox 代表个人的收入,Iy 代表作为比较对象的他人的付出,Oy 代表作为比较对象的他人的收入,则:

(1) 公平状态为 $\dfrac{Ox}{Ix} = \dfrac{Oy}{Iy}$

(2) 不公平状态为 $\dfrac{Ox}{Ix} \neq \dfrac{Oy}{Iy}$

以上公式表明,当一个人的所得与其付出的比值等于作为比较对象的他人的这项比值时,就存在公平状态,如果两者比值不等,那么就存在不公平状态。后来,人们将其纳入伦理学和政治哲学的范畴内加以讨论,认为,"公平"概念的完整含义应当包括"收入与付出相符合、贡献与报酬相一致、权利与义务相对称,也就是责权利相结合"[1],进而使"公平"概念进一步获得了社会意义,即"社会公平"。新公共行政学者正是在伦理学和政治哲学意义上讨论"公平"概念的,例如,弗雷德里克森就明确指出:"公平意味着人与人之间的一种公正、正当和公道的精神或习性……它与自然权力或正义同义。"[2] 而对于"社会公平"的含义,新公共行政学派则做了更为具体的解释,并且将其视为公共行政的"公共目的",赋予它作为核心价值的意义:"社会公平包含着对包括组织设计和管理形态在内的一系列价值取向的选择。社会公平强调政府提供服务的平等性,社会公平强调公共管理者在决策和组织推行过程中的责任与义务,社会公平强调行政管理的变革,社会公平强调对公众要求做出积极的回应而不是以追求行政组织自身需要满足为目的,社会公平还强调在公共行政的教学与研究中更注重与其他学科的交叉以实现对解决相关问题的期待……总之,倡导公共行政的社会公平是要推动政治权力以及经济福利转向社会中那些缺乏政治、经济资源支持,处于劣势境地的人们。"[3]

在新公共行政学者看来,社会公平应该具有极其丰富的内涵,为此,他们直接从美国当代政治哲学家罗尔斯的"作为公平的正义"思想体系中获取坚实的理论依据。他们完全赞同罗尔斯关于公平的基本观点,即公平的自由处于高于一切的地位,理想的"正义"社会应拥有最大的公平自由,每一个社会成员都应享有公平的自由,包括言论、集会、结社的自由等。一个民主立宪政体的首要原则就是保证公平的政治自由。当公平的自由原则在由宪法规定的政治程序中得到运用时,就成为公平的"参与原则"。而参与原则要求所有公民都拥有公平权力参与立宪过程、决定立宪结果,要求所有的成年人都有权参与政治事务,每一个有选举权的人都有一张选票,而且"每张选票在决定选举结果中具有大致相同的分量",要

---

[1] 丁煌:《政策的公平性》,载《中国软科学》,1993(6)。
[2] [美] 弗雷德里克森:《新公共行政学》,英文版,38页,阿拉巴马大学出版社,1980。
[3] [美] 弗雷德里克森:《新公共行政学》,英文版,6~7页,阿拉巴马大学出版社,1980。

求"所有公民至少在形式上应有进入公职的公平途径"①，要求所有的公民都应有了解政治事务的渠道。因此，宪法规定必须采取有力的措施，不仅要保证社会所有成员享有参与政治的公平权利，保证在机会平等的条件下职位和地位向所有人开放，确保一种参与、影响政治过程的公平机会，而且要让最少受惠的社会成员获得最大的利益，要改革社会和经济的不公平状况，避免由于"资产和财富分布上的不均等"而导致"社会中的较不利者"不能有效地行使他们那一份与别人相同的影响力。可见，这里所说的公平，实际上不仅指法律的公平，而且指事实上的公平，结果的公平，为此就需要对最少受惠者予以必要的补偿，以减少社会中的不公平。新公共行政学派的社会公平价值观所依据的正是罗尔斯的这种作为正义的公平观念，因为这种公平观念恰好适应了新公共行政学派改造理论体系、推动政府变革的需要。否定传统行政学片面追求效率、经济而忽视公平这一首要价值的理论体系，将使为全社会尤其为社会的最少受惠者提供公平的公共服务这个"社会公平"价值全面运用到当代公共行政的理论与实践中。诚如新公共行政学者哈特所说的那样，公平理论赋予现代公共行政以伦理的内容，它将有效地指导行政官员的行为，既明确了官员及组织的行为应保障公民基本平等自由权的实现，更明确了他们有责任和义务为最少受惠者获得公共服务所进行的各种努力。②

新公共行政不仅期待政府能够通过观念与行为转换解决社会存在的尖锐矛盾，更期待公共行政进入一个全新领域，即在当代民主社会中，建立民主行政的模型。民主行政要求使公众需要成为行政体系运转的轴心，即公众的权利或利益应高于政府自身的利益扩张和满足。政治的民主必须实实在在地体现在民主行政过程中。民主行政是现代社会的大势所趋，是社会进步的体现。新公共行政学认为，民主行政实现"社会公平"并不是空洞的伦理道德，也不是乌托邦的梦幻，它完全可以通过行政改革得以实现。因此，新公共行政学派没有停留于理论的思辨和各种假说之中，他们以推动政府行政改革为己任，努力寻求发展公共行政的良方，从而使新公共行政不仅是一种社会思潮，同时也逐渐成为一种社会运动。可见，新公共行政学者所理解和倡导的"社会公平"价值观旨在通过理论应用、制度设计以及政策执行来促使人们都能够心悦诚服地生活，从而达到美好的境界。

综观新公共行政学的整个发展历程，从1968年新公共行政学诞生一直到1988年第二次新公共行政学会议止，在此20年间，新公共行政学者对社会公平的倡导可谓不遗余力，他们通过对传统行政效率观的批判来唤起整个公共行政领域的全面变革，进而整合各种理论观点，以期建立公共行政理论与实践的新典范；他们强调以伦理、民主、政治互动、公民参与以及回应性等观念为基础设计出一种新的组织制度，以增进社会公平实现的可能性。他们的努力不仅体现在他们的一系列学术著作中，而且更表现为对行政实践所起到的改进作用。实际上，"社会公平"已作为现代公共行政的重心而取代了传统技术性效率的地位。

---

① [美]约翰·罗尔斯：《正义论》，何怀宏、何包钢、廖申白译，213页，北京，中国社会科学出版社，1988。
② [美]哈特：《社会公平、正义与公平的行政官员》，载《公共行政评论》，1974（1）。

第四节 新公共行政学对传统政治——行政二分法的突破

我们知道，传统行政学的产生是建立在政治—行政二分法的基本假设之上的。我们在前面曾谈到，19世纪末，西方行政学的创始人威尔逊率先主张应将行政学从政治学中分离出来成为一门独立的学科，第一次提出了政治—行政二分法的思想，他认为，政治的职能是制定政策，而行政的职能是执行政策。随后，古德诺又对威尔逊提出的政治—行政二分法思想加以系统化、具体化，并明确提出了政治或政策与国家意志的表达相关，行政则与这些政策的执行相关，从而将国家的政治功能与行政功能相对地区别开来。而建立在这种政治—行政二分法基础之上的传统行政学则一直将公共行政局限于与政治截然不同的"中立性"公共行政领域，即执行政策而不是制定政策。第二次世界大战后，在行为主义的影响下，行政学研究更加强调价值与事实的区分，更加醉心于运用自然科学的技术手段对错综复杂的公共行政活动做微观的"数量确定"和精确描述，试图使公共行政成为一种独立于政治和社会之外的"非人格化"的东西，使行政学成为一门与政治分离、以管理技术和工艺为主的科学。

然而，对于这种基于政治—行政二分法的行政学科的发展状况，新公共行政学派极其不满。他们指出，由于传统行政学的政治—行政二分法观念使行政学研究局限在一个非常狭窄的领域，尤其把研究焦点放在行政机关预算、人事、组织以及大量其他所谓"中性"问题上，相反却很少重视与社会、政治密切相关的政策制定与政策分析等问题的研究，致使公共行政游离于社会政治现实之外，远远不能满足解决社会问题、处理社会危机的需要。因此，他们首先致力于突破传统行政学的思维框架，认为：（1）政治—行政分离只是一种理论虚构，在现实的政治与行政运行中行政体系游离于政策制定之外的状况根本不存在。在新公共行政学派看来，当代西方国家政治与行政相互渗透的事实已经证明，传统的政治—行政二分法在现实的政治生活中行不通，因为实际上国会、总统或其他政治机构对于政策问题往往只是提供原则性目标，而具体政策方案则是由行政机构及其行政人员制订并通过行政机关人力、物力、财力规划得以落实的。而这个过程本身无疑就是一种对各种权力、价值、利益进行交换或分配的过程，换言之，也就是一种政治决策的过程。新公共行政学派认为，在民主社会，对行政人员决策地位的认识应该采取积极态度，这样有助于提高行政机关及其行政人员的自觉意识，即除在执行政策中尽职尽责外，更应以主动的态度设计政策议程并善于运用裁量权来发展公共政策，使政策能够更加有效地解决社会问题。（2）行政学研究应适应现代社会的要求，在研究领域乃至研究方法上做一次飞跃。就研究领域而言，新公共行政学派主张跳出研究行政程序的狭窄圈子，趋向于相关问题的行政学研究，即用更加广阔的视野、用开放的行政系统观念来研究行政组织运作中遇到的社会问题，尤其是动荡不安时期的相关问题。由于公共政策的形成过程也就是行政组织与相关问题发生联系的过程，因此，新公共行政学将当今与未来公共行政发展的焦点主要定位于如何发展公共政策。在促进公共利益、建构民主行政的目标下，公共政策与行政组织演进、公共政策的制定、分析与评估以及执行等一系列问题便成为当代行政学的热门课题，从而引发了政策研究的热潮。

与此同时，新公共行政学派还确立了一套与其思想体系相配套的研究方法。他们认为，传统行政学奉行价值中立准则，避免对所研究的行政问题做出"好"与"坏""应该"与"不应该"的价值判断，它普遍使用了逻辑实证主义的研究方法。这种逻辑体系以接受现存制度与现存价值为前提，它将研究局限于资料汇集和统计分析的经验性理论，以表现其客观性。新公共行政学派指出，纯粹的价值中立不仅在学术研究中不存在，因为每个学者都不可避免地会将自己的价值观纳入其学术思想中，而且它还对行政学研究产生误导作用，它使行政学者高居象牙塔之中，远离社会生活，接受既定制度阉割的学术批判精神，使研究不能影响决策或参与决策过程。而新公共行政学派鲜明地主张社会科学家应该以其专业知识和才能从事价值判断，他们强调批判理论、道德哲学对行政学研究的意义。因此，他们推崇后逻辑实证主义哲学的思辨方法，将价值理论放在优先考虑的地位，他们甚至指出，在实证分析方法与实质价值两者不可兼得的情况下，宁可重视对价值判断的追求，唯有如此，行政学者才能深入社会与政治，关心行政相关问题，并且使其积极地宣传自己对现实问题的认识与批判。在他们看来，行政学者不仅是学术研究者，而且更应该是改革社会、推进社会发展、促进社会进步的倡导者。

第五节 新公共行政学的动态、开放组织观

传统行政学注重研究行政组织本身，特别是政府内部的组织与管理，而新公共行政学则把政府内部行政管理置于次要地位，它运用行政生态学的广阔视角去认识组织的运作和对行政现象的分解。新公共行政学认为，行政组织中存在着分配、整合、边际交换和社会情感这四种基本的运作过程。

所谓分配过程是指新的公共行政必须关心分配形式，依据从公共行政项目中获得的效益来处理人的物质的和服务的分配问题，成本—效用分析和成本—效益分析是其最常用的方法。行政组织内部的权力、资金与利益的分配形式是组织理论的系统内容，由此引发的分配过程分析也必然和组织的决策方式联系在一起。

所谓整合过程是指通过权威层级来协调组织中成员的工作的过程，其中每个成员都可以视为在该层级中扮演的角色，其各自的任务通过权威层级联系在一起，整合的目的在于建构一个有凝聚力、能够有效实现目标的组织整体，并使其运行机制更有利于各种行政任务的完成。

所谓边际交换过程是指行政组织与其他相关组织及目标群体之间建立共生关系的过程。与行政组织相关联的组织有立法机构、辅助参谋机构、上级行政长官以及利益集团等。由于行政组织处于一种竞争的环境中，各级政府也有相互依存的关系，它们都需要上述那些关联

组织的支持。因此，边际交换过程不仅要求由行政机构与立法机构的领导人发展共生关系，而且鼓励各级政府之间建立新型关系，同时还要重视少数群体的参与，这样有利于缓和和减少相关群体的社会冲突与挫折。

所谓社会情感过程实际上是一种社会情感训练的过程，它也可以被视为行政体制改革的一种基本工具，还可以被视为一种技术，例如敏感性训练、组织开发方法等。社会情感训练能使行政人员降低对权威层级的依赖，能接受各种风险的挑战，也能对各方袭来的冲突采取宽容的态度以提高行政机构整体适应各种社会环境的能力。

正是基于上述对行政组织运作过程动态、开放的认识，新公共行政学派认为，当代行政发展的动力来源于对行政组织进行变革的需要。之所以如此，是因为：（1）行政组织是提供各种公共服务的具体承担者，其结构与功能状况显然与公共服务质量密切相关。（2）由于传统组织理论所强调的官僚层级制体系与制度规范仍在行政组织建设中起重要作用，行政组织的结构趋于呆板、僵硬，与激变的社会环境形成巨大的反差，使行政组织无法对所发生的社会变化做出迅速而有效的反应。（3）现有行政组织将自身利益扩张看成组织发展目标，忽视其服务对象——公众的需要；强调组织效率，忽视公民平等自由的权利，尤其是忽视缺乏政治、经济资源支持的最少受惠者的权利，这使行政组织运行偏离了航道，违背了民主政治的基本准则。可见，行政组织的改革势在必行，而行政组织变革正是当代行政发展的核心内容。为此，新公共行政学派提出了行政组织设计方案所应基于的两个目标：（1）顾客导向的组织形态，即将公众（接受公共服务的顾客）的需求作为组织存在和发展的前提；（2）应变灵活的组织形态，即加大组织结构的弹性，以便能够对外界刺激做出迅速的回应，在新公共行政学派看来，这种"回应"能力是评价现代政府组织结构与功能的重要指标。

简 评

综观新公共行政学的基本思想内容和学术主张，我们不难发现它在理论研究和行政实践方面均对当代公共行政的发展做出了重要的贡献。

从理论研究来看，新公共行政学的贡献主要表现为：（1）超越了实证主义的研究模式。新公共行政学借鉴和运用解释学方法和批判理论，强调民主行政下的有效沟通和意识形态的解放，着眼于对意义和价值的关注，摆脱了传统"理性模式"的束缚。（2）迈开了行政学独立发展的步伐。1950—1970年，行政学已经沦为政治学和管理学的附庸，新公共行政学兴起之后，便不再局限于对制度和技术的研究定向，它并且试图从政治学和管理学中独立出来，许多专门行政研究机构和学会的建立便是公共行政独立发展的典型例证。（3）扩大了公共行政的领域范围。新公共行政学认真细致地研究和界定了"公共"的意义和范围，它着眼于建立公共哲学，倡导民主行政，不仅扩大了行政学的研究范围，而且也扩大了公共行政实际工作者的权利与责任。（4）完善了行政组织理论的内容。传统行政学理论的研究范围过于狭窄而且比较空洞，而新公共行政学者重新界定了行政组织的目的和意义，给行政组织理论赋予了一种规范性基础并且提出了理论建构的方向。(5) 深化了行政教育的内容。过去按照传统行政学理论培养的行政人员大多为"效率机器人",而新公共行政学者则强调应当培养一种德才兼备、高瞻远瞩、积极主动的行政通才。

从行政实践来看,新公共行政学基于社会公平原则所提出的诸如减少层级节制、分权、参与、民主行政、对社会民众的需求做出积极回应以及面对面沟通等观念和主张,从公共服务的平等分配、公务员权利的解放、利益与价值代表的多元化、参与观念的增强、内省伦理意识的建立以及人事行政的分权化等方面,均对当代美国政府及其行政管理产生了重大的影响。20世纪70—80年代,美国公共部门的改革正如新公共行政学派预示的那样展开着,政府部门广泛推行了全面质量管理运动,倡导政府部门积极满足公众的基本需求,尽力追求产品与服务品质,并通过不断发展的组织体系与能力稳定改进服务品质。1978年,美国《文官改革法案》就明确强调了公务人员的培训与教育;1987年,美国国会通过了《马康包力治安法》,决定在公共部门设立质量改进的总统奖,以激励那些提供优质公共服务的组织与公务员;1988年,美国政府建立了"联邦质量学院",作为培养公务员增强"顾客服务意识"、发展优质服务技术管理手段的机构,由此,将公共部门的全面质量管理运动推向高潮。

总之,由于新公共行政学在研究方法上另辟蹊径,使行政学的面貌焕然一新,它对社会公平价值观的极力倡导不仅使美国政府在参与性、分权化以及变通性等方面进行了一系列的行政体制改革,而且也对世界各国的行政理论与实践产生了间接的影响。当然,我们也应该看到,新公共行政学在解决问题的同时也提出了不少问题,例如,怎样妥善解决政治与行政之间的权利冲突?如何培养合适的行政教育家?怎样建立一个类似于经济理论或模型的"社会公平模型"?诸如此类的问题都对社会公平的实现具有重要的影响,可见,新公共行政学只是迈向社会公平的开端和起步。而如何进一步探讨、建立各种理论,以理论研究指导行政实践,用行政实践丰富行政理论,促进理论与实践有机地结合,进而彻底实现社会公平,则有待于行政理论研究者与实际工作者进一步共同携手努力。

思考题

1. 什么是新公共行政学?它是怎样产生的?
2. 新公共行政学如何对传统行政学的"效率至上"观进行反思和批判?
3. 新公共行政学如何看待社会公平价值观?
4. 新公共行政学对传统政治—行政二分法有哪些突破?
5. 新公共行政学的动态、开放组织观有哪些基本内容?
6. 新公共行政学对当代公共行政的发展做出了哪些重要的贡献?

第十六章 德鲁克的目标管理理论

本章提要

本章着重阐述了德鲁克目标管理理论的基本内容，介绍了目标管理理论在公共行政中的应用——公共服务机构管理理论的主要内容，并对德鲁克做了基本评价。

学习要求

1. 了解德鲁克其人其事。
2. 掌握德鲁克目标管理理论的基本内容。
3. 掌握德鲁克目标管理理论在公共行政中的应用——公共服务机构管理理论的主要内容。

20世纪70年代是西方管理科学迅速发展的重要时期，一方面是由于五六十年代发展起来的诸如系统论、信息论等具有方法论功能的理论经过在管理实践中广泛而有效的应用为管理科学的发展提供了有益启示；另一方面是由于日益复杂的管理实践也向管理科学理论与方法提出了更高更新的要求。于是，一些新的管理学理论应运而生，美国管理学大师彼得·F.德鲁克（Peter F. Drucker）在其于20世纪50年代提出的目标管理概念基础上进一步创立的目标管理理论便是其中的一种比较具有代表性且对行政管理产生了重要影响的管理理论。

第一节 目标管理理论的基本内容

目标管理这一概念最初是由德鲁克在《管理的实践》（1954）一书中作为一种新管理方法提出来的，其依据的管理理念就是"注重自我控制，促进权力下放，强调成果第一"，其宗旨是用"自我控制的管理"代替"压制的管理"。后来，他又在《有效的管理者》《效果管理》《管理：任务、责任、实践》等著作中对此做了较为全面、系统的阐述，进而建立了他关于目标管理的理论。

德鲁克的目标管理理论,既吸取了泰勒科学管理理论和人际关系学说的长处,又避免了它们的不足,其内容主要包括以下基本方面。

一、组织中目标的性质

德鲁克认为,组织中的目标可分为战略目标、策略目标以及方案和任务,它们分别由组织中的各级管理人员和一般工作人员来制定,如图16-1所示。

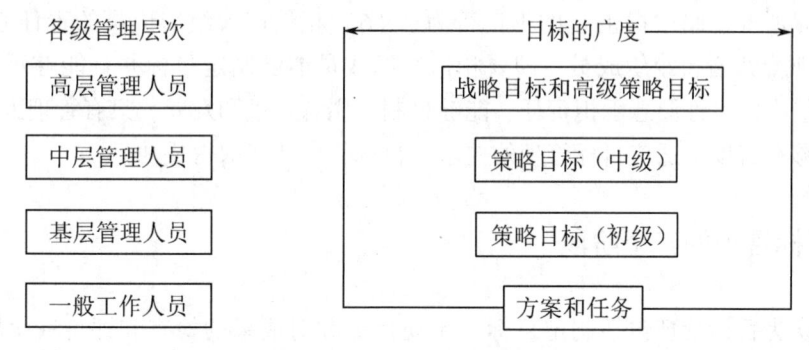

```
各级管理层次              ┌───── 目标的广度 ─────┐
┌──────────┐           ┌──────────────────────┐
│ 高层管理人员 │           │  战略目标和高级策略目标  │
└──────────┘           ├──────────────────────┤
┌──────────┐           │    策略目标(中级)     │
│ 中层管理人员 │           ├──────────────────────┤
└──────────┘           │    策略目标(初级)     │
┌──────────┐           ├──────────────────────┤
│ 基层管理人员 │           │      方案和任务       │
└──────────┘           └──────────────────────┘
┌──────────┐
│ 一般工作人员 │
└──────────┘
```

图16-1 组织中的目标

其中,战略目标和高级策略目标由组织中的高层管理人员制定,它们涉及的是一些对组织的成功具有关键意义的问题。战略目标可以使组织中较低层次的工作人员了解组织成功的意义,激励士气。

策略目标是次一级的目标,有复杂程度和层次高低的不同。例如,为了达到减少工作人员跳槽率这一目标,可以制定以下策略:(1)修改工资报酬制度,以便鼓励监督人员从事减少工作人员跳槽率的工作,鼓励工作人员长期为组织做贡献;(2)提高监督人员在人际关系方面的技巧;(3)通过与一般工作人员的谈话来了解工作人员跳槽的原因;(4)在招收新工作人员时便研究其各自的情况,以便对今后可能出现的跳槽情况做出预测;(5)改善物质环境。德鲁克认为,策略目标对于战略目标的实现起着重要的作用。

而所谓方案和任务是指一般工作人员为其本身的工作制定的目标。

二、目标管理成功的先决条件

德鲁克认为,目标管理要取得成功,必须满足以下前提条件:(1)高层管理人员的积极参与,即组织的最高行政领导者和其他高层领导人员必须积极参加制定和执行组织的战略目标和高级策略目标。(2)下级人员的参与,即吸引组织中的各级管理人员和广大工作人员参加制定目标并为目标的实现承担责任,这样可以对组织成员起到激励作用,并且能够有效地改善组织内的人际关系。(3)有充分的情报资料。正确有效地制定目标必然要求具有充分而精确的情报资料作为信息基础。组织中的各级管理人员如果不了解高层领导者制定的目标，就很难正确制定他们自己的目标。（4）对实现目标的手段有控制权。要使目标管理取得成功，一个管理人员应该对诸如人、财、物以及工作过程这样一些实现目标的手段具有一定程度的控制权，否则，即便是目标制定得再好，也不能影响管理行为并取得成果。（5）对为实现目标而勇于承担风险的组织成员予以激励和保护。过去评价组织成员的依据往往是看其所做的工作，至于是否达到一定的目标，组织成员并不承担什么责任，而目标管理则要求每个组织成员都要为实现一定的目标而承担责任并进而承担一定的风险，对于那些勇于为实现目标而承担风险的组织成员必须给予必要的激励和保护，这样可以有效地制止目标管理过程中"口是心非、暗中捣蛋"的不良行为。（6）相信广大组织成员的责任心和创造力，以 Y 理论的观点来看待组织成员，即要相信组织成员能够制定目标并且能够承担实现目标的责任，相信人的本性愿意承担责任、能够自制、愿意上进和发展。只有管理人员和一般工作人员都能够在态度上适应目标管理的要求，目标管理才能取得成功。

三、目标管理的三个阶段

德鲁克认为目标管理包括制定目标、实现目标和对成果的检查和评价三个阶段（如图 16-2 所示），它可以分为七个相互联结的步骤：步骤一，准备，即向参加目标管理的人员提供有关的系统情报，使之了解各自的地位、职责和利益，消除其疑虑。步骤二，制定战略目标，使其具有足够的机动余地并明确表述各类标准。步骤三，制定试探性策略目标，旨在征求各方意见并使策略目标逐步完善。步骤四，由各级管理人员对策略目标提建议、相互讨论并修改，集思广益，以增强每个人的参与感和实现计划的积极性。步骤五，对各项目标和评价标准达成协议，以形成一个完整的目标体系，并将达成协议的目标和评价标准报送上一级。以上五个步骤属于目标管理第一阶段的工作。第二阶段，即步骤六，在一般监督下为实现目标而进行过程管理。与传统管理方法不同，这种过程管理主要是由组织中的一般成员自我管理或自我控制，上级只根据例外原则对重大问题过问和监督并对他们加以支持和诱导，鼓励他们充分发挥自己的积极性、创造性和主动性，为实现其目标而努力。由于组织成员的个人目标和各级管理的策略目标是以整个组织的战略目标为依据的，所以，当组织成员的个人目标和各级管理的策略目标都实现时，组织的战略目标也就实现了。目标管理的第三阶段，即步骤七，把实现的结果同原来制定的目标相比较，对成就予以各种形式的奖励，对问题则尽量实行由各级管理人员和工作人员自己总结，上级给以指导的方法，以利于总结经验和教训，将其应用到下一个目标管理的周期中，不断提高目标管理工作的水平。

通过上述内容，我们不难看出，目标管理具有以下主要特点：（1）以目标为中心。围绕目标制订计划、建立机构和制度规章，通过组织工作保证各项活动都导向组织的目标，使组织内的每个单位和个人心往一块想、劲往一处使。（2）重视成果的管理。目标的内容要具体，能够体现出应取得的成果，通过对目标成果的评价得到奖惩的依据。这就促使人们重

```
第一阶段：制定目标
1. 对参加者的准备工作：提供情报并予以适当激励
        ↓
2. 由高层领导制定公司目的和战略性目标 ←──── 8. 把经验用于新的目标管理周期
        ↓                                        ↑
3. 由各级管理人员制定试探性的策略目标
     ↑
┌────────┬──────────────────┬──────────┐
│4A 修改 │4. 上级和下级之间相互│4B 抛弃不现│
│  目标  │  影响；对各种建议的│  实的目标│
│        │  反映              │          │
└────────┴──────────────────┴──────────┘
        ↓
5. 对各项目标和评价标准达成协议

第二阶段：实现目标
6. 在一般监督下为实现目标进行过程管理

第三阶段：对成果的检查和评价
7. 对达到的成果进行检查和评价
```

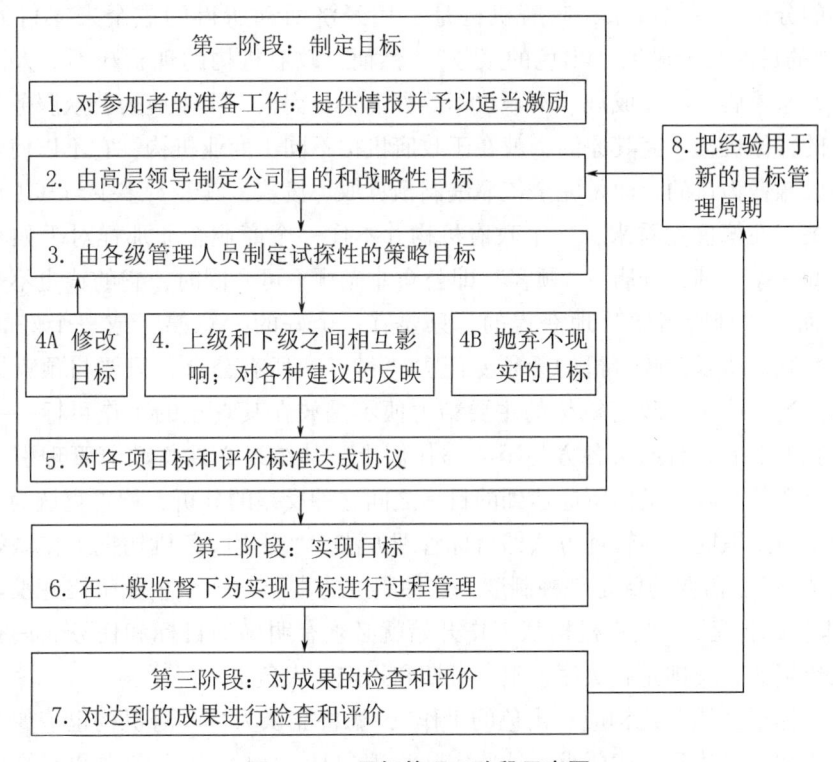

图16-2 目标管理三阶段示意图

视成果，凭成果说话，克服"花架子"作风和"大锅饭"弊病。（3）重视人的管理。目标管理是把任务转化为目标体系，动员每个工作人员参与管理，启迪其事业心、成就感，使其在各自的岗位上以主人翁的态度来从事工作。

德鲁克的上述观点为目标管理勾画了总的蓝图，因而世界各国的管理学者均承认他是目标管理理论的创始人。

第二节 目标管理理论在公共行政中的应用——公共服务机构管理理论

如前所述，目标管理是一种要求管理者在事先确立目标的基础上，通过层层分解、展开目标并且经过分权而使下层享有充分自主权，以创造性地达到预定目标的一种新的管理理论和方法。它有别于传统的管理方式，强调的不是自上而下的控制与监督，也不注重下层完成任务的过程和具体手段，而是立足于部下的自我控制，并且以达到目标的好坏、优劣作为考核、评估的标准。目标管理的理论和方法最初在企业中推广，继而又在政府机构中广泛运用。德鲁克后来提出的关于公共服务机构的管理理论就是以其目标管理理论为基础的。

与以往的政府管理研究者不同，德鲁克作为一名世界闻名的经营管理顾问，他是用经济学观点来看待政府及其各部门等"公共服务机构"的，并且将这些机构与商业企业对比，以进行具体的分析。在他看来，政府机构是"用经济活动所得的盈余来支付的服务性设施"，其管理的目的在于提供"出色的服务"。然而，政府机构的现状却不令人满意，工作效率低下、回避矛盾、墨守成规、不顾改革等弊端十分突出，本来应为公众服务的机构却成了不务正业的官僚机构。究其原因，就在于政府机构不同于商业机构，它不以使顾客满意为基点，也不以赚钱为目的，而是完全依靠编制预算取得拨款，其经费多少与其工作和服务态度的好坏无关。在德鲁克看来，一个政府机构并不像一个商业企业那样对手如林、竞争激烈，而是独此一家、别无分店，"顾客"即公众非光顾不可。同时，它的钱也不是通过竞争"挣来的"，而是"理所当然"地获得的，只要有一个好的"意愿"或一个好的"计划"，就可以得到拨款。所以，政府机构无须专门去"讨好"所有公众，只要与预算拨款部门搞好关系即可。这样一来，政府机构的主要精力便不是放在其真正的工作目标——"为公众服务"上，而是放在讨好有关各方甚至弄虚作假上，其结果必然将政府管理引入歧途。正是基于对预算拨款与政府机构所应达到的目标之间这种反差的分析，德鲁克认为，政府机构和商业企业都应采取同一的管理方法即目标管理方法。"要使服务机构把工作做好，并不需要'伟大的人物'，需要的倒是一种制度，这种制度的本质与一个企业机构并没有太大的区别"[①]，其基本要求就是，政府机构从工作开始就必须有明确的目标和任务。只有规定了要求，才能拨给资源、安排先后次序、限定日期和指定专人负责。

为了真正体现"服务机构应有出色的工作"，德鲁克认为，政府机构也应像工商企业一样采取实际步骤，以达到上述要求。这些实际步骤包括：(1) 认真考虑和回答自己本身的任务、目的和使命是什么；(2) 从任务、使命的定义中提出能获得行政效益的明确目标；(3) 围绕重点工作规定达到目标的日期、权责和达到最低效益的标准；(4) 制定衡量、考核政府工作的标准；(5) 对获取效益进行自我控制，以形成整个机构及其所有人员达标的系统；(6) 加强对"目标和效益"的检查、考核和评估，发现和解决达标过程中的问题，以防止将资金和精力浪费在无效果的工作上。德鲁克提出的上述步骤实际上囊括了目标制定、分解、实施、评估等环节在内的整个政府机构目标管理的过程。

简 评

综上所述，目标管理是一种比较具体、细致的管理理论和方法，其基本出发点是，通过让下级单位及人员参与制订组织目标和组织计划来增强其责任心。它包括制定组织目标或战略、制定部门目标、讨论部门目标、制定个人目标、定期开会评议目标的完成情况等基本步骤。这就是通过目标的层层分解和让组织成员参与制订分解方案，达到使组织目标深入人心的目的。

目标管理方法直观易懂，实用效果比较好，但它不是能够自动生效的。一般来说，运用

---

① [美] 德鲁克：《公共服务机构的管理》，载《公共利益》，第33卷（1973年秋季号）。

这种方法应注意如下关键问题：(1) 要严肃认真地做好准备工作，把实施目标管理当作一项大事来抓；(2) 目标要制定得比较明确，尽量用数量指标表示，并且要规定完成任务、达到目标的时间；(3) 应当将这种管理方法用于比较长期的组织任务；(4) 落实到个人的目标必须符合实际情况，每个人的目标均不应超过其所具有的实际承受能力；(5) 对目标完成情况的检查方式很重要，对能力较低和缺乏自信心的组织成员来说尤其重要；(6) 应充分开发和利用人际交流技能，特别是上下级之间信息沟通的技能。有些组织使用这种管理方法之所以见效不大或根本无效，其原因就在于没有做到以上几点。

从本质上来说，目标管理可以说是一种参与式管理方法，但它是那种"民主集中制"的参与管理。它的优点是多方面的，例如，它能够使组织活动明确指向组织目标、加强计划工作、提供比较清楚的控制标准、更好地利用人力资源、有助于上下级之间的交流，等等。但相比之下，其最大的优点恐怕还是在于能够提供有效的内心激励。从管理者的观点来看，这种方法富有条理性，突出了计划、决策、组织和控制等管理功能，因而它尤为可取。所以有人说，这种方法是有着很强生命力的好方法，它不仅适用于企业管理，而且适用于行政管理。[①] 前述公共服务机构管理理论就是德鲁克将其目标管理理论运用于政府行政管理的典型例证。

思考题

1. 运用目标管理方法应注意哪些关键问题？
2. 德鲁克目标管理理论有哪些基本内容？
3. 德鲁克目标管理理论应用于公共行政从而衍生出了什么新的管理理论？其主要内容是什么？

[①] 参见孔札萨克：《目标管理法效果的研究》，载《美国管理学评论》，1981 (7)。

第十七章　奎德的政策分析理论

本章提要

本章阐述了奎德政策分析理论的主要内容，包括政策分析及其必要性、政策分析的要素、政策分析的过程、政策分析与政治因素等，并对奎德做了基本评价。

学习要求

1. 了解奎德其人其事。
2. 掌握奎德关于政策分析及其必要性的观点。
3. 掌握奎德关于政策分析的要素的论述。
4. 掌握奎德关于政策分析的过程的论述。
5. 掌握奎德关于政策分析与政治因素关系的论述。

政策科学自20世纪50年代初期兴起至今，在西方国家尤其是在美国得到了长足的发展，特别是对政策分析理论与方法的研究日趋系统化，相继产生了一批新的政策分析理论和方法，其中比较有代表性的当属美国著名的政策分析专家爱德华·S. 奎德（Edward S. Quade）的政策分析理论。奎德长期在享誉世界的公共政策思想库——兰德公司从事政策分析的理论与实践研究，曾担任兰德公司数学部主任，他与政策科学家德罗尔一起创办了著名的《政策科学》理论刊物。自20世纪80年代以来，奎德在其《公共决策分析》（1982）等著作中系统阐述了其政策分析理论。

第一节　政策分析及其必要性

政策分析是政策科学的研究方法，它使用各种分析方法和技术来帮助决策者制定政策。在奎德看来，一方面，政策分析是一种应用的分析形式，它既不同于运筹学、系统分析和成本—收益分析这样的一般性分析理论和方法，但又为了达到自己的目的而使用这些理论和方法；另一方面，政策分析是政策科学的研究方法论，其目的在于帮助决策者制定和改进政策，它在广泛收集信息和资料的基础上，帮助决策者阐释目标，寻找备选方案，预测方案的效果，建立模型并对方案做出评估，从而为决策者选出最佳行动方案。正如奎德所言，政策分析的目的在于寻求既出色又节省地完成任务的方法。政府之所以得益于政策分析的应用，是由于政策分析"从分析的角度为决策者（某个人或某机构）提供了帮助"，"决策者想尽可能地干得漂亮"。

奎德认为，政策分析是在运筹学和系统分析的基础上发展起来的。他引用英国运筹学会的定义说："运筹学是现代科学为解决复杂问题而建立的理论。这些问题是在工业、商业、政府和防务中对人、机器、物资和资金的大系统进行指导和管理中产生的。运筹学的特殊方法是开发科学的系统模型，结合对诸如机会和风险等要素的计量，从而对可供选择的各种决策、战略或控制的结果做出预测和比较。运筹学的目的是帮助管理者科学地确定其政策和行动。"① 在奎德看来，运筹学与系统分析很难严格地区分开，两者的区别仅在于：前者处理的是"低层次"问题，即效率问题；后者处理的则是"高层次"问题，即目标选择问题，因为目标选择往往与高层决策相联系。对于任何给定问题，如果存在的目标越多，这些目标越是冲突，要考虑的参数和要素的数目越多，它就越需要判断和直觉，这样的问题就越是被归于系统分析，而不是归于运筹学；而一项工作越是依赖于定量分析和计算，这种工作就越是归于运筹学，而不是归于系统分析。他还认为，系统分析与政策分析也很难区分开，因为系统分析和政策分析都是通过改进决策者行使判断的基础或根据来帮助决策者做出最佳选择。系统分析和政策分析只能从它们研究问题的内容和环境上来区分。当政治的和社会的因素占支配地位时，我们更多地称这种研究为"政策分析"，因为政策分析要更多地研究决策的政治因素和社会因素。奎德对运筹学、系统分析和政策分析做了如下区分："运筹学想要帮助人们把事情办得更好；系统分析也试图做到这一点，另外，它还要找出那些不仅能办得更好，而且要少花钱的目标；政策分析试图做到系统分析所寻求的一切，此外，它还要求把事情办得公道。因此，系统分析可以被视为包括了运筹学，再加上经济的考虑和目标的调查，以及与此有关的方法。政策分析可以被视为包括了系统分析，此外，它还要关心政策的分布影响。政策分析还更多地重视执行，重视政治和组织方面的考虑……政策分析在很大程度上是作为系统分析的扩充而发展起来的，而系统分析又是运筹学的扩展。"②

一方面，奎德认为，政策分析的必要性可以从决策失误以及决策机构的低效得到说明。在他看来，决策失误有两种形式：一种是可以避免的决策失误，即决策所必需的信息、资料、证据完全具备，但由于缺乏科学的决策方法和程序造成的决策失误，这种决策失误虽说不是政策分析的责任，但缺乏政策分析是一个重要的原因；另一种是难以避免的决策失误，这种决策失误是由于决策所必需的信息、资料、证据不充分或者有关事件的未来发展尚未充

---

① ［美］奎德：《公共决策分析》，英文版，22页，诺思霍兰出版社，1982。
② ［美］奎德：《公共决策分析》，英文版，24页，诺思霍兰出版社，1982。

分展现或者决策所涉及的问题复杂并带有大量不确定性因素而导致的，奎德认为这种决策失误虽然难以完全避免，但运用政策分析可以把损失控制到最小限度。事实上，在所有决策过程中，政策分析都能帮助决策者做出更好的选择。

另一方面，奎德认为，几乎在所有国家的政府部门中都常常表现出决策上的低效。在他看来，造成这种现状的原因是多方面的：首先，政府部门中参与决策的决策者或潜在的决策者人数多，他们又各自代表不同的利益集团，这时就很难就目标达成共识；其次，政府机构使用的决策程序和方法十分落后，官样文章、公文旅行、议而不决等是这种决策程序的基本特征，而引起巨大社会危害的"试错法"是最常见的决策方法，这样，频繁的决策失误及其带来的严重后果便可想而知；最后，政府工作人员的不称职也是政府决策失误的一个重要原因，许多政府工作人员几乎不具备任何政策科学的知识，几乎没有受过任何政策分析方面的训练，而且在有些政府机构中几乎没有任何专职政策分析员。上述原因归结到一点就是缺乏政策分析，也就是说，我们没有充分和恰当地运用政策分析方法去发现我们的目标，去理解并解决我们的问题。从理论上说，政策分析可以在一切决策领域为我们提供帮助，例如，它可以帮助我们提高业务效率，帮助我们合理地分配资源，帮助我们管理环境，帮助我们有效地进行方案评估，帮助我们更好地制订计划和预算，帮助我们更好地进行战略选择。

第二节 政策分析的要素

奎德认为，政策分析人员在帮助决策者制定决策时一般要遵循的程序是：(1) 帮助决策者确定他所需要实现的目标；(2) 找出实现决策者目标的各种备选方案；(3) 推断出根据各种备选方案制定的决策可能产生的结果；(4) 采用适当的标准将各种备选方案按优排序，或将这些备选方案提交给决策者，让他们根据自己得到的合适信息对方案进行排序；(5) 对选出的备选方案制定一个程式，它能告诉我们，该方案的实施会产生什么结果，它又将在何种程度上实现我们最初选定的目标。因此，政策分析一般包括目标、备选方案、效果、标准和模型五个要素。在奎德看来，当一个人面临决策时，他要考虑这些要素；当一个人帮助别人做出决策时，他也要考虑这些要素。认真考虑这些要素是任何一项优秀决策的必要条件。

一、目　标

目标是决策者通过其决策试图完成或实现的东西。当个人或政府部门需要通过政策分析来做出决策或选择政策时，必须假设该决策或政策要实现的某些对象，这就是目标。在奎德看来，目标可以分为不同的类型：有些目标是明确陈述的，而有些目标是模糊的或只能被决策者感知的；有些目标是单一的，而有些目标是多元的或相互冲突的；有些目标是短期的，而有些目标是长期的或需要经过几代人的努力才能实现的；有些目标是定量阐述的，有些目标是定性阐述的，还有些目标既不能定量阐述也不能定性阐述。奎德认为，目标的选择十分重要，只有目标选择正确，关于备选方案，成本和效益的信息才会有意义、有价值；如果选择的是错误目标，则意味着我们处理的是错误的问题，在这种情况下，我们再去花费大量时间和金钱来制订并有效执行各种备选方案，当然是荒唐可笑的。他说，经济分析、运筹学和管理科学通常假设决策者的目标是清楚明确的，而政策分析却不一样，在政策分析看来，决策者的目标并不总是清楚明确的，因此不能把目标视为一种已知的假设，而要首先弄清楚目标是什么。他认为，政策分析的本质不仅要考虑应该怎么办，而且更要首先考虑应该干什么。

二、备选方案

备选方案是可望用来实现目标的可供选择的办法或手段。在奎德看来，备选方案根据问题的特性不同可以是政策、战略或行动。备选方案必须彼此不同，它不仅包括决策者一开始就知道的选择，还包括以后新发现或构想的选择。他认为，备选方案的选择和确定一般要经过寻找、筛选、检验和准备实施这样几个阶段。在寻找备选方案阶段，政策分析必须尽可能多地找到备选方案，或构想和设计出更多的备选方案，如果遗漏某一备选方案，我们就不能保证从那些不完全的备选方案中找出最佳方案。此外，奎德认为，决策者的目标与备选方案紧密相关，决策者的目标确定了备选方案的范围；而且他指出，决策者或政策分析人员必须发挥创造性和想象力去构想新的备选方案，因为有时改变阐释问题的方式或用不同的观点看问题都能使我们找到新的备选方案。至于备选方案的筛选，其目的是要把所拟订的备选方案数量减少到易于处理的范围，其方法通常是根据某种规则来审查各个备选方案，从而把不符合这种规则的那些方案剔除掉。通常，对备选方案的筛选并不是单一的操作过程，而是重复的操作过程。不过，奎德认为，因为对于某种目标来说，筛选备选方案的标准很难确定，所以用确定的标准来筛选备选方案并不总是行得通。因此，他强调，在筛选备选方案的过程中必须小心谨慎，稳健保守比操之过急更好，我们宁愿失之于保留的备选方案太多，也不愿失之于保留的备选方案太少，因为前一种过失不过给我们下一步的工作带来困难，而后一种过失则可能将那些比我们保留下来的方案更好的备选方案葬送掉。在备选方案的检验或审定阶段，奎德认为对筛选下来的备选方案进行最终审定应该包括各种可行性研究以及与我们决策有关的其他效果分析。可行性研究要回答某一政策方案在政治、经济、技术、法律上可行或不可行的问题。此外，他认为，对人口、生态、伦理道德、文化传统等各种社会因素的可行性研究也值得注意。他指出，对备选方案的检验或审查必须要对方案进行比较，例如，对于效用相同的备选方案，要比较哪些方案需要更少的成本；对于成本相同的备选方案，要比较哪些方案有更大的效用，等等。在他看来，通过比较，我们可以找到成本较低而效用较大的方案，或可能得出经过修订的新方案。由于新方案集中了原来方案的优点而避免了其缺点，

187

所以它也可能以较低成本实现较大的效用。选定备选方案的最后一个阶段是准备实施备选方案，奎德将经过审定，准备实施的备选方案称为行动方案。他认为，我们首先要把这些行动方案按照审定的先后顺序排列起来，再对各个行动方案做进一步的展开和调整，这一过程使用的方法叫"执行分析"。在他看来，执行分析主要考虑的是政策实施过程中可能发生的政治、组织、环境和人的因素，其中，人的因素最重要。

三、效　果

用以实现目标的某种方案一经确定，就意味着一系列特定的后果，奎德把这些后果称为"决策的效果"。在他看来，决策的效果有正负之分：正效果是指方案所得到的收益超过成本，它有助于目标的实现；负效果则指的是方案所耗费的成本超过收益，这是决策者所要避免或尽量减少的一类效果。奎德认为，我们也可以把收益视为正效果，把成本当作负效果。在有些情况下，收益和成本均可以用货币单位来计量，但在另一些情况下，收益或成本却难以用货币单位来计量。奎德举了一个例子来说明难以用货币单位计量的政策成本："假定一项决策的目标是要降低汽车交通事故，采用的方案是强制低速驾驶。这时，在人不多和相对安全的路段上低速行驶所造成的对乘车人的耽误，就会被大多数驾驶员视为一种成本。这种耽误不仅是一种难以用美元表示的负价值，它还会引起驾驶员情绪激动，并使他在别的路段上加速行驶，这样就会导致事故率的增长，甚至导致对法律的蔑视，这一系列后果是很难用数量化方法来说明的。"[①]

四、标　准

标准是一种规则或尺度，使用它能够把各个备选方案按照适当的顺序排列起来，并且能计量各个备选方案的效果。标准可以表明目标、备选方案和效果之间的相互关系。在奎德看来，标准在政策分析中十分重要，它直接影响到我们对备选方案的选择和对效果的计量，在执行中还影响到对政策的评估。政策标准属于政策分析中价值研究的范畴，它涉及决策者的价值观，或者说，决策者的主观价值直接决定着政策标准的选择。但他认为，尽管如此，政策分析仍然可以有所作为，例如，政策分析人员可以根据决策者的优先选择确定适当标准并把备选方案按照一定的顺序排列。他特别提到，政策分析人员不要掺和到政策标准的选择中去，而要让决策者自己做选择。政策分析人员的责任是根据决策者的标准去排列和比较备选方案。尽管政策分析人员有时可以对政策标准提出建议，但是当他这样做时，他已经不是一个纯粹的政策分析人员了。因此，要求政策分析人员必须把自己的价值观与决策者的价值观严格区分开。

[①] ［美］奎德：《公共决策分析》，英文版，46页，诺思霍兰出版社，1982。

五、模　　型

奎德指出，所有政策分析的核心都在于找到或构造出这样一种程序，它能够预测或至少能够简单地说明采取某种方案将会产生什么后果。也就是说，如果我们考虑将一个行动方案付诸实施，就必须有一个程式，它能告诉我们该行动方案会产生什么效果以及我们将在何种程度上实现目标。这项任务是通过模型来完成的。在他看来，政策分析采用的模型同"自然科学"模型十分相似，它们由一个逻辑关系的系统构成，试图以一系列数学方程式或计算机程序展示决定各种方案结果的程序。

不过，奎德认为，目前我们设计这种有效可靠的模型能力有限，在涉及公共政策问题时，由于社会和政治方面的考虑总是占据支配地位，设计这种模型便愈加困难。在这种情况下，就不得不使用某种意义上不太令人满意的模型去预测备选方案的后果，而这种模型更多而且更直接地依靠判断力和直觉，因而其精确性较差，处理起来较困难，显示的反馈也不那么明确。

第三节　政策分析的过程

所谓政策分析的过程即政策分析工作的先后次序，它是由问题本身及其内容决定的。奎德认为，无论问题属于何种性质，政策分析过程都要包括以下五个基本阶段。

一、总体概述

"总体概述"是一种尝试，即试图阐明目标、解释有关问题和限定问题范围。奎德指出，在这个阶段的分析工作刚开始时，人们可能缺乏足够的经验和有关的知识，因此许多问题会带有极大的假设成分，但是试图以报告的形式阐述问题，这本身就会有助于把分析工作的逻辑结构整理得更清楚。在他看来，总体概述是政策分析过程中的最重要环节，因为政策分析人员在这个阶段要努力以不同的方式对问题进行重新阐述或对问题重新加以解释，这样不仅可以阐明这个问题是否合乎逻辑和有无价值，而且还可能指出解决问题的方向，因而奎德将总体概述视为整个政策分析工作的出发点。

二、广泛探索

政策分析工作在总体概述之后，从某种意义上讲是与此同时便进入了调查研究阶段，奎德把这个阶段称为"广泛探索"阶段。在他看来，这个阶段的任务是收集作为分析依据的材料，找出它们之间的相互关系以及寻找新的备选方案。他认为，在这个阶段，我们要对可能适用的备选方案进行研究，并通过建构模型来展示每个备选方案的效果，以此作为比较的依据。他认为，建构模型不是一个层层相因的过程，它不仅是一种技能，而且是一种创造性活动、一种艺术。在他看来，建构模型必然是一个反复的、适应的过程，人们从中由知之甚少变为知之较多。他指出，为了设计或评估一个政策系统，我们往往要建构很多不同种类的模型，至于在特定情况下应该使用哪一种模型，这需要经验指导和正确判断。

三、多方比较

奎德认为，在多方比较过程中，我们根据可能产生的效果，即每个方案可能涉及的成本、效益及其他后果，依据不同标准对各个方案进行比较并列出优劣顺序。在他看来，系统分析中用来排列备选方案优劣顺序的理性方法主要有两种：一种方法是先确定任务或效用水平，然后按照成本递增的顺序来排列方案，成本低者列前，成本高者列后；另一种方法是先确定成本或预算水平，然后按照效用递减的顺序来排列方案，效用高者列前，效用低者列后。如果方案涉及时间因素，则应该使用成本—收益分析方法，将与备选方案有关的成本和收益表示为一个时间函数并以合适的贴现率将未来的成本和收益进行贴现，然后根据成本和收益的限值对备选方案进行比较。

不过，奎德也指出，有很多公共政策的效果很难纳入成本—收益的分析框架，例如，在一项公共交通计划中，我们几乎不可能用货币价值来计量增加旅行的舒适性这种优质服务效果的收益；在一项城市建设计划中，我们也很难计量因搬迁或拆毁一处历史遗迹而付出的代价。在某些计划中，还会出现一些人支付费用，另一些人获得收益的情况，因此我们往往很难清楚地将备选方案排列起来。奎德说，这时我们最好列出各种备选方案的特征和效果，让决策者凭自己的判断和直觉来排列方案的优劣顺序。

四、说明解释

奎德认为，在这一阶段，政策分析人员又要重新面对现实问题。说明解释的工作应当贯穿于整个分析过程的始终，它可以在任何一个阶段进行，不过，它最主要还是在比较阶段之后进行，因为这时政策分析人员要考虑告知委托人什么结论以及如果委托人要求他就采取何种行动提出建议时自己将如何作答。而且政策分析人员在此之前的工作中获得了材料，具备了洞察力，可以得出结论并且或许能够就不同条件下最为可取的行动方针提出自己的见解。奎德认为，决策者的反应可以促使政策分析人员对模型显示的现实图景进行修正，因为这种图景并不总是准确无误。在本阶段，必须依照实际和现实的考虑对各种模型所展示的结果加以说明。

五、测试检验

政策分析过程的最后一个阶段便是对做出的结论进行测试检验。在奎德看来，从某种意义上说，对于决策者是否根据分析结果做出了正确决策这一点是永远无法进行检验的，因为总会出现一些决策者所无力左右的情况。但是他仍然认为根据一种或若干种模型显示的结果，尤其是在形势稳定时，我们确实可以进行一些检验工作。他举例说，假设政策分析人员试图为某个中心商业区确定较好的交通格局和交通管理方式，他将会利用计算机模拟对各种方案进行试验，然后选择看上去最好的方案加以实施。这样，只要不发生模型未曾考虑进去的情况（比如，一块计划用作停车场的地皮被卖出去了，并立刻动工在上面修建了一幢十层高的办公大楼），便可以运用以往的经验对模型做出的预测进行检验。

最后，奎德指出，上述五个阶段的顺序并不重要，重要的是，根据决策内容和分析工作的需要，这五个阶段可以交叉、重复、循环，直至我们彻底弄清问题，找到合适的决策方案。奎德将政策分析的重复过程用图17-1表示。

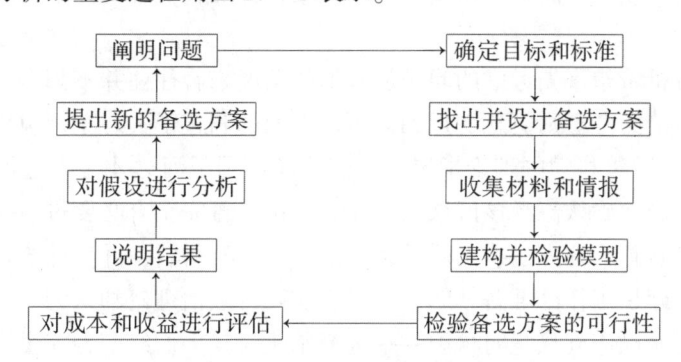

图 17-1 分析工作的重复性[①]

第四节 政策分析与政治因素

政策是一种政治行为，在政策的整个生命过程中，政治环境的影响、政治体制的制约无时不在，无处不有。换言之，政策作为一定政治系统的产物，必然与各种政治因素相关联。因此，奎德认为，政策分析人员在整个政策分析的全过程中始终应妥善处理政治问题，把它放在政策分析的首要位置。在他看来，与政策分析密切相关的政治因素主要表现在以下两方面。

---

① 转引自［美］R. J. 斯蒂尔曼：《公共行政学》，下册，李方等译，273页，北京，中国社会科学出版社，1989。

一、政治可行性

政治可行性是指某项政策在政治上被接受的可能性，这里既包括政府机构和政治组织内部的政治，也包括选择的政治，即当事人是否接受解决问题的方式、方案和结果。奎德认为，要使一项政策在政治上被接受，政策分析人员和他所做的分析一开始就必须面对各种政治因素。在他看来，政治可行性与下面这些政治因素有关：

第一，政治家、政府官员和政策分析人员因各自的利益、追求不同，他们考虑和处理问题的方式也会不同。例如，政治家考虑的政策目标首先要有利于自己的政治目的，如连任和升迁。因此，他总是尽力扩散目标，希望有更多的人知道这项政策。在资源分配上，政府官员总是像撒胡椒粉一样把资源广泛分配给许多方案。而政策分析人员则不同，他们要努力明确目标，从众多备选方案中挑选出最佳方案并希望优先方案得到优先支持。这样，政治家与政策分析人员之间的不一致就很难避免。奎德认为，在这种情况下，政策分析人员要向政治家说明他们之间的一致性，例如，向他们解释政策目标的实现对双方都有利、对社会长治久安有益等。

第二，政策分析希望事先考虑的问题从政治的角度来看往往并不都是当务之急，不值得现在就考虑，而政治的考虑则更急功近利，更讲眼前的利害得失。奎德引用德罗尔的一个生动比喻做了说明："政策科学的理论指出，人们不应该到了河边才考虑过河问题。相反，应事先考虑行动的区域，确认流经该区域的河流，决定是否完全有必要过河——如果有必要过河的话，还要决定从什么地方过。然后，事先准备好建桥材料，并设计合理的工作计划，以便到达那条河时，建桥工作已准备就绪。而讲求实际的政治理论却认为，过河问题应该到了河边再说，最好是水已淹到喉咙时再说——大祸临头时，人们终归会完全同意，必须立即过河，必须竭尽全力办好安全过河所需的一切事情。"[①] 奎德认为，在这种情况下，政策分析人员应该说明政策分析的性质和未雨绸缪的好处。例如，与其过河时全军覆没，不如事先就把桥建好，两相对比，前者的损失更大。

第三，一项政策往往同时受到多种政治因素的影响。奎德认为，政策的接受者是多重组织，包括特殊利益集团、官僚和民众。在这种情况下，要制订有关各方都能接受的妥协方案，尤其要制订一些既能提高政策的可接受性而又不降低政策目标的妥协方案，在他看来，通过政策分析，我们可以找到这种方案。

第四，有些政策会碰到政治上的反对者。奎德认为，决策者这时应争取更多潜在的支持者。在他看来，有时反对者仅仅是由于经济上的利益而反对某项方案，在这种情况下，可以采取给利益受损人利益补偿的办法，或让他们得到其他方面的收益，这样往往能使方案成为可接受的，因而在政治上行得通。

---

① ［美］奎德：《公共决策分析》，英文版，342 页，诺思霍兰出版社，1982。

二、谁是真正的委托人

奎德认为，当政策分析人员接受一项政策分析时，他当然知道谁是他的委托人——一些个人、一家公司或者一个政府机构。但是，当政策分析人员着手进行政策分析时，由于涉及不同政治派别和利益集团，他又不得不面对整个社会。他必须把自己视为整个社会的代表或国家的代表甚至整个世界的代表。他意识到只有这样才能保证公正，才能使他的政策分析不带偏见。而且，他会根据这些原则去影响委托人或支持者，而不是仅仅去帮助他们。这样就产生了一个重要的问题：谁是真正的委托人？当政策分析人员或专家顾问为政府机构工作时，他尤其看不清他的委托人是谁。他容易这样理解：他为之工作的政府机构就是国家的代表，因此他是在为国家工作。事实上，正确的理解应该是：政府机构对国家负责，国家对人民负责。因此，如果他真正对这一政府机构负责的话，他就应该首先对人民负责。从这里我们可以看出，当政策分析人员为某些个人或团体工作时，他应该把自己视为一个更广泛社会的代理人，从而是民众的代理人。然而，奎德认为，要真正做到这一点很难，或者说根本不可能。如果委托人发现政策分析人员偏离自己的利益太远，或者明显是在照顾别人的利益，他就会停止对分析工作的资助乃至停止政策分析人员的工作。在奎德看来，政策分析人员的现实态度似乎处于这两种极端情形之间，他引用美国学者萨格登和威廉斯的话说："分析员必须忠诚于理智和正直的事业。例如，分析员不应该不加批判地接受那种与决策者接受的政策不一致的目标。但是应该说，分析员作为一个公民，可以适当考虑委托人提出的目标的优劣；作为一个自由人，他有权拒绝雇主要他以他认为是不妥当的方式来施展才能的要求。但是，作为一个分析员，他又要按照委托人的目标去工作。"① 奎德认为，一般来说，政策分析人员的价值天平更应该倾向于社会和公众一边，政策分析人员所做的工作是改善政策，而不是帮助委托人，尽管资助者施加压力，政策分析人员还是应该把自己视为更加广泛的政治利益的代言人，而不仅仅是某个组织的代言人，分析员应该关注公共福利事业。

简 评

通过上述内容，我们不难发现，奎德对于政策分析的认识不仅很系统而且也不乏深刻之处。他不仅对政策分析的本质、政策分析与系统分析和运筹学等相关概念之间的关系以及政策分析的必要性等基本问题做了深入的阐述，而且对政策分析的要素、过程以及政策分析与政治因素的关系做了系统归纳。他所提出的政策分析理论与方法为当代政府决策的科学化奠定了重要的方法论基础，其政策分析理论中所包含的许多思想和观点都颇有见地，例如，"人们不应该到了河边才考虑过河问题"，"政策分析人员的价值天平更应该倾向于社会和公

---

① [美] 奎德：《公共决策分析》，英文版，347页，诺思霍兰出版社，1982。

众一边","政策分析人员所做的工作是改善政策,而不是帮助委托人"以及政策分析人员"应该把自己视为更加广泛的政治利益的代言人,而不仅仅是某个组织的代言人,分析员应该关注公共福利事业"等论述均不失精辟。他提出的许多方法已被社会实践证明是行之有效的,例如,他提出在政策碰到政治上的反对者,而且反对者如仅仅是由于经济上的利益而持反对态度的情况下,可以采取给利益受损人利益补偿的办法或让他们得到其他方面的收益的方法,这已经被广泛有效地运用于城市建设中处理搬迁户的问题,比如,我们往往采取给他们经济补偿或给新住房的方式使他们不致反对某项建设计划。当然,我们也应该看到奎德的政策分析理论也并不是十全十美,由于他所处的社会背景和阶级立场,其理论中含有某些偏激观点,这是我们所不能赞同的。因此,正如奎德本人所说的那样:"从很大程度上讲,对政策问题分析的成功应用乃是一种艺术。虽然某些原理和程序有着重要的指导作用,但这些原理和程序还不具备足够坚实的理论或专业基础,因而不能机械地套用。"①

思考题

1. 奎德怎样看待政策分析及其必要性?
2. 奎德认为政策分析有哪些要素?它们的作用如何?
3. 奎德如何描述政策分析的过程?
4. 奎德是怎样论述政策分析与政治因素的关系的?

---

① 转引自[美] R. J. 斯蒂尔曼:《公共行政学》,下册,李方等译,264页,北京,中国社会科学出版社,1989。

第十八章　布坎南公共选择理论的"政府失败说"

📖 本章提要

本章阐述了以布坎南的"政府失败说"为主要代表的公共选择理论的有关内容，包括公共选择理论的基本假设、对政府的失败及其根源的分析、补救"政府失败"的政策建议等，并对布坎南做了基本评价。

📖 学习要求

1. 了解对布坎南理论的基本评价。
2. 掌握公共选择理论的基本含义。
3. 掌握以布坎南的"政府失败说"为主要代表的公共选择理论的主要内容。

公共选择理论旨在将市场制度中的人类行为与政治制度中的政府行为纳入同一分析的轨道，即经济人模式，从而修正传统经济学把政治制度置于经济分析之外的理论缺陷的一种新公共经济理论。它不仅是当代西方经济学的一个分支，而且也是现代行政学的一个极为重要的研究领域。在这一研究领域中，其主要代表人物诺贝尔经济学奖得主美国著名的经济学家詹姆斯·M.布坎南（James M. Buchanan）的"政府失败说"可以算得上是对于当代政府管理的理论与实践最具影响的重要研究成果之一。

第一节　公共选择理论的基本假设

所谓公共选择是指非市场的集体选择，实际上就是政府选择。公共选择理论的基本特点是以"经济人"的假定为分析武器，探讨在政治领域中"经济人"行为是怎样决定和支配集体行为的，特别是对政府行为的集体选择所起到的制约作用。所谓"经济人"假定是指作为一个人，无论他处于什么地位，其人的本性都是一样的，都以追求个人利益、使个人的满足程度最大化为最基本的动机，即假定人都具有"经济人"的特点。基于这一假定，布坎南认为，通过类似的行为假设，我们也能够对集体选择的结构特征进行一些基本预测。他指出，政府不是神的造物，它并没有无所不知和正确无误的天赋，因为政府仍是一种人类组织，在这里做决定的人和其他人没有什么差别，这些人一样会犯错误。因此，建立在道德神话基础上的国家政治理论一遇上"经济人"这一现实问题便陷入难以解决的困境，为此，我们必须从一方面是受利己主义和狭隘个人利益所驱使的"经济人"，另一方面是超凡入圣的国家这一逻辑虚构中摆脱出来，将调查市场经济的缺陷和过失的方法应用于国家和公共经济的一切部门。这样便使所有分析有了一个共同出发点——"经济人"，当人们必须在若干取舍面前进行选择时，他们将更愿意选择那种能为自己带来较多好处的方法。

第二节 政府的失败及其根源

"政府的失败"是公共选择理论的研究重点，分析政府行为的效率以及寻找使政府最有效率工作的规则制约体系，是公共选择理论的最高目标。公共选择理论对西方所谓民主社会的政治结构进行了全面的分析，其中心命题和全部理论意义可以归结为一点，即政府的失败。所谓"政府的失败"，是指政府的活动并不总是像应该的那样"有效"或像理论上所说的那样"有效"。在布坎南看来，政府作为公共利益的保证人，其作用是弥补市场经济的不足并使各经济人所做决定的社会效应比政府干预以前更高，否则，政府的存在就无任何经济意义。但政府决策往往不符合这一目标，有些政府的作用恰恰相反，它们削弱而不是改善了社会福利。于是就提出了一个问题：为什么有些公共行动对社会的作用是"负效应"而不是"正效应"？产生这类问题的原因是什么？哪些是有缺陷的部门？我们应该怎样在制度的确定上弥补这些缺陷？为了对这些问题做出回答，布坎南对政府失败的主要表现形式——政府政策与政府工作机构低效率及其根源进行了深入的分析，并就如何补救这种"失败"提出了具体的政策建议。

布坎南认为，政府政策的低效率是指所执行的政策不是最佳政策，这种政策不能确保资源的最佳配置。一般来说，美国政府的政策在理论上可分为三类：第一类是由政府有关部门拟订方案，最后由选民投票确定的政策，像重大税收政策的调整，对国家前途影响较大的对外政策的制定等。第二类是由政府的高级领导层，如联邦政府或州政府拟订的方案。第三类是由政府部门全权独立制定与实施的政策，这种政策的合理性通常由宪法等法律来保障，政府部门的职责是照章办事。在此，我们仅以第三类政府政策的拟定方式为例来对政府政策的低效率做简要考察。就这类政策而言，布坎南认为，每个政府部门所遵循的政策通常是由该部门领导人根据自己对共同利益的理解来决定的。一方面，这些部门政治家的行为具有很大的自由，他们有意或无意地为自身的"经济人"动机所左右，因此，他们对共同利益的理解常常难以符合公共利益的要求；另一方面，由于部门政治家行为的灵活性与他们自利动机的强刺激性、制约性，他们的行为实际上也不倾向于为最大限度地增进共同利益而服务，而是依据自己获得的信息和个人效用最大化原则来决策。在布坎南看来,产生这一政府行为的外部原因是缺乏一种约束机制制约政府的行为方式。如果约束机制不能提供一种良性压力,以确保任何人处于某一特权地位时均不能过多地牟取私利,那么再高尚的执政官也不能保证公共利益不被他或他的后继者有意或无意地损害。正是在这个意义上,公共选择理论强调,不应该把增加社会福利与保证人人平等的权利随便交给某一特权机构或阶层,然后再虔诚地等待他们的恩赐。理性的做法应该是使这些特权机构或人物受制于某一硬约束机制并且由公民真正地而非形式地掌握该约束机制的最终决策权。

接着,布坎南又对政府工作机构低效率的原因进行了分析。他认为,导致政府机构工作低效率的原因有以下几方面:

第一,缺乏竞争机制。在美国,由选民直接选举产生的代表只占政府工作人员总数的很小比例。例如,总统、副总统、州长、副州长等国家和州一级的领导以及监督这些领导的参众两院的议员是由直接选举产生的,而其他部门领导则由国家和州一级领导人任命并由相应的参众两院认可。由于部门领导与民选代表之间存在密切的利害关系,不会因工作低效率而遭到解雇,所以他们也就没有压力去高效率地工作。另外,由于约束政治家个人活动的限制体制不以营利为目的,提供公共服务的各部门之间也不存在竞争,因此政府官员拥有的自由比私人企业经理要大得多,而过多的自由又使他们没有努力工作的积极性。可见,从纵向(逐级任命)和横向(部门之间)来看政府部门都缺乏竞争压力。

第二,缺乏降低成本的激励机制。从客观上看,由于政府部门的活动大多不计成本,即使计算成本也很难做到精确,这样就有形或无形地促使政府部门对公共物品的供给超出社会财富最优分配时所需要的数量,进而导致社会资源的浪费。相对于私人垄断情形,这种过量供给相当于公众支付给某些特权阶层一种变相的集体补贴,集体补贴的成本最终是由纳税人承担的。从主观上看,政府所属各部门的工作大多具有一定的垄断性。一方面,各部门可以利用这种垄断地位在供给公共产品与劳务时尽可能降低服务质量,提高服务价格,并在此基础上扩大生产规模,使其所提供的服务数量与范围超过最优的生产水平。另一方面,由于政府部门所承担的任务较为复杂,它们可以利用所处的垄断地位封锁一部分公共产品生产职能及资源成本等信息,从而使承担制约任务的议员和执行管理预算职能的部门无法了解真实成本,不能准确地评估运行效率,也就无法充分地行使监督权。

第三,政府机构自我膨胀。它包括政府部门组成人员的增加和政府部门支出水平的增长。之所以会出现这种情况,在布坎南看来,是因为政府官员也是追求个人利益最大化者,他们总是希望不断扩大机构规模,增加其层次,扩大其权力,以相应地提高其机构的级别和个人待遇,同时也使他们去制定更多的规章制度,增加自己的薪俸和享受。政府机构扩张的直接结果是财政赤字,当赤字压力过大时,便会迫使政府增加货币发行,从而诱发通货膨胀。

第四,监督信息不完备。从理论上来看,政治家并不能为所欲为,而必须服从公民代表的政治监督,从而保证政府部门运行的效率。而在现实中,这种监督作用将会因信息的不完备而失去效力。监督机构为了执行监督职能，必须对被监督部门的运行情况了如指掌，但向它们提供运行情况信息的正是被监督部门，由于前面所提到的垄断性，监督者可能被监督者所操纵，从而使被监督者能够实施使自身利益最大化的政策。

第五，政府的寻租行为。寻租即寻求租金，租金最早是用来描述土地这一生产要素的报酬的，又称地租。布坎南这里所说的"租金"是支付给资源所有者的款项中超过那些资源在任何可替代的用途中所能得到的款项的那一部分。租金是超过机会成本的收入。从某种意义上来说，这是不需要吸引资源用于特定用途的一种分配上不必要的支付款项。所以，所谓寻租就是指人们凭借政府保护进行的寻求财富转移而造成的浪费资源的活动，其本质在于获得更大的利润。因此，他常常故意把寻求租金一词换成寻求利润。布坎南认为，政府的各项经济决策往往是以某种公共利益需要作为解释，实际上却是为某些利益集团服务。而特殊利益集团为谋求政府保护，逃避市场竞争，实现高额垄断利润，往往进行各种寻租活动，于是便会产生政府的寻租行为。而前述因信息不完备所导致的监督失效则会进一步导致政府的寻租行为，进而导致政府的权力滥用、行贿受贿等腐败现象和社会资源的巨大浪费。

第三节 补救"政府失败"的政策建议

布坎南等公共选择理论家不仅深入剖析了政府的失败及其根源，并且在此基础上就如何对这种失败进行补救提出了一些颇有启发性的具体建议。

第一，创立一种新政治技术，提高社会民主程度。公共选择理论对政府失败分析的逻辑结果是必须通过社会制度的改革，约束和限制政府权力。布坎南设计的社会改造模式是，改革政治结构，创立一种新政治技术，重建基本宪法规则，并通过新宪法规则来约束政府的权力。布坎南坚持了他的基本思维逻辑，即重要的是选择产生结果的程序和规则，而不是结果本身。因此，要约束政府权力，只能在其形成的过程中，用公共选择的程序和规则来规范政府权力的形成。如果让政府能够自由地改变基本制度，那么就不可能对政府产生任何约束。布坎南认为，在目前已知的选举制度中，多数投票法则并不是最佳的，因为它不考虑个人偏好的强度，实际上，这种多数制对政治权力的分配极不平均，只有利于积极性最高和组织得最好的少数人。于是他提出要借助于"需求显示法"来完善选举制度，因为"需求显示法"可以提供这样一种机制，使所有参与集体选择的个体都有充分的激励说出他对某一公共物品的真实需求状况，从而使投票者得到公共物品的数量与质量，最大限度地接近投票者的实际偏好结构。因此，这种方法不仅可以大大提高制定集体决策的社会效率，而且还必然会加强为使政治决定权力分散化而活动的力量，进而制止政府不断扩张的倾向。

第二，在公共部门恢复自由竞争，改善官僚体制的运转效率。具体就是：（1）在行政管理体制内部重新建立竞争结构。公共选择理论认为，政府不应该再像过去那样把各行政部门的活动范围规定得死死的，而应该允许若干个"办事机构"在某些行政工作的分配问题上彼此展开竞争,这样,政府便可以对其各行政部门的实际生产费用形成一个更加准确的概念。而现行制度下的预算主管部门实际上几乎成了各行政部门提出的运转费用估算的俘虏,它不可能了解向它提出的财会计划是否就是保证所需公共产品生产的最有效办法。假如允许办事机构就完成某些工作提出相互竞争的预算,那么这种竞争机制便可使人们对实际的最低费用有一个更为准确的把握。当然,这样做自然会打破部门之间的分工,但是它将使社会获得更有效率的公共生产。(2) 在最高行政级别恢复发挥个人积极性的激励制度。例如,在能够做出明细账目的公共部门中,可采用最高负责人个人占有本部门节省下来的部分预算费用的方法;在行政部门的中间级别,可把晋级的可能性与每位官员所负责部门的节约程度联系起来;允许办事机构的负责人把他们的"节约资金"用于"预算外"活动的投资,从而进一步加强各公共部门之间的竞争;采用由私营企业承包公用事业的政策,依靠市场经济来生产某些"公益",等等。这样便可以提高公共生产的效率。

第三,改革税赋制度,约束政府权力。布坎南还构想了约束政府权力的税赋制度选择机制。他认为,政府活动依赖于税赋,税赋制度被看成表明政治框架的永久性特点之一。因此,税赋制度的公共选择对于约束政府的无限增长具有关键作用。在这里,改革税制的基本思路不是在某种效率和平等的伦理规范约束下选择政府最优的税赋量,而是通过公民寻求施加于政府的某种制度性约束,把它的征税数量限制在某个既定水平上,即以税基和税率结构为特征的税赋制度的公共选择先决地提供了对政府无限权力进行宪法约束的可能性。在其他条件不变的情况下,公众对税基形式和税率结构的公共选择,事实上将限制政府的税收,从而限制政府的权力。

总之,一旦发生公共生产低效率的问题,就应该从现行体制上去寻找原因,从制度创新上去寻找对策,以便从根本上减少政府的失败。

简 评

作为一种新经济学运动,公共选择理论的出现体现了经济自身内在逻辑和外部世界发展的要求,是令人鼓舞的。面对这一新兴思潮,妄加评说是不足取的。从目前社会发展的趋势来看,资本主义社会和其他形态的社会一样,也存在调整自身结构以适应发展需要的内在力量。公共选择理论的出现和被人们日益接受,正是社会自我调整的结果。一种理论能够顺应产生它的社会环境并且能够推动它的发展,就应该被认为是可以接受的理论,自然它应该比简单的"借鉴"有更重要的作用。作为凝结着人类共同智慧的结晶,公共选择理论决非资本主义的专利品,它对于我们国家的政府管理也具有重要的启示作用,因为政治个体的自利动机与理性决定了我国政府部门也有一种内在的超编、超支倾向,政府的认知能力、行为能力也是有限的,基于"经济人"和政府特许权的"寻租行为"在我国政府管理实践中依然存在,而且政府在引入竞争机制、行政法治化和监督机制等方面尚有许多有待完善的地方。因此,我们应该大胆地吸收和借鉴人类社会创造的一切文明成果,吸收和借鉴当今世界各国包括资本主义发达国家的一切反映现代社会化生产规律的先进经营方式、管理方法。公共选择理论的"政府失败论"尤其应该引起我国政府管理实践者去思考。当前，在我国政治体制面临改革、现代民主化进程正日益加快的时候，西方人也感到他们的代议制民主政体已经"失败"，而要设计更有效率、更加民主、更加平等并且更受限制的政府结构，这是很有启发性的。在我们加快政治体制特别是行政体制改革步伐的时候，公共选择理论家的先驱性工作无疑给我们在"摸着石头过河"时提供了一些可资借鉴的东西。当然，我们应该清醒地认识到公共选择理论产生于市场经济比较发达的美国，其产生的社会经济背景与我国国情毕竟有着本质的区别，因此，不顾国情盲目崇拜、照抄照搬，自然是行不通的。我们所说的"借鉴"，是吸取对我们有益的东西，绝不是照搬公共选择理论的各种观点和对策。

思考题

1. 什么是公共选择理论？
2. 公共选择理论包括哪些基本假设？
3. 公共选择理论对"政府失败"及其根源做了哪些分析？
4. 公共选择理论提出了哪些补救"政府失败"的政策建议？

第四编
拓展过程中的西方行政学说

20世纪八九十年代以来,随着西方国家政府再造运动的兴起和公民社会的不断发育,西方行政学出现了一些新的发展特点:一方面,在新管理主义思潮的影响下,许多在工商企业管理领域行之有效的新管理理论与方法又一次被引入行政管理领域;另一方面,在新一波民主政治思潮的推动下,出现了一些更加关注行政管理的公共本质、更加强调公民参与的新型行政学理论。在这一时期,西方行政学理论无论是在广度上还是在深度上都得到了进一步的拓展,并且最终出现了由传统意义上的公共行政向现代意义上的公共管理转型的发展趋势。

第十九章　法默尔的后现代公共行政学说

本章提要

本章介绍了西方后现代公共行政理论及其主要代表人物之一法默尔的行政学说，包括对公共行政理论概念的后现代诠释、对现代公共行政理论的反思与批判、对后现代公共行政理论的探寻等，并对法默尔做了基本评价。

学习要求

1. 了解法默尔其人其事。
2. 掌握对公共行政理论概念的后现代诠释。
3. 掌握后现代公共行政理论对现代公共行政理论的反思与批判。
4. 掌握法默尔等人对后现代公共行政理论的探寻。
5. 掌握后现代公共行政理论与现代公共行政理论之间的关系及其历史意义。

戴维·约翰·法默尔（David John Farmer）是美国当代著名的行政学家，也是西方后现代公共行政理论流派的主要代表人物之一。法默尔现任美国弗吉尼亚州立大学政府与公共事务学院教授，先后获有英国伦敦大学经济学博士学位和美国弗吉尼亚大学哲学博士学位，并于从事行政管理教学和研究工作之前在美国政府部门任职多年。作为一位在西方行政学界具有广泛影响的行政学家，他以广博的知识背景和丰富的行政经验长期致力于行政学理论研究，尤其在后现代公共行政理论方面成果颇丰，不仅在《公共行政评论》《行政与社会》《国际公共行政评论》《公共行政理论与实践》等著名学术期刊上发表了大量有关后现代公共行政的论文，而且还著有《公共行政的语言：官僚制、现代性与后现代性》（1995）和《行政理论再思考》（2001）等学术专著。法默尔在后现代公共行政方面的理论观点主要集中体现在其《公共行政的语言：官僚制、现代性与后现代性》这部后现代公共行政理论的经典著作中。

第一节 对公共行政理论概念的后现代诠释

一、后现代主义及其方法论功能

后现代主义是20世纪六七十年代以来，伴随西方国家在经济、科技、社会、政治、文化诸方面的新变化所形成的一种新的社会文化思潮和思维方式，这种文化思潮和思维方式虽然脱胎于西方现代主义，却具有反叛和批判现代主义的鲜明倾向，它将批判的矛头直指自启蒙运动以来直到20世纪现代主义的思想文化成果，倡导与现代性理论、话语和价值观相决裂。在西方传统和现代思想文化中，话语活动都是在某个"宏大叙事"的制约下或参照某个"宏大叙事"而构建起一套自圆其说的元话语；而后现代主义就是对一切"宏大叙事"或"元叙事"表示怀疑，其矛头所向都是要否定、反叛作为现代性传统的西方思想文化及其话语和理论体系。后现代主义实质上是对西方现代主义及其以前全部西方人文传统的一次大质疑和大改写。

作为一种反对同一、推崇差异的文化思潮和思维方式，后现代主义又有解构性后现代主义和建设性后现代主义之分：前者以"怀疑"和"否定"为特征，反对任何假定的"唯一中心""绝对基础""纯粹理性""大写的人""等级结构""单一视觉""唯一正确解释""一元论方法"以及"连续性历史"，旨在摧毁传统的封闭、简单、僵化的思维方式；后者则以"建设性"为主要特征，倡导开放、平等，注重培养人们倾听"他人"、学习"他人"、包容"他人"、尊重"他人"的美德，鼓励多元的思维风格，倡导对世界的关爱，对过去和未来的关心，提倡对世界采取家园式的态度等。尽管这两种后现代主义在理论立场上有所区别，但总体上来看，后现代主义都具有以下共同特征：反对将所有复杂现象都万中取一地抽取本质的反本质主义；消解僵化话语并打破思想禁锢的反权威主义；强调以差异性去打破整体同一性并破除理性主义和唯我独尊之启蒙心态的反启蒙主义；将所谓神圣性绝对主体消解、还原为凡夫俗子，并通过他去对人间世界做出自己独特陈述的反主体性，以及抛弃所有形而上学大话和"宏大叙事"，并从绝对理念和终极价值走向具体经验和个人独特阐释的反形而上学等。

其实，后现代主义从根本上来说是一种作为文化代码的"语言"层面上的话语解构和建构活动，是一种话语的"解码"和"再编码"活动，对后现代主义的这一概括恰好体现了后现代主义思潮在认知范式和方法论上的特点，而这一特点的形成又与当代西方哲学中的"语言学的转向"紧密相关。所谓"语言学的转向"，是指当代哲学从认识论研究到语言哲学研究的转变，这种转变被视为哲学中的一场伟大革命，它的过程可以上溯到19世纪末至20世纪初，而在20世纪60年代以后，由于结构主义语言学对哲学的影响，而形成一个转折点。在结构主义语言学的影响下，结构主义和后结构主义都把语言问题作为研究的中心问题，并且把语言学作为一切思考的出发点。后现代主义认为，任何事物都依赖于语言，语言建构世界和反映世界，顺理成章的便是，以语言为基础的知识总是受制于其产生的历史条件和特定环境，后现代主义把人文科学看作独立自主的话语体系，后现代主义的这种观点道出了后现代主义对人文科学领域所带来的认识范式和方法论上的根本变革。

二、后现代语境下的公共行政理论

何谓公共行政理论？长期以来，人们在这个问题上可谓众说纷纭。而法默尔则基于对上述后现代主义及其方法论功能的认识，从后现代的视角对公共行政理论做出了与众不同的概念诠释。他认为，所谓公共行政理论，从某种重要意义上来说就是一种语言。语言不仅仅是用来表达和交流思想的思维工具，它还是观念、方法、直觉、假定和强烈欲望的加工厂，所有这一切构成了我们的世界观，塑造着我们的形态和人格。在他看来，观察者的思维形式（或曰语言）决定着他的愿景，而且我们只能通过语言来进行观察。他赞同著名哲学家维特根斯坦的"语言游戏说"，即语言不是一种私人事务，它本质上具有公共性和社会性，语言是由一个语言共同体在人与人之间创造和维系的，而且我们每个人都要参与各种各样的语言游戏。维特根斯坦"语言游戏说"给我们最重要的启示就是他强调语言的表达（言说）在某种程度上是一种活动或者说是一种生活形式。正是基于这种认识，他将公共行政理论视为一种语言，他认为，公共行政领域更多的认识和努力应致力于通过语言解释而不是通过实证研究来发展。在法默尔看来，公共行政理论必定是对真实信息的采集物，这种采集物至少应该包括一种理论，它还应该包括——或许也可能不包括——定律、假设、解释或其他命题。然而，公共行政理论又不仅仅是对这种真实信息的采集，因为这种反映某些人关于公共行政实践之思想和言说的真实信息是经过整理和安排了的，而公共行政信息被整理和安排的方式就是公共行政的语言。法默尔认为，这种对公共行政信息的整理和安排部分地是用我们的日常语言来表达的，例如，我们的认识就是由诸如公务员、官僚机构这种语词的存在、外延和内涵所塑造并受其限制的。这种整理和安排的另一个重要部分就是由公共行政理论的产生方式所创造的思想形式。这些思想形式多少都会为公共行政共同体成员所共有，它们构成了这些思想者的子文化，即语言游戏或曰公共行政理论化的游戏。这种对公共行政信息的整理和安排支配着人们能够思考公共行政的方式。通过影响思想能够被增加的方式，这种整理和安排常常可以形成新知识。由于这种整理和安排支配着我们谈论公共行政的方式，所以它也限制了对旧知识的审查。这种整理和安排充当着有关公共行政思想的词汇表、句法和语法。如果我们把公共行政理论视为语言，那么公共行政理论不仅可以反映形成对公共行政的认识并指导公共行政实践的假定、直觉、方法、恐惧及愿望的颠簸起伏的状况，而且还可以通过探讨"重新整理和安排"这种重要解释活动的可能性来为恢复公共行政理论的活力寻找发展机会。我们可以通过这种对公共行政信息的重新整理和安排来分别从公共行政语言的表层和深层探讨公共行政理论的发展。例如，对于官僚机构的本质、规模、范围及运作，我们能够并且应该怎么办？我们应该如何理解关于官僚机构"重负"的断言？官僚机构怎样才能更好地促进政府行政对公民和公务员都发挥更为积极的影响？我们应该怎样进一步促使公共部门像企业那样充满活力和效率？我们怎样才能确保一个国家的官僚机构积极地为社会做贡献？政府的管理怎样才能在不丧失其公共精神和伦理价值的同时显现出更多的创新性和有效性？对诸如此类问题的语言回答在一定程度上均意味着公共行政理论的发展。法默尔强调，公共行政理论即公共官僚机构的语言应该成为揭示这种公共行政问题的动力机制。在他看来，现代公共行政理论很有价值并且能够产生显著的成果，但作为一种解释和催化力量，它对于解决有关官僚机构弊端的迫切问题却有局限性。而我们通过采用一种反思性语言范式则可以超越这些局限性。他认为，反思在语法上指涉的是一个具有同一主体和直接客体的动词，他所说的反思性语言范式即他为公共行政所探寻的反思性解释，这种反思性语言范式是一种就公共官僚机构语言的潜在内容进行宽松协调对话的过程，它实际上是一种既不违背现代性又符合后现代性的思维方式，它不仅可以表明陷入现代主义假定中的公共行政理论困境，而且还强调发展后现代公共行政理论的可能性。在他看来，他对现代公共行政理论的解释和对后现代公共行政理论的探寻正是对这种反思性语言范式的应用。

第二节 对现代公共行政理论的反思与批判

现代思想起源于古希腊追求和谐统一的传统，经过文艺复兴、启蒙运动的发扬而蔚为大观，它高扬理性与进步的大旗，追求确定性，反对偶然性，使人们从蒙昧和神秘中解脱出来，它探求历史发展的规律，追求永恒真理和终极价值。作为一个后现代公共行政理论家，法默尔对后现代公共行政理论的探寻是从对现代公共行政理论的反思特别是对其局限性的批判入手的。所谓现代性，简言之，就是对前现代性、神话、宗教仪式以及基于继承传统或圣职授任的传统权力的启蒙拒斥。理性时代拒斥了基于迷信或预言的知识并且代之以基于科学的知识，在现代，理性的应用被视为产生了无限的人类进步，而且一个主要的基调就是合理化。现代性意味着自我因其摆脱了迷信的束缚而自立，所有现代学科和科学领域都源于启蒙和一种基于对现象进行客观观察和定量或定性描述的认识论。现代主义所崇尚的是通过理性来寻求知识，而且由此而产生的知识完全被假定是事实并因此而具有真理性。正如法默尔所言："现代性反映了人们对于运用合理语言去捕捉世界的能力信心十足。它反映的是乐观主义态度，因为它声称拥有完整理解世界的潜力。"[①] 从现代主义观点来看，这种广泛的解释是一种先验的普遍真理，它构成了文明的基础并且为文明提供合法性；也正是这种解释让现代世界变得可以理解。这样的例子包括韦伯的层级官僚制概念，科学哲学中的逻辑实证主义以及社会科学中的系统理论。另两位后现代公共行政理论家福克斯和米勒也引用后现代主义

---

① [美] 法默尔：《公共行政的语言》，英文版，47页，阿拉巴马大学出版社，1995。

大师利奥塔德的话解释说："我用'现代性'一词指任何一种用元话语来证明自己合法性的科学……它明显求助于某种宏大叙事。"[①] 关于现代性的讨论往往有一个假定：我们已经继承一种明显的西方思想传统，现代性可能被视为一套把理性的范围理解为无限制的假定，而后现代性则可能被视为假定了一种限度，于是，现代性可能就象征着假定所有事实都是可言说的，而后现代性则往往会否定这种假定，后现代主义否认那种无所不包的"宏大叙事"或"元话语"。作为后现代公共行政理论家，法默尔认为，公共行政就是现代性的一个典型范例，在他看来，作为一种认识和改变官僚体制的力量，公共行政理论是有限度的，沿着每一条重要的发展路线，公共行政都会被视为面临反例。法默尔正是透过后现代主义的透镜，从特殊主义、科学主义、技术主义、企业精神以及解释学等方面对现代公共行政理论的局限性进行了阐释。

一、特殊主义的局限性

众所周知，伴随着专业分工原则在现代公共行政领域的应用，政府的行政效率着实得到了很大的提高。然而，法默尔认为，尽管基于专业分工原则形成的公共行政领域的学科专门化和自主性——特殊主义一直都有益于现代公共行政的发展，但是现代公共行政的这种特殊主义特征往往具有只见树木不见森林的局限性，它往往会导致一些反例并且会产生一些使我们无法看到备选行动方案的盲点。他分别从"美国的"和"公共的"等方面揭示了现代公共行政之特殊主义的麻痹效应。在他看来，美国公共行政主要集中关注一个国家的问题，而现代公共行政的这种特殊主义关注却导致了一些反例，例如：一方面美国公共行政希望成为一门科学，另一方面现实却是美国公共行政是一个受文化约束的主题；一方面美国公共行政希望提供最广泛的解释，另一方面现实却是这样的解释受制于对一个国家的集中关注。至于现代公共行政之公共特性所导致的盲点主要有三个：一是容易使人们忽视公共部门的构成和私人部门的构成都具有社会性这一事实；二是容易使人们忽视这两个部门之间必然具有相互联系这一事实；三是容易使人们忽视每一个部门都有许多东西需要向别的部门学习这一事实。

总之，法默尔认为，正是这种特殊主义使得于20世纪初主要产生于美国的现代公共行政理论其论域只局限于美国，局限于一种对公共生活和私人生活之间进行的狭隘、僵化的分析性划分，局限于只是关注政府的功能问题，进而使我们无法通过对不同社会的考察来传输创新举措，使公共部门和私营企业部门之间彼此难以相互学习并会忽视这两个部门之间的相互联系，而且往往还会产生一些更多强调功能和程序而更少强调其内容和行动的竞争性范式。

---

① ［美］福克斯、［美］米勒：《后现代公共行政》，英文版，44页，赛奇出版社，1995。

二、科学主义的局限性

自威尔逊提出要创立一个独立的行政学科领域以来，建立和发展一门以实证主义为方法论基础的行政科学是许多现代行政学者的不懈追求，古利克和厄威克的《行政科学论文集》、西蒙的《行政行为》《行政科学季刊》这两份在公共行政领域颇具威望的学术期刊、林德布洛姆的论文《"渐进调适"的科学》、以理性选择模式为代表的现代科学行政观以及决策理论等均是这方面努力的体现。然而，在法默尔看来，"科学"一词在公共行政领域中使用得很随便，它只是用来赋予某一种理念以重要性，或者只是用来掩盖某一假设和观点的某种假定具有科学质量的东西。他认为，按照后现代主义观点，"科学的理念或实证主义的思想如果是按照科学的程序得出的话，那么它们往往就享有特权，因为它们被视为可以为真理提供更大保证"。在他看来，尽管"科学陈述旨在认识论上享有特权，但是，正如科学哲学的发展所表明的那样，这种科学陈述之特权地位的根据并不清楚，当公共行政研究局限于某一科学基础，进而拒绝给予价值陈述以相同的认识论地位时便会出现反例"①。因为公共行政不仅需要事实陈述，而且也需要价值判断，而科学主义（关于事实—价值二分法的思考）并没有为公共行政中的伦理提供任何空间，也正因为如此，近来已有越来越多的行政学者开始关注行政伦理问题。其实，公共行政领域本来就没有完全接受科学主义，早在50多年前，我们前面提到的两位行政学巨匠沃尔多和西蒙就围绕着在公共行政中应用科学的各个方面进行过争论。时至今日，公共行政仍然是科学和艺术、事实与价值、政治与行政、"西蒙"和"沃尔多"。

三、技术主义的局限性

公共行政一直都与组织和管理的方式有关，如果从最广泛的意义上来界定的话，这就是公共行政的技术。尽管技术（技术主义）在公共行政中的应用已经产生了巨大的收益，但作为一门技术发展起来的公共行政也会遇到反例，现代主义的技术理性化往往倾向于把公共行政研究从技巧转向基于科学的技术。作为技巧，公共行政更容易受经常出现的时尚影响。作为基于科学的技术，公共行政则往往会遇到科学主义的悖论，技术主义往往会对伦理考虑视而不见。其实，公共组织和管理在很大程度上技术含量很低，但它在通常情况下总是高技术机构的管理和组织。有许多组织和管理研究都发现，低技术含量的公共行政就其所有的形式而言主要建立在一种对现代社会的普遍化认识基础之上，而这种低技术含量的公共行政在实践中的工作状况却好得令人惊讶。在法默尔这样的后现代主义者看来，所有的现代社会系

---

① ［美］法默尔：《公共行政的语言：官僚制、现代性与后现代性》，英文版，71页、85页，阿拉巴马大学出版社，1995。

统往往都倾向于希望为社会问题、经济问题和政治问题找到技术答案，例如，当今的人们就常常认为互联网应该对公民的社区和政治参与具有促进作用，但这种对社会问题、经济问题和政治问题之技术答案的寻求往往都是赶时髦。法默尔尤其担心低技术含量的官僚工作和高技术系统都会丧失人性，在他眼中，技术可能会抹杀道德和伦理界限，最好的现代例证莫过于目前有关我们人类基因知识的利用和可能误用的争论。

四、企业逻辑的局限性

自行政学创立初期泰勒的科学管理理念被引入行政管理领域以来，尤其是伴随着20世纪后期新公共管理运动的兴起与发展，企业管理的理念和方法对于行政效率的提高和行政学理论的发展起到了重要的促进作用，20世纪90年代美英等国各级政府的重塑创新，通过引导公共部门朝着更加顾客导向的方向发展来号召行政管理者要像企业家那样行为并且要突破官僚体制，这便是一种直接取自企业管理教材中的理念。然而，法默尔认为，尽管有强大的政治和经济势力普遍支持将企业理念应用于行政管理，尽管市场、民营化和企业家精神等都是提高效率的有力工具，但它们不是能够包治百病的灵丹妙药，将企业逻辑应用于行政管理的创新举措已经受到来自多方面的挑战。他明确指出，当企业家精神或曰自由企业的资本主义精神被移植到公共部门时也会导致反例。一方面，想要借用资本主义的自利动机，但没有资本主义制度。另一方面，自由企业对利润的追求却是理性主义的。如果没有资本主义合理化的制度，那么公共服务中的企业家精神则最终注定要失败。资本主义制度或市场体制是企业家精神有效发挥作用的必要条件。尽管自利的力量在某种程度上能够对公共服务起到激励的作用，但其结果不会是最优的社会福利。在他看来，公共官员应有的动机是为公共利益服务，而私人部门企业家的动机则是自利，尽管"我们可以尝试着通过民营化和政府内部的竞争性组织来把公共部门调整得接近资本主义制度或曰市场体制，尽管民营化和政府内部的竞争能够产生一些收益，但是这两条途径都遇到了反例"，"就像完全的无政府主义不能导致最优结果一样，完全的民营化也不是解决官僚制问题的可行办法，因为通过政府内部最具竞争性的重构所可能达到的最佳后果就是少数制造商对市场的控制，所以我们还是不可能得到最优结果"。[①] 在法默尔看来，主张将企业理念应用于公共部门的最强劲力量来自现代主义经济学的公共选择理论，尽管他承认公共选择经济学已经为公共行政产生了有用的结果，但他坚持认为，一种把经济理论用作自己唯一灵感的行政学，将会与经济学一样落入同样的陷阱和死胡同。

---

① [美]法默尔：《公共行政的语言：官僚制、现代性与后现代性》，英文版，127页，阿拉巴马大学出版社，1995。

五、解释学的局限性

如前所述，包括现代公共行政理论在内的现代科学所寻求的是一种基于某种"宏大叙事"，并试图运用"元话语"来证明自己合法性的广泛解释，这种广泛解释往往被视为一种先验的普遍真理。然而，法默尔认为，尽管这种对公共行政中合理意义的寻求在某一时刻很有用，但由于特殊的解释总是更愿意接受更好的新解释，所以实际上出现了一些盲点和反例。解释不能要求一种特权地位，例如，专门给科学陈述的特权地位。当对意义的寻求遇到对理性的损害时便会遇到反例。这种对理性的损害一直都伴随着各种各样的批评，例如，语言学的批评。另外，批判理论曾试图对现代性进行补救。法默尔将这个解释学的话题视为现代公共行政的第五条发展路线，他说，在每一方面（特殊主义、科学主义、技术主义、企业逻辑以及解释学），现代公共行政都面临着一些反例和盲点。沿着每一条批评的路径，现代公共行政理论都会遇到一些限制其解释能力和认识能力的壁垒。在他看来，尽管这种现代公共行政理论的解释学能够对思想和统治做出解释，但它也有明显的局限性，因为它试图采用的是一种"元叙事"的观点，而这种所谓"元叙事"的观点，不仅使得现代主义公共行政理论的解释不可避免地会通过选择一种特定的观点或"语言"来错误地描述行政现实，而且还很可能会把那些没有能力为自身利益去操纵现代生活的人们排斥在外。

总之，从后现代主义的视角来看，现代公共行政理论因过于依赖客观理性的社会科学的逻辑和认识论，过于偏爱美国的特殊主义，过度依附于功能管理和组织技术，过于受资本主义企业逻辑的影响，以及过于追求基于"宏大叙事"的所谓"真理性"解释而客观地存在局限性，法默尔正是基于对上述局限性的认识而开始对后现代公共行政理论的探寻的。

第三节 对后现代公共行政理论的探寻

众所周知，"后现代"是相对于"现代"而言的，其中的"后"字是英文前缀词"post"的汉译，在此基本上是"反"的意思，但又不能完全说是"反抗"，准确地说，这个"后"是一种"辩证性的反"，即它与前面所出现的原因或现象基本上有连续性，但是在连续性当中，它可能基于一种反省的态度而要去尝试反抗前面的现象。按照西方后现代主义大师利奥塔德的看法，后现代是一种精神、一套价值模式，它表征为消解、去中心、非同一性、多元论、解"元话语"、解"元叙事"、不满现状、不屈服于权威和专制、不对既定制度发出赞叹、不对成规加以沿袭、不事逢迎、专事反叛、睥睨权威、蔑视限制、冲破旧范式、不断地创新。法默尔基于后现代的这些特质将后现代公共行政视为"对现代性之核心思想的否定"，并进而提出了可以引导我们对公共行政理论进行后现代重建的四个值得关注的方面。

一、想　象

想象（imagination）这个语词一度被认为是美学界的特征，但现在成了一个被更广泛需要的特性。法默尔认为，想象可以与我们经常在韦伯以及许多主流公共行政理论家著作中所见到的"合理化"一词相提并论，它是"一个用来表明后现代主要特征的语词，这个特征摆脱了韦伯式理性主义官僚结构模型的关键特征。想象在后现代所具有的催化作用犹如韦伯所描述的合理化之于现代的作用一样"[①]。在他看来，对更多想象力的寻求一直都是后现代主义的一个特征，实际上，由于人们长期以来对僵化、无回应力的官僚体制已感到灰心丧气，所以对组织创造力的呼唤也由来已久。在后现代性中，这种渴望却具有一种稍微不同的语言，并且更加关涉在寻求新范式时拒斥老范式。后现代主义者把他们在公共行政领域对更多创造力的寻求建立在拒斥理性和合理化的基础之上，因为无论是在官僚实践中还是在公共行政理论中，对所谓客观理性的过于集中关注往往会限制和束缚我们在行政管理中可能具有的想象能力和创造能力。法默尔强调，在后现代，想象将会比作为现代特征的逻辑中心论更有价值，"就否定的一面而言，想象是一种不依赖于制定规则和遵循程序之现代主义行为的行政精神"，而"就肯定的一面而言，想象则是一种可以为想象力的发展提供主要角色的行政精神"[②]，作为一种创造性管理的艺术，想象将会提供现代"理性"规则导向的官僚机构所缺少的许多机会。

二、解　构

解构（deconstruction）是著名的后现代主义理论家德里达最早探讨和倡导的一个概念。德里达反对认为理性的语言能够表征事物本质以及能指或曰语词和语句就是清楚指称世间项目之标签的逻辑中心论，他从语言、符号本身否定文本意义的确定性，他坚持认为，不存在直接可得的确定性领域，符号也可以指称不在的东西和符号之间的关系，意义出现在语句和段落的末尾，而且意义在语境之间并非是不变的。在德里达看来，不存在脱离能指的所指世界；能指这个术语在此指称一个符号（例如，管理者这个语词），而所指则指称的是能指所指涉的事物（例如，被指称为管理者的那个人），解构性方法就是要识别一种叙事文本的断裂，通过这种断裂或临界点，解构可以表明文本因对二元对立和不可约隐喻的必然依赖而发生曲解的情况，它可以表明文本存在多种意义而且文本还会抑制作者能够表达的意义。德里达想要打破像内—外、真—假、公—私、政客—文官以及善—恶这样的二元对立，想要打破

---

① ［美］法默尔：《公共行政的语言：官僚制、现代性与后现代性》，英文版，176页，阿拉巴马大学出版社，1995。
② ［美］法默尔：《公共行政的语言：官僚制、现代性与后现代性》，英文版，176页，阿拉巴马大学出版社，1995。

这种截然相反的极性，因为他认为享有特权的术语不能充当我们信念的基础或第一原理。

法默尔很欣赏德里达的解构概念，他认为，解构概念对于公共行政理论研究人员和实际工作者都是一种重要的实用资源，尽管解构很容易遇到困难，但是它可以帮助我们揭示一些支撑现代公共行政理论的基础假定，并且可以帮助我们认识当代政治和官僚制的符号特征。在他看来，解构本质上是对文本的一种良好解读，他利用解构来拒绝给予源自官僚制的权力话语以任何特权地位。他强调，在公共行政语境中，解构可以被用来质疑我们据以建立现代主义公共行政的前提基础，解构表明存在着"行政与反行政"并置的可能性，而且这种并置可能会导致公共行政实践的重大变革。所谓"反行政"，它是一种旨在否定行政—官僚权力并且否定韦伯式理性—等级观点的管理方法，它表明的是一种赞成无政府主义、论战性多元文化论以及多样性的观点，它是一种反映了后现代主义哲学怀疑论的管理形式。法默尔以公共行政思维中有效率与无效率之二元对立的"效率"隐喻为例对解构概念进行了阐释。他指出："'效率（以及类似效益和回应性这些有关的概念）是一个可行的目标'就是许多公共行政文本中的一个叙事要素。例如，在人事和绩效报告、项目评估、对政府绩效的批评等事件中，效率就是一个叙事要素。效率叙事一直都是公共行政实践和事件的一个重要目标。正因为它是一个非常有影响的现代主义隐喻，所以它肯定需要进行不断的解构。"① 法默尔通过一个三步解构的方法，表明一个透明的效率概念既不能得到也不是一个适合于所有语境的概念。在他看来，解构性论证的第一步是要表明"效率概念指称的是任何可能世界的必然特征"这个陈述为假，因为效率是一个社会构造物，而不是一个给定物，"效率"这个能指并不能完全辨别出现实的特征，更确切地说，它是一个创造意义上的问题；解构效率的第二步是要表明效率概念的文化特性和现代主义特征，效率在某种程度上是社会控制的语言，它是一种最适合于资本主义精神和目标及其分权化决策制度和集中强调效率的手段；解构效率概念的第三步是要表明有效率和无效率之间的对立是模棱两可的。法默尔认为，这样对公共行政中的效率准则进行解构之所以很重要，其原因在于它打开了一种解放准则和反行政的新视野，它为一种试图使公共行政思维摆脱官僚等级观念和偏见束缚的解放准则扫清了道路。

当然，法默尔清楚地认识到，公共行政领域的后现代转向不仅仅只涉及解构，解构只是这副后现代纸牌中的一组纸牌而已。除此之外，后现代公共行政理论还强调前面阐述的想象以及我们接着将要讨论的"去领地化"和"变样"等关注点。

三、去领地化

法默尔认为，"去领地化"（deterritorialization）这个词的意思是指消除由思维方式尤其是所谓"科学"思维方式而施加给认识的编码或格栅。在他看来，"后现代的所有知识在特

---

① ［美］法默尔：《德里达，解构与公共行政》，载《美国行为科学家》，1997（1）。

性和组织上都是去领地化的。这种情形不仅适用于其他学科,而且也适用于公共行政。给我们的认识所施加的那些假定格栅和准则都被去除了。当人们认识到进入后实证主义环境对于思维和研究所具有的意义时去领地化就会实现。当科学被视为许多会话中的一种会话时,思维的特性就会发生变化。在后现代环境中,科学研究将会失去其作为具有认识论特权信息提供者的地位"①。显然,法默尔所强调的是,后现代主义认为科学仅仅是诸多话语体系中的一种,因此应该使我们的思维更自由地去探索有创造力的新可能性。他分别从思维的变化和研究特性的变化两个方面对去领地化做了进一步的阐释。他认为,首先,思维方面的变化将会进一步推进去领地化过程,随着人工学术边界的终止,后现代性也的确带来了学科自主性的终结。随着学科和专业之间的壁垒坍倒,公共行政的结构也瓦解了。其次,从研究的特性发生了变化这种意义上来看,公共行政和所有其他学科在后现代都是去领地化的,知识的状态和可能性都会发生变化,后现代性意味着以逻辑为中心的形而上学的终结,"理论化"之所以终止了,其原因在于后现代性意味着象征主义的终结,意味着"宏大叙事"的终结,意味着历史的终结。他指出,过去称之为公共行政的领域,现在的确出现了一些新环境,组织理论和经济体制方面的某些发展可以从认识去官僚化的非等级安排方面使人们想到一些问题,后现代去领地化的论点已经长期成为公共行政的一个组成部分。可见,在法默尔眼中,所谓去领地化,它本质上是一种试图打破在所有组织中都可以发现的结构领域的分析方法,这些领域体现为僵硬的部门和科局范畴,表现为为公共服务准备人才的特殊专业和教育过程,以及表现为工作划分的所有其他方式。实际上,就像公共行政领域的每个人一样,后现代主义者也试图既破除"组织地窖",又打破那些伴随着范畴分类和实际领域或智力领域而出现的固定思维模式,去领地化意味着我们思维结构的一种根本变化。

四、变　样

后现代公共行政理论强调的第四个关注点被法默尔称为"变样"(alterity),他说:"变样是与有道德的他人——一个当事人、一个下属、一个上司,或一个旁观者——的关系。"②他通过"变样"这个术语来探讨公共行政的道德世界,在他看来,"变样"意味着一种对行政人员应该怎样与他人相处这一问题的基本关注,意味着重新强调受压迫、被抑制以及被排斥的群体。他指出:"后现代性表明,公共行政的所有项目都应该进行变革。这些变革的根本原因在于,任何后现代行政都应该旨在以一种我们称之为反行政的方式履行自己的职责。然而,我们不能提出任何规定,因为这也必须接受解构。公共行政像任何其他专业一样也构成了一个格栅。后现代行政人员很可能就是善于实践和发展反行政意义的人。后现代性似乎把这样的公共行政项目指向要从根本上强调和发展全美公共行政与公共事务学院联合会

---

① [美] 法默尔:《公共行政的语言:官僚制、现代性与后现代性》,英文版,225 页,阿拉巴马大学出版社,1995。
② [美] 法默尔:《德里达,解构与公共行政》,载《美国行为科学家》,1997 (1)。

(NASPAA)关于创造性多元主义的概念。这样一种发展将会趋向于反思性语言范式的态度并且会指向反行政。"[1] 显而易见,对"变样"的讨论把法默尔引向了突出强调"对'他人'开放,偏好多样性,反对元叙事以及反对既定秩序"的"反行政"立场,这种"反行政"的后现代道德立场意味着公共行政的实践应该构造和实施成为一种反独裁主义的实践活动,意味着应该鼓励服务取向的态度,意味着行政应该力求将其所有的决策活动向社区开放,并且不应该把各种官僚文本强加给他人,意味着承认不存在任何有特权的意义,意味着在公共行政中要力求避免打棒子和陈规老套,并且最终意味着法默尔鼓励一种在公共行政体系内的反制度和反行政的态度,即以一种后现代的怀疑论去审视所有现存的政府制度和公共官僚机构。

最后应当指出的是,虽然法默尔对后现代性的这四个要素是分开提出的,但他认为它们并非相互排斥,相反,它们在提供涉及公共官僚制问题的新理论时往往交织在一起。他强调,把这四方面放在一起便可以表明我们的确有一个机会来思考公共行政如何超越现代主义思想所施加的种种限制。这样一来,行政学者将不再透过现代性的单一透镜来看待公共官僚机构,如果行政学者接受了这种反思性语言范式,那么在后现代性下将会产生另一个可以与前一个透镜相互交换的透镜。

简 评

综上所述,后现代主义是一股源自现代主义但又反叛现代主义的思潮,它和现代主义之间是一种既继承又反叛的辩证关系。实际上,后现代主义是一种源于工业文明、对工业文明的负面效应的思考与回答,是对西方传统哲学的本质主义、基础主义、"逻辑中心主义"等的批判与解构,是对西方传统哲学和西方现代社会的纠正与反叛,是一种在批判与反叛中又不免会走向另一个极端——怀疑主义和虚无主义的"矫枉过正"。后现代主义不仅包含现代主义和后现代主义在时间上的前后相继,而且还包含后现代主义在内容方面对现代主义的反叛和矫枉。后现代主义看重被现代性所忽视的一切,看重现代性之后和之外的一切,如不确定性、异质性、无序等,而对被现代性所看中的一切,例如原则、整体性、确定性、权威、同一性、规律等都加以怀疑。相对于现代性下的同一性、本质性和封闭性而言,作为现代生存危机和文化危机在哲学层面上的反映,后现代主义强调差异性、多元性以及"去中心"的边缘性和创造性、开放性等,这些都大大丰富了人们对公共行政的认识。法默尔正是基于后现代主义的这种怀疑论态度强调,对现代公共行政文本中一些"不言自明"的所谓"真理"性叙事要加以质疑,他认为这种"不言自明"的所谓"真理"在某种程度上阻碍了公共行政理论研究进一步向纵深发展。

---

[1] [美]法默尔:《公共行政的语言:官僚制、现代性与后现代性》,英文版,244页,阿拉巴马大学出版社,1995。

第四编　拓展过程中的西方行政学说

然而，值得指出的是，作为一个后现代公共行政理论家，尽管法默尔与形形色色的后现代主义者一样，其后现代公共行政理论在某种程度上也不可避免地存在诸如语言决定论、怀疑论、相对主义乃至无政府主义等后现代痕迹，但从根本上来看，他并没有陷入极端的相对主义和放弃一切真理与价值的犬儒主义，他更多地是对公共行政和官僚制的思考，寻求有助于超越现代公共行政理论的局限性，并且可以为未来公共服务的改善开辟新途径的新思路，他更多地是希望告诉我们在公共行政中必须学会接受反例，必须学会让矛盾站住脚并且学会不再坚持单一的真理。他认为，要达到这个目标的关键在于我们所使用的语言。在他看来，公共行政理论本质上就是学者们用来交流思想和构造问题答案的一种语言。很显然，由于学者们需要语言来思考和交谈，所以他们必然会局限于自己的语言范围。法默尔坚持认为，由于公共行政的语言目前有局限性，所以公共行政理论在涉及公共官僚机构的范围、规模、功能以及本质方面也有局限性。因此，他试图对公共行政的语言进行扩展，以便公共官僚体制能够转变成为"一种更为积极的力量"。

我们知道，人们一般都认为，由韦伯所描述的理性思想是将现代学者与前现代思想家所提出的假定和信念分离开的根本要素。在法默尔看来，现代的理性思想已经给公共行政的语言设置了边界。不过，现代学者仍然在努力探讨如何在理性思想的约束下将公共官僚机构转变成为一种生产性的组织结构。为了对这种情况做出回应，法默尔针对种种基于理性思想的理论局限性做了一项创新性研究，并且为公共行政理论家们提供了一种在面对公共官僚问题时"加强能力建设"的备选方案。他在此所提出的这种创造性研究方法就是运用一种反思性语言范式。尽管反思性在公共行政领域并不新鲜，但是法默尔在对它进行界定时给它增加了一个值得注意的方面，即他认为反思是就该语言的潜在内容进行的一种具有游戏性和协调性的对话过程，其作用就是弱化现代公共行政的正统教条，并给后现代主义公共行政的潜能增加一些实质性的内容，以便两者能同时、同地并且以同样的语气得到讨论，从而使现代公共行政与后现代公共行政的内容不仅都没有受到破坏甚或拒斥，反而都会引起重视。他的反思性解释旨在适合并且导致一些能够导致连续扬弃过程的进一步探究。法默尔宣称，伴随着现代性被后现代性所取代，将会产生一种扩展公共行政语言的机会，按照他的这种反思性语言范式，目前的公共行政语言将与后现代扩展的语言共存。

为了给他的范式建立一个框架，法默尔首先批判性地考察了现代公共行政理论——现代公共行政语言形式的五种局限性：特殊主义、科学主义、技术主义、企业逻辑以及解释学。例如，他认为，就特殊主义而言，学者们经常透过公共部门行政的语境来看待行政，所以理论往往被这样一种缺乏远见的研究方法所妨碍，因为行政是一个多方面的概念，它既适用于公共部门，也适用于私人部门。然后，他又基于后现代性的辩证法，探讨了可以引导我们对公共行政理论进行后现代重建的四个关注点。在他看来，通过这些探讨，公共行政的语言便可以扩展，进而可以导致一种更富有生产性的理论主体。（1）在后现代，想象不再局限于艺术，它对于培育有能力的新理论将会有工具意义；（2）解构将被用来给一些构成现代公共行政理论的叙事去除外衣，尽管解构不可能提供正确解释，但是解构将继续扩大公共行政的语言;(3)去领地化要求去除给我们的认识所施加的种种假定格栅和准则,要求从其他思想流派中吸取思想;(4)变样是通过反行政的概念加以描述的,通过使用诸如开放性和多样性这样一些特征,法默尔向我们描述了行政管理者怎样才会善于开发和使用反行政的概念。

综观法默尔的后现代公共行政理论,应该说,他的研究目的既大胆又不失恰当性。他希望能够从根本上改变公共行政领域的现状,即"我们对公共行政理论的角色和本质的概念化方式需要从根本上改变"。他把自己的研究建立在维特根斯坦的语言概念基础之上,维特根斯坦把语言视为一种生活形式,法默尔据此确立了这样一个基本前提:为了改变公共行政领域,我们作为行政管理者必须改变我们正在玩的语言游戏。法默尔的"语言学转向"更准确地说是使语言多元化,在他看来,任何特定的语言都不能宣称自己具有普遍性或独有的特权,因而,实现公共行政领域的根本变革并不意味着拒斥一切来自过去的东西。法默尔所做的既不是一种辩论也不是一种常规意义上的批评,而是在承认现代主义的成就和逻辑限度的基础上,从后现代主义的视角去揭示现代主义框架内在的不可避免的局限性,并进而去探讨后现代主义超越现代主义公共行政思想局限性的潜能。这种对现代主义和后现代主义所做的平衡是法默尔后现代公共行政理论最显著的方法论特征。

也许,我们从法默尔的后现代公共行政理论中所感受到的哲学认识论意味要浓于行政管理本身,有人甚至认为法默尔有时忘记了自己是在就官僚制问题进行写作,而沉浸于后现代认识论。然而,只要我们仔细品味一下其理论的意蕴,便不难发现,正是他选择的这种哲学认识论高度,才使得其理论对于公共行政尤其是行政理论的发展具有极为重要的方法论意义。在我们看来,较之对一些具体公共行政问题的研究而言,这种方法论层面的理论探讨对于公共行政理论和实践的发展所具有的意义则更为重大并且更为深远。

思考题

1. 对公共行政理论概念的后现代诠释是怎样的?
2. 后现代公共行政理论是如何对现代公共行政理论进行反思与批判的?
3. 法默尔等人对后现代公共行政理论的探寻包括哪些内容?
4. 试析后现代公共行政理论、现代公共行政理论之间的关系及其历史意义。

第二十章　库珀的行政伦理理论

本章提要

本章从行政伦理的概念出发，以公民权理念为基础，以行政责任为核心，对库珀的行政伦理理论进行了全面的介绍，并指明了行政伦理行为的实现途径。同时对库珀做了基本评价。

学习要求

1. 了解库珀其人其事。
2. 掌握行政伦理的概念基础。
3. 掌握行政伦理的核心问题。
4. 掌握行政伦理行为的实现途径。

特里·L.库珀（Terry L. Cooper）是美国当代著名的行政伦理学家，现任美国南加利福尼亚大学政策、规划与发展学院资深教授，他先后在加利福尼亚大学洛杉矶分校、克莱蒙特大学和南加利福尼亚大学获得学士、硕士和博士学位，曾于1976—1982年间任职于美国行政学会职业标准与伦理委员会并参与编撰了该委员会的《公共行政官员应用职业标准与伦理指南》。作为美国乃至西方当代行政伦理学领域的著名学者，库珀以其丰富的背景知识长期致力于公共行政伦理与公民权的研究，他著述甚丰，在行政伦理方面，不仅在《公共行政评论》等权威期刊上发表有大量的专业论文，而且还著有《行政管理的公民伦理》（1991）、《模范公共官员》（1992）和《负责任的行政官员：行政角色的伦理探讨》（1998）等多部行政伦理学专著，并且主编了由多国知名行政伦理专家参加撰稿的《行政伦理学手册》（2001），正是这些行政伦理理论著述奠定了库珀在西方行政伦理学研究领域的权威地位，使其成为该领域的领军人物。

第一节　行政伦理及其重要性

一、行政伦理的概念诠释

所谓行政伦理，一般是指行政人员在行政管理活动中的行为规范的总和，它是维持行政管理活动相关各方之间合理和正当关系的原则和规范。从广义上来讲，伦理问题涉及的是诸如善、正确和应该这样的概念，古往今来，不乏就根本的世界观乃至生活本身的意义进行的伦理思索。但相比之下，库珀则更倾向于从有助于行政管理实践的角度来探讨行政伦理问题，他所关注的是可能正在发生的行为过程中的伦理问题，在他看来，一旦这样的事情发生，我们就要处理冲突、消除紧张关系以及处理不确定因素和危险。当行政人员在消除具体伦理困境过程中界定自己的责任的界限和内容时，他们便是在为自己创造一种"伦理身份"，他们是在塑造品性。如果我们意识到灵活处理伦理问题的技巧的重要性，我们就能够学会和培养这种技巧。他明确指出："我们可以把伦理问题的处理看作在时间和信息约束的范围内为我们所面临的具体情境设计最佳行动步骤的一种过程。作为一个初始的步骤，我们必须有一个在动态而不是静态意义上认识伦理的框架。"[①] 为此，他认为必须有一个关于伦理概念的操作定义，而不能仅局限于普通教科书或词典上的伦理定义。他认为，"所谓伦理，它意味着要就义务、后果和最终目的进行实质性的推论"[②]。任何进行伦理思考的人都要对体现在各种行为和社会秩序中的原则进行分析和评估，从事伦理实践也就意味着要更系统地思考指导我们行为选择的价值观。当我们对这些潜在的价值观进行思考时，我们要思考这些价值观与我们的义务相符程度以及它们所导向的是什么目标。记住了我们所承担的义务和我们所扮演的角色，我们就要设法就我们所面对的某一特定伦理决策而对这些价值观进行等级排序。正是基于这种认识，他将"行政伦理"界定为"一个根据某一具体的行政决策将我们的价值观进行整理排序的实际过程"[③]。他运用操作定义的方法对行政决策的伦理实现方式进行了阐释，他认为，人们在行政决策过程中对伦理问题的处理一般都是在以下四个思考层次中进行的：

第一，情感表达层次。情感表达层次即仅仅就一些问题或事情表达自己的情感，在他看来，这种情感表达既不想引起回应也不想劝阻别人，既不提供有关事态的证据也不提供详细的事态描述，不过，这一层次的处理方式也可能会随着情感表达主体和情感表达强烈程度的变化而变成更为系统和理性的处理方式。

第二，道德规则层次。道德规则层次即涉及恰当行为的问题并且开始对备选方案和后果

---

① ［美］库珀：《负责任的行政官员：行政角色的伦理探讨》，英文第 4 版，7 页，乔西 - 巴斯出版社，1998。
② ［美］库珀：《负责任的行政官员：行政角色的伦理探讨》，英文第 4 版，XI 页，乔西 - 巴斯出版社，1998。
③ ［美］库珀：《负责任的行政官员：行政角色的伦理探讨》，英文第 4 版，31 页，乔西 - 巴斯出版社，1998。

进行评估。库珀认为，这是严肃提出问题并予以严肃回答的第一个层次，在这个层次上，人们往往要根据某些被奉为道德规则的准则、格言和谚语来思考行动步骤并预期后果。在多数情况下，行政决策中的伦理问题都是在这个层次上得到解决的，因为我们所做出的决策往往都具有实用的后果并且具有可以为我们所接受的道德理由。在这一层次上，虽然理性和系统思考只是以一种很有限的方式具有相关性，但大多数实际的行政决策正是在这一层次上做出的。尽管在多数情况下我们所追求的不是进行广博的道德思考，而是解决特定问题，但是，当我们通过应用我们所能利用的所有实际道德规则仍然不能做出决策时，我们也会进行更高层次的伦理思索。

第三，伦理分析层次。伦理分析层次，也就是说，当可利用的道德规则在特定情况下不能正确发挥作用时，我们就需要从根本上对我们所要遵循的道德规则进行再思考。库珀认为，在常规的行政角色行为中，我们通常并不需要进行这种根本性的再评价，但有时，由于问题太独特、太复杂或者其后果影响面太大，以至于我们只能选择对隐含在我们常规行为规范之中的伦理原则进行再审查。在他看来，所谓伦理原则，指的是就实现某一价值所必需的行为或存在状态而做出的一种陈述，它明确地把某一种价值与一种普遍的行为模式联系在一起。当我们面临行政伦理困境时，我们就必须澄清并重新安排我们应该优先考虑的事项，如果我们所信奉和坚持的基本主导原则是维护公共利益，那么我们在做出行动决策时就必须权衡每一种决策备选方案将会给公众带来什么样的影响，进而以谨慎的方式采取恰当的行动步骤。如果我们不能对原则和备选方案进行这种排序的话，那么我们就必须借助于下一个伦理思考层次。

第四，后伦理思考层次。后伦理思考层次最典型的表现形式就是"我为什么应该遵守道德规范？"在库珀看来，多数行政人员一般都不会达到这个最基本的哲学思考层次。只有当我们陷入非常棘手的伦理困境时，我们才可能会在这一层次上进行思索。这一层次的思索目的是要设法为我们珍视在伦理层次上发现的那些东西找到某种根据。通常，当我们发现了一种允许我们自己"进行道德博弈"的恰当理由时，这种后伦理思考层次的任务也就完成了。

库珀认为，由这四个层次构成的行政伦理决策框架应该被视为一个高度动态的系统。尽管我们在理论上往往把人们描述为可能会合乎逻辑地完全遵循这四个层次的决策步骤，但在现实中，人们在努力解决什么是正确的事情以及什么是应该做的事情时则常常是游离于这四个层次之间的。然而，库珀强调，尽管我们日常的行政决策往往都是在没有过多思考的情况下做出的，但我们面临重要问题时对决策的伦理方面越是能够有意识地加以系统处理，我们在工作中就越能够成为负责任的行政人员，进而也就越能够实现行政伦理行为。

二、加强行政伦理建设的重要性

库珀对行政伦理问题的探讨是从对行政角色的分析入手的，而且他也正是通过对行政人员角色问题的分析而引出了行政伦理的核心概念——"责任"（responsibility）。他明确指出："要想最好地考察行政伦理，就必须对行政角色有所认识，因为行政角色涉及行政伦理发生作用的社会文化背景。"① 众所周知，一个人在社会生活中总是要扮演着特定的角色，例如父母、朋友、教师、公务员、公民等，而每一种角色都具有构成其行为规范的特定社会期待，每一种角色都代表着一系列的义务和责任，正是"角色"这个概念把社会"期待"（expectation）与"义务"和"责任"结合在一起，使人们在各种角色的名义下让自己承担着义务和履行着责任。然而，在现实生活中，由于人们往往会在没有明确考虑各种不同角色所要求的行为变化的情况下穿插活动于这些不同的角色之中，所以他们常常会陷入一种充满角色矛盾和角色冲突的状态之中。库珀认为，与每一个生活在现实社会中的普通人一样，行政人员也必须同时在家庭、组织、社区以及社会中承担着不同的角色，他们所扮演的每一种角色背后也都附带着一系列的义务和责任，夹杂着各种不同的利益，在具体的行政实践中，附着在行政人员身上的各种角色之间也经常会发生冲突，特别是伴随着后现代主义思潮对基础假定的质疑和对绝对权威的否定，作为角色扮演者的行政人员也常常会被置于尴尬和矛盾之中，他们最终必须采取某种行动才能消解这种冲突，但至于他们采取何种行动来消解冲突，他们作为角色的扮演者却具有很大的随意性，尽管法律和法规会从原则上对行政人员的行为进行角色规范，但它们通常只是给行政人员的行政行为提供一些含义宽泛的倾向性指导。这样一来，对于拥有一定行政自由裁量权的行政人员来说，在随意性很大的情况下，要想做出负责任的行政决策，通过加强行政伦理建设来提高决策者的伦理水平和增强其良知就显得至关重要。

此外，库珀发现，行政人员所处的现实社会环境也使得他们缺乏对行政伦理素质的修炼进而降低了其应对行政伦理困境的能力，因为充斥着现代社会的往往都是一些讲求实际的所谓"务实"行动，在这样一种"务实"的社会中，人们似乎已经无暇反思价值和原则问题，人们所关心的只是"怎么办"的理论，而对于"后果会怎样？"却很少思考，尤其是，以对义务、因果关系和最终目的进行基本理性思考为己任的伦理理论已经越来越受到这种现代心理状态的支配，因为这样的理论对于当今这个"生产—消费"型社会的直接效用受到了人们的怀疑，较之成本—收益、国民生产总值、经济发展张力、组织结构、生产装备线、财政预算、机构精简、时间和政治压力这类事物，原则与价值、"善事"与"义务"仿佛无足轻重。于是，行政人员和行政组织往往看不到系统学习行政伦理知识的意义何在，进而在行政人员中会出现这样一种倾向：要么完全忽视对行政伦理知识的学习，要么也只是草草应付了事。库珀认为，在这种所谓"务实"的宏观社会环境下，行政人员所面临的工作环境通常只是一味要求他们努力将工作做完，这种现实的工作压力逐渐挤压了行政人员的教育、培训和常规操练时间，紧张的日程安排和繁重的工作负担使得他们无暇顾及什么是应该做的事情以及为什么要这样做。然而，他们在行政实践中，一旦遇到责任冲突和伦理困境便难以应对。这也从另一个方面说明了行政人员在现代社会环境中必须通过加强伦理知识的学习来增

---

① [美]库珀：《负责任的行政官员：行政角色的伦理探讨》，英文第4版，33页，乔西-巴斯出版社，1998。

强其责任意识，进而提高其在行政实践中应对行政伦理困境的能力。

第二节 行政伦理的概念基础——公民权理念

一、公民权

对公民权理念的认识是我们准确把握库珀行政伦理概念的基本前提。在他看来，"公民权是指对一个社区中个体成员的权限和义务进行界定的身份和角色。这种身份和角色可以是根据宪法、宪章和法律规定的资格、权利和义务正式编辑整理出来的，或者也可以是由价值观、传统和共识非正式决定的"①。具体来说，公民权（citizenship）这个概念既可以从法律意义加以界定，也可以从伦理意义上进行解释。从法律意义上看，"公民权"主要是指由法律规定的公民的权利和义务，公民权被视为一种合法身份；而从伦理角度来看，公民权涉及的是一些与个人在某一政治共同体中成员资格的特性有关的更为一般的问题，其中主要包括诸如公民的权利和责任这样的伦理问题，而不管其合法身份怎样。

其实，对公民之适当角色和责任的认识可以追溯到古希腊哲学思想的影响。美国政治思想家波科克就认为，西方政治思想中公民权概念的历史可以被视为理想与现实、人与物之间的一种"未完成的对话"。② 在他看来，关于公民权的经典描述是亚里士多德在《政治学》中首先提出的，这种描述最好地表达了"理想"。按照亚里士多德的观点，公民之所以参与城邦的工作，其原因在于个人可以在这种工作中获得最完备的人性。由于人具有主动性、社会性和道德性，他们关心生活的目的，所以他们试图达到更高目的并且为此而必须进行自决。"因此，公民既处于支配地位又受人支配；当每个决定者都尊重别人的权威时，公民就彼此一起参与决策。并且他们都共同服从……他们所做出的……那些决策。"③ 按照亚里士多德的理解，公民在社会生活中更加关注的是有待达到的"目的"，而更少关注工作或生产的"手段"，公民权不被视为一种工具性活动或一种达到目的的手段，而做一个积极主动的公民，这本身就是一种目的，这一点因为那种通过参与政治组织的工作所获得的自由而受到重视。后来，法国政治思想家卢梭遵循亚里士多德的传统从根本上把公民界定为把社区的利益放在心上的人。在他眼中，公民权是一种生活方式，这种生活方式包含着一种对社区及其成员的承诺，包含着对公共事务的一种重要参与水平，并且包含着一种将个人自己的利益置于更广泛的社会利益之下的临时意愿，这种意愿后来被另一位法国政治思想家托克维尔称为

---

① ［美］库珀：《行政管理的公民伦理》，英文版，5页，普伦蒂斯-霍尔出版社，1991。
② ［美］波科克：《自古典时代以来的公民权理想》，见［美］贝纳：《公民权理论》，英文版，42页，纽约州立大学出版社，1995。
③ ［美］波科克：《自古典时代以来的公民权理想》，见［美］贝纳：《公民权理论》，英文版，31页，纽约州立大学出版社，1995。

"被恰当理解的自利"①。此外,诸如穆勒这样的另一些政治思想家也把公民参与视为民主政府的一种至关重要且必不可少的因素,穆勒就认为,"良好的政府……依赖于……社会人的品质,正是这些人组成了政府被施加于其上的社会"。另一位美国政治理论家沃林也认为,尽管人们在社会中扮演着许多角色——雇主、雇员、老师、学生、父母、消费者、工会代表、清教徒等,但是"公民权提供了其他角色所不能提供的东西,即将同代人的多重角色集合在一起的整合经验,而且这种整合经验要求各种角色应该从一种更加普遍的观点加以审视。例如,我作为一个父亲的角色有可能会与我作为一个雇员的角色相冲突,只要有这种情况存在,我就需要一种更加广泛的角色以一种概括的形式将这各种角色整合在一起,而公民角色就能够提供这样的整合"②。

库珀正是基于西方政治思想史的这些公民权理论观点而将公民权理念视为行政伦理的概念基础。在他看来,美国人具有一种以符合民主公民权理想的方式行为的强大传统,库珀在总结美国公民参与的历史时写道:"从早期清教徒共有自我治理参与性的习俗传统——新英格兰的市民会议、引起托克维尔关注的建立志愿性社团的经验、反联邦主义思想以及在贫民区建立的福利性工作社团来看,已经出现了一套为道德公民权规定要义的价值观、惯例、信念、原则和理论。"③ 这种关于道德公民权的强大传统与更加正式的法律方法形成了对比,并且为美国的一种积极参与的公民权提供了基础。库珀认为,公民权理念与公共行政的关系极为密切,公民角色是认识公务员角色的基础。作为公共行政概念基础的公民权理念由来已久,例如,从历史上看,美国大学中最早建立的两个行政学院——锡拉丘斯大学的马克斯维尔公民与公共事务学院和南加利福尼亚大学的公民与行政学院就是从公民学院开始的。尽管公共行政领域在这个方面已经漂离了它的源头,但是库珀认为,公务员的地位和合法性仍然根源于其作为职业公民的角色,因此,公务员就不仅仅是技术专家、解决问题的人或政府雇员,他们最好被理解为某种将公民的责任延伸到其一生工作中的人。库珀借用沃尔泽的话说,公务员是"代替我们其余人员的公民,可以这么说,共同的利益就是他们的特质"。

二、"公民美德"与"行政责任"

正是基于对公民权理念与公共行政之间的密切关系的认识,库珀认为,公务员所从事的公共服务本质上是民主政体中所有公民所期待的公民美德的一个扩展部分。所谓"公民美德",是指"对于一个人的理性判断和道德判断发生作用的一种倾向,它主要体现为一个公民为了一致追求公共利益而必须拥有的诸如诚实、公正和勇敢这样一些个性特征"④。公民美德的理念体现了为公众服务的观念。尽管合乎伦理的公民明显就是一个参与社区工作的公

---

① [法] 托克维尔:《美国的民主》,英文版,526~527页,新美国图书馆,1969。
② [美] 沃林:《政治与愿景》,英文版,434页,利特尔-布朗出版社,1960。
③ [美] 库珀:《行政管理的公民伦理》,英文版,10页,普伦蒂斯-霍尔出版社,1991。
④ [美] 库珀:《行政管理的公民伦理》,英文版,92页,普伦蒂斯-霍尔出版社,1991。

民，但合乎伦理的公民还有责任或义务为他人服务。民主公民权的理想自早期就已经意味着公民为了促进社区的改善而应该承担的某种责任或义务。从本质上看，公务员所从事的公共服务正是来源于责任和义务这些公民美德，"公民美德是民主社会中合法行政实践所必需的核心个性特征"。如果行政人员能够从民主公民权的基础上获得其伦理身份，那么他们就可以承担其一切特殊的角色和职责，包括对诸如回应性和责任这种问题的认识，而像回应性和责任这样的问题则是民主道德理念所固有的。库珀明确指出："行政官员的伦理身份于是就应该是被雇用来作为我们中的一员为我们工作的公民；他们是一种职业公民，他们所委以从事的工作是我们在一个复杂的大型政治共同体中所不能亲自干的工作。行政官员应该是那些'特别负责任的'公民，他们是公民这个整体的受托人。"[①] 照此，行政官员自然会坚持一套适合于处理公共事务的伦理准则。其实，责任就其精髓而言就是一个伦理问题，而且，行政官员的角色也应该被视为一个合乎伦理的行动主体，"不合乎伦理的行政官员是责任行政的对立面"[②]。库珀的行政伦理理论试图阐明的正是那种将注重伦理道德的人视为负责任的行政行为之基础的观点。

第三节　行政伦理的核心问题——行政责任

责任是为行政角色建立伦理规范的关键概念，"在公共行政……的所有词汇中，责任一词最为重要"[③]。库珀将公共行政中的责任分为客观责任和主观责任。

一、行政责任的基本类型

第一，客观责任。客观责任与从外部强加的可能事物有关，其具体形式包括两方面：职责和应尽的义务。在库珀看来，所有的客观责任都包括对某人或某集体负责，也包括为某一任务、下属人员和目标的实现负责。从相对重要性来看，义务更为根本，职责是确保义务在等级制度结构中得以实现的手段。职责意味着上下级关系以及自上而下行使权威以确保既定目标的实现。他认为，如果把客观责任的这两方面放在行政角色的组织和政治背景中加以解释，我们就可以澄清政策过程中关键角色之间的责任关系。

首先，行政人员最为直接地要为贯彻执行其组织上司的指示或彼此达成共识的目标任务而对上级负责，而且他们还要为其下属的行为而对其组织上司负责。在库珀看来，这是直接的职责关系，而义务关系在此就最不具有根本意义。

其次，行政人员要为贯彻执行体现民选官员意愿的公共政策而对民选官员负责。库珀认

---

① ［美］库珀：《行政管理的公民伦理》，英文版，139页，普伦蒂斯－霍尔出版社，1991。
② ［加］德维维迪：《公共责任的伦理与价值》，载《国际行政学刊》，1985（1）。
③ ［美］莫舍：《民主与公共服务》，英文版，7页，牛津大学出版社，1968。

为，这种法律责任关系不像第一种责任关系那样直接，但它却是最为基本的义务。由于公共政策是组织任务和使命的根据，所以行政人员对政策制定者的义务超过了对组织上司的义务。

最后，行政人员还要为洞察、认识和权衡公民的偏好、需求和其他利益而对公民负责。库珀认为，尽管这是最不直接的职责关系，但它是最根本的义务关系，因为公民是主权者，行政人员是他们的受托人。在现代社会，与民选官员一起分担代表和受托只能意味着行政人员也要与民选官员分担这种义务关系，正因为如此，二者之间常会出现角色模糊和角色冲突的情况。在库珀看来，负责任的行政人员必须从实践和伦理这两个角度为自己的行为负责，责任的完整含义既包括实践责任，更包括伦理责任，相比之下，伦理责任必须占最终优势。

库珀不赞同用经济学的委托—代理理论来描述和解释客观责任，他认为这种做法过于简单地对待委托—代理关系，它只关注效率价值，而忽视了伦理考虑。在他看来，行政人员作为一种代理人角色，包括了负责的责任内容，即他要对多种委托人负责，这些委托人包括组织中的上司、政府官员、职业性协会和公民。尽管效率在行政管理工作中十分重要，但未必最重要，正义、权利、诚实守信和其他许多价值也很重要。处理相互冲突的委托任务和对抗性价值观、处理职责和义务之间的矛盾，这些都需要进行伦理思考和伦理分析，而这些常常都被经济学的委托—代理理论所忽视了。

第二，主观责任。库珀认为，外部强加的义务只是责任的一方面，与此并列的还有我们自己对责任的感觉和信念。在他看来，客观责任源于法律、组织、社会对行政人员的角色要求，但主观责任根植于行政人员自己对忠诚、良心和身份的信念。他特别强调，主观责任作为对行政人员信仰、个人与职业价值观以及性格特征的一种表达，它与更为明确的客观责任的表达一样具有真实性。行政人员在履行行政角色时的主观责任反映了通过个人经历形成的那种职业伦理。他们相信法律，所以他们在良心的驱使下以特定方式行为，他们不是因为上级或法律要求他们才这样做，而是因为由信念、价值观和禀性等构成的一种内驱力驱使他们以某些特定方式行为。行政人员对某人负责或为某事负责的感觉和信念是在社会化过程中产生的，这些感觉和信念体现了他们通过家庭、学校、朋友、宗教团体、职业培训和组织参与而获得的价值观、态度和信念。在库珀看来，价值观是一种比其他信念类型更为基础的信念，它不仅对于人们的信念系统和态度至关重要，而且对人类活动也具有重要的影响，因为引发主观责任的价值观不仅仅是情感表达，它还包含着影响人们生活方式的认知成分、情感成分和行为成分，价值观不仅可以在人们与环境的相互作用中塑造认识能力，而且可以引发他们对所认识事物的情感反应，进而影响对于他们行为方式具有塑造功能的性格形成。因此价值观可以控制人类行为，它是指导人类行为的准则或标尺，主观责任就来源于基本的价值观信念，当人们面对问题和事件时，与其相关的价值观和原则便会使他们以特定方式行事或寻求实现特定目标。通常，人们所建构的一套主观责任是那些从外部强加的客观责任的对应物，它是人们将自己的需要和习性与角色的要求融合的一种方式，角色使人们有必要内部产生一种价值观子系统，这是使客观责任的履行与他们自己的内心禀性相一致的一种伦理准则。因而，库珀认为，一个负责任者的行为是与其所扮演角色的伦理准则相称的，保持高度的主观责任非常重要，它不仅有利于培养整体意识、自尊心和认同感，也有利于客观责任的履行。实际上，行政行为对逻辑和连续性的需求使得主观责任的建立成为必要，客观责任所允许的行政自由裁量权范围必须取决于行政人员对伦理思考的障碍掌握多少，一个行政人员需要一些基准尺度将那些进入其行政活动范围的各种冲突性价值观要求联系起来。因此，主观责任不仅仅是人类活动不可避免的一个方面，它从人们的社会化过程和其他角色中产生出来，而且其思想和体系的发展对于以连续、理性和独立的方式履行客观责任也是必不可少的。连续性和内部控制力量能够使行政人员以一种相对可预测的方式形成自由裁量权，公众也因此会对行政人员产生信任。正是基于这种认识，库珀说："伦理过程就是这样一种手段，通过它，这些主观责任的内部方面与外部要求得以联系起来了，而道德想象力则是将二者融为一体又不丧失各自完整性的必备技巧。"

当然，库珀也充分认识到，在现代社会，对于行政人员来说，履行责任的确是一项既艰巨又复杂的任务，而且，对于实际操作过程中的行政人员来说，其责任要比理论上描述的更为复杂，尤其是当他们必须承担多种角色时，与各种角色相关的责任之间往往会发生冲突，正因为如此，行政人员常常不得不面对由种种责任冲突而产生的种种行政伦理困境。

二、行政伦理困境——责任冲突

库珀认为，面对冲突性责任是行政人员体验伦理困境最典型的方式。通常，人们不将这种困境视为伦理困境，而只是把它当作实践问题。其实，从根本上讲，这种困境涉及我们怎样有意、无意地为价值观和原则排序的问题。在他看来，由于行政角色只是行政人员在现代社会和后现代社会中可能扮演的全部角色中的一种，所以角色发生冲突的可能性总是存在的。而且行政人员角色时常与公民角色发生冲突，在这两种特定角色之间有反复发生冲突的潜在推动力。不仅如此，公务员的受托人特征本身也使他有责任代表公民的利益行事，而由于这种责任是发生在组织内部，所以在个人利益、组织利益和公众利益之间以及在组织中的上司、政府官员和法律之间也常常会发生利益和权力的冲突。

首先，因角色冲突而产生的行政伦理困境。角色概念是角色责任冲突的关键原因。在特定的情形中，我们所体验到的特定角色的价值观是不相容的或是相排斥的。然而，我们不是仅仅体验价值观本身，而是体验在价值观支配下的角色冲突。库珀举例说，在工作中，我们可能会面临这样的角色期待：我们作为工作人员与我们作为一位好母亲、一个善良的基督教徒或者是美国行政学会的称职会员相矛盾。在这种情况下，行政人员角色与组织工作之外的其他角色之间就会发生冲突，库珀将这种角色冲突叫作"内部角色与外部角色"的冲突。有时，我们在组织内部扮演的角色之间也会发生冲突，库珀将这种冲突称为"内部角色与内部角色"的冲突。他认为，在实际行政过程中，这两种角色冲突均可以使行政人员陷入行政伦理困境。

其次，因权力冲突而产生的行政伦理困境。所谓权力冲突，在库珀看来，就是指两种或两种以上的客观责任之间的冲突，这些客观责任是由两个或两个以上的权力来源（例如，法律、组织中的上司、民选官员和公众等）从外部强加的。库珀认为，如果两种权力对我们的行为要求是不相容的，例如，法律要求你这样做，而上司却要求你那样做，那么你就会面临这种行政伦理困境。

最后，因利益冲突而产生的行政伦理困境。库珀把作为行政伦理困境之产生根源的利益冲突界定为我们自己的个人利益与我们作为一个公共官员的义务之间发生的冲突。在他看来，这种责任冲突可能兼具冲突性角色和各种权力来源之间的紧张关系，不过，它更通常地为人们利用公职牟取私利提供了机会，这种责任冲突象征着公共角色与自我利益之间的冲突，亦即客观责任与获取个人利益可能性之间的冲突。而通过这种责任冲突表现出来的伦理问题往往就是：我们作为公共利益代理人的受托关系可能会因为我们在职业裁决中有失公民的信任而受到损害。如果一些潜在的个人利益能够影响我们的推断和行为的话，我们就会为个人利益而不是为公民的利益着想，或者我们至少会被觉察到正在这样做。我们的裁决会以这种方式而受到侵害，或者看上去会受到侵害，这两种情况都会使我们所扮演的公共利益代表的角色信任受到质疑。按照库珀的理解，从本质上看，在利益冲突问题上，我们就是面临这种利益与职责、私人生活禀性与公共角色义务之间的紧张关系；而在实际行政工作中，当我们受聘扮演公务员角色而体验着公共利益与个人利益之间的这种紧张关系时，我们便面临着这种行政伦理困境。

第四节 行政伦理行为的实现途径

既然行政人员在行政决策过程中客观地会面临各种行政伦理困境，那么我们怎样才能使行政人员在公共组织中保持负责的行为以防止出现不合伦理的行为呢？基于前述对客观责任和主观责任，特别是对导致行政伦理困境的三种责任冲突的分析，库珀从三个层面对实现行政伦理行为的途径进行了探讨。

一、行政伦理困境的传统应对方法

库珀认为，传统上在公共组织中保持负责任行为的一般方法有外部控制和内部控制两种。

第一，外部控制。所谓外部控制，是指从公务员自身外部强行对公务员个人的伦理越轨行为实施的控制因素，例如，采取新立法、制定新规则、颁布新制度，或者是重新安排组织构成或建立新组织以便更严格地监管下属组织，实施这种外部控制的理论基础是个人判断力和职业水平不足以保证人们合乎伦理规范地行为。

库珀认为，这种外部控制的观点在思想渊源上源自芬纳与弗雷德里克发生的论争。芬纳认为，外部控制是民主政体中确保行政责任的最佳手段。在他看来，行政官员之所以应该服从民选官员，是因为民选官员直接对人民负责。根据他们对公众需要的解释，这些官员应该告诉行政官员做什么，然后行政官员再负责按照这些指令去贯彻执行那些职责。芬纳认为，如果没有外部控制，那么权力滥用就不可避免，他指出："尽管职业标准，对公众的责任以及对技术效率的追求都是合理行政工作的因素，但它们仅仅是合理政策的配料，而不是合理政策的具有持续促进作用的因素，而且它们需要公共的政治控制和裁量权。"[①] "尽管伦理规范、内心自律以及所有使它们发挥作用的办法为行政管理具有创新性、灵活性以及富有成果提供了保障，但是现今更为重要的莫过于基本的政治控制和政治责任"[②]。他主张只有被统治者手中所掌握的法律和制度控制才能使行政人员产生负责任的行为，只有外部控制才是保持政治责任行为的必要因素。芬纳对政府行政角色的认识是建立在民主政府的以下三个信条基础之上的[③]：（1）公众的统治要求政客和公共雇员为公众的需求而工作，而不是为他们所认为的公众的需求服务；（2）公众的统治要求建立起以地方民选组织为中心的社会公共机构；（3）公众的统治不仅包括其向政府反映自己需求的能力，而且还包括严格服从命令的能力。在芬纳看来，正是这三个信条所蕴含的外部政治控制支配着行政人员负责任的行为。政府所行使的是一种只能对公众负责的垄断权，依赖和信任行政人员的良心或主观道德责任感总是会导致权力滥用。没有"惩罚性的外部控制"，公共雇员就难免会出现"失职""渎职"或"越权"的行为。尽管芬纳也承认诸如教育和职业准则等内部控制机制对于法律约束力等外部控制机制具有辅助性作用，但它的作用也仅此而已，因为它所能够发挥的作用就是告知行政官员行使自由裁量权，而无权强迫和控制行政官员这样做。

正是基于芬纳的这种外部控制观，当外部控制的倡导者面临行政伦理困境时，他们往往倾向于考虑改变组织、改变控制组织运行的条例和法律，而不是去寻求改变组织中人的主观状态。他们寻求负责行为的途径不是通过劝说、教育和感化，而是通过设定限制范围、要求、界限、标准和制裁措施。库珀认为，被普通民众、利益集团和政府内部的改革者所使用的外部控制主要有两种形式：一是伦理立法，二是伦理准则。就伦理立法而言，在现代社会，行政人员的自由裁量权范围有必要扩大，但一定要与公民意志在总体上保持一致。在日常组织事务中行使裁量权时，要具有灵活性并要针对具体情况采取有针对性的有效措施。然而，自由裁量权的范围应该由人民的意志对其进行约制，而人民的意志又是通过民选官员所建立的立法程序表现出来的。伦理立法为解决行政人员所面临的伦理冲突和困境设定了这些广泛的约束条件——这些约束条件即对政治共同体起码的道德标准所做的正式陈述。不过，库珀还明确指出了伦理立法也具有诸如因其规定的一般性而严重缺乏对具体问题的指导作用

---

① ［英］芬纳：《民主政府中的行政责任》，载《公共行政评论》，1941（1）。
② ［英］芬纳：《更好的政府人事》，载《政治学季刊》，1936（4）。
③ 参见［英］芬纳：《民主政府中的行政责任》、［美］罗克：《国家政治中的官僚权力》，英文版，329页，利特尔·布朗出版社，1972。

以及因政府执行机制的不健全而难以持续有效实施等弱点。至于伦理准则，库珀认为，尽管它要比伦理立法更能生动表现具体职业团体的理想、规范和义务，可以更好地适应某一职业的典型情境，并且能够提供一种有利于某一职业团体澄清和内化其价值观的机制，但它也常常因其过于模糊和抽象而难以在需要伦理指导的具体情境中加以应用。

第二，内部控制。所谓"内部控制"，则是试图通过培训和职业性社会化过程来培养和强化公务员的职业价值观和职业准则，以建立一种内部控制机制来保证公共组织中符合伦理规范的行为，进而防止公务员出现伦理越轨行为。这种机制之所以被称为内部控制，其原因在于它们是由一系列公务员自己内心的价值观和伦理准则组成的，而且它们想要在缺乏规则和监督机制的情况下鼓励从事合乎伦理规范的行为。这种内部控制观的思想渊源则出自与芬纳进行论争的弗雷德里克。

在与芬纳进行的争论中，弗雷德里克不赞成芬纳将外部控制视为行政责任之基础的看法，他主张职业化是确保行政官员负责任的最佳途径，在他看来，行政责任所包含的内容远远不止执行预先确定的政策，实际上，政策制定和政策执行正在变得基本上不可分离。而且，行政官员是专业人员并拥有普通公民所没有的专业化知识和技术专长。由于行政官员的职责是以专业知识和行为规范为基础的，所以他们应该对自己的同类专业人员负责以满足共同赞成的标准，官僚责任的关键就是职业化，职业化是行政责任的基石。尽管弗雷德里克也承认政治控制具有一定的重要性，但他认为："负责任的行为除了需要有外部控制因素之外，还要有一种'心理因素'。"① 责任不能用"对某个人或机构负责"这样的字眼来表达，责任是一种"道德的或宗教的"责任，是一种理想化的政治责任，它是一种感觉，一种对于先验理想的责任意识。而且，"正在出现一种常任行政官员的责任，这种常任行政官员要求应该为了满足我们迫切的技术需要而寻找和发现创造性的解决方案，而就这些创造性的解决方案而言，除了一些能够根据有关科学知识对其政策进行评判的同类技术人员之外，其他人均不能使这些解决方案得到有效贯彻执行"②。此外，他还强调，外部控制机制和责任测量措施"代表的是近似值，而且代表的还只是一些不很接近的近似值"。换言之，如果没有一套基于专业知识的标准，如果行政官员不能使责任内化并且不能使彼此相互负起责任，那么责任就不可能实现。

其实，在内部控制和外部控制问题之争的背后，是关于人性假定的问题。我们不应简单地说哪一种控制机制就具有绝对优势，例如，库珀就明确指出，作为提高行政责任的手段，尽管内部控制可以通过内化于行政人员心中的价值观来防范他们在决策过程中的伦理失范行为，有助于产生一个更具回应性和创新性的官僚体制，但是这种内部控制机制也有其自身的弱点，例如，在当今这个多元化社会中，我们很难就行政人员应该采取哪一种价值观达成共识，而且，如果行政人员个体将其价值观应用于具体问题的决策时，我们也很难保证他不会

---

① [美] 弗雷德里克等：《美国公共服务的问题》，英文版，38 页，麦格罗-希尔出版社，1935。
② [美] 弗雷德里克：《责任》，英文版，4 页，文科出版社，1960。

以满足自我利益的方式行事,更何况在对抗性价值观之间也还存在着发生冲突的可能性。①正是基于对这两种控制机制的利弊分析,库珀断定,当务之急是要在内部控制和外部控制之间设计一种平衡机制并寻求二者之间的和谐一致,以通过各自积极功能的充分发挥来相互补充,进而增强对行政人员负责行为的控制力。也正是基于这种认识,库珀才试图通过设计一种集内部控制与外部控制于一体的整合机制来对伦理和价值观与法律、规则、制度和官僚组织进行整合,进而建立一种实现行政伦理行为的设计途径(Design Approach)。

二、实现行政伦理行为的正确路径选择之一:内外控制机制之整合

库珀认为,符合伦理规范的行政行为不可能在孤立情况下形成并得以有效维持。如果伦理思考过程想要导致负责任的行政行为,则必须有一种支持性环境,而构成这种支持性环境的正是由体现为个人品质的内部控制机制与组织结构、组织文化和社会期待等外部控制整合而成的一个环境支持系统,该系统的四个构成要素均对负责任的行政行为具有影响和制约功能。

第一,个人品质。库珀认为,作为负责任行政行为之内部控制机制的个人品质包括伦理决策技巧、心理态度、美德和职业价值观,这些内在的品质可以为行政人员正确行使自由裁量权提供持续性指导,而法律和内部组织政策不可能具体到足以涵盖行政人员所遇到的所有情境和偶发事件,而且公众参与也不可能深入到日常行政行为的细节中去,上级对行政活动的监控范围也有限。所以,只有被深深内化了的一套个人品质才能够保证行政人员的行为既符合组织目标又符合民主社会的公民义务,而且这些个人品质也是官僚层级组织机构有效运转的必要条件。

第二,组织结构。库珀认为,作为负责任行政行为之外部控制机制的构成要素之一,组织结构包括明确的职责、合作性安排、异议渠道和参与程序。在他看来,组织结构是行政人员个体在其中发挥作用的重要工作环境,它对行政人员的伦理行为具有重要的影响,必要的组织在以下诸方面均有助于促进行政责任的实现:首先,它可以通过对责任的明确规定来增强每一行政层级的责任,组织对行为绩效的期望可以通过管理人员与下级的层级关系直接传递给雇员,这种贴近的关系也可以使公共雇员的行为得到审查,行为与反馈之间的这种联系既可以降低愿望沟通的混乱程度,也可以减少评估回应的时间拖延。在这种合理的组织结构中,下级如果有什么不清楚的问题,也知道找谁咨询,顶头上司对某一具体领域的组织使命具有发言权并且有权审查其下属的工作情况,这样就可以避免因职权不明而产生的责任"真空"状态。其次,组织的合法性也可以增强每个行政层级的主观责任。库珀认为,通过代表和参与政策制定过程,组织成员有了对组织效益负责任的动力。他们不仅可以在公法中

---

① [美] 库珀:《负责任的行政官员:行政角色的伦理探讨》,英文第 4 版,161~162 页,乔西-巴斯出版社,1998。

找到上级命令的合法性来源，还可以更近地在一个合法官僚机构的集体决策过程中找到上级命令的合法性基础。最后，整个组织中客观责任和主观责任的增强便可以使组织成员集中精力于实现组织目标。

第三，组织文化。在负责任行政行为的外部控制机制中，组织文化包括榜样、行政规范和信条。在库珀看来，组织文化对组织成员的行为具有很大的影响，它们甚至可以使组织成员的行为偏离乃至背离管理者的正式规则、章程、程序等制度。库珀认为，在行政实践中，尽管我们可以有效挑选和培训合乎伦理的个体，而且组织结构也可以具有明确的职责、合作的安排、开放异议渠道以及支持性的行政领导，但是非正式的组织文化可以强有力地制约合乎伦理或不合乎伦理的行政行为。因此，库珀认为，我们应该努力使组织文化对于行政伦理行为所具有的积极功能得到充分发挥，必须以一种集中于组织整体设计的方法把组织结构的完善与组织文化的建设联系起来，建立起一种组织文化和组织结构携手共同培育、奖赏和维护公共服务价值观的整合系统。

第四，社会期待。库珀这里所说的"社会期待"主要是指人们在不同方面对政府工作人员所寄予的希望。例如，公务员的相对酬劳水平、法律实体对行政行为的约束、公众对行政人员的看法以及行政人员在大众文化中所表现出来的公众形象等。作为责任行政的外部控制因素，社会期待主要包括公共参与和法律与政策这两方面。就公共参与而言，库珀认为，公众情感是行政责任中的一种主导因素，在实现和保持行政责任的过程中，公众参与不仅可以增强行政人员的公众意识，而且还能够有助于澄清和明确法律与政策的意图。他反复强调，规范的行政伦理必须重视公民角色并且要将行政人员视为必须定期与公民保持联系的职业受托公民。至于社会期待的另一种表现形式——法律与政策，库珀则认为，尽管我们有必要使政府活动适应于特定的具体公众，但这种工作必须在象征着更为普遍和持续表达了公众意志的法律和公共政策框架内进行，多元主义的离心力必须由法律和政策的向心力来抵消。他明确指出，在多元化社会中，我们的任务就是要对这些对立倾向进行估计，以保持必要的凝聚程度和秩序，进而最大限度地为各种不同意见的表达提供机会。[①] 他并且强调，对行政责任来说，法律和政策不仅可以通过界定行政自由裁量权限来对行政人员的行为进行外部控制，而且还可以将行政责任与政府的立法机关、行政机关和司法机关联系起来。总之，库珀认为，负责任公共行政的最佳设计应该是行政责任的这四种构成要素都支持合乎伦理的行政行为，在这样的最佳环境中，这四种要素各自都被调整得可以最大限度地以一种平衡的方式强化彼此作用的发挥。在这样一种由互动力量构成的网络内，行政人员不仅会有动力去进行系统的伦理思考，而且还能够更好地考虑备选的行动步骤，能够去想象每种备选行动步骤的后果并且能够对自我赞许或不赞许进行预期。

在对构成责任行政之环境支持系统的四种要素分别进行阐述后，库珀特别强调，如果要获得负责任的行政行为，还必须处理好这四种要素之间的关系，既要维护民主价值观和程

[①] [美]库珀：《负责任的行政官员：行政角色的伦理探讨》，英文第4版，193页，乔西-巴斯出版社，1998。

序,又要承认公民权的首要性,也就是说,公共行政人员的个人品质必须通过支持公众参与和尊重法律而有利于对民主制度下的公众做出回应,组织结构必须为公众参与提供渠道,组织文化建立的规范基础必须使公共组织的成员具有遵纪守法的倾向并且使得公众能够参与治理过程,必须将它们整合成一种有利于相互促进、共同发展的环境系统。

三、实现行政伦理行为的正确路径选择之二:保持个体伦理自主性

如前所述,客观形式的行政责任既包括对上级负责,也包括为下级负责,而前述对内外控制机制的整合主要涉及的是后一方面,即在公共组织中保持负责任的行为以及行使让下属履行职责的责任,其最基本的要求就是找到限定和指导下属自由裁量权的方法。

其实,公共组织需要对其负责的委托人往往有多种形式,他们不仅包括组织中的上司和民选官员,而且还包括法官和公民,在此,库珀特别强调,在各种形式的委托人中,公民是终级性的委托人,公共组织应该对公民及其利益负责。尽管管理者有必要在日常工作中防止和打击因追求个人利益而不负责任地行使自由裁量权的行为并鼓励为公众利益服务的负责行为,因为组织的目标应该与公民的期待和利益相符合,管理者的责任就是要充当公民的受托人,但是,应然毕竟不等于实然,组织及其管理者有时也会偏离为公众服务的责任转而去为自己服务。当这种情形发生时,组织中的行政人员便面临着对自己组织的上级负责与对公民负责之间的责任冲突,此时便出现了一种需要行政人员予以应对的伦理困境。在库珀看来,当这种情况发生时,行政人员个体有必要区分自己对组织的责任范围以保证最终对公民负责,而且基于对公民的基本义务和共有的政体价值观,行政人员更有必要抵制组织及其管理者的不负责任行为,以示对公民的忠诚,诚如库珀所言:"当忠诚情感发生冲突时,行政人员有必要评估自己对上级的责任范围。我们对公众的终级义务也许要求我们采取有违于效忠组织科层制的行为,换言之,也许要求我们检举组织上级的不负责任行为。"[①] 当然,库珀也清醒地认识到,承担伦理行为的义务往往是孤单并且需要为之付出代价的,尤其是那些直面组织腐败和不道德行为并最终选择对公民负责的行政人员很可能会在生活、事业和个人经济收入等方面遭受严重损害,这些所谓"不忠"的公务员不仅很可能会成为非正式骚扰的对象,而且还可能会成为正式攻击的对象。在库珀看来,当面临这种伦理困境时,仅仅通过培养正确的个人品质,或仅仅通过组织文化的干预,或仅仅通过颁布伦理立法,是很难保持负责任行为的。尽管公众利益常常可以通过价值观、伦理准则和法律得到表达和实施,但是对抗的组织力量却可以将它们统统推翻。因此,当行政人员面临这种伦理困境时,他们就必须通过增强自己的个体伦理自主性来有效地保持自己行政责任的限度和对组织忠诚的限度,具体来说,就是要首先划定工作组织的边界并培养一种超越组织边界的身份认同,其次要为约束组织权力和保护行政人员行使个体伦理自主性的权力建立法律机制和制度机制,最后还

[①] [美]库珀:《负责任的行政官员:行政角色的伦理探讨》,英文第4版,201页,乔西-巴斯出版社,1998。

要对组织内外的价值观、权利、需求、职责和义务具有自我意识,以确保行政人员在具体情况下能够作为个体而活动。

当然,库珀承认,限定对组织的忠诚度是一件比较困难的事情,因为人类的社会化过程不断地要求我们要认同集体的目标和价值观的组织压力,而且法律和制度也缺乏或无力支持个体伦理自主性,所有这些都使我们周围的环境变得混沌不堪,在如此混沌的环境中,我们无法辨认清楚自己的义务范围。尽管新的立法、新的制度安排以及对组织控制进行限定都是有用的方法,但是,如果不有意识地持续培养对自我利益和角色要求之间动态关系的自我意识,那么法律和组织防护措施都可能无用。所以,上述个体伦理自主性所要求的三方面缺一不可。

四、负责任的行政管理模式

正是基于对实现行政伦理行为的上述两种路径选择的整合,库珀最后设计了一个在公共组织中实现行政伦理行为的完整模式——负责任的行政管理模式(表20-1),旨在帮助管理者构建一种有利于负责任行为和支持职业伦理的组织环境,进而为行政人员在实际工作中实现行政伦理行为提供指导。库珀认为,该模式不仅承认行政人员的组织角色义务,更强调行政人员的公民角色义务,正如他所言:"当我们对公民应尽的义务与某一公共组织的需求明显发生冲突时,更为根本的义务是对公民应尽的义务。"[1]

最后,库珀提醒人们应该明白,上述模式中所描述的这两套构成要素以及据此而采取的行动并非内在地、必然地或持续地具有对立性,负责任行政行为的构成要素也许在不同程度上会与个体伦理自主性的构成要素有冲突,不过,这种冲突的程度取决于该组织和特定行政人员双方对法定组织使命的回应程度。如果一个机构偏离了其使命的实现而且某一行政人员仍然还在致力于为实现这种使命而奋斗,那么冲突便会出现;同样,如果某一行政人员或是因错误行为或是因对公众的行为而偏离了组织使命,而该组织仍然在致力于组织使命的实现,那么冲突也会产生。因此,该模式不是要对完全对立的要素简单地进行平衡,而是要对一些在冲突出现的情况下共同发挥作用才能提供矫正力量的要素进行识别,以助于实际行政工作中伦理行为的有效实现,因为这种矫正力量不仅可以对组织的腐败、自我服务和专制产生制衡作用,而且还能够扼制个人的腐败、自我服务和武断专横行为。当然,库珀本人也承认,虽然这种模式可以为行政伦理行为的实现提供指导,但它本身尚有待于进一步地完善,尽管如此,它通过揭示保持负责任行政行为的复杂性而向我们昭示了加强行政伦理研究和强化行政人员伦理素质建设的必要性和重要性。

---

[1] [美]库珀:《负责任的行政官员:行政角色的伦理探讨》,英文第4版,247页,乔西-巴斯出版社,1998。

表 20-1 负责任的行政管理模式①

负责任行为的构成要素	个体伦理自主性的构成要素
▲个人品质	▲组织边界的划定和超越
▲组织结构	▲约束组织权力的法律机制
▲组织文化和制度机制	
▲社会期待	▲自我意识
负责任的行政行为	
在现行伦理规范和伦理立法范围内活动	在政治共同体和个人意识的价值观范围内活动
保持并增进对职业领域系统的认识	保持并开发当下对社会、政治经济方面的认识
保持并开发对组织、组织使命以及政策领域的认识	保持并开发对个人价值观、信仰、信念、世界观及生活重心的认识
把精力和时间用于组织工作和组织使命	保持和培养家庭关系、社会关系以及社区关系
使决策符合组织的法定使命	根据公众的偏好、需求和利益提出对机构的使命依法实施改革的建议
承认对组织科层结构负责	对不符合组织使命、职业准则、政治良心价值观的命令提出质疑，表示抵制和提出挑战。建议为防止打击报复提供法律和制度保障
实施最佳的技术裁决	为公众的定期参与提供现实可行的条件
服从组织的非正式规范和程序	根据公众偏好、公众需求、公众利益、职业判断和个人良心，建议对规范、规则、规章和程序进行修改
在组织的专门结构内工作	鼓励与其他组织、民选官员和公众的合作行为

简 评

通过对上述内容的介绍和阐释，我们不难发现，库珀以行政伦理决策过程为切入点，从责任行政这个全新视角对公共行政中的伦理问题进行了较为深入的探讨，其行政伦理理论的着眼点和研究视角都不乏创新性，以至于像沃尔多和弗雷德里克森这样著名的行政学家都对库珀的行政伦理理论给予了高度的赞誉。

应当指出的是，库珀所追求的是一种实用的行政伦理理论。他认为，长期以来，对职业伦理的研究大多停留在对典型伦理问题进行形而上的抽象理论分析，有人从中得出了他想要的结论或者得出了一套预先规定好了的伦理准则，也有人为了说明问题而进行了模棱两可的分析，但最后所能告诉人们的就是：所有的准则都具有同等价值。他强调指出，从事实践活动的行政人员不可能与世隔绝地生活在哲学沉思的王国中，他们必须把这些思考与实际行动联系起来。库珀引用惠特贝克的话说："面临伦理问题时，人们不能满足于仅仅做出理论判

---

① [美] 库珀：《负责任的行政官员：行政角色的伦理探讨》，英文第 4 版，248~249 页，乔西-巴斯出版社，1998。

断，而是必须明确指出怎么去行动。"① 库珀认为，他所做的正是对这种"怎么行动"的可能性进行的一种探索，这种探索贯穿于他的整个行政伦理探讨中，它表现在对于一些现实形势的思考和分析中，他声称他的行政伦理理论就是要通过培养人们解决具体行政伦理问题的技巧来帮助人们养成一种习惯，即将具体问题当作培养和完善伦理行为的活的"理论"。在他看来，这种实用的行政伦理理论是在行政人员的现实决策实践中提炼出来并应用于指导行政人员的决策行为的，因为合乎伦理的行政过程最终需要行政官员个人应用正确的价值观并且做出正确的决策，而他的行政伦理理论正是要说明怎样为我们的价值观排序以及面临伦理困境时如何决策。他一再强调，他无意于并且事实上也不可能提供一种体系式的终极方法，他的行政伦理理论旨在提醒行政人员在面临具体伦理冲突时要尽可能多地发挥自己的道德想象力，设想出更多与具体情境相关的道德问题及其可供选择的决策方案，以便最终找到最合适的决策方法。在他看来，在这样的决策方法指导下采取的行动才是负责任的，也才可能是道德的决策。在他的行政伦理理论中，我们不难发现，他所着力探讨的就是如何保持行政官员个人负责任地就社会价值的安排做出决策这种行为的方法，他试图要确保即使是在缺乏一种"实际伦理处方"的情况下也会对行政官员个人施加某种控制，换言之，他试图为行政官员的各种责任及其控制建立一套过程准则。他基本上勾勒出他认为应该作为行政官员伦理决策过程边界的角色、责任和义务，在这些边界范围内，伦理的实际内容可以加以应用。库珀认为，合乎伦理的行政官员应该承担组织责任和角色，同时应将适当的伦理标准应用于行政决策之中。在他看来，如果行政官员知道他们做出什么样的决策是合法的，使决策过程具有代表性和参与性以及对组织的目标具有明确的认识，那么他们的决策就可能会受到限制并且他们自己可能会负起责任。此外，他认为，由于组织的职责和约束条件是行政实践的一个很现实的方面，所以不重视组织的职责和约束条件将会导致一个更弱的行政伦理理论模型。为此，他提出了"负责任的行政管理模式"一说。

由此可见，库珀的行政伦理理论是要"阐明行政官员的伦理处境并培养人们对这个问题进行富有想象力的思考，而不是要规定出一套特定的公共服务价值观"，而且他认为自己并"没有试图去为行政官员开出一张合乎伦理规范的实际处方"②。他所希望的是要通过对明确的具体行政事务中职业责任的界定来创立一种实用的行政伦理理论，他更多地强调的是行政实践中伦理问题的应对和解决，而不是对行政伦理理论体系的建构，因而他的行政伦理理论所关注的焦点不是行政伦理的"内容"，而是行政伦理的"过程"，尽管他对行政伦理的内容也不可避免地会有所论及。或许，正因为如此，库珀的行政伦理理论也遭到了一些批评。例如，现任伊利诺大学行政学教授的薇拉·布鲁斯博士就十分尖锐地批评库珀的行政伦理决策框架过于狭窄，不足以全面反映和说明行政伦理问题。她认为，库珀提出的行政伦理决策模式希望"负责任的行政官员"成为技术—理性专家，进而把"情感"贬至伦理考虑的最低层次。她指出，在关怀伦理已经进入主流伦理思想的今天，库珀所强调的只是义务、

---

① [美] 惠特贝克：《作为设计的伦理》，载《哈斯廷斯中心报告》，1996（3）。
② [美] 库珀：《负责任的行政官员：行政角色的伦理探讨》，英文第4版，XⅪ页，乔西-巴斯出版社，1998。

职责、规则和原则这些源于正义伦理的责任问题,而忽视了诸如增进他人福利、防止伤害和减轻创伤这样的关怀伦理行为及其对公共行政的意义。在她看来,库珀似乎假定了一种对错误行为的倾向,而不是假定了一种对尊严和正直的倾向。她强调说,作为一个学科,行政学仍然在寻求伦理准则。①

当然,理论上的争论往往是各自强调了同一事物的不同侧面,而且任何一种理论在其建立之初都往往会把其观点推向一个极端,都不免会存在这样或那样的缺憾,都必然有待于随着理论和实践的发展而进一步地完善,库珀的行政伦理理论自然也不会例外,诚如美国知名行政伦理学者凯思琳·登哈特所指出的那样,库珀将行政伦理视为一种根据能够被发现的社会核心价值观,在能够被界定的合理组织边界内对决策标准进行独立批评的过程。他的行政伦理理论一方面使那些受行政决策影响的人们对于这个过程具有某种控制权,因为有一些权威界限和责任系统可以充当对行政行为的制衡手段,而另一方面又仍然允许伦理行为具有必要的个人自由裁量权。不过,尽管他的行政伦理理论反映了行政学科的思想发展,但是它当然也需要进一步地改进和完善。其实,伦理学的哲学传统和政治思想对于建立和发展一种合理的行政伦理理论框架和检验这种理论框架的合法性都是十分重要的。②

的确,一种完整的行政伦理理论不仅应该有对行政伦理的过程探讨,而且也应该有对行政伦理的内容分析,只有将对行政伦理的动态过程探讨与静态内容分析有机地结合起来,才能全面、准确地揭示行政伦理的本质规律。如果从库珀本人的几本行政伦理学专著来看,他对行政伦理问题的理论探讨因在研究内容和研究方法上有所侧重而确实存在着有待于进一步充实和完善的地方,但是,倘若我们从他主编的《行政伦理学手册》来看③,特别是他在该书的第2版中组织西方行政伦理研究领域的知名学者分别从行政伦理的学科发展、行政伦理的哲学视角、行政伦理的环境、保持伦理行为的内部控制机制和外部控制机制以及美国社会和其他文化背景下的行政伦理等行政伦理的理论与实践问题进行了全面系统的探讨,或许,我们在某种意义上可以将这部由他主编的行政伦理学工具书视为对其几本个人专著之不足的一种弥补吧!

思考题

1. 在库珀看来,什么是行政伦理?
2. 库珀行政伦理概念的基本前提是什么?
3. 库珀行政伦理的核心问题是什么?
4. 库珀行政伦理行为的实现途径是什么?
5. 如何评价库珀的行政伦理理论?

---

① [美] 布鲁斯:《伦理与行政》,载《公共行政评论》,1992 (1)。
② [美] 凯思琳·登哈特:《公共服务的伦理》,英文版,26~27页,格林伍德出版社,1988。
③ [美] 库珀等:《行政伦理学手册》,英文修订第2版,马赛尔·迪克出版社,2001。

第二十一章　霍哲的政府公共部门绩效管理理论

本章提要

本章介绍了霍哲的政府公共部门绩效管理理论的主要内容，包括绩效、绩效管理与政府绩效改进，正确认识对于政府绩效改进具有关键性影响的无形要素，建立基于公民参与的政府绩效评估系统，开展基于回应性的政府全面质量管理，建设基于竞争的合作伙伴关系，实现政府绩效与公众信任之间的良性互动等，并对霍哲做了基本评价。

学习要求

1. 了解霍哲其人其事。
2. 了解霍哲理论的基本评价。
3. 掌握霍哲关于绩效、绩效管理与政府绩效改进的论述。
4. 掌握霍哲关于政府绩效改进具有关键性影响的无形要素的论述。
5. 掌握霍哲关于建立基于公民参与的政府绩效评估系统的论述。
6. 掌握霍哲关于开展基于回应性的政府全面质量管理的论述。
7. 掌握霍哲关于建设基于竞争的合作伙伴关系的论述。
8. 掌握霍哲关于实现政府绩效与公众信任之间的良性互动的论述。

马克·霍哲（Marc Holzer）是美国当代行政学界知名的政府公共部门绩效管理研究专家，现为美国新泽西州立大学研究生院公共行政系资深教授并为美国国家公共生产力中心主任。他自1971年于密歇根大学获得政治学博士学位至今一直从事公共行政的教学和研究工作，尤其致力于政府公共部门绩效管理方面的研究。作为美国当代乃至西方政府公共部门绩效管理研究领域的权威学者，霍哲不仅在政府公共部门绩效管理方面发表和出版有大量论著，而且还获有美国行政学会斯通国家成就奖、全美公共事务与行政学院杰出教学奖、美国公共行政学会莱文杰出贡献纪念奖、《公共行政评论》威廉与莫舍最佳论文奖以及中国行政学会杰出贡献奖和美国公共行政学会会长嘉奖状等多项专业大奖。正是由于霍哲在公共行政特别是政府公共部门绩效管理领域所取得的杰出成就，他不仅曾担任过美国公共行政学会会长，而且还当选为世界生产力科学研究院院士和美国国家公共行政研究院院士。

第一节 绩效、绩效管理与政府绩效改进

一、绩效与绩效管理

政府绩效问题并不是一个新话题，长期以来，行政学者和政府部门的实际工作者一直都在努力寻求改进政府绩效的管理途径。然而，由于人们认识问题的视角和方式不同，因而在对"绩效""绩效管理"以及"绩效改进"等概念的理解上存在差异。霍哲认为，绩效可以分为个人的、团体的及组织的三个不同的层次，而且每个层次的绩效都能够有助于组织的总体绩效。就政府组织而言，绩效是一个很复杂的概念，它涉及最高管理层的领导、各级政府部门的工作人员、绩效评估系统、有效的配合、合作的伙伴关系、政府雇员的培训、报酬结构、社区参与、技术创新、反馈机制以及预算管理决策等诸多方面的因素。"绩效"这个词可以代表趋向完善的一条更具有吸引力的概念之路，它正日益被人们认可为一种合法的期望。在他看来，尽管"绩效"这个术语已被人们使用多年，但它常被人们简化、误解乃至误用。

绩效管理（performance management）是一个与绩效评估和绩效改进密切相关的概念，而且它常常与后面两个概念相混淆。霍哲认为，绩效管理比绩效评估的范围更加宽泛，绩效管理将绩效评估的结果纳入并运用于总体的管理实践，他引用美国《国家绩效评估报告》对绩效管理的定义解释说，绩效管理"利用绩效评估信息帮助建立商定的绩效目标，分配并优先配给资源，通知管理者核实或改变目前的政策或项目的方向以达到制定的目标，并报告是否成功达到了这些目标"[①]。绩效评估是绩效管理的手段和措施，绩效改进才是绩效管理的目的和宗旨。

二、政府责任与政府绩效改进

政府实施绩效管理进而改进其绩效的必要性从根本上取决于政府的责任。霍哲认为，政治家、公民和媒体不断重复着诸如"政府必须对结果负责""政府必须用更少钱做更多事""政府的底线是……"这类陈述，然而，在这类看似简单的陈述背后隐含着一些更为根本的问题：政府所希望得到的"结果"是什么？责任究竟意味着什么？面对竞争的需求和期望，我们应该怎样开发一种研究责任的客观方法？我们怎样才能找到一种有助于公共决策进而可以对公民的日常生活产生积极影响的管理方式？

---

① 《国家绩效评估报告》，英文版，美国政府印刷局，1997。

第二十一章　霍哲的政府公共部门绩效管理理论

在霍哲看来，今天的政府责任概念应该比传统政府责任概念具有更为宽泛的含义。在传统上，政府责任通常主要是指财务清账，也就是说，当政府资金业已拨出，关键的责任问题就集中于用了多少钱、用于什么项目等。而在今天，责任应该被理解为一种关系，其中，个人和机构被要求对有关授权行动的绩效做出回答，责任机制在某种意义上就是确定所授权的任务是否得以正确完成的方法。正是基于这种责任观，霍哲认为，政府在展示其责任履行状况时就需要向选民表明：（1）选民从其缴纳的税赋中得到了什么？（2）政府税收使用的效率和效益怎样？（3）政府开支使选民及相关人员的受益情况如何？等等。这种责任不仅使得政府要为其行动负责，而且还同样要为其行动的后果负责，也就是说，政府还要为其所提供的每一项服务或产品给每个公民造成的影响负责。而政府要做到这一点，则必须能够评估并报告它所取得的绩效。霍哲认为，正确的绩效评估和报告不仅可以显现政府对其选民需求的满足情况以及为纳税民众提供高质量服务承诺的兑现情况，而且还能够帮助民选官员、公共管理人员以及公民看到某项具体政府服务的后果或结果，并且可以为所提供的每一项服务标上相对应的货币值，进而为政府进一步改进绩效提供客观依据。

当然，政府绩效的改进并不是一件简单的事情。正如霍哲所认为的那样，在一个资源十分有限的时代，尽管人们都在广泛谈论着基于配合的组织、平衡的绩效评估以及基于绩效的管理和预算，但鉴于政府公共组织在许多方面都不同于私人企业组织，与私人部门相比，政府公共部门的目标要复杂得多。因此，政府公共部门的工作进展情况也更难测量，政府雇员的动机基础也不同，各级政府的规制和工作程序也常常会影响政府雇员为普通公众改进福利的适时性。在他看来，政府绩效的改进并非仅通过诸如"给政府'减肥'""采用私营部门的方法提高效率"等简单策略就可以实现。因此，他强调，尽管政府及其公务员都有责任改进绩效，并且都认为改进政府绩效不仅必要而且可能，但对政府组织而言，希望看到高水平的绩效是一回事，而实际看到的情况则是另一回事。改进政府绩效决非轻而易举，它需要进行详细、系统的探讨，其中最为重要的是，我们应该运用一种可以使相关各方均能在一种双赢关系中受益的综合方法来进行探讨。

第二节　正确认识对于政府绩效改进具有关键性影响的无形要素

尽管影响政府公共部门绩效改进的因素有多种，但霍哲认为，对政府绩效最具有决定性影响的要素则是对人力资源尤其是人的无形资源的开发，因为组织的工作是由人来做的，决定组织绩效水平的最终还是人的因素，绩效改进需要一个组织中各级人员的承诺。他明确指出："在一个并非经常出现财政压力的时代里，承诺、专业精神以及无形的支持要比财政资源更为重要。"① 他通过实证研究发现，具有承诺的人员和来自高层行政首长的支持是政府

---

① ［美］霍哲等：《运作中的政府》，英文版，164页，赛奇出版社，1998。

管理创新最重要的因素，雇员承诺与高层管理者一同成为实现公共部门创新和提高工作绩效的关键。因而，霍哲认为，任何改进组织绩效的方法都必须包括对人事问题的考察，他特别强调要更加关注无形的因素，要通过对人的潜在无形资源的开发来改进政府组织绩效。

一、正确认识领导的角色

如果没有最高管理层的支持和领导，绩效就不可能实现，领导角色扮演得恰当与否对于任何组织的绩效改进都至关重要。就政府绩效的改进而言，霍哲从以下几方面对恰当的领导角色进行了阐述。

第一，转化性领导。相对于传统上只注重通过承认雇员需求并提供报酬满足雇员需求来激励雇员以换取其工作绩效和支持的交易性领导而言，霍哲更加强调力图将雇员的目标与更高的愿景联系起来的转化性领导。在他看来，领导者与雇员之间的交易关系并不能保证是一种长期关系，而且这种关系不可能牢固得足以充分激发下属更努力或更出色地工作。杰出的领导者必须能够通过有效沟通并在雇员之间建立信任来说服下属接受一个组织的愿景。有效领导者的作用就是要确定目标并感谢雇员。领导者必须创造一种氛围使得大家都有一种被欣赏的感觉并且感到总有得到发展的可能性。他告诫领导者："说句'感谢你们出色的工作'其实很简单，这既不需要花费货币成本又非常有效。"[①]

第二，正确识别雇员动机。这一点与前一条密切相关。霍哲认为，由于转化性领导看重的是个人的自我实现，关注的是职员个人和团队的发展，并且往往会通过个人魅力来激发别人把领导者的愿景接受为他们自己的愿景，所以他们所关注的是了解自己的下属真正希望从工作中得到什么。他强调，"希望"与"所得"之间的不一致很可能会严重妨碍激发雇员的工作积极性。在他看来，鉴于雇员不仅具有绩效—后果期待而且具有努力—绩效期待，所以我们很难指望那些感到后果没有吸引力的人会有高工作绩效。因此，在考虑动机策略之前，转化性领导应了解雇员真正希望从其工作中得到什么，并努力使薪酬体系及其他补偿形式与雇员的希望保持一致。

第三，建立信任。霍哲认为，信任之于组织绩效至关重要，如果雇员不信任自己的组织，那么任何一个组织要想有所创新和富有绩效几乎都不可能，因为创新就意味着风险，政府公共部门的创新同样需要政府雇员的冒险行为，如果雇员不相信自己的上司或组织在紧要关头会支持他们，那么，即使他们不满足于现状并且具有强烈的创新意愿，他们也不可能提出新想法或支持绩效改进策略。因此，为了使组织富有绩效，有效的领导者应关注如何提高组织成员对其上司的信任度。在他看来，领导者的角色正是在于创造一种没有恐惧感的组织文化，努力为组织成员创造一种能够在任何必要的时候畅所欲言地表达新想法，并且能够讲真话而不必担心潜在议程或利益冲突的组织氛围。

---

① [美]霍哲：《公共生产力手册》，英文修订第2版，8页，马赛尔·迪克出版社，2004。

第四，传播清晰的愿景并扫除障碍。霍哲认为，领导者必须致力于追求卓越，尤其是作为绩效的一种背景因素，管理层与政府雇员之间的和谐关系在很大程度上取决于最高管理层的支持和领导。在他看来，有效领导的重要特征之一，就是能够通过创造和传播一些可以导致相信和掌握新行为的未来愿景来克服人们对变革的自然抵抗，成功的领导者不仅应能够就组织未来的发展创造并传播一种可以为每个组织成员提供目标感、明晰感、意义感以及安全感的愿景，而且还应能够识别并消除各种可能会使雇员对采取行动犹豫不决的障碍，而所有这些对于最大限度地提高绩效都至关重要。

二、正确认识雇员承诺的多维性

对于政府公共部门的绩效改进具有决定性影响的另一个重要因素是公共雇员的承诺。一般来说，雇员对组织的承诺程度与组织的绩效水平具有正相关关系。霍哲认为，承诺简言之就是组织成员的心理依附感，它反映的是该组织成员对其组织的特性或观点的内化和接受程度，对组织的承诺可以分为依从承诺、认同承诺和内化承诺三个不同的层次：当人们为了获得特定报酬或是为了避免特定惩罚而采取某些态度和行为时便会出现依从承诺；当人们为了与另一个人或团体的一种令人满意的自我界定关系相联系而采取某些态度和行为时便会出现认同承诺；而当人们因某些态度和行为与其个人的价值体系相吻合而采取这些态度和行为时便会出现内化承诺。

霍哲发现，除了有越来越多的证据表明雇员对组织的态度承诺具有多层次性之外，承诺的焦点和基础也可以改进对雇员意向和行为的预见。所谓承诺的焦点，在他看来就是雇员所依附的个体和团体，他认为，雇员不仅会承诺于某一组织，而且也可能会有差别地承诺于某种职业、高层管理者、上司、同事以及顾客，而且已有实证研究结果证明了对上司的承诺与绩效具有正相关，并且要比对组织的承诺与绩效的联系更为紧密。

此外，他注意到雇员承诺的焦点和动机基础会随着组织文化的不同而有所变化。例如，他引用一项对美国与韩国公共管理人员的承诺进行的比较研究成果指出，如果把雇员的承诺分为对上司的承诺、对群体的承诺以及对组织的承诺三种类型，那么，在美国，对于雇员愿意为组织而额外付出努力的角色外行为具有决定性影响的主要因素是对上司的承诺，因为美国具有一种个人主义取向的组织文化。而在韩国，对这种角色外行为最强烈的影响因素则是对工作群体的承诺，因为韩国所具有的是一种以精英群体为基础的组织文化。而且，支持绩效策略的意愿在很大程度上取决于对上司的承诺，而对群体的承诺则是意愿的动机基础。鉴于有绩效的组织常常需要雇员的角色外行为，而且如果没有雇员的承诺就不可能改进绩效，所以，霍哲强调，有效的公共管理者应该特别关注雇员承诺的焦点，并认识到雇员的动机基础会随着组织文化的不同而有所不同，他们尤其应该认识到雇员承诺的不同方面与绩效改进策略的不同方面在彼此的联系上可能会有所差异，例如，对上司的承诺与个体绩效驱动战略意愿的相关性，可能要大于另外两方面的承诺，而且对群体的承诺更有可能影响群体绩效驱动策略的意愿。因此，把不同动机基础与策略的不同方面联系起来，可以为正在考虑改进组织绩效的高层管理者提供宝贵的信息。

三、在人员之间维持一种心理平衡关系

尽管多维承诺观对于认识政府雇员的动机基础很重要，但是增加政府雇员的承诺未必就可以保证有一种高水平的绩效。霍哲认为，雇员承诺的三方面并不是与支持绩效改进战略的意愿自动相连的。只有当一个雇员相信自己的上司、管理者群体或组织致力于改进绩效时，才会找到一个联系点。而且，即便是政府雇员高度承诺于自己的上司、管理者群体和组织，但只要他们相信这三者中有任何一方对某一个具体的绩效改进战略感到不自在，他们也不会敢于支持这种绩效改进战略。换言之，不要指望雇员会在对抗上司、管理者群体或组织的情况下去支持他们所偏好的绩效改进战略。这就意味着，高层管理者的支持和各级人员的承诺是绩效改进最重要的前提条件。如果雇员相信自己对之做出承诺的每一个焦点都没有致力于改进绩效的话，那么雇员的承诺及其支持绩效战略的意愿便不会出现。因此，霍哲认为，在一个富有绩效的组织中，每个人都必须感到或乐于提出新想法或乐于支持优先的绩效战略。

四、正确认识雇员与组织的多重关系

霍哲认为，决定绩效改进的另一个关键性要素是雇员与组织的关系。在他看来，组织中的雇主与雇员之间一般存在着四种不同的关系：相互投入关系（亦称社会交易关系）、似现货契约关系（亦称经济交易关系）、过度投入关系以及投入不足关系。在通常情况下，当组织中的雇员在一种过度投入关系中或是在一种相互投入关系中工作时，他们不仅会表现出比较高的工作绩效，而且还会表现出更有利于其工作场所的态度。而在财政压力下，许多组织则可能更喜欢一种似现货契约关系或投入不足关系。不过，霍哲强调，我们应注意，从长远的观点来看，只有具备过度投入和相互投入关系，雇员才会保持高绩效，这一点对政府组织尤其重要。

第三节　建立基于公民参与的政府绩效评估系统

一、政府绩效评估及其重要性

霍哲认为，从一般意义上讲，政府绩效评估是政府公共部门改进绩效的一种管理工具，而且它常被视为一种可以在政府公共部门的各种组织文化、结构和社会环境之间使用的与价值无关的中性管理工具。就具体情况而言，绩效评估不仅涉及评估指标设计的整个过程，而且还涉

及如何有效地把绩效评估指标与长期战略目标整合起来以便建立一种战略规划机制。

在霍哲看来，作为改进政府绩效的一种管理工具，政府绩效评估不仅有助于政府正确地建立目标和测量结果，客观地估计和证明政府部门资源要求的合理性，公正地对资源进行再分配，有效地开发组织改进战略和促进政府雇员改进绩效，而且有助于对政府部门履行职责、行使权力以及回应公众需求的情况进行有效监控。更为重要的是，政府绩效评估还有助于改进政府的决策，把政府决策的基础从个人经验推向对可测量绩效的证明或证伪，进而提高政府决策的科学性和决策执行的有效性。

二、政府绩效评估的基本环节

霍哲认为，当我们对政府组织进行绩效评估时，最好将绩效评估视为一个系统。在他看来，一个设计合理的绩效评估系统应该包括以下七个基本环节。

第一，识别要评估的项目，即必须对欲评估的项目进行清楚的界定。所谓项目，即是将那些为具体的公共服务提供支持的日常活动分组，将每一项活动分组即形成一个项目。例如，诸如街道路面翻修、街面不平处的修补、路面的密闭、路边的修缮这样一些活动就构成一个传统上被称为街道维护的项目。通常，项目由政府界定，它们往往被列在一个政府机构的工作图上并受制于预算。项目与政府机构的结构和管理者的责任范围直接相关。霍哲认为，决定什么项目将被评估是识别社区重点的第一步，在有些社区中，教育与娱乐被视为必不可少的项目；而在另一些社区中，公共安全和公共交通则可能会被列入优先选择的清单。在他看来，选择什么项目进行评估是一个判断问题：一方面，项目不应太少，以免所囊括的服务范围过窄或所收集的信息不足；另一方面，太多的报告则可能会代价过高，或把人搞得晕头转向，而且并不切实际。

第二，阐述目的并确定所需结果，即一个政府机构提出一项战略计划，阐明其使命、目的和目标。霍哲认为，通过这项计划程序，该政府机构应该能够识别结果以及它想要通过该项目达到什么目的，只有清楚表明一个项目的目的，才能对一个项目的绩效进行评估。在此很重要的一步就是要准备一个清楚明了的目的陈述报告。例如，就一个公共交通系统而言，其目的陈述包括：基本目的是以最低成本为市民提供安全、可靠、方便和舒适的交通服务，其中包括对诸如残疾人和老年人等特殊用户群体的服务。

第三，选择评估标准或指标。绩效评估可以定量进行（例如，评估政府对民众需求的平均回应时间），也可以定性进行（例如，评估人们在邻里中的安全感程度），但无论采取哪一种评估方式，都必须选择一套合理的绩效评估标准或绩效指标。霍哲认为，一个好的政府绩效评估系统通常会通过对一系列绩效指标进行整合来测量后果和绩效，在他看来，大多数建立了绩效评估系统的政府项目都纳入了投入、产出、效率、生产率以及后果这几项绩效指标。例如，在一个环境卫生部门，投入指标可能是劳动力小时数、运作预算及使用的车辆数；产出指标可能包括收集垃圾的吨数、服务的家庭总数、漏掉收集的垃圾数量；效率指标可能包括每收集1吨垃圾或服务1户家庭所需的劳动力小时数，每千户家庭所花费的金额；生产率指标可能包括每清洁1英里①街道的成本，每两周收集1户垃圾的成本；而后果指标则应当包括对收集垃圾感到满意的公民百分比以及对他们所居住街道的干净程度的评价高于平均数的居民百分比。

第四，设立绩效和后果（成就目标）的标准。霍哲认为，在这个环节，政府公共部门的管理者应该明确在什么样的条件下项目的目标应该达到，他们需要决定服务的有效性和质量对一个具体项目来说意味着什么，并且要明确表示他们将如何决定所陈述的服务有效性及质量标准是否已经达到。这就意味着要将实际的项目后果与之前商定的标准相比较：例如，以前的绩效（居民感到今年比去年更安全的百分比）；类似机构的绩效（邻里居民感到安全的百分比）；最佳机构的绩效（居民感到邻里安全的百分比与那些被公认为是全国"最安全社区"中的居民感觉到他们所居住社区邻里安全程度的百分比之比）；之前制定的目标（下一年85%的居民将感到他们的邻里安全，3年后这个比例将达到95%），等等。

第五，监督结果。霍哲认为，每一项目标的实现情况都应当根据管理部门和工作人员所提供的服务以及公民所接受的服务而受到持续监督。监督可以提供绩效目标是否达到所期望结果的信息。系统定期的监督可以提供追踪项目运作并采取纠正措施的机会。通常，监督随项目和实现的目标而变化，对最重要的项目和服务有必要建立显示结果的按月资料收集和报告制度。

第六，绩效报告。霍哲认为，一个良好的绩效评估系统必须定期报告项目结果，他特意强调，报告不仅仅是内部管理工具，它应当公开化，民选政府官员、公民、新闻媒体和其他政府监督部门都应当得到报告。在他看来，报告应集中于取得了什么结果以及公众的代价如何，包括：报告应简明扼要，用图表传递信息，并且包括基本的解释信息；信息的陈述应当有助于与整个时期比较、与类似机构比较、与全国最好的项目比较、与之前制定的目标比较；绩效资料的陈述方式应便于公民理解，使他们不仅能了解整个社区正在发生什么，而且还能了解他们居住的社区都在发生什么变化。

第七，评估结果和绩效信息的利用。对于绩效评估结果和信息的有效利用问题，霍哲给予了更多的强调，在他看来，尽管绩效评估是绩效管理过程中内在的、不可或缺的一部分，但是我们不应该为评估而评估，绩效评估能否在绩效管理过程中发挥其应有的作用，关键在于绩效评估的信息能否被正确地用于绩效的改进，因此，完备的政府绩效评估系统应该设法保证评估结果的有效利用。然而，这方面的实践情况不容乐观。他引用奥斯本的话说："有竞争力的政府机构的确需要绩效评估……但有些政府机构多年来一直都在进行绩效评估，却几乎没有什么影响。"②究其原因，正是在于没有使评估的结果得到有效的利用。所以，他认为，尽管管理者可能不缺乏资料，甚至资料唾手可得，但是如果他们不利用这些评估资料

---

① 1英里≈1.609千米。
② ［美］奥斯本等：《摈弃官僚制》，英文版，132页，艾丁森－韦斯利出版社，1997。

去改进政策和程序，那么这些评估资料便毫无意义。因此，必须加强对绩效评估结果和绩效信息的正确利用，以使其不仅可以有效地服务于项目计划和目标与重点的调整，而且还可以有效地服务于项目运作和结果的改善。

三、公民参与政府绩效评估的必要性

霍哲认为，长期以来，绩效评估一直被奉为改进政府绩效的一种战略，而且绩效评估常常被描述为是由政府领导启动并且有一些专业工作部门或政府雇员加以实施的绩效管理工具，然而，政府机构并没有总是培养起那种能够突出其工作进展和满足广大公民需要的评估能力。在他看来，传统公共行政自上而下的金字塔形等级制模式限制了公民参与在绩效评估中的作用，而且，一些早期的行政理论家对公民参与管理过程采取显著的敌视态度，尤其是第二次世界大战以来受实证主义及其技术方法支配的政策科学，更是堵塞了公民参与决策制定和执行的渠道，因为政策科学的专业主义及其行话成为政府官僚机构与公民之间沟通的障碍，对政府政策的绩效评估几乎成了专业政策分析人员的专利。

也许，对于公共管理者来说，把公民排斥在外可能更容易设计和实施绩效评估系统，因为公共管理者可以主宰什么该评估以及怎样进行评估，而且实施起来也会简便一些。但是，霍哲认为，这样的政府绩效评估系统达不到应有的目的，即究竟什么事情对一个社区最为重要。在他看来，公民知道并且能够表达自己需要什么，公民也很可能更了解他们自己社区的问题及解决办法。公民参与可以通过将事实与价值观结合起来而增加评估指标体系的社会相关性，公民参与能够通过激励公共管理者超越传统的产出指标，从而集中于生活质量和社区目标，进而增加绩效评估的影响。总之，让公民参与绩效评估有助于公共管理者将精力放在社区真正需要解决的问题上，所有具有利益相关性的公民或公民团体对于设计一个可靠有效的绩效评估系统都具有潜在的帮助，因此，政府最好能够在其绩效评估系统中尽可能多地吸收公民参与。

诚然，将公民或其代表吸收进政府绩效评估项目中，可能会增加评估成本并耗费更多的评估时间，但霍哲认为，这样建立起来的政府绩效评估系统最终将会更有用并且更有意义，评估的结果和绩效信息将会对政策和项目管理更有影响。他强调，政府绩效评估系统不应当只关注管理者的成就和行政管理成果，而应当偏重于生活质量的改善以及社区目标和抱负的实现，评估政府的目的在于改进服务，让政府对公民的需求更负责任。在他看来，倘若这种基于公民参与的政府绩效评估系统能够通过让服务更多地回应公民需要而最终改善政府提供服务的程度和水平，进而使得政府制定的政策更有效，使得政府公共部门更令公众满意，那么政府绩效评估和绩效管理的效率不仅不会降低，反而会从根本上得到提高。其实，公民对绩效评估的有效参与和对公共政策制定的参与一样，均能产生实实在在的利益。就政府绩效管理而言，当公共管理者吸纳公民的见解时，绩效评估的相对重要性就会增加；而且，当公共部门管理者将传统的产出指标与反映公民见解的后果指标相结合或相比较时，一种有力的

绩效管理工具也就诞生了。因此，公民能够与公共管理者一道共同建立起对公民和公共管理者都有意义的绩效评估系统。

第四节 开展基于回应性的政府全面质量管理

一、全面质量管理及其基本假定

全面质量管理是美国管理学家戴明创立的一种用于持续改进产品、过程及服务的发展战略和管理哲学，它最初产生并流行于企业管理领域。美国学者米拉科维奇将全面质量管理的关键性要素总结为14个基本要点，即戴明的14点：（1）创作并向所有雇员公布一份关于组织目标的陈述，而且，管理方必须不断表明他们对这个陈述的承诺；（2）学习新的哲学，包括最高管理层和整个组织都要这样做；（3）理解检查的目的，以便改进过程和降低成本；（4）终止仅根据价目标签来奖励企业的做法；（5）持久地改进生产和服务系统；（6）实行更适度的培训方法；（7）教授和实行领导；（8）驱除恐惧，建立信任，创造一种有利于创新的环境；（9）根据组织目标而对团体、小组和工作人员领域的工作努力进行优化；（10）消除对劳动力的告诫；（11）消除对生产的数字定额，学会和实施改进的方法；（12）排除使人们丧失工作质量自豪感的障碍；（13）鼓励每个人都接受教育和自我改进；（14）为完成这种转变而采取行动。

霍哲根据全面质量管理的上述要点，并结合政府公共部门的情况将全面质量管理的基本假定概括如下。

第一，以顾客为中心。全面质量管理的潜在假定就是以顾客为中心。人们常常假定顾客是质量的裁判，如果没有顾客满意，那么基本上也就不存在绩效改进。顾客包括内部顾客和外部顾客，内部顾客"在服务或生产过程中接受工作产出"，而外部顾客则购买产品。顾客满意是任何组织都必须最优先考虑的项目，政府公共组织当然也不例外。霍哲认为，具体到政府公共部门的全面质量管理而言，内部顾客即为政府雇员，外部顾客则为公民，无论是政府雇员还是公民，作为顾客，他们都是测评组织绩效的重要因素。

第二，持续改进。持续改进包括：（1）通过改进的新产品和服务来增进对顾客的价值；（2）减少误差、缺陷和浪费；（3）改进回应性和循环时间绩效；（4）改进对所有资源的利用绩效和效益。霍哲认为，事实上，所有政府绩效改进项目都需要来自政府雇员和公民的定期反馈。持续改进所关注的焦点不是产出而是投入和过程，把焦点更多地放在过程和投入上最终将会导致有绩效的后果，进而实现绩效改进。

第三，最高管理层的承诺和领导。霍哲认为，如果全面质量管理不通过强有力的领导来加以实施，它就不会奏效，如同其他绩效改进战略一样，全面质量管理也需要来自最高管理层的长期承诺。而且，最高管理层还应在对组织文化的评估和变革中扮演关键性角色，以便全面质量管理创新举措能够得到各级雇员的充分支持。他强调，我们必须把官僚组织文化改变成为创新性和支持性文化。

第四，授权与协作。任何绩效改进都不是单独一个雇员努力的结果，而且管理层的任何绩效改进举措的实施都必须得到下属人员的支持。霍哲认为，尽管关于授权的定义很多，但作为一种让管理层将决策权赋予下级雇员的领导方法，授权将会增强雇员对工作的责任感。在他看来，在全面质量管理中，组织中现存管理问题的解决应该依靠雇员本身的团队合作，而不应过于依赖外部力量，因为雇员才是真正知道其组织中正在发生什么问题的人，在解决现存管理及工作相关问题时，没有人能够比雇员做得更好。他将协作分为垂直协作、水平协作和组织之间的协作三个层次：垂直协作允许最高管理层向下级雇员授予将会满足顾客需要的决策权；水平协作使一个组织内部的不同职能部门能够直接应对环境需求，因为在一种协作情境中，团队更容易获得相关机构和部门的合作；而组织之间的协作则可能包括各种利益集团、机构代表、公民代表以及民选官员等。

尽管全面质量管理最初产生并流行于企业管理领域，但这种原本旨在改变私营部门工作场所的管理哲学已经被许多公共机构所采用和实施。在霍哲看来，全面质量管理能否在政府公共部门得到成功应用，关键在于管理者和雇员对全面质量管理的潜在哲学能否有正确的理解，他明确指出，全面质量管理主要强调以顾客为中心。如果将这个中心应用于政府公共部门，其意义就在于我们需要增进政府公共机构对公众的回应性。事实上，有许多被认为有碍于政府公共机构回应性的因素正是全面质量管理想要改进的因素。尽管全面质量管理最初是为了解决现存管理问题而发明的，但人们很少讨论全面质量管理所能够解决的问题类型，尤其缺乏从组织回应性方面进行的讨论。正是基于这种认识，霍哲试图从全面质量管理的基本假定出发，通过对被认为有碍于政府公共部门回应性的因素及其消除对策的考察，告诉人们全面质量管理哲学怎样才会有助于解决那些与对公众的回应有关的政府公共部门问题。

二、政府全面质量管理与回应性障碍的消除

回应性是民主社会的政府公共机构必须保持的一种重要价值。霍哲引用罗克的定义把回应性解释为"官僚的决策与社区或有权为公众说话的官员的偏好之间的相符程度"。这种回应性可以在"一种大量权力被授予下级行政部门的组织安排中"得以实现。可见，回应性显然与分权直接相关。分权通过使政府更加贴近人民而可以促进政策制定者更加关注公民的意愿。霍哲认为，由于全面质量管理也是一种分权的项目，所以它也可以有助于政府公共机构在一种骚动的环境中增强回应性。他分别从以下几方面分析和阐述了全面质量管理方法对于消除政府公共部门的回应性障碍所具有的作用。

首先，回应性障碍之一：利益集团政治与被俘虏的官僚机构。霍哲认为，公共代理机构通常倾向于听政党和有组织的利益集团的话，而不是倾向于聆听公众特地表达的"需求"。关于利益集团政治，他提醒人们注意"被俘虏的代理机构"这个概念。一个被俘虏的代理机

构通常很难对普通公众的需要做出适当的回应。被有组织的利益集团领导的不平衡参与使公共代理机构很难反映公民个人的意见。公民参与存在的一个常见问题就是绝大多数公民仍处于沉默状态,而有组织的利益集团却在积极地参与政治生活。在这种情境下,政策后果很可能是为有组织的利益集团而不是为了绝大多数公民而存在。

在霍哲看来,全面质量管理关于建立组织之间的协作并且为外部顾客开展培训的方法可以消除这种回应性障碍:因为在多数情况下,一个被俘虏的政府代理机构的关键性决定因素在于缺乏使各种公民团体参与政治过程的制度机制,而组织之间协作的概念能够有助于解决这个不均衡政治参与的问题;换言之,我们可以让各种公民团体、志愿者协会以及公民代表参与一个地方社区的重要决策过程。此外,为了增进公民对政治生活的参与,还要运用通过互联网的在线参与,从长远观点来看,至关重要的是要对多数公民进行培训,为地方社区提供在线参与方面的信息和适当培训正是政府公共部门的责任。

其次,回应性障碍之二:官僚专长与信息歪曲。长期以来,人们一直都认为,官僚的专长不仅根植于公共组织的特性,而且也越来越根植于官僚成员的技能,公共机构的运行需要聘用种类越来越多样化并且范围越来越广泛的专业人员。在霍哲看来,官僚专长会通过若干基本渠道影响公共政策:不仅官僚能够收集到的信息和提出的咨询建议可以塑造政治官员的决策,而且官僚机构具有执行的能力,它们在开展政府的工作时常被赋予裁量权,所有这些因素在一个组织中都可能会导致诸如信息歪曲这样的消极后果。通常,在等级结构中,每一个官员都倾向于歪曲向上传递的信息,进而夸大对自己有利的数据资料,并且最大限度地缩小对自己不利的数据资料。这种有意的信息歪曲可能会使得公共组织很难适应其环境的变化。

霍哲认为,这种回应性障碍可以通过全面质量管理的垂直协作和授权方法加以消除,因为垂直协作使每个雇员都有可能顺利地共享重要信息并且可以便于组织内部的"信息流动"。在他看来,一个垂直小组不仅使最高管理层能够有机会从下级管理层那里获得重要信息,而且垂直小组同时还使下级雇员可以有权做出一些将会满足公民需要的决策。授权还可以提前排除信息歪曲的可能性,因为,对雇员而言,授权就等于认可了自己行为的全部责任和风险,因而,他们不会简单地扣留不利却重要的信息,相反,他们倒会努力以一种适时合作的方式与上司和同事一起解决问题。

再次,回应性障碍之三:专业化结构与狭隘的局部观念。尽管行政效率会随着专业化的增强而提高,但极端的职能专业化也会导致机构之间"狭隘的局部观念"。鉴于职能专业化与职能的分化直接相关,所以公共机构可能很难及时有效地对公民的各种需求做出回应,而且,狭隘的局部观念反倒会拖延为公民提供的公共服务。霍哲认为,全面质量管理中利用水平协作的方法可以消除这种回应性障碍,因为全面质量管理强调的要点之一就是消除部门之间的障碍,通过利用水平小组,可以减少机构和部门之间的冲突和紧张关系,在一个水平小组中,成员们能够建立相互理解并且能够学会超越单位边界的合作。

最后,回应性障碍之四:归因错误与管理失败。归因是指关于一个人直觉而不是因果直觉的判断。霍哲认为,在现实中,尽管组织领导者往往倾向于接受一些将组织成功归因于其自身行动,并且将组织失败归因于他人行动或外部因素的范式,但是组织中的对立团体可能具有相反的归因原则。就绩效管理而言,只要这种成规信念支配着人的思维,无论是在个人层面还是在组织层面,绩效改进都很难实现,因为在这种情境下,人们并不试图找出政策或管理失败的原因,而且他们也不会承认"那是我们的错"。这种归因使得公共机构很难适应一种不断变化的环境,进而也就减少了对顾客需求的回应性。

霍哲认为,全面质量管理中承认雇员绩效的变动并消除数字定额的方法可以消除这种回应性障碍。在他看来,全面质量管理假定任何组织都可能既具有绩效表现好的工作人员也具有绩效表现差的工作人员。今天成为绩效表现好的人并非就意味着明天也是一个绩效表现好的人。同样,谁都不会知道一个在今天绩效表现差的人是否明天就会成为一个绩效表现出色的人。因此,采用全面质量管理方法的管理人员不会责备雇员的低绩效表现,相反,他们会努力地从管理过程方面寻找原因。而且霍哲提醒人们注意,戴明的14点之一就是建议在这种情况下"消除数字定额",因为在数字定额成为主要绩效指标的地方,劳方与管理方之间的关系很可能会处于敌对状态。管理人员试图将绩效差的原因归咎于雇员,而雇员则宣称绩效差不是他们的错。其实,每一方看待原因的方式都可能会有所不同,我们只有珍视我们的雇员,全面质量管理才更有可能生根,在全面质量管理中,最重要的是以顾客为中心,承认雇员绩效的某种变动,并消除数字目标和定额,将会有助于公共机构以一种更加有效的方式回应顾客的需求。

总之,霍哲认为,全面质量管理的顾客中心论假定了在一种不断变化的环境中每个组织都应该是学习型组织,任何组织为了生存都应该能够适应不断变化的环境,政府公共组织当然也不例外。通过学习过程,政府公共组织可以在骚动的环境中有效回应顾客的需求。在他看来,当今的许多公共组织常常正是因为缺乏学习能力才无法识别和回应顾客的需求,而在这方面,全面质量管理哲学对于帮助一个公共组织有效回应环境具有至关重要的意义。

第五节 建设基于竞争的合作伙伴关系

一、从"民营化"到"合作伙伴关系"

众所周知,自20世纪七八十年代以来,伴随着西方国家行政改革运动的兴起和发展,"民营化"已成为许多西方国家政府改革传统公共服务供给机制、提高政府公共部门绩效的一种重要选择。霍哲认为,作为一种解决政府公共部门绩效问题的办法,作为一种试图使得政府公共部门充满竞争和创新精神的管理战略,民营化的确具有以下诸多优势:可以在改进质量的同时降低成本,允许规模经济和对成本与绩效的公私对比,避免投入大量启动费用,可以提供获得专门技能和培训的机会,可以增加服务的规模和混合的灵活性,使雇用和解雇有可能成为必要手段，允许试验不同的服务供给方式，可以减少对单一供应商的依赖，可以回避迟缓呆滞的官僚机构以及允许对新服务领域做出更快速的回应，等等。而且蜂拥而至地对政府进行民营化改革似乎也已经获得了释放能量的功效，在政客的吹捧和媒体的强调之下，民营化俨然成了一个无异议的假定。然而，民营化也有以下劣势：在某种程度上也可能会妨碍责任，贬低回应性，减少服务，导致不完备的契约，把短期利润置于长期规划之上乃至形成私人垄断，否定公共服务内在固有的服务理念以及为贪污腐败提供机会。况且，有许多公共服务项目必然应该是政府的职责。他强调，鉴于公共组织和私营部门这两类不同的组织具有很不相同的组织目标：公共组织追求的是公共利益，而私营部门则追求的是利润最大化，所以，当我们考虑要对一项公共服务进行民营化时，我们需要就以下问题进行思考：将要被民营化的服务项目的初始目标是什么？如果这些服务项目由私营部门来提供，那些初始目标和目标群体的利益会得到维护吗？这些服务项目是否真的应该由政府公共部门来负责？对政府服务项目的民营化是否符合城市、州或国家的社会需要和国民目标？霍哲发现，从已有的民营化研究文献来看，人们所关注的主题主要是通过部门之间的竞争来提供公共服务供给的绩效。然而，在他看来，民营化只是竞争的一种形式，让公共组织参与竞争性投标同样也是一种可以提高绩效的竞争形式。霍哲认为，尽管竞争对于提高绩效很重要，但它不是唯一的范式，竞争的"反面"——合作也是改进绩效的一种必要战略，而且这种战略在民营化压力的阴影下常被人们所忽视。他通过实证研究发现，公共部门与私营部门的共同创新已经成为具有创新精神的公共官员经常诉诸的选择，而且服务供给的合作性安排随着公共部门对创造性外包方式的追求而变得越来越明显。在他看来，与民营化相比，这些新的合作性安排就是要建立一种共同努力解决问题的合作伙伴关系，当然，这种共同努力的合作伙伴关系可以由其中任何一方来启动。通常为人们所认可的这种伙伴关系有劳资双方之间的工作联盟、不同层级政府之间的工作联盟、相邻地方政府之间的工作联盟、政府与公民之间的工作联盟、政府与公司之间的工作联盟以及政府与非营利组织之间的工作联盟，而且，这些创新举措已经证明是旨在改进政府服务和削减成本的有效安排。霍哲认为，正是由于这些创新举措象征着在强硬而熟悉的"官僚盒子"之外的思维能力和行为能力，所以它们对于在一种资源日益稀缺的氛围中共享资源和改进绩效可能是必不可少的。

二、劳资伙伴关系——政府公共部门内部绩效改进的有效途径

霍哲认为，在一个资源有限的时代里，行政学者和政府公共部门的实际工作者常常会讨论削减管理、缩小规模、民营化以及合同外包等管理战略，这些管理战略的潜在目标就是在假定私营部门比政府公共部门效率更高的情况下通过把服务供给权转给私营部门来减少政府的作用和成本。与此同时，人们还在不断关注公共部门内部绩效的持续改进、全面质量管理、工作寿命的质量、基于协作的组织以及劳资双方的合作等管理战略，这些管理战略的一个重要特点是不依靠私营部门的有效资源，而是在政府公共部门内部寻求答案。在霍哲看

来，如果劳资双方之间没有一种和谐关系，那么任何组织都不可能实现高水平的绩效，因为无论考虑什么样的绩效改进战略，它们都必须得到各级雇员的认可和支持，而缺乏来自劳方赞同的管理层决策很可能会在双方之间产生紧张关系，进而会减弱雇员改进绩效的意愿。因此，劳资伙伴关系是各级政府中正在发生的一切事情的一种背景，劳资双方间的和谐关系是任何政府公共组织改进绩效的关键。鉴于劳资双方之间普遍存在着敌对的知觉，而且，合作性劳资关系取决于最高管理层的承诺和各级雇员的广泛支持、多种特定的联合劳资委员会、透明的信息传播渠道、记录和传播成功经验、持续的培训和教育以及雇员授权等多种因素，霍哲强调，劳资双方的合作战略必须集中于变紧张的冲突关系为和谐的伙伴关系，其中，最高管理层的持续支持是实现绩效伙伴关系必要的第一步，成功的伙伴关系应该建立在相互高度信任的基础之上。

第六节 实现政府绩效与公众信任之间的良性互动

霍哲不仅非常关注政府公共组织内部各级成员之间的相互信任及其对政府公共组织绩效的影响，而且十分强调公众信任与政府绩效的相互关系，他通过经验证据表明二者之间明显存在正相关关系。在他看来，政府的绩效越高，公众对政府的信任度也就越高，而且，作为一种重要的社会资本，公众信任对于政府绩效也具有重要的影响。为此，他强调指出，我们要努力破除"低度信任—较少的资源—差劲的政府绩效—不信任"这种恶性循环。这种趋势应该被转变成为一种"高度信任—更多资源—出色的政府绩效—高度信任"的良性循环。

简 评

从上述霍哲对政府公共部门绩效管理的主要研究内容来看，应该说，其理论还是比较全面的，从绩效、绩效管理与政府绩效改进的关系和无形因素之于政府绩效改进的重要性，到基于公民参与的政府绩效评估系统和基于回应性的政府全面质量管理，再到基于竞争的合作伙伴关系以及政府绩效与公众信任之间的互动，他都做了深入系统的探讨，并且形成了自己的独到见解。而且正是基于对上述问题的系统研究，他从绩效管理的视角提出了一个由为质量而管理、开发人力资源、适应技术、建设伙伴关系以及绩效评估五个关键性概念构成的全面改进政府公共部门绩效的综合模型。在他看来，最具创新性和最富有绩效的政府公共机构，可以将先进的管理技术整合成为一种绩效改进的综合方法，并且可以成为其他机构改进绩效的榜样。尤其值得一提的是，霍哲非常注重对实证研究方法的科学运用，他在政府公共部门绩效管理方面的理论观点大多都是基于对相关领域进行的实证研究而提出的，例如，他提出的关于通过建设基于竞争的合作伙伴关系来提高政府公共部门服务绩效的观点，主要就是以城市公共管理水平位于全美第一位的亚利桑那州首府凤凰城在公共服务体制创新方面的成功经验为依据的。正是由于他所提出的政府公共部门绩效管理理论具有广泛而坚实的经验研究基础,所以,他在政府公共部门绩效管理方面的许多理论观点不仅得到了公共管理实践的成功验证,而且在许多政府公共部门实际的绩效管理工作中得到了有效的应用。例如,他关于政府绩效评估的理论观点就在美国的许多地方政府公共部门的实践中得到了验证和应用。也正因为其政府公共部门绩效管理理论在公共行政领域所产生的重要且广泛的影响,所以,不仅霍哲本人在美国乃至西方政府公共部门绩效管理领域赢得了领军人物的权威地位,而且他所创立并领导的美国国家公共生产力中心也成为美国乃至西方世界研究政府公共部门绩效管理问题的重镇,他在政府公共部门绩效管理方面的影响,还通过其广泛的跨国学术交流和人才培养而波及美国以外的许多非西方国家。

思考题

1. 霍哲如何谈绩效、绩效管理与政府绩效改进?
2. 霍哲所说对政府绩效改进具有关键性影响的无形要素是什么?
3. 霍哲主张建立的基于公民参与的政府绩效评估系统是怎样的?
4. 霍哲认为应当如何开展基于回应性的政府全面质量管理?
5. 根据霍哲的观点,应怎样建设基于竞争的合作伙伴关系?
6. 霍哲认为应当如何实现政府绩效与公众信任之间的良性互动?
7. 你怎样评价霍哲的学说?

第二十二章　奥斯本的企业家政府理论

本章提要

本章阐述了奥斯本等人的企业家政府理论的产生背景，介绍了企业家政府理论的主要内容，包括企业家政府的本质含义、企业家政府的基本特征与改革政府的十项原则等，并对奥斯本做了基本评价。

学习要求

1. 了解奥斯本其人其事。
2. 了解对企业家政府理论的基本评价。
3. 掌握企业家政府理论的产生背景。
4. 掌握企业家政府的本质含义。
5. 掌握企业家政府的基本特征与改革政府的十项原则。

20世纪90年代伊始，伴随着西方经济危机的加剧和新公共管理运动的发展，发达国家政府掀起了新一轮行政改革的热潮，其间出现了一种对美国政府行政改革产生很大影响的行政管理理论，这就是由美国著名的进步研究所研究员大卫·奥斯本（David Osborne）等人在其风靡一时的《重塑政府》[①]（1992）一书中提出的企业家政府理论。正如该书封套上引用美国前总统克林顿的一句话所说的那样：如果我们要在20世纪90年代激发出政府的活力，我们就必须重新塑造它。

[①] 中译本名为《改革政府》。

第一节　企业家政府理论的产生背景

一、政府的本质及其存在的必要性

政府的本质长期以来一直是政治学家、行政学家乃至经济学家试图回答但又没有取得一致看法的问题。而奥斯本认为，所谓政府，它"是我们用来做出公共决策的一种机制"，他不赞成历史上曾有过的一种"把政府视作一种不得不忍受的邪恶"的错误观点。在他看来，政府可以向我们大家提供有益的服务，这些服务包括国防、环境保护、治安维持、公路、水坝、供排水系统。他认为，政府是我们解决共同问题的方式，对于一切文明社会来说，政府都必不可少。他对政府充满信心，并指出我们如何解决当今世界各国所面临的诸如吸毒、犯罪、贫困、文盲、有毒废物、全球气温升高、医疗保健费用成倍剧增等种种社会问题，其关键在于靠集体行动。我们怎样集体行动呢？无疑是要通过政府采取行动。从某种意义上来看，奥斯本对政府的本质及其存在必要性的见解不失为一种颇有见地的观点。

二、传统的政府官僚体制的危机与企业家政府理论的出现

奥斯本认为，政府对于社会的存在和发展固然必不可少，但遗憾的是，政府的现状并不令人满意，他明确指出，问题不在于政府中工作的人，而在于他们工作所处的体制。在他看来，如果一个组织的结构是鼓励企业家精神和行为的，那么几乎人人都可以成为企业家。反之，如果一个组织的结构是鼓励官僚主义行为的，则几乎任何企业家都会变成官僚主义者。可见，体制的作用是多么巨大！改进政府工作效率从根本上说就是要改革政府的不良体制。

企业家政府理论就是伴随着西方传统政府官僚体制的危机而出现的。我们在前面讨论韦伯的"官僚制"理论时曾经指出，"官僚制"这个词原本并不是一个贬义词，从某种意义上来看，这个词还带有一定的褒扬意味，它代表了一种理想、高效的组织形式，用以取代传统的独裁政权。它的层级组织形式与专业化管理使高效地完成大规模的复杂任务成为可能。当然，任何一种类型的政府体制都是特定社会环境的产物。官僚制的政府组织形式之所以在过去很长一个时期内经久不衰，其原因并不仅仅在于它的高效率，在很大程度上更在于它适应了当时社会的需要，它向人们提供了相对稳定的职业，向社会显示了公开、平等的精神，提供了最基本的社会服务。在经济萧条和两次世界大战期间，官僚制便是以它的中央集权、令行禁止的特征来表现出其优势的。

然而，奥斯本认为，今天的社会环境与官僚组织产生的环境大不相同。当官僚组织产生时，人们的生活节奏较慢，整个社会处于一种金字塔式的结构之下，居于塔尖上的人们比其

他人更能获得信息、做出正确决策；当时劳动力水平很低，手工劳动是主要形式；地理位置严重影响经济发展，市场很不发达。而这一切在今天似乎都消失了，我们今天生活的社会瞬息万变，全球市场的形成使原来的经济体制面临巨大的挑战，信息技术的发达使普通百姓也能像他们的领导一样获取知识和信息，教育水平的提高使脑力劳动成为经济发展的主要因素，人们对市场的需求也趋于多样化。这一切都要求体制必须是灵活的、适应性强的，要求产品和服务必须是高质量的、多样化的，要求政府能给予人民更多的权利和利益。在这种环境下，传统的官僚体制显然越来越不适应了。在他看来，行动迟缓、效率低下和刻板而且无人情味，是今天政府这个词在人们脑子里的形象，也是大多数美国人认为美国政府的本质所在。奥斯本清楚地认识到传统政府的官僚体制已经远远不能适应社会环境的变化，正如他所言，20世纪三四十年代设计出的官僚体系由于中央集权、层次繁多，在变化迅速、信息丰富、知识密集的90年代已不能有效地运转。当然，他并没有完全否定官僚制行政组织机构的应有作用，他认为，传统官僚制度在某些特定场合仍能发挥作用。比如，在环境比较稳定、任务比较单一、服务需求不高、顾客要求相似的社会保险、图书馆、公园以及其他娱乐设施等方面，政府的管理仍很有效。但随着竞争日趋激烈、千变万化，人们对服务质量的要求越来越苛刻，政府面临重重困境，教育、医疗、住房建设等举步维艰。

尽管奥斯本清醒地认识到政府现行管理体制存在着严重的弊端，但他并未因此而对政府产生悲观态度，相反，他对政府的未来充满信心。在他看来，从某种意义上来讲，政府面临重重困境，这正是变革的信号，是进步的一种表征，是新的种种现实正面猛烈冲击旧体制时发生的破坏性冲突的表征。我们的各种信息技术和以知识为基础的经济带给我们许多机遇，这也许是50年以前无法梦想的事情。为了抓住这些机遇，我们必须对工业化时代的体制机构的残余加以重新塑造。

到20世纪八九十年代，当美国经济萧条乃至更加不景气时，一些地方政府的行政首长首先对新的社会现实做出了反应，他们纷纷开始寻找出路，自愿抛弃旧的管理方法，遵循市场规律，与私营企业进行合作，以多种方式提供服务。城市之间也展开了竞争，公共管理人员也大谈企业经营之道，各州也开始重新设计它们的公共制度和社会福利。于是，"重新塑造政府"的呼声日益高涨。正是在这种背景下，奥斯本提出了他的所谓企业家政府理论，以期用企业家精神来改革或重新塑造政府，以期把企业管理的精髓移植到政府中来，通过改变官僚政府内部的管理机制和内部驱动力达到重新塑造政府形象的目的。

第二节 企业家政府的本质含义

"企业家政府"或许是一个颇容易引起人们误解的概念，为了明确这一概念的本质含义，奥斯本借用法国经济学家萨伊的定义专门对此做了说明："企业家把经济资源从生产率和支出较低的地方转移到较高的地方。换言之，企业家运用新的形式创造最大限度的生产率和实效。""萨伊所下的定义，既适用于私营部门，也同样适用于公营部门和志愿者参加的第三部门。有胆有识的督学和校长用新的方式来使用资源，创造最大限度的生产率和实效。具有革新精神的机场管理者也是这么做的。福利事业的专员们，劳工部长们，商业部的官吏们都能够把资源注入生产率和产出更高的地方。我们说到公共事业的企业家，指的正是那些这般行事的人。我们说到企业家式的模式时，指的是习惯性地这般行事的公营部门的机构，不断地以新的方式运用其资源来提高其效率和效能。"[①] 可见，奥斯本采用的企业家政府这一概念，实际上是试图把企业经营管理的一些成功方法移植到政府中来，使政府这类公共组织能像私人企业那样合理地利用资源，注重投入产出，提高行政效率。

为了进一步揭示"企业家政府"的本质特征，以免引起人们对这一概念的误解，奥斯本还对政府组织与企业组织的差异进行了比较分析。他认为，政府和企业是两种性质根本不同的组织，二者的区别主要体现在以下几方面。

第一，政府领导者与企业领导者的行为动机不同。企业领导者的行为动机是获取利润，而政府领导者的行为动机则是再次当选或连任。

第二，政府与企业的主要收入来源和方式不同。企业的大部分收入来自顾客，它往往是通过顾客自由挑选购买其商品和劳务来挣得收入；而政府的大部分收入则来自纳税人，政府是通过征税取得其主要收入的。

第三，政府与企业的动力不同。政府的动力往往来自于种种垄断，而企业的动力则通常来自于竞争。

第四，政府部门与企业组织对其成员的考核标准不同。政府部门对其成员进行考核的一条最根本的标准是看其能否讨好当选的政客，而企业组织对其成员进行考核的根本标准则是看其能否生产出产品或获得利润。

第五，政府雇员与企业雇员对风险和报酬的看法不同。对此，奥斯本引用福特基金会的卢·温尼克的话解释说："在政府中，一切激励因素是以不犯错误为定向。你取得了九十九个成功也没有人注意，但只要犯一个错误你就完蛋了。公司企业激励雇员的标准手段在这种政府中效果不佳。"[②]

此外，奥斯本认为政府与企业还有许多其他的不同。他说，政府是民主的和开放式的，所以它的行动比公司企业缓慢，而公司企业的经理们可以关起门来迅速做出决定；政府的基本使命是"办好事"，而不是挣钱，所以企业中的成本效益计算到了公营部门就变成了道德的绝对准则；政府必须常常替每个人平等服务，不管这个人支付的能力和对服务的需要如何，于是政府也就达不到公司企业那样的市场效率。

在奥斯本看来，正是由于政府与企业存在着上述种种区别，所以政府不能像企业那样运作。然而，他强调指出："政府不可能像企业那样运作这一事实并不意味着它不可能具有企

---

① [美] 奥斯本、[美] 盖布勒：《改革政府》，周敦仁译，前言第 5~6 页，上海，上海译文出版社，1996。
② [美] 奥斯本、[美] 盖布勒：《改革政府》，周敦仁译，序第 22 页，上海，上海译文出版社，1996。

业家精神。任何机构，无论是公营还是私营，都可以有企业家的精神，正像任何公私机构都会出现官僚主义。"①

奥斯本认为，对于政府部门的领导者来说，面对政府存在的种种问题，绝不仅仅靠增税、节支、砍计划、撤机构和辞退雇员就能解决的，关键是要更新旧观念，吸纳新思想。他说："我们那些企业家精神较强的政府已经为我们指明了方向。但是没有什么领导人在注意倾听。他们忙于在升官的阶梯上攀爬，没有时间停下来用新的眼光重新看待事物。于是，他们就陷在用老眼光看待问题的框框里，对于近在眼前的解决办法视而不见。也许这就是我们最大的绊脚石，陈旧的思想在作怪。正如伟大的经济学家凯恩斯曾经指出的，困难与其说在于提出各种新思想，不如说在于摆脱旧思想的束缚。我们大多数政府领导人和政治记者仍然抱住不放的旧思想，乃是仍旧把我们应有多大的政府而不是应有怎样的政府作为重要的问题……但是今天我们问题的根本之处不是政府太大或者政府太小……我们问题的根本之处在于我们政府的类型错了。我们不需要什么大政府或者小政府，我们需要一个更好的政府。说得更加精确一点，我们需要更好的政府治理……政府治理指的是我们共同解决自己的问题和满足我们社会需要的实施过程。政府是我们使用的一种工具。一旦这个工具过时了，重新发明的过程就开始了。我们不需要再来一次新政，也不需要再来一次里根革命。我们需要的是一种美国的改革"②，即用企业家精神来重新塑造政府，奥斯本进而提出了政府改革的十项具体原则，即企业家政府的十大特征。

第三节 企业家政府的基本特征与改革政府的十项原则

奥斯本认为，对传统的政府官僚体制的改革应当遵循以下十项原则，在他看来，这十项原则所规定的内容也正是他所谓的企业家政府的基本特征。

一、掌舵而不是划桨

长期以来，政府的领导者们一直都误以为政府的主要职责就是收税和向社会提供服务，而在奥斯本看来，政府的中心工作应该是"掌舵"，而不是"划桨"。向社会提供各种服务是划桨，政府并不精通此道。尤其是在当今社会环境瞬息万变、社会需求多元化的情况下，政府再试图向社会提供垄断性服务已经不可能了。他说："具有企业家精神的领导人都懂得……如果让其他人干更多的划桨工作他们就能更有效地进行掌舵。如果一个组织最佳的精力和智慧都用于划桨，掌舵将会很困难。"他引用德鲁克的话解释道："任何想要把治理和

---

① [美] 奥斯本、[美] 盖布勒：《改革政府》，周敦仁译，序第23页，上海，上海译文出版社，1996。
② [美] 奥斯本、[美] 盖布勒：《改革政府》，周敦仁译，序第25页，上海，上海译文出版社，1996。

'实干'大规模地联系在一起的做法只会严重削弱决策的能力。任何想要决策机构去亲自'实干'的做法也意味着'干'蠢事。决策机构并不具备那样的能力，从根本上说那也不是它的事。"① 为此，他提出政府应该集中精力做好决策工作（掌好舵），而把具体的服务性工作承包给私营企业和非营利性机构去做。这样，政府可以居高临下，用政策吸引竞争者，保持最大的灵活性来应付变化着的环境，出色地扮演好自己的角色。他认为，企业家政府应该"转向一种把政策制定（掌舵）同服务提供（划桨）分开的体制"②。谈到政府的作用，他反对曾经风靡一时的"私有化"观点，他明确指出："私有化实际上是一个错误的出发点。具体的各项服务可以承包或转移给私营部门。但是治理则不能这样做。我们可以把个别的掌舵性职能加以私有化，但是我们不能把治理的全过程都私有化。如果这样做，我们就会失去做出集体共同决定的机制，就没有为市场制定规章条文的途径，就会失去强制执行行为规范的手段。我们就会丧失社会公平感和利他主义精神，不管是为无家可归者提供住房还是为穷人提供健康医疗，任何不能赚钱营利的社会服务都将不复存在。"③ 为此，他再一次引用德鲁克的话强调说："我们面对的不是'国家的逐渐消亡'。相反，我们需要一个有活力的、强大的和非常活跃的政府。但是我们面临着选择，选择一个庞大的但软弱无力的政府，还是选择把自己局限于决策和指导从而把'实干'让给他人去做的强有力的政府。（我们需要）一个能够治理和实行治理的政府。这不是一个'实干'的政府，不是一个'执行'的政府。这是一个'治理'的政府。"④

二、重妥善授权而非事必躬亲

奥斯本认为，在一个民众自治的国家里，政府的行政专家们不应事必躬亲，而要善于授权，鼓励公众参与管理。但遗憾的是，当我们管理公益事业时，却忘记了这一条，致使公共服务领域逐渐被官僚机构所控制。我们依靠专家来解决问题，让警察、医生、教师和其他社会工作者掌握一切，却把那些被服务对象的主动性忘在脑后。当我们做这一切时，我们实际上是在破坏广大民众的自信心和能力，并导致了市民对政府的严重依赖心理。

奥斯本举了一个生动的例子：在20世纪30年代经济大萧条时期，政府建立了公共住房制度，为那些无业或失业的穷人提供廉租房。一旦房客们找到工作，他们就必须迁出去。这种制度顺利地实行了20年。到50年代，当南部农村大批穷人涌入时，政府开始招架不住了。房客们意识到一旦离开政府提供的住房，他们将要多付三四倍的房租，因此，许多人宁肯不去找工作。后来政府改变政策，公共住房只提供给那些没有父亲的家庭，想以此减缓住房压力。没想到这一政策不但没能解决问题，反而导致更多家庭的分裂。更有甚者，这种公

---

① ［美］奥斯本、［美］盖布勒：《改革政府》，周敦仁译，7页，上海，上海译文出版社，1996。
② ［美］奥斯本、［美］盖布勒：《改革政府》，周敦仁译，11~12页，上海，上海译文出版社，1996。
③ ［美］奥斯本、［美］盖布勒：《改革政府》，周敦仁译，23页，上海，上海译文出版社，1996。
④ ［美］奥斯本、［美］盖布勒：《改革政府》，周敦仁译，25页，上海，上海译文出版社，1996。

共住房逐渐变成了吸毒、犯罪的场所。政府对此束手无策。

但在华盛顿特区东北部一个叫肯尼沃思的小地方，当市长在居民的压力下让他们自己管理这些公共住房时，情况却大不一样。居民们自愿组成管理委员会，定期召开居民全体大会，设立严格的罚款制度，选择专人负责监督执行。他们还设立课程，培训居民房屋维修和保养知识。要求孩子已上学的母亲去参加工作或接受培训。他们还在居住区内开展经营、创造就业机会，共同组织起来对付各种犯罪行为等。

奥斯本认为，这种市民自治组织之所以能有效地进行管理，是因为他们更了解问题的关键所在，更关心其成员的生活环境，更经济也更具创造性。当然，奥斯本并没有简单地说要抛弃政府或专家的服务。相反，他认为政府有许多事情要做，例如，制定政策、消除阻力、鼓励自治、提供资助、培训人员、提供咨询、合理配置资源等。

三、注重引入竞争机制

奥斯本认为，政府是最习惯于采取垄断方式进行管理活动的，它常常把竞争看作一种浪费和重复。尽管人们对私营企业的垄断深恶痛绝，但人们对政府的垄断行为习以为常。在他看来，政府之所以没有商界那样富有效率，其主要原因就在于它缺乏竞争机制。他说，竞争有种种好处，而其中最明显的好处是提高效率，即投入少、产出多。竞争迫使公营的（或私营的）垄断组织对顾客的需要做出反应；竞争奖励革新，垄断扼杀革新；竞争提高公营组织雇员的自尊心和士气；竞争是促进革新的永恒动力，而政府通常是缺乏这种动力的。为此，他提出政府应通过各种形式引入竞争机制，改善行政管理。当然，竞争也不是放任自流的东西。奥斯本认为，不经规范的竞争可能导致严重的社会问题。比如，一个以营利为目的的医院可能拒绝一个没有社会保险的患者。不经规范的竞争也可能导致垄断或其他不公平。为此，公共政策必须规范什么样的竞争可以开展、什么样的竞争不可以开展，这就是政府在竞争中的责任。

四、注重目标使命而非繁文缛节

奥斯本认为，长期以来，大多数公共组织都是被它们的规章制度和预算所左右，因而常常被称为"规章驱动的政府"。它们制定出无数个规章来防止可能的错误发生。每当事情出错，它们又习惯性地制定出更多的规章。一定的规章制度固然必要，但是规章制度如果太多，就会使政府的活动慢得像只蜗牛，难以对瞬息万变的环境做出反应。规章制度的建立是为了防止坏的事情发生，但它也可能窒息好的事情的活力。在很多情况下，为了惩罚5%的不良行为，政治家们所创造出来的繁文缛节实际上窒息了其他95%的活力。

在奥斯本看来，应该承认，规章制度在建立之初，其出发点肯定是好的。但当这种制度发展得越来越复杂时，一系列的问题便出现了。比如，19世纪后半期，政府建立了文官制度，旨在改变当时盛行的官爵恩赐制和政党对行政的控制。随着文官制度的发展，这种制度却变得越来越僵化：在录用上，考试取高分的人不一定是具有创造力的；在晋升上，权力被人事部门控制，而非为该部门的负责人所控制；在解雇上，文官被比作"无头蜗牛"，只能进不能出；等等。所有这些又都被一份长达6 000页的人事管理规章所规定着。

奥斯本认为，企业家政府是有使命感的政府，它要摆脱这种繁文缛节的束缚，它只是简单地界定基本目标和任务，再根据这一目标和任务制定必要的规章和预算，然后就放手让其雇员去履行自己的责任。如果事情出错，只是解雇肇事者。这就是"任务驱动的政府"。在他看来，改变政府行为的内部驱动力，关键是要将庞大的机构分解成较小部分，每一部分设定相对单一的责任目标，然后界定其权限和预算，并授予其自主管理的权力。这是变官僚政府为企业家政府的关键。可见，奥斯本所强调的是要改变政府行为的内部驱动力——以"任务驱动的政府"取代"规章驱动的政府"。不过，这里应当指出的是，奥斯本并不是要完全取消规章，他反对的是"繁文缛节"而非必要的规章，在他看来，"当然，政府是需要一些规章的。政府的航船需要一两层油漆。如果我们去掉油漆，那就剩下光秃秃的金属，将会生锈腐蚀。问题是大多数政府的航船上了几十层油漆，上面又有一层又一层的附着物。取消控制的目的，是要重新恢复到我们真正需要的一两层保护层，使这艘航船能重新航行"[①]。

五、重产出而非投入

奥斯本认为，传统的官僚制度注重投入而非产出。它资助学校的依据是该校有多少学生，而不是学校之间质量的差异；它划拨福利款项的依据是该区有多少穷人，而不是该区帮助了多少穷人找到工作；它建立警察系统的依据是对付犯罪需要多少警力，而不是犯罪率的升降和人们的安全感等因素。其结果是，这些学校、慈善组织或警察局的工作做得越糟，就越能得到更多的政府拨款。这种重投入而不重产出的观念，导致在政府机构里，雇员的年资、机构的规模、权力的层次（这些都可以看作一种投入）等成为最重要的因素，进而致使官僚机构只想着去设法追求多预算、多编制、多权力，营造自己的"帝国"。

奥斯本认为，产生这种现象的主要原因是政府工作好坏的根本标志不是它的表现，而是它能否连选连任。企业必须注重产出，因为产值一下降，企业就要垮台，但政府不必担心这个问题。政府的成败不是能否取得预期目标，而是能否再度当选。政治家们能否当选，又取决于选民和利益集团是否接受他们，而非政府能否提供良好的社会服务。这种状况不改变，政府的管理水平就不可能提高。

在奥斯本看来，企业家政府体制则可以避免传统政府官僚体制的这种弊端，因为企业家政府是讲究效果的政府，它是按效果而不是按投入拨款；它对政府各部门表现的评估和资助是以其政策效果为依据，而不是依据项目的多少。奥斯本认为，尽管对政府某些行为结果的

---

① ［美］奥斯本、［美］盖布勒：《改革政府》，周敦仁译，95页，上海，上海译文出版社，1996。

测量有一定的难度，但一旦适当的措施到位，政府部门便可以采取以下三种方法来利用测量提供的信息去改进自己的业绩：（1）按业绩付酬，即对业绩好的个人或集团实行某种形式的业绩加薪或奖金制度；（2）按业绩进行管理，即将业绩信息主要当作一种管理手段，用来继续改进自己的工作；（3）按效果作预算，即把自己组织的支出与效果挂钩。

六、具备"顾客意识"

在政府中，很少有人用"顾客"一词。大多数政府雇员根本不知道谁是他们的顾客。他们只知道为部长、为议会、为纳税人服务，而无视那些真正的服务对象。而奥斯本这里所谓的"顾客"就是指政府公共组织的服务对象——公民。但现实是，企业在想方设法取悦顾客，而政府却是个"顾客盲"。他认为，产生这种现象的原因很简单：企业的钱是直接从顾客那里来的；而政府是依靠议会拨款，依靠纳税人交税。政府的"顾客"是在被动地等待政府为其提供服务，因此常常不被重视。

为此，奥斯本指出，今天的时代已经不同于过去的工业时代，伴随着政府提供的垄断服务被打破，政府也应该按照企业家政府理论来对自己进行重塑。按照企业家政府理论，政府是受顾客驱使的，其宗旨是满足顾客的需要，不是官僚政治的需要。在奥斯本看来，顾客驱使的制度具有种种好处：（1）它迫使服务提供者对它们的顾客负责。因为顾客可以去别的地方办他们的事，提供者必须不断寻求有关他们需要的反馈，然后采取必要的行动满足他们。（2）它使选择提供者的决定不受政治的影响。（3）它促进更多的革新。当提供者不得不参与竞争时，它们不断寻求减少成本和增进质量的方法。（4）它让人们在不同种类的服务之间做出选择。（5）它浪费较少，因为它们使供求相适应。（6）它授权顾客做出选择，而被授权的顾客成为更加尽责的顾客。最后，它可以创造更多的公平机会。因此，奥斯本强调，政府应像企业一样具备"顾客意识"。

七、有收益而不浪费

奥斯本认为，政府长期以来都是靠财政预算过日子，很少考虑如何赚钱。当财政出现赤字，政治家本能的反应就是提高税收。而企业却不同，企业家必须考虑支出与收入两方面。他们不在乎花多少钱，只要这笔钱能带来利润。但政府则不行，它只注意花钱的一面而忽略赢利的一面，它绞尽脑汁在节约开支上下功夫，即使这种开支能够带来丰厚的利润。这种管理方法往往导致更大的浪费。比如，政府不愿意花钱维修公路，直到这个公路完全坏了，不得不花几倍的维修费用来重建。

奥斯本认为，企业家政府是有事业心的政府，是有收益而不浪费的政府，它不应仅仅靠预算度日，它应学会用种种形式集资、赚钱，它主张以花钱来省钱，为回报而投资。在他看来，企业家政府的一个重要特征就是具有一种"投资"观点，要变管理者为企业家，变花钱政府为赚钱政府。奥斯本认为，这里面有个利益机制问题。如果管理者不能从赢利中获益，他当然不愿意花时间去追究它。所以他强调，如果我们想要政府管理人像企业家那样思考，我们就得建立激励机制，比如：开发一些营利性项目，让公共组织的管理者们能享受赚得的利润；对使用公共设施实行收费制度；鼓励公共组织像企业那样学会投资，与企业开展竞争，等等。

八、重预防而不是治疗

奥斯本认为，政府应该有预见能力，我们的政府曾经是很有预见力的：它们修建排水系统以防止疾病，敷设电缆以防止火灾，研究免疫方法以预防疾病，等等。然而，当政府的专业化程度越来越高时，其注意力开始转移了，开始注重事后的处理而非事先的预防。比如，伴随着消防部门的专业化，灭火技术越来越发达；伴随着警察部门的专业化，对付犯罪的手段越来越先进；伴随着医院的专业化，治疗技术越来越发达。与此同时，防患于未然的观念却淡薄了。

奥斯本认为，这种现象有其深刻的社会原因。在传统工业时代，我们的政治体制适应当时的社会需要，权力被工、农、商等大的社会群体所共享。每个社会群体又有其代表机构或利益集团。政治活动被这些群体所资助，政治舆论也被这些群体所左右，政府比较好把握社会的未来发展趋势。然而，这种社会组织形式在今天逐步瓦解了，整个社会越来越被分裂成无数个碎片，甚至在一个利益集团中也会有截然不同的区别。因此，要求我们的政治体制能够从纷繁复杂的现象中提炼出社会未来发展的共同利益。为达到这个目的，奥斯本认为必须改变决策层的内部驱动力，包括改革预算体制、改变财务制度、建立区域性联合政府、改革选举制度等，从而转变政府目光短浅的根基，使政府具有企业家精神。在他看来，具有企业家精神的政府应该着眼于以预防为主，而不是通过事后服务来挽回损失，应该是有预见力的政府。而有预见力的政府应该集中精力做好两件根本性的事情：它们使用少量钱预防，而不是花大量钱治疗；它们在做出决定时，尽一切可能考虑到未来。他精辟地指出：精明的人解决问题，有天才的人避免问题。

九、重参与协作的分权模式而非层级节制的集权模式

奥斯本认为，50年前，集权式的政府是不可避免的。当时，信息技术还很原始，地区之间的通信很慢，劳动力教育水平很低，所以政府不得不采取集中管理模式，以使公共管理更有效。然而，今天的情况则大不一样：信息技术的发达使边远地区的通信瞬间即至，劳动力教育水平空前提高，外部环境变幻莫测，坐等信息再做决策的时代一去不复返。面对信息时代的复杂环境，企业界领导者往往本能地采取分权办法，他们通过减少层级和授权给雇员的方法把一些决策交给下属去做，以便通过群策群力来减轻自己做决策的负担；而传统的政

府领导者却常常本能地采取集权方式,他们不断地聘用更多的政客、官僚、专家,使用更多的计算机来截堵溃决的堤坝。当财政吃紧,他们就强化管理、收缩权力;当信贷出现赤字,他们就建立一个最高权力机构来加强控制;当毒品泛滥,他们就委任一个全国反毒官员来应付。这种集中控制和强化中央管理的办法常常事倍功半。奥斯本认为,产生这种区别的主要原因是那种集权的层级式组织把自己划成了不同区域和不同层次,组织中的每个成员都隶属于自己的"单位",由此使不同区域和不同层次间的沟通变得困难。而要解决这个矛盾,政府应仿效企业领导者的做法,要善于分权,即应削平复杂的层级组织模式,将集权式管理权下放。在奥斯本看来,分权的机构有许多优越性:(1)它们比集权的机构有更多的灵活性,它们对于情况和顾客需求的变化能迅速地做出反应。(2)权力分散的机构比集权的机构更有效率。在第一线工作的人接触的问题和机遇最多,他们随时都知道问题的所在。如果得到管理者的支持,他们常常能构思出最好的解决问题的办法,这就给参与性管理的机构以极大的优势。(3)分权的机构比集权的机构更具有创新精神。好的思想观点常常来源于干实际工作、同顾客打交道的雇员。(4)分权机构产生更高的士气、更强的责任感、更高的生产率。奥斯本明确指出分权的政府应变层级节制模式为参与协作模式,为此,他特别提出了"合作式组织"形式,即围绕某一具体项目,组成跨组织之间的合作式攻关小组完成任务。这种工作形式可以打破组织之间、地域之间的界限,把不同利益统一到共同任务上来,又可以发展组织之间的横向联系网络,开阔组织成员的视野,提高其工作能力。当然,奥斯本也强调分权并不等于放权不管,他说,想要对其选民负责的政府不可能简单地让其雇员放任自流。选民要求政府担负某种责任,因此分权的组织机构也发现必须明确说明它们的使命,围绕核心价值观创造内部文化,计算成果。

十、重市场机制调节而非仅靠行政指令控制

奥斯本认为,上述官僚体制的种种不足大都可以概括为行政机制与市场机制之争。如前所述,市场机制有许多优势,如分权、竞争、顾客选择自由、资源与产出紧密相连、对外部环境反应迅速等。而行政方法则是一种指令和控制的机制,这种机制在某些场合下可行,但也有其致命弱点:它缺少像企业那样的内部驱动力,它主要依赖惩罚的威慑力,它需要一个很慢的程序才能执行,它妨碍个人或组织的创造性;它鼓励组织扩张自己机构的规模,等等。

当然,奥斯本并没有简单否定政府应有的作用,在他看来,如同政府存在缺陷一样,市场也不是万能的,许多由政府提供的"共享财物",如公园和公共安全就不是在市场中进行交易的。许多市场也是有缺陷的,当一个市场引起严重的社会或经济问题的时候,往往要求政府采取行动。他认为,世界上并不存在完全不受控制的自由市场。任何合法的市场都有一定的规则,并需要政府一定的干预。他列举了政府在建立市场过程中所要担负的责任:(1)建立市场规则;(2)为消费者提供信息;(3)利用政策平衡供求关系;(4)刺激私营企业

的生产；(5) 填补市场空白；(6) 鼓励新的市场因素的产生；(7) 与私营企业一起分担社会风险；(8) 调整公共投资政策；(9) 沟通买方与卖方的关系；(10) 利用税收政策调节市场；(11) 支持建立群众自治组织。可见，奥斯本在政府与市场的关系问题上并没有走极端，他强调的是政府要善于建立市场机制，不能只靠指令控制进行管理。

简 评

通过以上分析，我们不难发现奥斯本的企业家政府理论在理论和实践上均不乏精辟之处，他提出的政府改革十项原则——企业家政府的十大特征，对于我们重新审视现时代的政府角色、正确认识政府职能具有重要的启示意义。正是由于企业家政府理论本身所具有的价值，所以它一问世，便在西方国家尤其是其发源地美国产生了重大的影响。就在《重塑政府》一书出版的第二年 (1993)，当时的美国总统克林顿便宣布了一项为期 6 个月的计划，对联邦政府的行为进行全面调查研究，并委托副总统戈尔率领一个工作组开展这项工作。1994 年 9 月，戈尔和他的工作组完成了这项使命并提交了一份长达 100 多页的调查报告——《创建一个花钱少效率高的政府》，由此揭开了克林顿政府行政改革的序幕。该报告对联邦政府所面临的危机揭露得非常尖锐，对解决危机的途径也阐述得相当详细，它清楚地表明了企业家政府理论所产生的重要而深刻的影响。正如克林顿和戈尔所言："我们不能容忍我们的政府花钱多、效果少的现象继续存在下去了，解决这一问题的办法也不应再是多设立一些项目或多投入一些金钱，我们要从根本上改变我们政府的行为方式——从自上而下的官僚体制转向一种自下而上、简政放权式的企业家政府模式。"[①]

当然，企业家政府理论在其风靡欧美之时也遭到了一些批评。例如，美国怀俄明大学的哈伯尔教授和格林教授就批评说，第一，企业家政府理论忽视了美国政府治理模式中制度与分权对政府的约束作用，而且政府各个部门基于宪法制度的安排去掌舵和划桨，并不像奥斯本所说的那样似乎只存在一个单独或一体化的理性行为者控制着一个舵，事实上存在着许多舵，许多领航员通过竞争控制每个舵。第二，在立法、行政和司法三个部门的争斗中，各方采取的立场常常不仅是为了自己，而且是为了保护或者培育一个大致的权力平衡。政府行政的复杂性质与标准化市场基础的途径有显著的不同，而奥斯本的原则可能侵蚀这种复杂的权力平衡。第三，使命与灵活性在美国政府治理中是有位置的，但其位置需经政府部门各方联合的一致程序，以法律的力量和影响力而不是片面的意志来实现，美国政府治理模式的法治特性使得政府部门的政策与决策要符合外在的法定保证和契约标准，它覆盖和超越了官员本身的职位与目标。这种法定保证本质上是价值和过程的混合体，既重视结果，也重视手段，或者说两者同等重要，而不择手段的危害性甚于没有结果，正是在这个方面，奥斯本的"重目标使命而非规章制度的原则"与"重结果而非投入的原则"会产生不利的影响。特别

---

① [美] 戈尔、[美] 克林顿：《人民第一》，英文版，23~24 页，纽约时代图书出版社，1992。

是"由于这些原则被引用在戈尔的报告中,等于促成对政府行政部门法律作用的极大曲解",因为报告建议"从总统到直接管理人员对所谴责的法令和规章采取忽视或不予有力实施的态度"。① 第四,理论上再完美的市场在实际生活中都会产生政治性与社会性的分裂,造成相应的不稳定。企业家政府理论中以市场驱动与市场刺激应用于公共部门的管理和组织原则,将会对美国制度的稳定性和合成力造成危害。因为在政治领域,需求和组织行为与市场中不同,面临模糊性、不稳定性和歧义性的选择难题,奥斯本简单地将权威归于多数,这就涉及美国政治学的经典问题:如何保护异议者?如何保护少数及个人的权利?第五,"顾客驱动"的原则会产生分配上的重大难题,因为在政治社会活动中,政府的顾客与市场的顾客不一样,政府的顾客所掌握的政治资源差距很大,依照市场机制进行运作会使公共部门的管理者对不同顾客依照其不同的价值,采取不同的对待方式,甚至抛弃那些对其相对无价值的顾客,这又涉及美国政府治理的传统价值观:限制权力集团,保护处于不利地位的少数人,保护个人权利,这些同样不是市场机制所能解决的。此外,他们还批评奥斯本在哲学方面简单化、绝对化的二分法的倾向,以至于政府与企业、官员与企业家、垄断与竞争、集权与分权、历史与现在等都被极端化地一分为二了。

相比之下,美国弗吉尼亚州立大学的古德塞尔教授对企业家政府理论的抨击则更为强烈:难道我们需要一种体制而不惜毁坏现存的公共制度吗?难道我们需要一种参与而不惜削弱政府的责任?难道我们需要一种竞争而不管是否造成了重复和浪费?难道我们需要一种财务自由而不怕招致公众的怀疑?难道我们要把美国人看作顾客而非公民?难道我们要以市场机制来取代公共利益?难道我们要把纳税人的钱放到私人企业的腰包里吗?古德塞尔还针锋相对地提出了自己的十大原则:(1) 政府应是由人民通过选出的代表来控制的,而不是企业家;(2) 政府应该为公共利益服务,而不是满足企业家的自我;(3) 政府必须按照宪法和法律活动,而不是依据目标或任务;(4) 政府应该与私营企业的主要股东合作而非任何一种合伙人;(5) 政府应该是灵活的、富有创造性的,但同时也必须具有公共责任心;(6) 政府活动的社会效果固然重要,但也必须尊重那些为政府服务的雇员;(7) 在政府中,采取私营企业的管理模式必须不违背机会平等和公众监督的原则;(8) 简化繁文缛节是对的,但不能破坏基本规范和法定程序;(9) 减轻财政负担的设想是可行的,但不能无视行政工作本身对公共开支的要求;(10) 处理公共问题应该具有创造性,但不能让少数人中饱私囊。②

诚然,上述批评意见在一定程度上有其合理性,而且它们从不同侧面揭示了企业家政府理论的局限性,但其中也不无误解和偏颇之处。例如,哈伯尔和格林提出的第四条批评意见就对企业家政府理论存有误解,因为奥斯本在这一点上并没有走极端,他强调的是政府要善于利用市场机制,而不能只靠指令控制进行管理,在他看来,如同政府存在缺陷一样,市场

---

① [美]格林、[美]哈伯尔:《论治理与重塑政府》,载万姆斯利和沃尔夫主编:《重建民主公共行政》,英文版,48页,赛奇出版社,1996。
② 参见蔚智前:《重新塑造政府》,载《中国行政管理》,1994 (5)。

也不是万能的，而且他认为，世界上并不存在完全不受任何控制的自由市场。他明确指出，如果没有政府，我们就会失去做出集体共同决定的机制，就没有为市场制定规章条文的途径，就会失去强制执行行为规范的手段，我们就会丧失社会公平感和利他主义精神，不管是为无家可归者提供住房还是为穷人提供健康医疗，任何不能赚钱赢利的社会服务将不复存在。为此，他专门列举了政府在建立市场过程中所要担负的11项责任。同样，古德塞尔提出的第一条、第二条原则实际上也是因误解了"企业家"这一概念而导致的，奥斯本说得很清楚，尽管政府和企业是两种性质根本不同的机构组织，但并不意味着政府不可能具有企业家精神。任何机构，无论是公营还是私营，都可以有企业家的精神，正像任何公私机构都会出现官僚主义一样。奥斯本所论及的"企业家政府"准确地说是指"具有企业家精神的政府"。此外，古德塞尔的第八条原则和哈伯尔与格林的第三条批评意见与企业家政府"注重目标使命而非繁文缛节"的原则在本质上也不矛盾，因为奥斯本并不是要完全取消规章制度，他反对的是"繁文缛节"而非必要的规章制度。

然而，理论上的争论往往是各自强调了同一事情的不同侧面，而且任何一种理论在其建立之初都往往把其观点推向一个极端，奥斯本的企业家政府理论也不乏这种极端和夸张。但正是这种夸张把传统官僚体制的弊端揭露得淋漓尽致。我们知道，任何一种制度的产生都有与之相适应的客观环境。西方人对现行的政府制度不满，很大程度上是对政府管理模式没能适应社会从传统工业时代向信息时代的转变而感到失望。尽管西方国家政府所面临的种种危机与我国改革中面临的问题不尽相同，但我国在从传统计划经济体制向社会主义市场经济体制的转轨过程中难免会出现西方政府面临的某些矛盾，因此，我们应善于从它们的经验中借鉴有益的东西。

最后值得指出的是，奥斯本并没有将其企业家政府理论视为完美无缺的终极真理，正如他所言："我们所提供的十条原则……只是重塑政府的粗略草稿而不是最后文本……我们知道先驱者们将继续进行其探索。我们企盼着在他们又发现新土地时，会画出更新更好的地图供后继者使用。"[①] 显然，奥斯本这里实际上是希望为人们提供一种认识政府的新视角，诚如他引用法国小说家普鲁斯特的名言所表明的那样："发现航程的真正之道并不在于寻找新的土地，而在于用新的眼光来看待事物。"[②] 也许奥斯本企业家政府理论的最大价值就在于它可以帮助我们用一种全新的眼光来看待事物、看待政府、看待政府的改革。

思考题

1. 企业家政府理论是怎样产生的？
2. 企业家政府的本质含义是什么？

---

① [美] 奥斯本、[美] 盖布勒：《改革政府》，周敦仁译，前言第3页，上海，上海译文出版社，1996。
② [美] 奥斯本、[美] 盖布勒：《改革政府》，周敦仁译，前言第8页，上海，上海译文出版社，1996。

3. 企业家政府有哪些基本特征?
4. 企业家政府理论提出的改革政府的原则是什么?
5. 试对企业家政府理论做出基本评价。

第二十三章 登哈特的新公共服务理论

本章提要

本章对登哈特新公共服务理论做了全面的介绍，包括新公共服务理论的产生背景、新公共服务理论的思想来源和概念基础、新公共服务理论的基本内涵等，并对登哈特做了基本评价。

学习要求

1. 了解登哈特其人其事。
2. 了解对新公共服务理论的基本评价。
3. 掌握新公共服务理论的产生背景。
4. 掌握新公共服务理论的思想来源和概念基础。
5. 掌握新公共服务理论的基本内涵。

进入20世纪八九十年代以来，伴随着西方国家政府重塑运动的兴起和发展，新公共管理在当代公共行政理论与实践中越来越显现其主导范式的地位，其最典型的表现形式便是前述企业家政府理论及其对美国政府体制改革产生的重大影响。然而，如前所述，新公共管理理论特别是企业家政府理论在其风靡欧美之时也遭到了不少批评，但是，在这些批评声中，真正能够作为新公共管理理论尤其是企业家政府理论的替代性新理论模式而被提出的则是美国著名的行政学家罗伯特·B. 登哈特（Robert B. Denhardt）的新公共服务理论。登哈特博士现任美国亚利桑纳州立大学林肯教授兼公共事务学院院长，历任美国特拉华大学城市事务与公共政策学院迈斯克（Messick）行政学教授、中佛罗里达大学公共行政系主任、密苏里－哥伦比亚大学副校长、两届密苏里州长的生产率咨询委员会主席和美国其他许多州和地方政府的咨询顾问、加拿大管理发展中心研究员、波兰和芬兰等国政府机构和公共组织的咨询顾问以及美国公共行政学会会长，他还是美国公共行政学会全国公共服务运动组织的创始人和第一任主席，并于1992年当选为美国国家公共行政研究院院士。作为国际著名的行政学家，登哈特博士不仅出版有《新公共服务：服务，而不是掌舵》（2003）等16本学术专著，并在《公共行政评论》等国际著名的专业学术期刊上发表有 100 多篇学术论文，而且获有包括美国公共行政学会沃尔多奖在内的多项学术大奖。美国公共行政学会前会长弗洛里斯坦诺认为"他是少有的几位对实际公共行政领域具有完整认识的学者之一"，而全美公共事务与行政学院联合会前执行会长扎克教授则赞誉说："他对公共服务意识的执着追求已经使其成为公共服务尊严的主要代言人。"

第一节 新公共服务理论的产生背景

登哈特的新公共服务理论是在对包括企业家政府理论在内的新公共管理理论进行反思和批判的基础上产生的。所谓"新公共管理"（New Public Management，NPM），它最初在很大程度上是一种欧洲现象，其起源可以追溯到追求行政现代化改革实践中"管理主义"对韦伯官僚制理论的持续争论。在争论中，管理至上学说占据优势，它从管理学角度批判官僚主义，推崇私营机构的管理技术，认为分权、放松规制、委托等是医治公共管理机制僵化痼疾的组织原则。以此为指导的改善公共管理的实践尝试逐渐形成一种相对一致的流派，即"新公共管理"，它成为指导欧洲各国行政改革的主要原则。英国著名的公共管理学家胡德特别将新公共管理的特质归纳为：（1）在公共部门中实施专业化管理，让公共管理者自己管理并承担责任；（2）确立明确的目标，设定绩效测量标准并进行严格的绩效测量；（3）特别强调产出控制，对实际成果的重视甚于对过程或程序的关注；（4）打破公共部门中的本位主义，对部门进行拆分、撤并与重组，破除单位与单位之间的藩篱；（5）在公共部门中引入竞争机制，降低管理成本，提高服务质量；（6）强调对私营部门管理方法和风格的吸收和运用；（7）强调对资源的有效利用和开发。①

作为一种现代形态的行政学理论，新公共管理理论是"管理主义"运用于公共部门的结晶，它表明了传统形态的行政学理论正在普遍化为一般管理哲学的理论倾向。所谓"管理主义"，它是工商企业管理领域长期流行的一套管理哲学，它主要包含以下核心观念：（1）社会进程的主要途径在于经济学意义上的生产力持续增长；（2）这种生产力的增长以"管理"功能对劳动力要素和复杂的信息技术、组织技术、物质形态商品的生产技术的有效组织为前提；（3）管理是一项分离的和特殊的重要组织功能，在诸如计划、执行和衡量生产力的实质进展方面发挥关键的作用，商业的成功越来越依赖于高素质和职业化的管理者；（4）为履行"关键作用"，管理者必须拥有合理的"管理权限"。"管理主义"的信条就是"让管理者来管理"，这是良好管理的基本准则。良好的管理可以消除繁文缛节，为人员提供高度的激励动机，使机构运作良好，有助于认清和消除浪费，有助于清楚表明资金的花费去向，将资源集中于最有效的领域，为国家复兴提供钥匙。管理主义认为，良好的管理可以

---

① ［英］胡德：《一种适合于所有季节的公共管理》，载《公共行政》，1991（1）。

通过引进私营部门中的良好商业实践在公共部门中实现。20世纪80年代以来，管理主义与公共选择理论、交易成本经济学、委托—代理理论联姻，构成了"新管理主义"，其标准范本就是新公共管理理论。

新公共管理理论对管理持有两个理念：（1）管理的自由化。管理主义认为，公共管理人员是高度专业化且通晓如何管理并掌握着信息的个人。因此，新公共管理理论倾向于认为公共官僚制的不良绩效不是缺乏管理能力和不履行职责的结果，而是"坏制度"的结果，是繁冗笨重和不必要的规则、规制及其他约束的结果。由于公共管理人员是"被制度束缚的人"。而为改进公共官僚制的绩效，管理者必须从政府繁文缛节的枷锁中解放出来，政治家和其他人必须"让管理者来管理"，因此，要解除规制和分权，使管理过程如预算、人事、采购等合理化。（2）管理的市场化取向。市场取向的管理有两个基本概念：一是竞争；二是私营部门管理的普遍化。竞争源于新古典经济学的市场效率观念，主要是指在公共部门创立内部市场，由于竞争所带来的高效率和低成本，它被看作改进绩效的可靠战略。管理市场化取向的维护者相信，市场压力下的公共管理者可以提高其绩效水平。关于私营部门管理的普遍化，新公共管理理论认为，私营部门的管理实践和技术优越于公共部门并且可以用于公共部门，公私管理之间的区别是一种假象，"管理就是管理"。新公共管理理论的这些理念在奥斯本等人的《重塑政府》一书中得到了提炼和普及，成为新公共管理理论的精髓——前述企业家政府理论。

作为一种试图超越传统行政学理论的现代行政学理论，新公共管理理论因其在一定程度上反映了公共行政发展的规律和趋势，因而对于西方国家的行政改革起到了重要的推动和指导作用，特别是作为其思想精髓的企业家政府理论一经问世便因其本身所具有的价值，在西方国家尤其是在其发源地美国产生了重大的影响。当时的美国总统克林顿曾明确指出："该书给我们提供了改革的蓝图"，并委托副总统戈尔以企业家政府理论为指导，颇有成效地对美国政府的行政体制进行了一系列的改革。

当然，新公共管理理论在其风靡欧美等西方国家之时也遭到了来自多方面的质疑，尤其是有不少学者对作为其思想精髓的企业家政府理论提出了尖锐的批评。例如，福克斯就提出新公共管理理论内在地存在着矛盾；沙赫特也对新公共管理理论所倡导的价值观提出了异议；还有人提出新公共管理理论所倡导的公共企业家精神以及特里所谓的"新管理主义"很可能会损害诸如公平、正义、代表制和参与等民主和宪政价值。而美国学者哈伯尔和格林则更为具体地批评说，企业家政府模式引用法国经济学家萨伊对企业家概念的定义并试图将这一定义简单推广为任何人、任何公务员或公共组织都可以仿效的行为准则，这是对美国政府及其治理模式的极大偏离，这些偏离将会引起涉及诸如"三权分立"体制中的制度关系、法治、制度稳定与整合、分配效应以及富有活力的政治社群的维持等传统的基本政治问题。诚然，这些批评意见的确从不同侧面揭示了包括企业家政府理论在内的新公共管理理论的局限性，它们对于现代行政学理论的进一步完善和发展无疑具有极为重要的促进作用。然而，这些对新公共管理理论的异议并没有进一步提出任何可替代的新理论模式，而新公共服务理论正是美国著名的行政学家登哈特基于对新公共管理理论的反思,特别是针对企业家政府理论缺陷的批判而建立的一种新的行政学理论。

第二节 新公共服务理论的思想来源和概念基础

任何一种理论往往都是在先前业已存在的某些思想来源和概念基础上产生和发展起来的。与根植于理性选择思想的主流行政学理论相对照,新公共服务理论像传统行政学理论和新公共管理理论一样,也具有一些似乎可以将其描绘成为一种规范的理论模式,并且可以将其与别的理论模式区别开的思想来源和概念基础,登哈特认为,在新公共服务理论的这些思想来源和概念基础中,更具当代性的理论先驱主要包括:(1)民主公民权理论;(2)社区与公民社会的理论;(3)组织人本主义与新公共行政学;(4)后现代公共行政理论。

一、民主公民权理论

对公民权和民主的关注在近来的政治理论和社会理论中尤为重要和明显,这两种理论都提倡再度复兴的、更为积极的和更多参与的公民权。但公民权可以从不同的方面加以考察。比较常见的观点是将公民权界定为一种合法的身份,这一定义所关注的焦点明显在于由法律体系规定的公民的权利和义务;还有一种更加宽泛的观点认为,公民权涉及的是一些与一个人在某一政治共同体中成员资格的特性有关的更一般的问题,其中包括诸如公民的权利和责任,而不管他们的合法身份怎样。按照这种观点,公民权涉及的是个人影响该政治体系的能力,它意味着对政治生活的积极参与。登哈特所倡导的新公共服务理论着重关注的就是后一种观点。

除了定义的考虑之外,人们对于民主公民权所包含的内容也有着不同的理解。有人认为,政府存在的首要目的就是要增进社区以及社区内部个人的经济利益。在这种情况下,国家以及公民与国家的关系应该只是建立在自利观念基础上。政府存在的目的就是要通过确保一定的程序(例如投票)和个人权利来保证公民能够做出符合其自身利益的选择。政府的作用就是确保个人自身利益之间能够自由、公正地相互影响。显然,这种观点与公共选择经济学家和新公共管理是一致的,而且公共选择理论家主要赞同的就是这种观点。例如,公共选择理论的领军人物布坎南就认为,尽管利他主义常常进入公共审议中,但政治机构的设计目的是要最大限度地降低机构依赖利他行为的程度。

还有一些人认为,政治利他主义即美国行政学家曼斯布里奇所谓的"公共精神"在民主治理过程中扮演着一种重要乃至必要的角色。例如,美国学者桑德尔便就民主公民权提出了一种不同的观点。按照这种观点,个人会更积极地参与治理,公民看起来会超越自身利益去关注更大的公共利益,进而采用一种更广阔且更具长期发展性的视野,这种视野要求公民了解公共事务、有归属感、关心整体并且与命运危若累卵的社区达成一种道德契约。① 曼斯布里奇认为,这种关于公民权的观点提供了某种可以使该政治体系团结一致的"黏合剂"。在她看来,公共精神(或曰政治利他主义)既包含着爱也包含着责任,二者都发挥着重要的作用。不过,曼斯布里奇也敏锐地指出,过度的利他主义未必就是好事,因为政治精英为了阻止对其权力的挑战而可能通过灌输或领袖人物感人的超凡魅力,通过限制公共精神的表达方式或者通过组织公开辩论来控制公共精神。在她看来,公共精神需要培育和维护,而对正义原则、公共参与和公共审议的不断关注则能够有助于公共精神的培育和维护。因为,一方面,正义感可以唤起感到受虐待者或被利用者内心的强烈情感,而且他们的反抗常常会很有力;另一方面,一个似乎要致力于促进正义的政治体系则很可能会引起慈爱和参与。参与是激起公共精神的另一种手段。参与决策的人们对那些决策有更好的了解并且更有可能帮助决策的执行;但是,由于参与可能会被组织得给人们造成一种错误的参与感,所以参与必须与公开审议和公开会话的条件保持平衡。审议能够澄清并且有时还能够改善已经觉察到的分歧,它能够为了使人们至少"在同一页上"开始而提供一个共同的信息基础,而且它还能够培育起一种团结的意识和对一些可能会被提出的解决方案的承诺。②

总之,登哈特认为,最近已经有越来越多的人要求恢复一种基于公民利益而非自身利益的公民权。按照这种观点,公民会关注广泛的公共利益,他们会积极参与,并且会为别人而承担责任。换言之,公民会去做一个民主政体中公民应该做的事情——他们会去管理政府。当他们这样做时,他们不仅会促进社会进步,而且还会促进他们自己作为积极负责的人的健康成长。

其实,这些关于一种更为积极且重要的公民权的训诫已经很明显地进入公共行政的文献和实践中。不仅早在1984年美国行政学家弗雷德里克森和昌德勒就在《公共行政评论》发表的一个关于"公民权与公共行政"的专题论丛中,考察了各种把正在出现的公民学和公民权理念与公共行政这个职业联系起来的理论问题和实践问题,而且,近年来,关注此论题的人们也越来越多,例如,金和斯蒂弗斯以及博克斯就分别探讨了行政官员怎样才可能会促进创立一种更加以公民为中心的政府。金和斯蒂弗斯断言,行政官员应该把公民视为公民(而不是把公民仅仅视为投票人、当事人或"顾客"),应该分享权威和减少控制,并且应该相信合作的功效。而且,他们认为,与管理主义者对更高效率的要求相对照,公共管理者应该追求回应度的提高和公民信任度的相应增强。③ 相比之下,博克斯则将这种论点具体推进到地方政府的层面,他提出了地方政府为了容许公民积极参与治理过程而可以对其自身进行调整的种种方式。④ 在登哈特看来,民主理论研究的近期成果,特别是公民权理论和公民参

---

① 参见 [美] 桑德尔:《民主的不满》,英文版,5~6页,贝尔纳普出版社,1996。
② 参见 [美] 曼斯布里奇:《政治体系中的公共精神》,载艾伦、曼恩与蒂莫西泰勒:《价值与公共政策》,英文版,153页,布鲁金斯学会,1994。
③ 参见 [美] 金和斯蒂弗斯:《政府属于我们》,英文版,赛奇出版社,1998。
④ 参见 [美] 博克斯:《公民治理》,英文版,赛奇出版社,1998。

与理论，已经对其所倡导的新公共服务理论做出了贡献。

二、社区与公民社会的理论

登哈特认为，我们也可以把最近关于社区和公民社会的讨论视为新公共服务理论的重要思想来源和概念基础。在他看来，目前，人们对社区的广泛兴趣就是一个很有趣的现象，这种兴趣的产生在许多不同的活动场所都有所表现，而且左翼和右翼评论家都明确表达了这种兴趣。倾向于左翼的人们把社区视为对作为现代社会特征的过度贪婪和自利的一剂解毒药，视为治疗个人主义蔓延的一副良方。与此同时，那些倾向于右翼的人们则把社区视为对一些基本的美国价值观进行恢复的一条途径，尽管这些基本的美国价值观曾经被人们所持有，但是它们现在正遭到一些我们所无法控制的势力的挑战。

为什么会有这么多的人对社区感兴趣呢？这是一个很有趣的问题。有些人认为，美国人已经被技术社会的强大力量所异化了，已经成为生产线或计算机的缩影，而且他们试图向更具"人性的"社团回归。另一些人则谴责与越南战争和民权运动相联系的社会混乱和政治无序，而且他们期待着一个更加文雅并且更富有同情心的时代和环境的到来。还有一些人认为，资本主义的过度行为和那些从事可疑市场实践和"内部股票交易"阴谋的人们的道德失当，也要求一种社会责任感的复兴。另外，也有一些人小心翼翼地预期全球经济未必受美国支配，而且他们期待着经济的确定性。最后，有人还提到了大规模杀伤性武器的存在所蕴含的环境退化和人类生活可能会发生的结局；他们希望保持生态平衡和有安全保障。所有的人似乎都以某种方式承认生活已经"失控"，而且需要一种挽回生活的途径。

总之，登哈特认为，社区已经成为美国人生活中的一个主题。在他看来，尽管不同的作者将关注的焦点放在了社区的不同方面，但是加德纳的著作在明晰性和说服力方面堪称典范。加德纳主张，由于社区意识可能衍生于从邻里街区到工作团体等许多不同层次的人类社团，所以它可以在个人与社会之间提供一种有益的中介结构。他明确指出："在我们的体系中，所谓'共同利益'，首先就是要保护这样一个系统，在这个系统中，各种人——在法律许可的范围内——都能够有自己对这种共同利益的愿景，而且他们同时还能够实现种种使一个社会系统既有价值又具有可操作性的相互适应。"① 尽管一个社区的共同价值观在加德纳看来很重要，但是他极力主张我们还要认识到整体性必须体现多样性。他强调："要防止整体性掩盖多样性，就必须有一种多元论的哲学，有一种容许异议的开放氛围，并且有一种允许子社区在更大团体目标背景下保持其地位和份额的机会。要防治多样性破坏整体性，就必须有一些减少两极分化，教育各种团体相互了解、建立联盟、消除争端、协商和调解的制度安排。当然，一个健康社区的存在本身就是消除冲突的一种工具。"② 在加德纳看来，除了

---

① [美] 加德纳：《社区建设》，英文版，15页，华盛顿，独立部门，1991。
② [美] 加德纳：《社区建设》，英文版，16页，华盛顿，独立部门，1991。

这些特征之外，社区建立的基础是关怀、信任和协力，它是通过一个强有力的有效沟通和冲突解决系统结合在一起的。社区的互动本性在个人与集体之间起着调节作用，并且使得个人与集体保持一致。著名的管理理论家坎特就讨论过这种思想。例如，她指出："对社区的寻求也就是对个人生活之集体定位方向和目标的追求。将自我投入一个社区之中、承认一个社区的权威，以及愿意支持该社区的生活，所有这一切都能够提供身份、个人意义以及按照该成员感到表达了自己内在特质的标准和指导原则成长的机会。"①

登哈特认为，这种努力在某种程度上依赖于建立一套积极的"调解机构"，这套调解机构同时既可以关注公民的愿望和利益，又会提供一些将使那些公民更好地为在更大政治体系中行动做好准备的经验。在他看来，美国的民主传统取决于存在着民主参与的公民，这些民主参与的公民在各种群体、社团和政府单位中都很活跃。家庭、工作小组、教会、公民社团、街坊群体、志愿性组织俱乐部以及社会团体乃至运动队，都有助于建立个人与更大社会之间的联系。从集体意义上说，这些小团体构成了一种其中人们需要在社区关怀的环境中实现其个人利益的"公民社会"。公民社会是一种公民能够相互进行个人对话和评议的地方，这种个人对话和评议不仅是社区建设的本质，而且是民主本身的本质。尽管最近有许多关于公民权和公民社会概念的评论都认为美国公民对政治和政府活动的参与明显越来越少，人民对政府的幻想似乎破灭了，他们正在从政治过程中撤出，他们在自己的私人空间中正在变得越来越孤立，而且民意测验也表明，人民对政府的信任度明显有所下降；但在另一方面，公民仍然想要发挥作用，他们以自己的社区和国家为荣，而且他们想要帮助造成积极的变化。实际上，许多公民都不是在把自己的时间花在选举或政党政治上，而是在参与一种新型的政治活动，尽管他们认为政治系统是封闭的并且难以穿过，但是他们在街坊邻里、工作团体和社团内从事一些以公民为基础的"草根"（grass roots）运动。这些活动构成了公民权的实验场，在这里，人们正在力图建立彼此之间的新关系和更大范围的政治秩序，通过这些关系，人们不仅可以认识到现代世界给参与所施加的种种困境，而且还可以了解由现代环境所提供的新活动和参与的可能性。

此外，登哈特认为，政府对于促进社区建设和公民社会也具有重要的作用。在他看来，令人欣慰的是，许多有远见的进步公民政治领袖逐渐认识到这种活动的重要性和可行性，而且他们自己也在参与这种活动。政治领袖们正在以多种方式接触公民，他们不仅利用现代信息技术，而且也利用一些更为常规的手段。与此相类似，公共管理者也正在就公民对政府过程的参与而重新界定自己的角色。而且，政府在建立、促进和支持公民与其社区之间的关系过程中能够发挥一种关键性的重要作用。

至于行政官员是怎样与社区和公民社会相互影响的，登哈特认为，首先，在存在强大公民互动网络和公民之间存在高度社会信任和内聚力的地方，政府可以依靠现存的社会资本建立更为强大的网络，开辟新的对话和争论渠道，以及进一步就民主治理问题进行公民教育。

---

① ［美］坎特：《承诺与社区》，英文版，73页，哈佛大学出版社，1972。

其次，行政官员能够为社区和社会资本的建设做贡献。当今的时代，行政官员的首要角色就是要建设社区，行政官员能够通过鼓励公民参与公共决策而对增进社会成本发挥积极作用。对此，登哈特引用格雷和蔡平的话说："尽管公民并非总是能够获得他们所想要的东西，但是使他们参与其中则可以具体体现我们所做的工作，即把公共行政与公众联系起来。而且，这种联系无论是对于公民还是对于行政官员都会达成理解。"① 在登哈特看来，这样一种理解既丰富了政府，也丰富了社区。

三、组织人本主义与新公共行政学

登哈特认为，新公共服务理论的第三个重要思想来源和概念基础是组织人本主义。在他看来，在过去的二十多年中，行政学及其相关学科的许多学者都认为，对社会组织的传统等级制研究方法限制了他们对人类行为的认识视野，而且他们都批评官僚制并且都在为管理和组织的研究寻求可替代的备选方法。从集体意义上来看，这些方法都试图把公共组织改变成为更少地受权威和控制问题支配，并且更加关注内部选民和外部选民的需要和他们所关心的问题的组织。

在这方面，首先值得一提的是美国行为科学家和组织学家阿吉利斯博士。早在其《个性与组织》一书中，阿吉利斯就探讨了传统管理方法对复杂组织内部个体心理发展的影响。他特别提到，关于人类个性的研究表明，从幼年期长到成年期的人们都要经历从被动到主动、从依赖到独立、从有限范围的行为到更大范围的行为、从浅表的兴趣到更深层的兴趣、从较短期的眼光到更长远的眼光、从从属地位到平等或优越地位以及从缺乏了解到更多认识这样一种发展过程。② 相比之下，那时阿吉利斯眼中的标准管理方法（而且有人可能会认为那些标准的管理方法即便是在今天也都没有发生太多的变化），似乎不是促进而是抑制了雇员的发展。例如，在多数组织中，人们对自己的工作很少有控制权。在许多情况下，就其所能够做的事情而言，都要求他们服从、依附并且很有限。阿吉利斯认为，这样一种安排最终产生了适得其反的结果，因为它限制了雇员能够为组织所做的贡献。为了在改进组织绩效的同时促进个人的发展，阿吉利斯找到了一种"管理者在有效诊断、帮助个人成长和培养创造力（以及）对付具有依赖取向的……雇员时将会开发和运用自我意识技巧的管理方法"③。随着阿吉利斯研究工作的进展，他越来越集中关注组织通过被称为"组织发展"的计划变革项目能够朝着这个方向发展的方式。

应当注意的是，阿吉利斯的思想与西蒙的理性行政模式直接形成了对照。实际上，阿吉

---

① ［美］格雷、［美］蔡平：《有目标的社区创新》，载金和斯蒂弗斯：《政府属于我们》，英文版，192页，赛奇出版社，1998。
② ［美］阿吉利斯：《个性与组织》，英文版，50页，哈珀－罗出版社，1957。
③ ［美］阿吉利斯：《人际能力与组织效益》，英文版，213页，多尔西出版社，1962。

利斯早在1973年就探讨了这种理性模式的一些局限性。① 他一开始就指出，西蒙的理性模型与传统行政学理论很相似，传统行政学理论认为，管理部门不仅要对雇员进行培训和奖惩，而且还要规定组织的目标和需要完成的工作任务，而所有这一切都是在一种其中权威是自上而下流动的正式金字塔形结构框架中进行的。西蒙对这个模式所做的补充就是集中强调了理性行为，也就是说，他集中强调了能够根据手段和目的来规定的行为。有了这种强调，理性模式就把关注的焦点集中在"人的一致的、可编程的、有组织的思维活动上"，这个模式"首先关注的是与目标有关的行为"，并且不问来龙去脉地假定了目标。②

这样一种观点不承认广泛的人类经验，不承认人们本能行为的事实，不承认人们在其生活中会经历混乱和不可预见性，并且不承认人们会按照远非理性的感情和情绪行事。此外，由于人的成长并不是一个充分理性的过程，所以建立在这种模式基础之上的组织就不会支持个人的成长、发展和"自我实现"。相反，这种理性模式倒是会十分偏爱那些将会改进组织理性的变化。那些变化很可能会十分保守，进而它们会因其"对事实的关注甚过对可能性的关注"③ 而强化现状。与这种观点相比较，阿吉利斯极力主张更加关注"个人的品行、真实性以及人的自我实现"，更加关注与"企业的人性方面"有关的品质。

在行政学领域，另一位值得一提的行政学家是对组织发展观进行了透彻探讨的戈利姆比沃斯基教授。他着重批判了传统组织理论所主张的自上而下的权威、等级控制以及标准的工作程序，他认为，这样的管理方法反映了对个人的道德状况不敏感，具体来说，反映了对个人自由问题的不敏感。相比之下，他找到了一种"扩大我们在组织过程中愿意接受的裁量权领域和增加个人自由"④ 的途径。遵循一种组织发展观，戈利姆比沃斯基极力主张管理者要通过组织创造一种解决问题的开放氛围，以便组织成员能够正视问题，而不是围绕问题进行争斗或逃避问题。他鼓励组织成员要在整个组织中的个人和群体之间建立信任，用知识和能力的权威来弥补甚或取代角色或地位的权威。他建议决策和解决问题的职责应该定位于尽可能接近信息源的地方并且应该尽可能地使竞争有助于满足工作目标而不是使其成为非赢即输的竞争。他说，这种思想就是要最大限度地增进个人与其工作相互依赖的单位之间的合作，以及建立一些既承认组织使命的实现又承认组织成员的成长和发展的报酬体制。他说，管理者应该努力为组织内部的人们增加自我控制和自我管理的空间，努力创造冲突得以积极、恰当地浮现和管理的条件，以及努力增强对团体过程及其绩效后果的认识⑤。

有趣的是，像阿吉利斯一样，戈利姆比沃斯基也将自己更有人本主义意味的组织观与理性组织模式进行了对比，在这种情况下，他是通过对公共选择模式的批判来进行比较的。他首先指出，传统理性的假定是一个并没有完全反映现实的方法论构件（就连公共选择理论

---

① [美] 阿吉利斯：《理性人组织理论的某些局限性》，载《公共行政评论》，1973 (3)。
② [美] 阿吉利斯：《理性人组织理论的某些局限性》，载《公共行政评论》，1973 (3)。
③ [美] 阿吉利斯：《理性人组织理论的某些局限性》，载《公共行政评论》，1973 (3)。
④ [美] 戈利姆比沃斯基：《人，管理与道德》，英文版，305 页，麦格劳-希尔出版社，1967。
⑤ [美] 登哈特：《公共行政：一种行动取向》，英文第3版，405 页，哈考特·沃思出版社，1999。

家们也承认这一点)。人们并不总是理性地行事或是接近理性行为。把一种选择的理论建立在他们所做的假定上,这就意味着,一个人被局限于一些关于人们在真正理性地行事的情况下会怎样行为的逻辑命题。他认为,这种观点忽视了一些重要的政治考虑或情感考虑,而这些政治考虑或情感考虑在建立人类行为的任何综合理论时都应该受到重视。否则,有人就可能会断定,公共选择理论家"是在用精致完美的逻辑讨论身体似马的独脚兽"①。

还有一些学者也对公共部门中更具人本主义意味的组织建构做出了重要的贡献,从集体意义上看,这些学者即我们前面所谈及的新公共行政学派。当然,就组织人本主义而言,那个时期的有些学者很强调需要探索一些新的备选模式来替代自上而下的传统等级制官僚组织模式。由于这些学者反对这种老模式使组织成员客观化和非人格化并且要求模式应围绕着开放性、信任和真诚的沟通来建构,所以他们讨论了一些具有诸如"辩论的组织"和"联合的组织"这种名称的备选模式。对此,登哈特本人这样解释道:"要创造下面这样的背景就要从个人的行动开始:其中,能够出现创造性和对话;其中,感情的共鸣和尊重不仅使团体和组织能够更加有效、负责地对付环境的复杂性,而且有助于个人的成长和发展。"②

此外,新公共行政学还促成了另外一些与主流行政学理论不同的观点,有人甚至更明确地承认和讨论了价值观在公共行政中的作用。例如,弗雷德里克森就认为,公共行政不是中立的,它当然不应该仅根据效率标准来加以评价,相反诸如平等、公平和回应性这样的概念也应该开始发挥作用。

四、后现代公共行政理论

新公共服务理论的第四个重要思想来源是后现代主义。在20世纪60年代末70年代初,一些行政学者开始更具批判性地探讨构成主流理性行政模式之基础的知识获得方法。他们的批判性探讨所依据的是这样一种观点,即主流行政学像其他社会科学一样也依赖于一种特殊的知识获得方法——实证主义,而且这种方法明显限制了该领域可能的思想范围。简单地说,实证主义方法认为,社会科学能够利用自然科学领域所运用的相同方法来加以认识。按照这种观点,社会生活或组织生活的事实就能够与价值观分离开;科学的作用就在于把焦点集中于事实而不是价值。事实能够被观察和测量,这就犹如物理元素或化学元素的行为能够被测量一样。概念和理论又转过来可以根据这些对"明显行为"的观察来建立。实证主义方法被公认为西蒙理性行政模式的基础,并且明显支配着行政学研究的其他方面,尤其是支配着政策科学。

对于上述观点,一方面,这些持批评态度的行政学者们指出,对实证主义模式的依赖强化了对已经成为主流公共行政模式组成部分的客观化和非人格化倾向;另一方面,他们还认

---

① [美] 戈利姆比沃斯基:《对"民主行政"及其支持性理念的批判》,载《美国政治学评论》,1977(12)。
② [美] 登哈特:《在组织的阴影之下》,英文版,Ⅻ页,里根茨出版社,1981。

为，仅仅依靠实证主义则根本不允许人们对作为人类生活重要组成部分的意义和价值观有最充分和最完备的认识。在他们看来，学者们在寻求备选方案的时候往往求助于知识获得的解释方法，而这些解释方法着重关注对人们赋予其经验的意义的认识，尤其注重认识他们对那些与他人共享的经验所赋予的意义。还有一些学者则转向对支撑人类经验的力量，特别是那些歪曲了人们之间沟通的权力和支配力量进行价值批判的审查。通过这样一些方法，学者们希望对公共行政的研究和实践建立一些可替代的备选方法，这些备选方法更加关注价值（而不只是关注事实），更加关注主观的人类意义（而不只是关注客观的行为），并且更加关注现实人们之间的关系所蕴含的各种情绪和感情。

在登哈特看来，这些思想在最近人们运用后现代思想的观点，尤其是会话理论的观点认识公共组织的种种努力中得到了更进一步的扩展。尽管在各种后现代理论家之间尚存在着重大差异，但是他们似乎都得出了一个相似的结论，即因为我们在后现代世界中相互依赖，所以治理必定会越来越以包括公民与行政官员在内的相关各方之间开诚布公的会话为基础。而且，尽管后现代公共行政理论家怀疑公共参与的传统方法，但是许多人都一致认为，为了使公共官僚机构恢复元气，并且使公共行政领域恢复一种合法性的意识，就需要增进公共对话。

登哈特认为，运用后现代主义观点的公共行政理论家们尤其对该领域明显专注于理性主义（特别是基于市场的理性选择理论）和技术统治的专长提出了批评。例如，后现代公共行政理论的代表人物福克斯和米勒就明确指出："在官僚机构中，鲁莽社会行动的领域要被合理组织的行动领域所取代。对等级指挥程序的服从取代了与他人的移情关系……在独白式的沟通中，没有任何来回，没有任何机会从言语上努力界定问题并且决定应该就此问题采取什么措施。"① 相比之下，后现代公共行政理论家主要信奉"会话"的理念，信奉公共问题通过会话要比通过"客观"测量或理性分析更有可能解决的观念。② 可靠会话的理想把行政官员和公民视为彼此是充分参与的，他们不仅仅被视为召集到一起谈话的自利理性个体，而且被视为在一种他们作为人而相互接洽的关系中的参与者。这种进行协商和达成共识的最终过程，也就是个体随着自己的参与而彼此相互接洽的过程，在这个过程中，他们充分包含了人类个性的所有方面，他们不仅有理性，而且还有经验、直觉和情感。但是，这种变化很难，它需要我们逐渐认识：（1）怎样才能在不依赖理性的条件下行动；（2）如何与不同事物达成妥协。对此，后现代公共行政理论的另一位代表人物麦克斯威特提出了一个实用的基本步骤——我们彼此敞开心扉、开诚布公。③

总之，登哈特认为，公民权理论家、社区与公民社会理论家、组织人本主义与新公共行政理论家以及后现代主义理论家，为我们在今天谈论新公共服务创造了一种很有意义的理论氛围，他们所提出的许多理论观点已经构成了新公共服务理论的思想来源和概念基础。

---

① ［美］福克斯、［美］米勒：《正在贬值的公共政策会话》，载《美国行为科学家》1997（1）。
② ［美］麦克斯威特：《公共行政的合法性》，英文版，377页，赛奇出版社，1997。
③ ［美］麦克斯威特：《公共行政的合法性》，英文版，276～277页，赛奇出版社，1997。

第三节 新公共服务理论的基本内涵

所谓"新公共服务",指的是关于公共行政在以公民为中心的治理系统中所扮演的角色的一套理念。登哈特认为,公共行政已经经历了一场革命。目前,与其说行政官员正集中于控制官僚机构和提供服务,倒不如说他们更加关注掌舵而不是划桨的劝告,即他们更加关注成为一个更倾向于日益私有化的新政府的企业家。但是,在他们忙于掌舵的时候,他们是否忘记了是谁拥有这艘船呢?在登哈特看来,行政官员在其管理公共组织和执行公共政策时应该集中于承担为公民服务和向公民放权的职责,他们的工作重点既不应该是为政府航船掌舵,也不应该是为其划桨,而应该是建立一些明显具有完善整合力和回应力的公共机构。具体来说,登哈特的新公共服务理论主要包括以下几方面的基本观点:

第一,政府的职能是服务,而不是掌舵。公务员日益重要的角色就是要帮助公民表达并满足他们共同的利益需求,而不是试图通过控制或掌舵使社会朝着新的方向发展。在登哈特看来,尽管过去政府在为"社会掌舵"方面扮演着十分重要的角色,但当今时代为社会领航的公共政策实际上是一系列复杂的相互作用过程的后果,这些相互作用涉及多重群体和多重利益集团,这些为社会和政治生活提供结构和方向的政策方案是许多不同意见和利益的混合物。现今政府的作用在于,与私营及非营利组织一起,为社区所面临的问题寻找解决办法。其角色从控制转变为议程安排、使相关各方坐到一起,为促进公共问题的解决进行协商、提供便利。在这样一个公民积极参与的社会中,公共官员将要扮演的角色越来越不是服务的直接供给者,而是调停者、中介人乃至裁判员。而这些新角色所需要的不是管理控制的老办法,而是做中介、协商以及解决冲突的新技巧。

第二,公共利益是目标而非副产品。行政官员必须致力于建立集体的、共享的公共利益观念,这个目标不是要在个人选择的驱使下找到快速解决问题的方案,而是要创造共享利益和共同责任。登哈特认为,建立社会愿景目标的过程并不能只委托给民选的政治领袖或被任命的行政官员。事实上,在确立社会愿景目标或发展方向的行为中,广泛的公众对话和协商至关重要。政府的作用将更多地体现在把人们聚集到能无拘无束、真诚对话的环境中,共商社会应该选择的发展方向。除了这种促进作用,政府还有责任确保经由这些程序而产生的解决方案完全符合公正和公平的规范,确保公共利益居于主导地位。因此,行政官员应当积极为公民能够通过对话清楚地表达共同价值观念并形成共同的公共利益观念提供舞台,应该鼓励公民采取一致行动,而不应该仅仅通过促成妥协而简单地回应不同的利益需求。这样,他们就可以理解各自的利益,具备更长远、更广博的社区和社会利益观念。

第三,在思想上要具有战略性,在行动上要具有民主性。满足公共需要的政策和方案可以通过集体努力和协作过程而得到最有效并且最负责任的实现。登哈特认为,为了实现集体意识,下一步就是要规定角色和责任,并且要为实现预期目标而确立具体的行动步骤。而且，这一计划不仅仅是要确立一种愿景，然后把它交给政府官员去执行，而是要使所有相关各方都共同参与对一些将会朝着预期方向发展的政策方案的执行过程。在他看来，通过对公民教育方案的参与以及对公民领袖更广泛的培养，政府可以激发人们重新恢复原本应有的公民自豪感和公民责任感，而且这种自豪感和责任感会进一步发展成为在许多层次都会出现的一种更强烈的参与意愿，在这种情况下，所有相关各方都会共同努力为参与、合作和达成共识创造机会。为此，政治领袖应该扮演一种明确且重要的角色，他们要明确表示并鼓励对公民责任感的强化，进而支持群体和个人参与社区契约的订立活动。在登哈特看来，尽管政府不能创造社区，但政府，更具体地说，政治领袖却能够为有效和负责任的公民行动奠定基础。人们必须逐步认识到：政府是开放的并且是可以接近的，否则就不会有政府；政府是有回应力的，否则就不会有政府；政府存在的目的在于满足他们的需要，否则就不会有政府。于是，这里的目标就在于确保政府具有开放性和可接近性，具有回应力，能够为公民服务并且为公民权创造机会。

第四，为公民服务，而不是为顾客服务。登哈特认为，公共利益不是由个人的自我利益聚集而成的，而是产生于一种关于共同价值观的对话。因此，公务员不仅仅是要对"顾客"的要求做出回应，而是要集中精力与公民以及在公民之间建立信任与合作关系。在他看来，政府与其公民的关系不同于企业与其顾客的关系。在公共部门，我们很难确定谁是顾客，因为政府服务的对象不只是直接的当事人。而且，政府的有些顾客凭借其所拥有的更多资源和更高技能，可以使其自己的需求优先于别人的需求。在政府中，公正与公平是其提供服务时必须考虑的一个重要因素，政府不应该首先或仅仅只关注"顾客"自私的短期利益，相反，扮演着公民角色的人们必须关心更大的社区，必须对一些超越短期利益的事务承担义务，必须愿意为他们的邻里和社区所发生的事情承担个人的责任。换言之，政府必须关注公民的需要和利益。总之，新公共服务理论试图鼓励越来越多的人履行自己的公民义务，并希望政府能够特别关注公民的声音。

第五，责任并不简单。公务员所应该关注的不只是市场，他们还应该关注宪法法律、社区价值、政治规范、职业标准以及公民利益。在登哈特看来，无论是传统行政学理论还是新公共管理理论，都倾向于将责任问题过于简单化。例如，前者将行政官员视为只需直接对政治官员负责，而后者则认为行政官员应像企业家那样有更多的行动自由，其工作绩效的评估主要应从效率、成本—收益以及对市场的回应性等方面进行。然而，登哈特认为，这样的理论模型并未反映当今公共服务的需求和现实，责任问题其实极为复杂，行政官员已经受到并且应该受到包括公共利益、宪法法律、其他机构、其他层次的政府、媒体、职业标准、社区价值观念和价值标准、环境因素、民主规范、公民需要在内的各种制度和标准等复杂因素的综合影响，而且他们应该对这些制度和标准等复杂因素负责。

第六，重视人，而不只是重视生产率。如果公共组织及其所参与的网络能够以对所有人的尊重为基础通过合作和分享领导权的过程来运作，那么从长远的观点来看它们就更有可能成功。登哈特在探讨管理和组织时十分强调"通过人来进行管理"的重要性。通常，人们往往将生产力改进系统、过程重塑系统和绩效测量系统视为设计管理系统的工具。但登哈特认为，从长远的观点来看，这种试图控制人类行为的理性做法，在组织成员的价值和利益并未同时得到充分关注的情况下很可能要失败。此外，虽然这些探讨可能会取得一些成果，但它们培养不出具有责任心、献身精神和公民意识的雇员或公民。在他看来，如果要求公务员善待公民，那么公务员本身就必须受到公共机构管理者的善待。他的新公共服务理论已经充分认识到行政官员的工作不仅极为复杂而且面临着巨大的挑战，在他看来，行政官员既不像传统行政学理论所认为的那样只是需要保障一种官僚职业的雇员，也不像新公共管理理论所主张的那样只是市场的参与者，他们的动机和报酬远不只是薪水或保障的问题，他们希望与别人的生活有所区别。因此，分享领导权的概念，对于为公共雇员和公民提供机会以便他们的言行符合其公共服务的动机和价值至关重要。他认为，分享领导权必定会具有相互尊重、彼此适应和互相支持的特点，他尤其强调，通过人民或与人民一起来行使领导权，可以改变参与者，并且可以把他们的关注焦点转移到更高层次的价值观念上。在这个过程中，公民和公共雇员的公共服务动机同样可以得到承认、支持和报偿。

第七，公民权和公共服务比企业家精神更重要。登哈特认为，与那些试图将公共资金视为己有的企业管理者相比，乐于为社会做出有意义贡献的公务员和公民更能促进公共利益。在他看来，新公共管理理论鼓励行政官员采取企业家的行为方式和思维方式，这样便会导致一种十分狭隘的目的观，即所追求的目标只是在于最大限度地提高生产率和满足顾客的需求。而他的新公共服务理论则明确认识到，行政官员不是机构和项目的企业所有者，政府的所有者是公民。行政官员有责任通过担当公共资源的管理员、公共组织的监督者、公民权利和民主对话的促进者、社区参与的催化剂以及基层领导等角色来为公民服务。这便是一种与看重利润和效率的企业所有者大不相同的观点。因此，登哈特认为，行政官员不仅要分享权力，通过人民来工作，通过中介服务来解决公共问题，而且还必须将其在治理过程中的角色重新定位为负责任的参与者，而非企业家。

简 评

通过前述内容的描述和分析，我们不难看出，登哈特试图为我们提供一个充分重视民主、公民权和为公共利益服务的理论框架。在他看来，这个可以被称为新公共服务的理论框架是一个建立在对公共部门的理论探索和实践创新基础上的备选方案，它既可以替代传统行政管理模式，又可以替代目前占主导地位的管理主义行政管理模式。登哈特认为，在老行政管理模式之下，政府的目标仅仅在于有效地提供服务，而且问题主要是通过改变组织的结构和控制系统得以解决的。尽管在该领域中有人曾呼吁要更加关注民主价值，但是对等级制和控制、减少公民参与以及中立专长的呼唤声却居于优势地位。近年来，新公共管理又逐渐支配了公共行政领域的思想和行动。如前所述，新公共管理的思想基础在于，认识人类行为的最佳途径是假定政府的行动主体和其他行动主体都是根据自身的利益来做出选择和采取行动的。按照这种观点，政府的角色就是为了促进个人选择和实现效率而释放市场力量，公民被视为顾客，而且问题是通过激励的操纵来得以处理的，公务员应该成为获得"最佳交易"并且减少成本的、具有企业家精神的冒险者。

相比之下，登哈特的新公共服务理论则主张，行政官员一开始就应该认识到一种参与并且开明的公民权对于民主治理至关重要。登哈特宣称，由于人的行为不仅是一个自利的问题，而且还涉及价值观、信念以及对他人的关心，所以这种"高度的"公民权不仅很重要而且能够达到，公民应该被视为政府的主人并且能够为了追求更大的利益而一起采取行动。因此，在登哈特看来，公共利益超越了个人自身利益的聚集，新公共服务通过广泛对话和公民参与来追求共同价值观和共同利益。这里，公共服务本身被视为公民权的扩展，它由为他人服务和实现公共目标的欲望所驱动。如果从这种观点来看，行政官员的作用就是把人们带到"桌子旁边"，并且以一种承认在一个民主系统中有多种复杂层次的职责、伦理和责任的方式来为公民服务。负责任的行政官员应该努力使公民不仅参与计划，而且还参与执行实现公共目标的项目。这样做的原因不仅在于可以使政府工作得更好，而且还在于符合我们的价值观。行政官员的职责主要不是控制或使用激励，而是服务。按照登哈特的新公共服务理论模式，民主理想和对他人的尊重不仅充满了我们与公民的互动过程，而且还在公共组织内部被视为榜样。这里，我们不难发现，登哈特为我们更进一步认识现时代公共行政的本质特征提供一个全新的视角，诚如《公共行政评论》主编特里教授所言："登哈特为'新公共服务'建立了一个颇有说服力的论点，即我们公务员必须从民主治理理论而不是从私营部门管理理论中获得启示。"而美国公共行政学会执行会长汉密尔顿则更明确地指出："登哈特教授所倡导的新公共服务理念，不仅帮助我们重新认识到公共服务的公共性，更使我们重新认识到公共服务主体的多元化。"①

最后应当指出的是，尽管登哈特的新公共服务理论是在对传统行政学理论和新公共管理理论进行反思和批判的基础上提出和建立的，并且主张用一种基于公民权、民主和为公共利益服务的新公共服务模式来替代当前那些基于经济理论和自我利益的主导行政模式，但这并不意味着它是对传统行政学理论和新公共管理理论的全盘否定，从理论视角来看，它本质上是对传统行政学理论和新公共管理理论的一种扬弃，它试图吸收传统行政学理论的合理内核，尤其是在承认新公共管理理论对于改进当代公共管理实践所具有的重要价值，并摈弃新公共管理理论特别是企业家政府理论固有缺陷的基础上，提出和建立一种更加关注民主价值和公共利益、更加适合于现代公民社会发展和公共管理实践需要的新理论选择。正如登哈特所言："即使在一种思想占据支配地位的时期，其他思想也从来不会被完全忽略。然而，在民主社会里，当我们思考治理制度时，对民主价值观的关注应该极为重要。效率和生产力等价值观不应丧失，但应当被置于民主、社区和公共利益这一更广泛的框架体系之中。在这个框架中，其他有价值的技术和价值观（比如传统行政学理论或新公共管理理论的核心思想）

---

① ［美］登哈特等：《新公共服务：服务，而不是掌舵》，英文版，封底，沙皮出版社，2003。

都可能粉墨登场。随着时间的流逝，这个争论肯定还会持续若干年。但新公共服务理论提供了一个令人振奋的观点，围绕这个观点，我们可以展望公共服务的前景。未来的公共服务将以公民对话协商和公共利益为基础，并与后两者充分结合。"①

思考题

1. 新公共服务理论是怎样产生的？
2. 新公共服务理论的思想来源和概念基础是什么？
3. 试析新公共服务理论的基本内涵。
4. 你如何评价新公共服务理论？

---

① ［美］登哈特等：《新公共服务：服务，而不是掌舵》，载《公共行政评论》，2000（6）。

结　语　走向公共管理语境的公共治理理论

本章提要

结语介绍了代表西方行政学理论主要发展趋势的公共治理理论，包括公共治理理论的产生背景、公共治理理论的基本含义、公共治理理论的主要内容以及对它的基本评价。

学习要求

1. 了解公共治理理论的产生背景。
2. 了解对公共治理理论的基本评价。
3. 掌握公共治理理论的基本含义。
4. 掌握公共治理理论的主要内容。

行政学自19世纪末20世纪初在以美国为代表的西方社会创立以来至今已经走过了一个多世纪的发展历程。在这一百多年中，西方行政学经过初创、演进、深化、拓展等不同的发展阶段，从无到有、不断完善，迄今已经发展成为一门既具有丰富的理论内涵，又不乏重要的实践价值的综合性学科。特别是进入20世纪八九十年代以来，西方行政学发展最重要的特征之一就是行政管理理论研究的范围得到了进一步的拓展，其主要标志就是出现了相对于传统公共行政或行政管理的公共管理概念。公共治理理论正是在这一语境下出现的一种代表西方行政学理论发展趋势的新型公共管理理论。我们最后就以最能够代表西方行政学理论主要发展趋势的公共治理理论作为本书的结语。

所谓公共治理理论，它是伴随着西方福利国家出现的管理危机和市场与等级制的调解机制发生的危机，以及公民社会的不断发育和众多社会组织集团的迅速成长而出现的一种新型的公共管理理论。"治理"是对英文governance一词的汉译，它是一个具有相当模糊性的概念，人们在不同的语境下对其往往有不同的理解。例如，在企业管理的语境下，它常常指的是指导、控制和监督企业运行的组织体制。即便是在公共管理的语境中，它也有着多种不同的解释。例如，作为新公共管理的治理，它指的是将市场的激励机制和私人部门的管理手段引入政府的公共服务；作为善治的治理，它指的是强调效率、法治、责任的公共服务体系；

作为社会—控制体系的治理，它指的是政府与民间、公共部门与私人部门之间的合作与互动；作为自组织网络的管理，它指的是建立在信任和互利基础上的社会协调网络。鉴于进入20世纪90年代后，公共管理的环境发生剧变，社会关系相互依存的程度日益加深，范围不断扩展，"政府、工商界和市民社会之间的合作正成为民族国家竞争力和国家繁荣的基本构成要素"①。"作为治理的公共管理，遇到的主要挑战是处理网络状，即相互依存的环境。"②而公共治理理论正是描述当前公共管理环境变迁及其最新发展的理论图式，所以，在吸收上述各种"治理"定义之合理内核的基础上，我们倾向于从公共管理的角度对"治理"概念做如下理解：所谓"治理"，就是对合作网络的管理，它指的是为了实现和增进公共利益，政府部门和非政府部门（私营部门、第三部门或公民个人）等众多公共管理主体彼此合作，在相互依存的环境中分享公共权力、共同管理公共事务的过程。对政府部门而言，治理就是从划桨到掌舵的变化；对非政府部门而言，治理就是从被动排斥到主动参与的变化。治理是"一种以公共利益为目标的社会合作过程——国家在这一过程中起到了关键但不一定是支配性的作用"③，它"标志着政府管理含义的变化，指的是一种新的管理过程，或者一种改变了的有序统治状态，或者一种新的管理社会的方式"④。

作为一种新型的公共管理理论，公共治理理论是对作为传统公共管理理论的公共行政理论进行反思和批判，并且对新公共管理理论和新公共服务理论之合理内核进行整合的结果。其核心观点是主张通过合作、协商、伙伴关系，确定共同的目标等途径，实现对公共事务的管理。其主要内容包括：

第一，公共治理是由多元的公共管理主体组成的公共行动体系。这些公共管理主体不仅包括几乎长期垄断公共管理主体地位的政府部门，而且还包括诸如私营部门和第三部门等非政府部门的参与者。我们知道，在现代公共管理理论兴起之前的很长一个时期，对社会公共事务的管理主要都是由政府垄断并且强制实施的，政府在公共管理领域几乎成了独一无二的管理主体。而公共治理理论则认为，政府并不是公共管理的唯一主体，除此之外，私营部门、第三部门等非政府组织在公共事务的管理中也扮演着重要的角色，它（他）们在介于市场经济与公共部门之间的"社会经济"领域内积极活动，并且依靠自身资源参与管理共同关切的社会事务，在某些领域，非政府组织和个人甚至比政府拥有更大的优势。⑤ 而政府则将大量任务和职权下放、转移给包括志愿团体、社区互助组织、非营利性组织在内的公共行动者。可见，治理的主体可以是公共部门，可以是私营部门，可以是第三部门，还可以是三者多种形式的合作。正如研究治理理论的权威学者斯托克所言："治理意味着一系列来自政府但又不限于政府的社会公共机构和行为者。它对传统的国家和政府权威提出了挑战，政

---

① [加]吉利斯帕奎特：《通过社会学习的治理》，英文版，214页，奥特瓦大学出版社，1999。
② [荷]基克特、[荷]艾里克-汉斯：《管理复杂网络》，英文版，39页，赛奇出版社，1997。
③ [美]麦克格鲁：《走向真正的全球治理》，中译文，载《马克思主义与现实》，2002（1）。
④ [美]罗茨：《新治理：没有政府的治理》，英文版，载《政治研究》（XLIV）。
⑤ 参见赵黎青：《非政府组织与可持续发展》，86~89页，北京，经济科学出版社，1998。

府并不是国家唯一的权力中心。各种公共的和私人的机构只要其行使的权力得到公众的认可，就都可能成为在各个不同层面上的权力中心。"① 不仅如此，公共治理理论还认为，现实中的政府具有复杂结构，地方、中央和国际层面的政府及其不同部门构成了多层级、多中心的决策体制。众多权威交叠共存是这一体制的主要特征。所以，利奇和史密斯说："治理涉及中央政府、地方政府和其他公共权威，也涉及在公共领域内活动的准公共行动者、自愿部门、社区组织甚至是私营部门。"②

第二，公共管理的责任边界具有相当的模糊性，这一点与第一点密切相关。在传统公共管理理论的视野中，公与私、政府与社会、政府与市场的责任界限是泾渭分明的，管理社会公共事务的责任理所当然地被赋予政府。而公共治理理论认为，随着社会的进一步发展和人们认识水平的不断提高，尤其是公共选择理论等相关政府学说的出现，使得人们对"政府的失败"之处认识得更加清楚，对于政府全面履行社会公共管理责任的能力已不抱过高的期望。与此同时，随着非政府组织和个人因其在公共管理领域的杰出表现和勇于承担公共义务的气魄而为世人刮目相看，部分公共责任便被转移至非政府组织和个人身上。这种责任的转移在体制方面的表现就是传统上"公私"界限的模糊和非政府组织的大量涌现。公私界限的模糊既表现为许多民营部门向传统公共领域的进军，也表现为政府对传统意义上的社会领域的干预，还表现为公共领域和市场领域的区分已不像以前那样明显。在市场和公共部门之间被称为"社会经济"的领域中，涌现了所谓非营利组织、非政府机构、志愿团体、社区企业、合作社、社区互助组织等大量非政府组织，它们在社会中的作用和影响越来越大。所以，伴随着这些非政府组织能够满足多方需要、解决社会问题而又无须运用政府资源和权威的优势日益显现和传统上由政府执掌的部分公共管理权向这些非政府组织的转移，传统上法律和制度规定由政府承担的公共管理责任便呈现出交由非政府组织和个人来承担的趋势。

第三，多元化的公共管理主体之间存在着权力依赖和互动的伙伴关系。在传统公共管理理论的视野中，人们常常认为，公共管理的唯一权力和责任中心在于政府，即便是存在着一些其他的社会公共机构的话，它们也只是扮演着政府的助手或下属的角色，它们必须服从政府的权威。而公共治理理论则认为，多元化的公共管理主体之间存在着一种权力依赖的关系。所谓公共管理主体之间的权力依赖，是指参与公共管理活动的各个组织，无论是公共组织还是私人组织，它们都不拥有独立解决一切问题所需的充足知识和资源；它们必须相互依赖，进行谈判和交易，在实现共同目标的过程中实现各自的目的。正是由于公共管理主体之间存在着这种权力依赖的关系，所以公共管理过程便成为一种互动的过程。在这种互动过程中，政府与其他社会公共机构建立起各种各样的合作伙伴关系。这些合作伙伴关系主要有三种：一是主导者与职能单位之间的关系，即主导者雇用职能单位或以发包方式使之承担某一项目；二是组织之间的谈判协商关系，即多个平等的组织通过谈判对话，利用各自的资源在

---

① 转引自俞可平：《治理与善治》，3页，北京，社会科学文献出版社，2000。
② [英] 利奇、[英] 珀希－史密斯：《英国的地方治理》，英文版，75页，帕尔格雷夫出版社，2001。

某一项目上进行合作以达到各自的目的;三是系统的协作关系,即各个组织之间相互了解,结合为一,树立共同的目标,通力合作,从而建立一种自我管理的网络。这是伙伴关系的最高层次。

第四,公共管理语境下的公共治理是多元化的公共管理主体基于伙伴关系进行合作的一种自主自治的网络管理。与传统公共管理单一等级制下的协调方式和依靠"看不见的手"来进行操纵的市场机制不同,在公共治理理论的视野下,多元化的公共管理主体及其相互之间的权力依赖和合作伙伴关系以及其中的协商、谈判和交易机制,最终必然会推动公共管理朝着一种自主自治的网络化的方向发展。在这种网络化的公共管理系统中,参与公共治理的各方主体为了获得他人的支持和帮助而必须放弃自己的部分权利,社会组织和个人放弃的是自己的部分经济自主权,而政府放弃的则是自己的部分强制权。通常,这些公共管理主体依靠自己的优势和资源,通过对话以增进理解,树立共同目标并相互信任,建立短期、中期和长期的合作以减少机会主义,相互鼓励并共同承担风险,最终建立一种公共事务的管理联合体。这种网络化公共管理的特征不再是监督,而是自主合作;不再是集权,而是权力在纵向和横向上的同时分散;不再是追求一致性和普遍性,而是追求多元化和多样性基础上的共同利益。

第五,公共治理语境下的政府在社会公共网络管理中扮演着"元治理"角色。关于政府角色和地位的研究是公共治理理论的重要内容之一。公共治理理论在关注公共管理主体多元化的同时,对政府的"元治理"角色进行了定位。所谓"元治理",是西方学者为寻求解决公共治理理论失灵所用的词汇,但实际上,"元治理"只不过是公共治理理论重视政府在社会公共管理网络中的重要功能的另一种表述而已。公共治理理论认为,在社会公共管理网络中,虽然政府不具有最高的绝对权威,但是它承担着建立指导社会组织行为主体的大方向和行为准则的重任,它被视为"同辈中的长者",特别是在那些"基础性工作"中,政府仍然是公共管理领域最重要的行为主体。例如,世界银行1997年世界发展报告《变革世界中的政府》就明确指出,建立法律基础、保持非扭曲的政策环境、投资于基本的社会服务与基础设施、保护承受力差的阶层和保护环境是政府的首要职责。

综观公共治理理论的基本内容,我们不难发现,它不仅更新了公共行政管理的基本内涵,拓宽了公共行政管理的参与主体,而且也延展了公共行政管理的职能范围,充实了公共行政管理的方式手段。尽管公共治理理论尚存在着诸如杰索普所说的合作与竞争的矛盾、开放与封闭的矛盾、可治理性与灵活性的矛盾以及责任和效率的矛盾等内在困境[①],而且它甚至因其在意识形态倾向、理论基础和实际操作等方面存在的不足而受到了各种各样的批评,但是,作为合作型网络管理在理论上的映射,这种一开始就表现出强大生命力的新型公共管理理论不仅为我们反思传统公共管理理论和超越新公共管理理论与新公共服务理论提供了一

---

① 参见[英]杰索普:《治理的兴起及其失败的风险:以经济发展为例的论述》,中译文,载俞可平主编《治理与善治》,北京,社会科学文献出版社,2000。

种新的认识图式，而且也是我们认识公共事务领域正在发生的显著变化的一种组织框架。作为当代西方行政学理论的最新发展，作为一种新兴的公共管理理论范式，公共治理理论不仅已经在一些国家和地区发起治理变革的过程中发挥了重要的指导作用，而且正在并必将对人类社会的集体决策和公共活动产生深远的影响。

思考题

1. 公共治理理论是在什么背景下产生的？
2. 什么是公共治理理论？
3. 公共治理理论包括哪些主要内容？
4. 你如何看待公共治理理论？

主要参考文献

一、中文部分

[1] [日] 蜡山正道. 行政学总论. 北京：中华书局，1934.

[2] [美] 怀特. 行政学概论. 上海：商务印书馆，1947.

[3] [美] 里格斯. 行政生态学. 金耀基，译. 台北：台湾商务印书馆，1978.

[4] 张润书. 行政学. 修订版. 台北：三民书局，1979.

[5] [美] 吉尔伯特·C. 菲特，[美] 吉姆·E. 里斯. 美国经济史. 司徒淳，方秉铸，译. 沈阳：辽宁人民出版社，1981.

[6] [法] H. 法约尔. 工业管理与一般管理. 周安华，等，译. 北京：中国社会科学出版社，1982.

[7] [美] 赫伯特·A. 西蒙. 管理决策新科学. 李柱流，等，译. 北京：中国社会科学出版社，1982.

[8] 林水波，张世贤. 公共政策. 台北：五南图书出版公司，1982.

[9] [美] F. W. 泰勒. 科学管理原理. 胡隆昶，等，译. 北京：中国社会科学出版社，1984.

[10] [日] 占部都美. 现代管理论. 蒋道鼎，译. 北京：新华出版社，1984.

[11] [美] 弗里蒙特·E. 卡斯特，[美] 詹姆斯·E. 罗森茨韦克. 组织与管理——系统方法与权变方法 [M]. 李柱流，等，译. 北京：中国社会科学出版社，1985.

[12] [美] 小罗伯特·H. 沃特曼，[美] 托马斯·J. 彼得斯. 成功之路. 余凯成，钱东生，张湛，译. 北京：中国对外翻译出版公司，1985.

[13] 高宏德，等. 国外著名管理学家论管理. 成都：四川科学技术出版社，1985.

[14] [美] J. C. 帕拉洛，[美] R. C. 昌德勒. 行政管理学词典. 湖北省社会科学院本书翻译组，译. 成都：四川人民出版社，1988.

[15] [英] D. S. 皮尤，等. 组织管理学名家思想荟萃. 唐亮，等，译. 北京：中国社会科学出版社，1986.

[16] [美] 丹尼尔·A. 雷恩. 管理思想的演变. 孙耀君，等，译. 北京：中国社会科学出版社，1986.

[17] [美] 马斯洛. 动机与人格. 许金声，等，译. 北京：华夏出版社，1987.

[18] [美] F. J. 古德诺. 政治与行政. 王元, 译. 北京: 华夏出版社, 1987.

[19] 孙耀君. 西方管理思想史. 太原: 山西人民出版社, 1987.

[20] 彭文贤. 行政生态学. 台北: 三民书局, 1988.

[21] [美] 约翰·罗尔斯. 正义论. 何怀宏, 等, 译. 北京: 中国社会科学出版社, 1988.

[22] [美] 西蒙. 管理行为. 杨砾, 等, 译. 北京: 北京经济学院出版社, 1988.

[23] [美] 查尔斯·E. 林德布洛姆. 决策过程. 竺乾威, 译. 上海: 上海译文出版社, 1988.

[24] [美] 布坎南, [美] 瓦格纳. 赤字中的民主. 刘廷安, 等, 译. 北京: 北京经济学院出版社, 1988.

[25] [美] R. J. 斯蒂尔曼. 公共行政学. 李方, 等, 译. 北京: 中国社会科学出版社, 1989.

[26] [美] 詹姆斯·M. 布坎南. 自由、市场与国家. 平新乔, 等, 译. 上海: 上海三联书店, 1989.

[27] [美] 郝伯特·西蒙. 现代决策理论的基石. 杨砾, 徐立, 译. 北京: 北京经济学院出版社, 1989.

[28] [美] 詹姆斯·E. 安德森. 公共决策. 唐亮, 译. 北京: 华夏出版社, 1990.

[29] [美] 斯图亚特·S. 那格尔. 政策研究百科全书. 林明, 等, 译. 北京: 科学技术文献出版社, 1990.

[30] 杨砾. 当代西方管理学. 北京: 世界知识出版社, 1990.

[31] [英] D. S. 皮尤. 组织理论精萃. 彭和平, 等, 译. 北京: 中国人民大学出版社, 1990.

[32] 胡象明. 行政决策分析. 武汉: 武汉大学出版社, 1991.

[33] [美] 丹尼斯·缪勒. 公共选择. 王诚, 译. 北京: 商务印书馆, 1992.

[34] 张金马. 政策科学导论. 北京: 中国人民大学出版社, 1992.

[35] 汪翔, 钱南. 公共选择理论导论. 上海: 上海人民出版社, 1993.

[36] [美] 詹姆斯·M. 布坎南. 民主过程中的财政. 唐寿宁, 译. 上海: 上海三联书店, 1993.

[37] 《经济社会体制比较》编辑部. 腐败: 权力与金钱的交换. 北京: 中国经济出版社, 1993.

[38] [美] 威尔·马歇尔, 马丁·施拉姆. 克林顿变革方略. 达洲, 等, 译. 北京: 新华出版社, 1993.

[39] 方贻岩. 西方行政思想史. 厦门: 厦门大学出版社, 1993.

[40] [美] 戴维·奥斯本, [美] 特德·盖布勒. 改革政府. 上海市政协编译组, 译. 上海: 上海译文出版社, 1996.

[41] [美] 菲利克斯·A. 尼格罗，[美] 劳埃德·G. 尼格罗. 公共行政学简明教程. 郭晓来，等，译. 北京：中共中央党校出版社，1997.

[42] 彭和平，等. 国外公共行政理论精选. 北京：中共中央党校出版社，1997.

[43] [美] C. I. 巴纳德，等. 经理人员的职能. 孙耀君，等，译. 北京：中国社会科学出版社，1997.

[44] [德] 马克斯·韦伯. 经济与社会. 林荣远，译. 北京：商务印书馆，1997.

[45] [美] 彼得·杜拉克. 巨变时代的管理. 周文祥，等，译. 太原：山西经济出版社，1998.

[46] 俞可平. 治理与善治. 北京：社会科学文献出版社，2000.

[47] [澳] 欧文·E. 休斯. 公共管理导论：第2版. 彭和平，等，译. 北京：中国人民大学出版社，2001.

[48] 黄小勇. 现代化进程中的官僚制. 哈尔滨：黑龙江人民出版社，2003.

[49] [美] 珍妮特·V. 登哈特，[美] 罗伯特·B. 登哈特. 新公共服务：服务，而不是掌舵. 丁煌，译. 北京：中国人民大学出版社，2004.

二、英文部分

[1] Frank J. Goodnow. *Politics and Administration：A Study in Government*. Russell & Russell，1900.

[2] Leonard D. White. *Introduction to the Study of Public Administration*. Macmillan Publishing Company，1926.

[3] Henry C. Metcalf，ed. *Scientific Foundations of Business Administration*. Williams & Wilkins Co.，1926.

[4] Luther Gulick. *The National Institute of Public Administration*. National Institute of Public Administration，1928.

[5] Max Weber. *The Protestant Ethic and the Spirit of Capitalism*. Auen & Unwin，1930.

[6] Luther Gulick and Lyndall Urwick，eds. *Papers on the Science of Administration*. Institute of Public Administration，1937.

[7] H. H. Gerth and C. W. Mills，eds. *From Max Weber：Essays in Sociology*. Oxford University Press，1946.

[8] L. F. Urwick. *The Elements of Administration*. Pitman，1947.

[9] Max Weber. *The Theory of Social and Economic Organization*，Free Press，1947.

[10] F. W. Taylor. *Scientific Management*. Harper & Row，1947.

[11] Chester I. Barnard. *Organization and Management*. Harvard University Press，1948.

[12] Luther Gulick. *Administrative Reflections from World War II*，University of Alabama Press，1948.

[13] Dwight Waldo. *The Administrative State: A Study of the Political Theory of American Public Administration.* Ronald Press, 1948.

[14] Paul Appleby. *Policy and Administration.* University of Alabama Press, 1949.

[15] L. Urwick, ed. *Freedom and Co-ordination: Lectures in Business Organizations.* Managemeng Publications Trust, 1949.

[16] Henri Fayol. *General and Industrial Management.* Pitman, 1949.

[17] Paul H. Appleby. *Policy and Administration.* University of Alabama Press, 1949.

[18] Herbert A. Simon, Donald W. Smithburg, and Victor A. Thompson. *Public Administration,* Knopf, 1950.

[19] Peter F. Drucker. *The Practice of Management.* Harper & Row, 1954.

[20] Dwight Waldo. *The Study of Public Administration.* Random House, Inc., 1955.

[21] Dwight Waldo. *Perspectives on Administration.* University of Alabama Press, 1956.

[22] Chris Argyris. *Personality and Organization.* Harper and Row, 1957.

[23] James G. March and H. A. Simon. *Organizations.* Wiley, 1958.

[24] Herbert A. Simon. *Administration Behavior: A Study of Decision-making Processes in Administrative Organization.* 2nd ed. Macmillan Co., 1960.

[25] D. McGregor. *The Human Side of Enterprise.* Mcgraw-Hill, 1960.

[26] Fred. W. Riggs. *The Ecology of Public Administration.* Asia Publishing House, 1961.

[27] Luther Gulick. *The Metropolitan Problem and American Ideas.* Knopf, 1962.

[28] Fritz Morstein Marx. *Elements of Public Administration.* 2nd ed. Prentice-Hall, 1963.

[29] J. LaPalombara. *Bureaucracy and Political Development.* Princeton University Press, 1963.

[30] Fred. W. Riggs. *Administration in Developing Countries: The Theory of Prismatic Society.* Houghton Mufflin Company, 1964.

[31] Peter F. Drucker. *Managing for Results.* Harper & Row, 1964.

[32] Gordon Tullock. *The Politics of Bureaucracy.* Public Affairs Press, 1965.

[33] Peter F. Drucker. *The Effective Executive.* Harper & Row, 1966.

[34] D. McGregor. *Leadership an Motivation.* MIT Press, 1966.

[35] M. B. Brodie. *Fayol on Administration.* Lyon, Grant & Green, 1967.

[36] Chester I. Barnard. *The Functions of Executive.* Harvard University Press, 1968.

[37] Robert K. Merton. *Social Theory and Social Structure.* Free Press, 1968.

[38] F. Mosher, *Democracy and the Public Service.* Oxford University Press, 1968.

[39] Laurence. J. Peter and Raymond Hull. *The Peter Principle.* William Morrow, 1969.

[40] Alexis de Tocqueville. *Democracy in America.* New American Library, 1969.

[41] T. Kuhn, *The Structure of Scientific Revolutions.* 2nd ed. University of Chicago Press, 1970.

[42] F. W. Riggs. *Frontiers of Development Administration.* Duke University Press, 1970.

［43］ A. Touraine. *The Post-industrial Society*: *Classes, Conflicts and Culture in the Programmed Society*. 1st ed. Trans. Mayhew LFW. Random House, 1971.

［44］ Frank Marini, ed. *Toward a New Public Administration*: *The Minnowbrook Perspective*. Chandler Publishing Company, 1971.

［45］ James Buchanan and RTollison, eds. *Theory of Public Choice*: *Political Application of Economics*. The University of Michigan Press, 1972.

［46］ Fred. W. Riggs. *Prismatic Society Revisited*. General Learning Press, 1973.

［47］ Elliot M. Fox and L. Urwick, eds. *Dynamic Administration*: *The Collected Papers of Mary Park Follett*. 2nd ed. Pitman, 1973.

［48］ E. S. Quade. *Analysis for Public Decisions*. American Elsevier Publishing Co., 1975.

［49］ James Buchanan. *The Limits of Liberty*. University of Chicago Press, 1975.

［50］ Dwight Waldo. *Democracy, Bureaucracy, and Hypocrisy*. Institute of Governmental Studies, 1977.

［51］ H. A. Simon. *The New Science of Management Decision*. rev. ed. Prentice-Hall, 1977.

［52］ Richard Stillman, ed. *Public Administration*: *Concept and Cases*. Houghton Mifflin, 1978.

［53］ Dwight Waldo. *The Enterprise of Public Administration*. Chandler & Sharp, 1980.

［54］ C. E. Lindblom. *The Policy-Making Process*. 2nd. ed. Prentice-Hall, 1980.

［55］ Dwight Waldo. *The Enterprise of Public Administration*. Chandler and Sharp, 1980.

［56］ H. G. Frederickson. *New Public Administration*. The University of Alabama Press, 1980.

［57］ A. G. Ramos. *The New Science of Organizations*. University of Toronto Press, 1981.

［58］ J. F. Lyotard. *The Postmodern Condition*: *A Report on Knowledge*. Trans. Geoff Bennington and Brian Massumi. Manchester University Press, 1984.

［59］ James Buchanan. *Liberty, Market and State*. Harvester Press, 1986.

［60］ Jay M. Shafritz & Albert C. Hyde. *Classics of Public Administration*. The Dorsey Press, 1987.

［61］ Kathryn G. Denhardt. *The Ethics of Public Service*. Greenwood Press, 1988.

［62］ Christopher Pollitt. *Managerialism and the Public Service*: *The Anglo American Experience*. Basic Blackwell, 1990.

［63］ A. Farazmand, ed. *Handbook of Comparative and Development Public Administration*. Marcel Dekker, 1991.

［64］ Terry L. Cooper. *An Ethic of Citizenship for Public Administration*. Prentice-Hall, Inc., 1991.

［65］ David Osborne and Ted Gaebler. *Reinventing Government*: *How the Entrepreneural Spirit Is Transforming the Public Sector*. Addison-Wesley Publishing Company, 1992.

［66］ Al Gore. *From Red Tape to Results*: *Creating a Government That Works Better and Costs*

Less and The Report of the National Performance Review. Government Printing Office, 1993.

［67］Bryan S. Turner, ed. *Citizenship and Social Theory.* Sage, 1993.

［68］John Clayton Thomas. *Public Participation in Public Decisions.* Jossey-Bass, 1995.

［69］Charles J. Fox & Hugh T. Miller. *Posrmodern Public Administration: Toward Discourse.* Sage, 1995.

［70］D. J. Farmer. *The Language of Public Administration: Bureaycracy, Modernity, and Postmodernity.* University of Alabama Press, 1995.

［71］Gary L. Wamsley & James F. Wolf, ed. *Refounding Democratic Public Administration.* Sage, 1996.

［72］Jr. Laurence Lynn. *Public Management as Art, Science, and Profession.* Chatham House, 1996.

［73］B. Guy Peters. *The Future of Governing: Four Emerging Models.* University Press of Kansas, 1996.

［74］Hindy Lauer Schachter. *Reinventing Government or Reinventing Ourselves.* State University of New York Press, 1997.

［75］O. C. McSwite. *Legitimacy in Public Administration.* Sage, 1997.

［76］Paul C Light. *The Tides of Reform: Making Government Work 1945 – 1995.* Yale University Press, 1997.

［77］Walter J. Kickert and Erik-Hans. *Managing Complex Networks.* Sage, 1997.

［78］King, Cheryl Simrell, and Camilla Stivers. *Government Is Us: Public Administration in an Anti-Government Era.* Sage, 1998.

［79］Terry L. Cooper. *The Responsible Administrator: An Approach to Ethics for the Administrative Role.* 4th ed. Jossey-Bass Publishers, 1998.

［80］Gilles Paquet. *Governance Through Social Learning.* University of Ottawa Press, 1999.

［81］Robert B. Denhardt. *Public Administration: An Action Orientation.* 3rd ed. Harcourt Brace, 1999.

［82］Terry L. Cooper, ed. *Handbook of Administrative Ethics.* 2nd ed. MarcelDekker, Inc., 2001.

［83］Robert Leach and Janie Percy-Smith. *Local Governance In Britain.* Palgrave, 2001.

［84］David H. Rosenbloom. *Public Administration: Understanding Management, Politics, and Law in the Public Sector.* 5th ed. McGraw-Hill, 2002.

［85］Janet V. Denhardt and Robert B. Denhardt. *New Public Service: Serving, not Steering.* M. E. Sharpe, 2003.

后　记

在当今这样一个务实的年代里，选择从事一个学科的基础理论研究实非时尚之举。但是，我一直认为，对于像行政学这样一个经常出现"身份"危机的新兴学科来说，最重要的莫过于其基础理论的研究，如果我们不厘清该学科的基本理论及其来源，那么我们便很难找到它的理论根基，其"身份"经常出现"危机"也就是很自然的事情了。正是基于这种认识，我这些年来一直都很看重对西方行政学理论的研究（当然，这并不意味着我不重视对行政实践问题的探讨）。作为一门独立学科的行政学对于国人来说更多地属于"舶来品"，西方行政学在其一百多年的发展历程中有大量的理论积累，对这些基本理论进行系统梳理和深入探讨，不仅对于我们了解行政学的发展脉络，而且对于建立我们自己的行政学理论体系，无疑具有重要的理论价值和借鉴意义。

值得庆幸的是，本人这些年来在此方面的努力不仅得到不少同行和读者的认同和鼓励，更是得到了诸多方面的支持和帮助。所以，在本书即将出版之际，我要感谢国家社会科学基金和国家留学基金为我研究西方行政学理论所提供的宝贵支持，要感谢美国国家公共行政研究院院士、公共行政学会前会长、著名公共行政学家罗伯特·登哈特教授在邀请我访美期间为我研究西方公共行政学理论所提供的良好学术环境和工作条件，要感谢我的夫人和儿子长期以来对我的学术研究所给予的别人所无法替代的支持，尤其要感谢中央广播电视大学的王朝中教授以及本书的责任编辑为拙书稿的编辑和出版所付出的心血。

当然，西方行政学说远非这本小书所能囊括的，限于篇幅，本书只是简要描述了其中最为基本且最具代表性的理论观点，至于西方行政学的其他重要学说，我只能再择其要者另著进行探讨了。

最后应当指出的是，科学研究是继承性与创造性的有机统一，本书自然也不例外，书中既有我自己的探索、体会，更有对他人成果的借鉴、引用。至于本书写作过程中参考和引用的文献资料，我尽可能以脚注的形式或在书后参考文献中列出，但仍难免有所遗漏，在此，我也向本书所参考和引用文献资料的所有作者和译者一并表示衷心的感谢。同时，由于时间关系，再加之本人的水平有限，书中讹误之处仍恐难以避免，亦敬请读者不吝赐教。

丁煌
2008 年 11 月
于珞珈山

西方行政学说课程组

组　　长　陈　鲲

编写者　丁　煌

主持教师　陈　鲲

西方行政学说

形成性考核册

文法教学部 编

考核册为附赠资源，适用于本课程采用纸质形考的学生。

若采用**网上形考**或有其他疑问请咨询课程教师。

学校名称：_____

学生姓名：_____

学生学号：_____

班　　级：_____

形成性考核是学习测量和评价的重要组成部分。在教学过程中,对学生的学习行为和成果进行考核是教与学测评改革的重要举措。

《形成性考核册》是根据课程教学大纲和考核说明的要求,结合学生的学习进度而设计的测评任务与要求的汇集。

为了便于学生使用,现将《形成性考核册》作为主教材的附赠资源提供给学生,采用纸质形考的学生可将各次作业按需撕下,完成后自行装订交给老师。若采用**网上形考**或有其他疑问请咨询课程教师。

西方行政学说作业 1

姓　　名：_____
学　　号：_____
得　　分：_____
教师签名：_____

题目
如何实现政治与行政的协调。（100 分）

形式
小组讨论（个人事先准备与集体讨论相结合）。

要求

1. 认真研读教材第 1 章至第 6 章的内容。
2. 熟悉西方行政学兴起的社会背景。
3. 明确作为一门独立学科的行政学的研究必要性、目标和任务、研究对象及基本的方法论。
4. 辨析行政学与政治学之间的关系。
5. 组成 5~8 人的学习小组完成本次任务。
6. 小组讨论采取个人事先准备与集体讨论相结合的方式，作业包括两部分内容：（1）个人讨论的提纲；（2）小组讨论后形成的共识。
7. 每一位学生都要联系实际准备不少于 500 字的个人讨论提纲。
8. 每个小组讨论完成后，形成不少于 500 字的小组共识。
9. 联系实际的个人讨论提纲（包括联系实际的例子和个人发言的提纲）占此次讨论总成绩的 60%，由学生自己提交。
10. 小组共识占此次讨论总成绩的 40%，由小组长在自己的作业中提交（附参与讨论的小组成员名单。无名单的视为未组织讨论，各小组成员的小组意见的成绩为 0 分）。
11. 教师根据每一位学习者的提纲以及小组讨论后形成的小组意见给每一位学习者评分，举例必须联系实际，所举实例应能够证明其观点。

联系实际的例子及个人发言提纲（60 分）：

答 题 纸

小组讨论后形成的共识：（40 分）

答 题 纸

西方行政学说作业 2

姓　　名:
学　　号:
得　　分:
教师签名:

题目与形式

以"行政在政府中的角色"为主题，撰写一篇小论文。（100 分）

要求

1. 认真研读教材第 7 章至第 13 章的内容。
2. 请在所列主题的选题范围内自拟题目（无标题或标题与主题一致，扣 10 分）。
3. 任选角度和方向阐述。
4. 论文需要理论联系实际进行分析与论证。
5. 不得抄袭，如需引用或借鉴他人成果，请用尾注形式标明。
6. 字数不得少于 1000 字。

← 每次作业做完后，由此剪下，请自行装订。

答 题 纸

西方行政学说作业3

姓　　名：_____
学　　号：_____
得　　分：_____
教师签名：_____

一、单项选择题（每题所设选项中只有一个正确答案，每小题1分，共10分，多选、错选或不选均不得分）

1. 19世纪50年代英国创立的（　　）为行政学理论体系的建立提供了重要的范畴和规范。
   A. 文官制度　　　　　　　　B. 任官制度
   C. 选官制度　　　　　　　　D. 科举制度

2. 斯坦因以（　　）为基础，规定了行政研究的任务，建构了行政研究的体系。
   A. 国家有机体　　　　　　　B. 社会有机体
   C. 社区自治体　　　　　　　D. 公共利益体

3. 古德诺认为，政治与行政协调的基础是政治必须对行政取得某种形式的（　　）。
   A. 规制　　　　　　　　　　B. 管理
   C. 控制　　　　　　　　　　D. 统治

4. 在古德诺看来，要实现国家意志的贯彻和地方自治权的不被侵犯，必须实现行政权的（　　）。
   A. 扩张　　　　　　　　　　B. 集中
   C. 扩大　　　　　　　　　　D. 缩小

5. 以下不属于韦伯著作的是（　　）。
   A.《经济与社会》
   B.《新教伦理与资本主义精神》
   C.《中世纪贸易商社史》
   D.《行政论文集》

6. "神秘化组织"行使权威的方式是基于（　　），它以对个人的崇拜、迷信为基础。
   A. 先例　　　　　　　　　　B. 领导者个人的人格
   C. 组织内部的规则　　　　　D. 惯例

7. 在官僚制组织中，人员的任用的根据不应是（　　）。
   A. 学历　　　　　　　　　　B. 专业
   C. 能力　　　　　　　　　　D. 性别

8. 泰勒认为,健全的人事管理的基本原则是( )。
   A. 使工人的学历同工作相配合
   B. 使工人的专业同工作相配合
   C. 使工人的能力同工作相配合
   D. 使工人的性别同工作相配合
9. 在法约尔看来,( )不仅是管理的首要因素,具有普遍适用性,而且是一切组织活动的基础。
   A. 指挥   B. 组织
   C. 计划   D. 控制
10. 负责指挥的管理人员不应该做到( )。
    A. 对职工有深入了解   B. 召集主要助手开会
    C. 留用没有工作能力的人   D. 作出榜样

二、不定项选择题(每题所设选项中至少有一个正确答案,每小题2分,共20分,多选、少选、错选或不选均不得分)

1. 法约尔的著作包括( )。
   A. 《论管理的一般原则》   B. 《国家行政理论》
   C. 《公共精神的觉醒》   D. 《工业管理与一般管理》
2. 在怀特看来,政府选拔管理人才的考试方法可以采用( )的方法。
   A. 操作试验   B. 工作试验
   C. 心理试验   D. 口试
3. 古利克总结的POSDCORB职能中不包括( )。
   A. 计划   B. 预算
   C. 控制   D. 报告
4. 维尔达夫斯基撰写的著作和论文不包括( )。
   A. 《赤字与公共利益》   B. 《管理备要》
   C. 《怎样限制政府开支》   D. 《预算过程的政治》
5. 协作意愿的含义是( )。
   A. 自我控制
   B. 交付出个人行为的控制权
   C. 个人行为的非个人化
   D. 团体合作
6. 程序化决策的现代技术包括( )。
   A. 博弈论   B. 决策论
   C. 概率论   D. 排队论
7. 林德布洛姆的论著不包括( )。
   A. 《政策分析》   B. 《政策过程》
   C. 《公共行政》   D. 《政治与市场》

8. 在Y理论看来，最有意义的奖励是（   ）。
   A. 安全的需要得到满足
   B. 尊重的需要得到满足
   C. 生理的需要得到满足
   D. 自我实现的需要得到满足
9. 沃尔多认为传统行政学家信奉（   ）。
   A. 个人主义   B. 平等
   C. 实利主义   D. 集体主义
10. 比较公共行政和现代组织理论的相同点表现在（   ）。
   A. 关注方法论   B. 相信系统框架
   C. 强调经验描述   D. 寻求一般性概念

三、判断题（下列各题，你认为正确的，请在题干的括号内打"√"，错的打"×"，每小题1分，共10分）

1. 沃尔多在公共行政领域除了是一个创造者之外，他还更多的是一个评论家。因此，他所起的作用与其他行政学家有所不同。（   ）
2. 20世纪六七十年代，行政学摆脱了长期以来对政治科学的过分依赖，由应用研究转向纯理论研究。（   ）
3. 里格斯提出的过渡社会（发展中国家）公共行政的三个基本特点是同质性、形式主义和重叠性。（   ）
4. 行政生态学是以行政现象、行政行为与行政环境之间相互关系为研究对象的。（   ）
5. 新公共行政学派鲜明主张社会科学家应该以其专业知识和才能从事价值判断，他们强调批判理论、道德哲学对行政学研究的意义。因此，他们推崇后逻辑实证主义哲学的思辨方法，将价值理论放在优先考虑的地位。（   ）
6. 自19世纪70年代至80年代，美国政府部门广泛推行了全面质量管理运动，倡导政府部门积极寻求满足公众的基本需求，尽力追求产品与服务品质，并通过不断发展的组织体系与能力稳步改进服务品质。（   ）
7. 目标管理这一概念最初是由德鲁克在《管理的实践》一书中作为一种新管理方法提出来的，其宗旨是用压制的管理代替自我控制的管理。（   ）
8. 德鲁克认为，组织中的目标可分为战略目标、策略目标以及方案和任务，它们分别由组织中的各级管理人员和一般工作人员来制定。（   ）
9. 在奎德看来，与政策分析密切相关的政治因素主要表现在政治可行性与谁是真正的委托人两个方面。（   ）
10. 布坎南认为，政府政策的低效率是指所执行的政策不是最佳政策，这种政策不能确保资源的最佳配置。（   ）

四、简答题（每小题10分，共20分）

1. 在巴纳德看来，非正式组织的积极功能是什么？

2. 简述奎德所说的政策分析的过程。

五、论述题（每小题 20 分，共 40 分）

1. 结合实际谈谈你对怀特关于行政环境与行政管理关系论述的认识。

2. 德鲁克的目标管理理论有哪些基本内容?

西方行政学说作业 4

姓　　名：_____
学　　号：_____
得　　分：_____
教师签名：_____

题目与形式

运用新公共服务理论，以"政府的职能"为主题，撰写一篇小论文。(100分)

要求

1. 请在所列主题的选题范围内自拟题目（无标题或标题与主题一致，扣10分）。
2. 请综合选取多种行政学的前沿理论和最新成果。
3. 论文需要理论联系实际进行分析与论证。
4. 不得抄袭，如需引用或借鉴他人成果，请用尾注形式标明。
5. 字数不得少于1200字。

答 题 纸